인적자원관리

김영삼 · 김도희 · 송은실 · 이광일 · 이국형

북넷

들어가는 말

이 책은 학부에서 경영학을 전공 또는 부전공하는 학생들과 대학원 MBA과정에서 인사전공을 하는 학생들에게 경영학의 한 분과인 인적자원관리론을 소개하고자 쓰여진 책이다.

저자들은 실무에서 인사분야를 연구하고 가르치거나 기업현장에서 직접 실무를 담당하면서 인사분야에 경력을 다져온 사람들로서, 경영학을 전공하는 학생들에게 인사관리와 관련된 이론과 실무에 관한 지식을 체계적으로 전달함으로써 향후 이들이 기업현장에서 사람관리와 관련된 지식과 관리능력을 배양하고 몸에 익혀 기업의 성과창출에 이바지 할 수 있도록 하기 위해 이 책을 집필하였다.

이 책은 시스템론에 입각해서 구성되어 있다.

기업조직(이 책에서 다루는 내용이 반드시 기업조직의 인적자원관리 영역에만 국한된 것은 아니지만 경영학의 주된 연구대상이 기업활동이라는 점을 전제로 한 용어)이 보유한 인적자원을 효율적으로 관리할 수 있는 인적자원관리 시스템을 구축함으로써 인적자원이 해당 조직의 지속가능한 경쟁우위의 원천으로 기능할 수 있도록하는 것을 인적자원관리의 목표라고 할 때, 적절한 인적자원관리 시스템의 구축은 효율적 인적자원관리의 출발점이 된다. 이 책은 Heneman이 제안한 인적자원관리 모델에 기초하여 인적자원관리 시스템을 구성하였다. 그는 조직이 지향하는 성과는 조직구성원들이 각자 담당하고 있는 직무(일)의 수행을 통해서 얻어진다고 보았다[성과=f(사람〈능력과 의욕〉×일〈직무요건과 보상〉)]. 이 제안에 기초하여 본서에서는 인적자원관리 시스템의 산출을 개인 및 조직성과로 상정하고 이 성과를 산출하기 위한 투입요소로 사람과 직무를 설정하였으며, 투입요소의 상호작용과정으로서 인적자원관리의 각 직능활동(확보, 개발, 보상, 유지 등)을 설정하였다.

그리고 인적자원관리 시스템을 개방체계(open system)로 볼 때 그 운영에 영향을 미치는 조직 내외의 환경변수를 설정하여 분석하고, 최종적으로는 인적자원관리 시스템의 운영의 효율성 여부를 평가하는 시스템 자체에 대한 평가작업을 배정하였다.

이러한 설계에 기초하여 본서는 크게 4개의 부로 구성되어 있다.

제1부는 도입부로서 인적자원관리의 체계와 형성과정, 그리고 주요 환경변수에 대한 고찰로 구성되어 있다.

제2부는 인적자원관리 시스템의 투입요소인 사람과 직무에 대한 분석으로서, 사람에 대한 이해와 함께 직무부분에서는 직무분석과 역량모델, 그리고 직무설계에 대한 분석이 포함되어 있다.

제3부는 인적자원관리 시스템의 전환과정(성과창출과정)으로서 인적자원관리의 하위 직능활동(확보, 개발, 보상, 유지 등)과 글로벌 인적자원관리가 포함되어 있다.

제4부는 인적자원관리 시스템 자체의 효율성 여부를 평가하는 인적자원관리 활동에 대한 평가부분을 배치하여 전체구성을 마무리하였다.

이 책의 학습을 통해서 독자들이 인적자원관리에 대한 체계적인 이론과 실무관련 지식을 습득하여 기업의 성과창출과 경쟁력 제고에 이바지 할 수 있는 인재로 거듭나길 빌어마지 않는다. 끝으로 출판과정에 정성을 들여준 북넷의 류재식 사장과 편집부 식구들의 노고에 깊이 감사드린다.

2025년 2월

공저자

차 례

제1부 인적자원관리론의 전개

제4부 인사감사

P·A·R·T 01

인적자원관리론의 전개

제1장

인적자원관리의 개념과 체계

학습목표

인적자원의 개념, 인적자원관리의 특질, 인적자원관리의 하버드 모델과 미시간 모델의 특징, 인적자원관리의 체계 등에 대한 이해

01 · 인적자원관리의 개념과 특질

1.1 인적자원의 개념

인적자원관리(Human Resource Management)에 있어 일반적으로 인적자원이란 생명체인 인간을 자원관점에서 파악하는 개념이다. 인적자원은 노동수단, 노동대상 등의 물적자원, 자본금 · 차입금 등의 재무적 자원, 각종 정보자원 등과 함께 기업경영에 필요한 중요한 경영자원의 하나로 인식되고 있다. 이들은 형태의 여하에 불구하고 기업에 이윤을 가져다 주는 동등한 자원으로 인식된다. 그런 자원 가운데서도 인적자원은 이윤의 원천인 잉여가치 생산에 직접 관련된 존재이다. 그러므로 잉여가치 생산의 관점에서 그 자원이 가진 가능성을 파악하고 그것을 극대화하는 노력은 자본주의 체제속의 기업경영에서는 가장 중요한 과제 중의 하나이다.

특히 정보통신기술을 필두로 한 생산력, 생산기술의 고도발달을 밑바탕으로 한 글로벌화의 진전이라는 환경 하에서 글로벌 시장에서 경쟁할 수밖에 없게 된 현대기업의 경우 지속가능한 경영을 위해 이러한 새로운 상황전개에 대한 조직내 인적자원의 적절한 대응능력의 확보가 초미의 과제가 되고 있다.

인적자원관리란 기업에 있어서 이러한 과제해결을 위한 노력의 일환으로서 인적자원을 대상으로 하는 관리의 총칭이다.

1.2 인적자원관리의 성립

인적자원관리란 1970년대 후반 이후 미국에서 과거의 인사관리(Personnel Management)를 대신하는 개념으로 확립되었다(자세한 것은 2장을 참조). 그것이 관리제도로서 체계화의 노력을 거쳐 현재 미국 거대기업을 중심으로 광범위하게 실시되고 있다.

또한 한국이나 일본에서도 인적자원관리에 대한 연구와 논의가 활발하게 진행되어 기업에

도입, 정착하는 사례가 늘어가는 추세에 있다. 그리고 이러한 경향은 다른 아시아나 유럽에서도 마찬가지로 볼 수 있다. 즉 인적자원관리는 이제 세계적으로 인사관리에 대한 새로운 개념, 관리제도로서 정착되는 경향이 있다. 이는 인적자원관리의 일반성을 의미하는 것으로 이해할 수 있다.

그러나 그럼에도 불구하고 인적자원관리는 미국에서 성립되고 실천되어 왔다는 사실을 유념해야 할 것이다. 즉, 그 성립과 실천은 미국 산업계에서 시행착오를 반복한 실천, 해당 분야에 응용된 제과학의 미국적 전개, 일본, 북유럽 등 외국기업의 고용 · 노동관행에 대한 미국기업의 벤치마킹, 1980년대 노사관계의 변용 등 미국 산업계의 특수한 요인과 긴밀하게 관련되어 있다. 따라서 인적자원관리는 미국 산업계의 특수한 내용을 내재화하고 있음을 간과해서는 안될 것이다.

1.3 인적자원관리의 특질

인적자원관리를 과거의 인사관리와 비교하는 경우 그 인간관, 구조, 대상영역, 기반이론, 노사관계관 등에 있어 현저한 차이가 있음에 유의해야 한다. 그것은 인적자원관리가 인사관리로부터 전개되어온 사실을 반영하는 것으로서 여기서는 그것을 인적자원관리의 특질로 파악하고자 한다.

1) 인적자원관리의 인간관

인적자원관리라는 명칭에서 단적으로 드러나는 바와 같이 그것은 인사관리의 인간을 대체가능한 노동력으로 보는 전통적 인간관을 대신하여 인간을 개발가능한 자원 혹은 사회적 자산으로 보는 인간관을 기반으로 하고 있다. 그러한 인간관은 행동과학(Behavioral Sciences)이나 조직행동론(Organizational Behavior Theory) 등의 제이론, 혹은 미국의 초우량기업(excellent company)의 제실천이나 일본 등 외국기업의 고용 · 노동관행으로부터의 영향을 받아 형성된 것으로 생각된다. 인적자원관리에 있어 직무시스템의 혁신이나 거기서 중시되는 교육훈련, 능력개발은 이러한 인간관에 기초하여 구체화된 제도라 할 것이다. 이는 경영조직의 운영에 필요한 제자원(人 · 物 · 金 · 情報)들 중에서 특히 인적자원이 지닌 능동성과 자수성을 중시하고 인적자원을 단순한 소모품이 아닌 조직의 자산으로서 적극적인 투자를 통해 그 저장량(stock)을 높여감으로써 궁극적으로 조직의 경쟁력 제고에 이바지 할 수 있는 인적자본(Human Capital)으로 인식하는 것을 의미한다.

2) 인적자원관리의 구조

인적자원관리에서는 경영전략(business strategy)과의 관계가 중시되고 있다. 현대기업경영에서 경영전략의 중요성에 대해서는 이론의 여지가 없다. 인적자원관리는 그러한 경영전략과 통합되어 그 일익을 담당하며, 따라서 경영전략의 실시뿐만 아니라 그 형성에도 중요한 기능을 다하는 직능 혹은 부문으로 여겨지게 되었다. 경영전략을 인적자원관리와 통합하는 것은 조직의 성공에 인적자원이 중대한 공헌을 하고 있음을 보여준다는 점에서 의의가 있다.

나아가 인적자원관리는 인적자원의 능력을 최적수준에서 활용하기 위한 공간과 기회를 제공하는 것에 커다란 관심을 가졌기 때문에 조직구조나 직무구조를 설계하는 방법에 특별한 주의를 기울이고 있다. 기업환경이 급격히 변화하는 가운데 경쟁우위를 획득, 유지하기 위한 조직의 유연성이나 창의성 개발이 중요한 과제가 되고 있으며 그 책임을 인적자원관리가 담당하고 있는 것이다.

3) 인적자원관리의 대상영역

인적자원관리의 대상은 노동자로부터 경영층에 이르기까지 기업의 모든 구성원에 이르고 있다. 과거의 인사관리는 노동자를 대상으로 하거나(노무관리), 관리자를 관리하는데(managing the manager) 그쳤다. 인적자원관리가 경영층도 대상으로 하는 것은 기존의 인사관리에 비해 한층 더 폭넓게 전개하는 성격을 가지게 되었음을 의미한다. 이 특질은 경영자의 교육훈련, 능력개발 등의 문제에 전형적으로 볼 수 있으며 그것은 경영자의 능력을 객관화, 표준화하고 그것을 후계자육성계획에 활용하거나 경영자의 업적평가에 활용하는 역량관리(competency based management)에서 현저하게 드러나고 있다.

나아가 인적자원관리는 조직문화를 중요한 과제로 다루고 있다. 조직문화는 경영전략이나 구조와 밀접하게 관련되어 있으며, 모집, 선발, 평가, 보상, 교육훈련, 능력개발과 같은 여러 직능활동에 영향을 미치고 있다. 조직문화는 특정한 시기에 특정한 기업의 성장비밀을 해명하고자 할 때 많이 거론되는 주제로서 해당 조직 구성원들의 행동에 커다란 영향을 미치는 변수로 간주되고 있다. 인적자원관리에서는 조직문화와 그에 대한 변화관리가 중요한 과제로 다루어지고 있다는 점에서 과거의 인사관리와 차이가 있다.

4) 인적자원관리의 기반이론

인적자원관리는 시스템론의 영향하에 성립하고 있다. 인적자원관리는 경영전략과의 통합을 통해 기업외부에 대해 오픈시스템을 형성하고 있는 것으로 생각할 수 있다. 또한 기업을 시스템으로 보는 경우 인적자원관리는 그 서브시스템(Sub-System)이다. 나아가 인적자원관리는 인적자원계획, 업적관리, 보상관리, 교육훈련, 능력개발 등의 상호 연관된 직능활동을 서브시스템으로 갖는 시스템이라 할 수 있다.

5) 인적자원관리의 노사관계관

인적자원관리에서는 노사관계(industrial relations) 대신에 종업원 관계(employee relations)를 중시하고 있다. 인적자원관리가 출현할 때까지 종업원관계에 상당하는 영역은 노사관계였으며 노무관리의 전제로서 중시되었다. 거기서는 경영자와 노동조합 간에 단체교섭을 통하여 임금과 노동시간 등의 기본적인 노동조건이나 작업조건을 결정하여왔다. 그러나 현재의 종업원관계는 노동자와의 직접적인 커뮤니케이션이나 개인수준에서의 종업원과의 접촉을 중시하여 종업원참가(involvement)확대, 커뮤니케이션의 증대, 유연성(flexibility), 재량권의 확대 등을 통하여 종업원의 경영참가를 보다 적극적으로 추진하고자 노력하고 있다는 점에서 지금까지의 노사관계와는 차이가 있다. 이는 1980년대 미국 노동조합운동의 정체, 노사관계의 변용과 교섭력의 저하 등을 직접 반영하고 있으며, 나아가 더욱 중요한 것은 그러한 노사관계의 변용을 전제로 해서 인적자원관리의 주요한 명제인 경영전략과의 통합, 인적자원계획, 조직구조의 유연성, 직무재설계, 조직문화변혁 등의 문제에 대한 대응이 가능하게 되었다는 것이다.

02 · 인적자원관리의 대표적인 모델

미국 인적자원관리의 전개를 체계적으로 정리한 맥켄너(E. McKenna)와 비치(N. Beech)에 따르면 인적자원관리에는 두 종류의 모델이 있다. 하나는 소프트모델, 다른 하나는 하드한모델로 불리운다. 이는 소프트한 것이 쉽고 하드한 것이 어렵다는 등의 의미는 아니고, 소프트한 문제는 명확하게 정의되지는 않은 채 대체적인 문제해결방법이나 잠재적인 해답이 예상되는 것이다. 반면 하드한 문제는 명확한 정의와 그것을 해결하기 위한 합의된 방법을 가지고 있어 확실한 해답이 있는 것을 의미한다.

인적자원관리에 대한 소프트 어프로치는 하버드그룹에 의해 개발된 모델과 유사한 것으로 인간을 사회적 자산으로 보는 인간관을 기반으로 전개되고 있다. 한편 하드 어프로치는 미시간그룹에 의해 개발된 모델과 유사한 것으로 인적자원관리와 경영전략과의 통합을 중시하면서 전개되고 있다.

2.1 하버드 모델–소프트 어프로치

1981년 하버드 비즈니스 스쿨의 MBA과정에 처음으로 인적자원관리라는 과목을 개설한 비어(M. Beer)나 스펙터(B. Spector) 등의 하버드 그룹에 의하면 인적자원관리란 기업과 종업원(즉, 인적자원)과의 관계의 존재양식에 영향을 미치는 경영의사결정이나 행동의 모든 것을 통합하는 것이다. 거기서 인적자원은 사회적 자산으로 인식되고 있다. 따라서 인적자원의 능력, 내부적 제관계를 개발하는 것은 투자의 관점에서 인식되고 있다.

비어 등은 이러한 인식에 기초하여 인적자원관리를 구성하는 네 가지의 제도영역을 제시하고 있다. '작업시스템'(work system), '인적자원흐름'(human resource flow), '보상시스템'(reward system), '종업원 영향력'(employee influence) 등이 그것이다(그림 1-1 참조).

그 특징은 '작업시스템'의 제도영역에서 단적으로 볼 수 있는 바와 같이 '작업시스템의 혁신'에 의해 과거의 '통제모델' 대신 '커미트먼트'모델을 제시하고 있으며, 네 개의 제도영역

그림 1-1 | HRM 하버드 모델

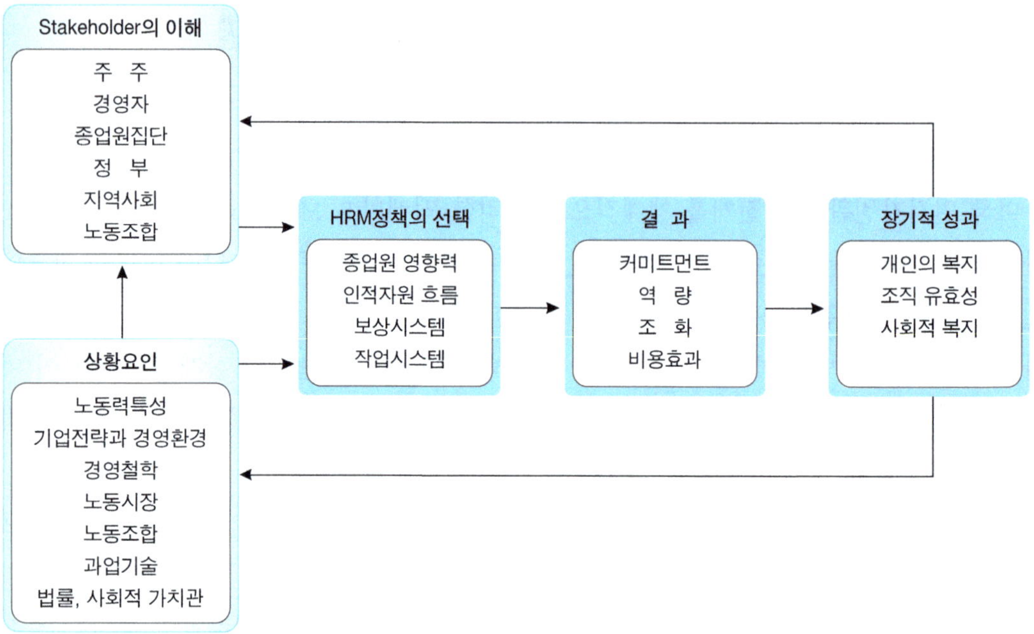

자료 : Beer, M. et al.(1984), *Managing Human Assets*, N.Y.: Free Press

이 구조적으로 이해되어 그 시스템화가 도모되고 있다는 점이다.

예를 들면 종업원의 직무상의 책임을 확대한다거나 작업내의 결정에 종업원의 참가확대를 통해 종업원의 기업목표에 대한 몰입을 높여가는 '작업시스템 혁신'을 추진하고자 하는 경우에는 고용보장을 확실히 하는 '인적자원 흐름'제도, 나아가 신기능의 획득을 촉진한다거나 혹은 코스트 삭감이나 이익향상이 실현된 경우 그 성과를 종업원에게 분배하는 것과 같은 '보상시스템'의 지원이 필요하게 된다. 그리고 각각의 제도영역의 의사결정에는 '종업원의 영향력'에 대한 메카니즘이 고려되어야만 한다. 이처럼 각 제도영역 간에는 적절한 일관성 혹은 조화가 확보될 필요가 있다는 점이 강조되고 있다.

2.2 미시간 모델-하드 어프로치

다른 또 하나의 인적자원관리 모델은 경영환경의 변화에 유연하게 대응하기 위한 경영전략의 일익을 담당하는 전략적 인적자원관리(Strategic Human Resource Management : SHRM)로 전개되고 있다.

폼브런(C.J. Fombrun)과 티치(N.M. Tichy) 등 미시간 그룹에 의하면 전략적 인적자원관리는 조직의 존재이유와 전략, 조직구조, 인적자원관리의 세 측면에서 파악되고 있다. 인적자원관리는 선발, 평가, 보상, 개발과 같은 네 가지 서브시스템으로 이루어진 시스템으로 포착된다(그림 1-2 참조). 티치 등은 이들 각각의 서브시스템을 전략수준, 관리수준, 업무수준에서 파악한다. 특히 전략수준에서 '전략적 선발'(strategic selection), '전략적 평가'(strategic appraisal), '전략적 보상'(strategic rewards), '전략적 개발(육성)'(strategic development)을 제시하고 있다.

여기서 전략적 선발이란 조직의 사업전략을 지원하기 위해 내부노동시장과 외부노동시장으로부터 필요한 인재를 채용하는 모든 활동이다. 전략적 평가란 기존 종업원의 잠재능력을 전략의 관점에서 객관적으로 평가함으로써 전략의 실시에 공헌한다. 전략적 보상이란 장기적인 전략목표를 달성하기 위한 내재적 보상과 외재적 보상시스템을 구축하는 것이다. 전략적 개발이란 기업이 장래 필요로 하는 종업원의 적절한 능력을 전략의 관점에서 교육훈련, 혹은 경력개발을 실시하는 것이다.

비어 등 하버드그룹도 인적자원관리를 전략적 관점에서 파악하고자 하고 있지만 그러나 한결같이 제네랄 매니저의 시점을 강조하는데 그치고 있어 전략적 측면에서 충분한 전개가 이루어지고 있다고는 볼 수 없다. 티치 등의 전략적 인적자원관리에 의해 인적자원관리와 경

그림 1-2 | Fombrun 등의 HRM 모델

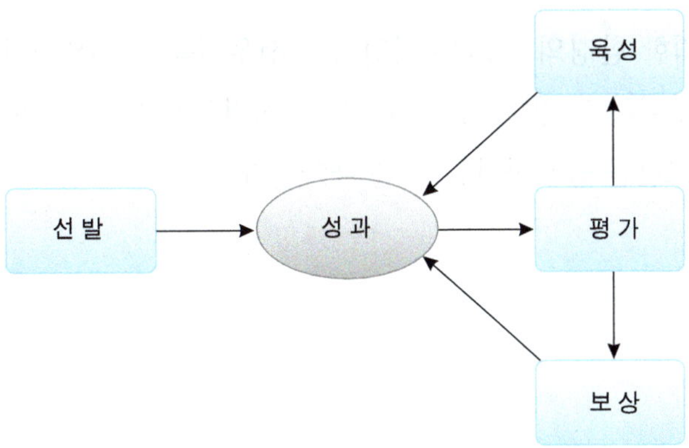

자료 : Fombrun,C.J., Tichy,N.M., & Devanna,M.A.(eds)(1984), *Strategic Human Resource Management*, N.Y. and Chichester: Wiley

영전략과의 통합이라는 개념이나 구체적인 제도로서의 전개가 명확히 설정되었다고 볼 수 있다.

03 · 인적자원관리의 체계

전술한 맥켄너와 비치에 따르면 미국 인적자원관리는 다음과 같은 개념과 방법으로 이루어진 체계를 가지고 있는 것으로 이해된다.

3.1 경영전략과 조직구조

1) 경영전략과 조직구조의 개념

'경영전략과 조직구조'(strategy and structure)는 상호 밀접히 관련되어 있으며, 동시에 기업의 성공에도 중요한 요소이다. 조직구조의 특징을 결정하는 것은 중요한 전략적 의사결정이며, 거기에는 톱 매니지먼트의 영향이 중요한 역할을 하고 있다. 그러나 기업을 둘러싼 환경(특히 기술적 환경, 시장적 환경, 경제적 환경, 정치적 환경) 또한 경영전략과 조직구조의 결정에 극히 중요한 역할을 다하고 있다.

기업을 둘러싼 급격한 환경의 변화는 기업의 경쟁우위를 획득유지하기 위한 커다란 책임을 인적자원관리에 부여하고 있다. 경영전략을 인적자원관리와 통합하는 것은 인적자원이 조직의 성공에 있어 그만큼 중요하다는 것을 나타낸다.

2) 경영전략과 조직구조의 방법

(1) 경영전략

경영전략은 기업을 환경변화에 적응시키기 위한 전략이며, 전략적 계획(strategic planing)이 중시된다. 그것은 가장 단순한 형태로는 조직목표를 설정하고 그 목표를 달성하기 위한 행동의 포괄적 코스, 즉 전략을 결정하는 것이 될 수 있다. 거기서 활용되는 전략은 여러 자원을 효율적으로 이용하는 것 뿐만 아니라 여러 자원의 동원이 최대의 효과를 달성할 수 있도록 확실하게 실행하는 것과 관련되어 있다. 전략적 계획의 프로세스에는 다음 다섯 단계가 있다.

- 기업이념의 정의와 기업미션의 준비 : 조직의 평가나 그 존재의의와 같은 사항을 준비하는 것이다.
- 환경조건의 검토 : 조직의 미션을 수행하는 능력에 영향을 미치는 기술적, 경제적, 정치적, 사회적 영향을 체계적으로 분석하는 것이다.
- 조직의 장 · 단점평가 : 조직내부자원이 지니고 있는 장 · 단점과 그 영향에 대해 검토한다.
- 목표와 목적의 개발 : 조직미션의 실현을 겨냥한 명확한 목표(goal)와 목적(objective)을 결정하는 활동이다.
- 전략의 개발 : 기업을 어떤 방향으로 전개시켜 갈 것인가, 기업은 어떠한 새로운 조직구조 프로세스, 기술개발, 재무편성, 인적자원정책을 채택할 것인가와 같은 전략의 개발이다. 이 단계에서 기업은 인적자원에 관하여 전략적으로 사고하기 시작하게 된다.

(2) 전략적 인적자원관리

미시간그룹은 경영전략과 인적자원관리의 여러 문제, 즉 조직구조 · 조직문화, 종업원의 자원화, 능력개발 등의 여러 문제들과 관련짓는 전략적 어프로치의 의의를 강조하고 있다. 이 관점에서 인적자원관리의 여러 기법을 이하의 세 가지 수준에서 파악한다.

- 전략적 수준 : 이 수준에서는 조직과 외부환경과의 접점에 초점을 맞추면서 이하의 여러 활동이 중요한 기능을 한다.
  - 후계자육성계획 : 미래 세대의 매니저를 육성하는 것을 목적으로 한다.
  - 인적자원계획 : 미래 필요한 스탭의 양과 질종을 예측하기 위한 기초를 제공한다.

- 업적관리 : 장래 가장 효과적인 보상시스템을 결정하고 장기사업 목적달성에 이바지할 수 있는 보상유형을 명시한다.
- 교육훈련과 능력개발 : 장래의 노동력에게 요구되는 전체적인 능력개발계획의 개략을 설정한다.

■ 관리적 수준 : 이 수준에서는 인적자원의 정책, 실천, 시스템을 더욱 발전시키는 것이 중시된다. 인적자원을 위한 장기적인 계획이나 정책은 모집이나 선발프로세스의 설계 혹은 보상팩키지의 설계와 같은 구체적인 시스템으로 변환된다.

■ 업무적 수준 : 감독자와 작업원이 재화의 생산, 혹은 서비스를 제공하는 과정에서 깊게 관여하는 현장수준이다. 여기서 적절한 인적자원이 운용되게 된다.

(3) 조직구조

인적자원관리는 사람들의 능력과 스킬을 최적수준에서 활용하기 위한 공간과 기회를 제공하는 것에 커다란 관심을 가지고 있기 때문에 조직구조나 직무가 설계되는 방법에 특별한 주의를 기울인다. 조직구조의 변화는 경영전략의 변화에 따라 일어난다. 챈들러(A.D. Chandler)는 경영전략이 단일제품에서 제품 다양화로 변함에 따라 기업경영은 최적의 성과를 달성할 수 있도록 보다 정교한 구조를 개발한다는 것을 논증하였다. 칸트(R.M. Kanter)에 의하면 조직에는 보다 신속하고 보다 창조적인 행동, 이해관계자와의 보다 밀접한 파트너십, 변화하는 시장이나 기술에 대한 보다 유연한 대응 등이 요구되고 있으며, 이에 따라 다음과 같은 세 가지 전략이 필요하다.

■ 시너지를 발견하기 위한 구조조정 : 이는 전체의 협동적 노력에 의해 부가된 가치가 여러 개인적 노력의 총화보다 더 크게 되도록 할 수 있는 효과적인 조직재편성이 존재한다는 것을 의미하고 있다.

■ 외부와의 전략적 제휴를 형성하기 위한 경계선의 개방 : 조직은 핵심활동에 전념할 때 다른 조직과의 단기적인 전략적 제휴로부터 이익을 얻을 수가 있다. 이러한 제휴방식은 여러 형태로 전개될 수 있다.

■ 조직내부에서의 새로운 벤처의 창조 : 혁신을 촉진하는 방법은 공식적인 개발부문에 의거하는 방식 이외에 조직의 구조나 노동력에 내재되어 있는 유연성을 이용하는 프로젝트 등이 있을 수 있다.

3.2 인적자원계획

1) 인적자원계획의 개념

'인적자원계획'(human resource planning)은 종업원에 대한 조직의 미래 요구(needs)를 결정하는 것에서부터 시작한다. 인적자원계획은 전략적 인적자원관리와 경영전략의 상호작용에 의해 설정되는 프레임웍의 일부로 볼 수 있다. 내용적으로 전통적인 인력계획(manpower planning)은 조직이 필요한 수의 종업원을 확보하는데 주된 관심이 있었다. 인적자원계획은 이 관점을 부정하는 것은 아니지만 이 면에 관한 이해를 다소 변화시킨 관점이라 하겠다. 전통적인 인력계획에서는 양적측면에 편중된 경향이 강하였고 하드한 측면에서의 문제나 그 해결방안을 찾는데 주력하였다. 그러나 인적자원관리에서는 특히 자원으로서의 인간을 중시하고 있다. 이 점에서 하드한 측면에서의 문제에 대한 접근방법은 소프트한 측면에서의 문제에 대한 접근방법으로 보완되어야만 한다는 인식을 가지고 있다. 후자의 측면에서는 종업원의 독창성, 혁신적인 실천방법, 유연성(flexibility), 도전의식 등의 문제와 관련된 질적인 사항이 중요하게 다루어진다.

인적자원계획은 외부환경에 대한 예측적 분석과 종업원을 가능한 한 적극적으로 활용하는 것과 관련되어 있다. 그리고 현재의 노동력 내지 장래의 노동력의 배치에 관한 가능성과 비용의 개략을 나타냄으로써 조직전략에 정보를 제공할 수 있다. 이를 통해 모집이나 능력개발과 같은 그 이후에 연결되는 인적자원관리의 여러 활동에 대해 전략적 의사결정이 내포한 의미를 미리 보여줄 수 있다. 따라서 인적자원계획은 전략과 실천을 연결시키는 중요한 요소라 할 수 있다.

인적자원계획은 다음과 같은 세 국면으로 구성되고 있다.

- 전략적 인적자원계획에 의해 확인된 인적자원에 대한 수요
- 합리적인 비용으로 좋은 인재를 확보하는 방법이나 능률적인 방법에 의한 인적자원의 활용
- 현재의 종업원 수에서 나타나는 인적자원의 공급(내부조달)과, 조직외부로부터의 최적응모자의 잠재수로 나타나는 인적자원의 공급(외부조달)

2) 인적자원계획의 방법

(1) 인적자원에 대한 수요

인력계획의 최전성기에는 통계에 기초한 예측기법은 노동력의 미래 수요를 예측할 때 변화가 거의없는 안정가설을 근거로 하였다. 그러나 그러한 방법은 장래 발생할 지도 모르는 혼란이나 시장의 불확실성 때문에 비현실적이라 할 것이다. 인적자원관리라는 프레임웍에서는 인적자원에 대한 수요를 검토할 때 고객이나 환경변화의 내용에 한층 더 주의를 기울이는 경향이 분명히 내재되어 있다.

인적자원에 대한 수요는 필요한 스킬이라는 관점에서는 노동력 구성뿐만 아니라 조직의 장래 요구에 적합한 스탭수로도 정의된다. 예를 들면 조직행동의 확대는 최적의 스킬을 가진 외부스탭의 모집이라는 결과를 가져온다. 다른 한편 기업의 제품수요에 대한 하락예측으로부터 조직은 스탭 수의 삭감계획을 실시할 수도 있다.

(2) 인적자원의 활용

필요한 인적자원의 확정은 종업원의 스킬이나 재능을 활용하는 방법을 고려하지 않고는 행할 수 없다. 예를 들면 제조업에서는 컴퓨터의 지원을 받는 설계, 생산(CAD/CAM)을 도입하는 경향이 증가하고 있는데 이 경향은 과거에는 노동집약적이었던 프로세스의 수행에 필요한 인적자원을 감소시키게 된다. 그것은 또한 요구되는 스킬 등의 질에도 영향을 미치고 있다. 나아가 팀 작업을 활용하는 경향도 증가하고 있다. 과거에는 개별종업원이 생산 프로세스의 일부에 전문화한 것에 반해 종업원은 소집단으로서 제품이나 서비스의 생산전체에 책임을 가지게 되는 것이다. 팀으로서 생산프로세스를 수행하고자 할 때에는 보다 폭넓은 업무를 수행할 필요가 있기 때문에 스킬수준에도 영향을 미치게 된다.

(3) 인적자원의 공급

인적자원의 공급은 두 가지 접근방법, 즉 내부조달(make policy)과 외부조달(buy policy)에 의해 이루어진다. 내부조달이란 필요로 하는 인적자원을 기업내부로부터 조달하는 것을 의미한다. 이 경우 연령, 학력, 자격, 경험, 스킬 등 내부조달자의 주요한 특질이 회사전체차원으로 조회된다. 내부조달이 불가능할 경우 외부노동시장으로부터 조달하게 된다. 외부조달은 조달의 급박성, 인구통계상의 여러 요인, 사회적, 지리적 요인, 요구되는 종업원의 유형

등을 고려하여 행해진다. 내부조달은 외부조달에 비해 일정부분 유리한 점이 있다. 이미 고용되어 있는 사람의 경우 업무수행방법이나 조직문화를 이해하고 있을 뿐더러 능력이나 업적에 대한 정보를 얻기가 용이하기 때문이다. 그러나 기업이 조직문화의 변화를 수행하는 방법의 하나가 외부조달을 통해 바람직한 조직문화에 적합한 가치나 태도를 지닌 노동자를 영입하여 창조하는 것이라는 점에 유의해야 할 필요가 있다. 따라서 인재의 내부육성에 의한 조달방식과, 필요할 때 외부에서 사서 쓰는 조달방식 간의 유불리를 잘 따져 실행할 필요가 있다.

3.3 인적자원관리의 주요 직능활동

1) 모집과 선발

모집과 선발(recruitment and selection)은 조직과 노동력의 외부공급원을 연결시키고자 하는 것이다. 모집은 일군의 후보자를 조직내 빈자리에 맞추고자 하는 프로세스이며, 선발은 조직의 새로운 구성원을 채용가능한 후보자들 중에서 선발하는 기법이다. 모집과 선발은 상당한 비용을 필요로 하기 때문에 비용 대비 효과의 관점에서 이 활동을 수행할 필요가 있다.

조직외부로부터의 모집에는 이점이 있다. 조직외부의 후보자의 스킬이나 가치관을 이용함으로써 조직운영에 새로운 기풍을 도입할 수 있는 계기를 마련할 수 있기 때문이다.

모집과 선발프로세스는 다른 시스템과 상호 작용하고 있다. 양자는 특히 인적자원계획의 수행프로세스의 일부를 형성하면서 조직의 교육훈련과 능력개발에 관한 정보를 제공한다.

2) 업적관리

종업원의 업적에 대한 판단은 공식 · 비공식적으로 자주 이루어지고 있다. 비공식시스템하에서 상사는 부하의 업적에 대해 주관적인 판단을 하는데 머물게 되어 납득도가 떨어질 염려가 많다. 공식시스템에서는 업적평가(performance appraisal)와 평가결과의 피드백에 초점을 맞춘 업적관리 혹은 성과관리(performance management)라는 용어가 많이 사용된다. 양자 모두 상사와 부하가 달성해야 할 목표에 대한 이해를 어떻게 공유하고 있는가에 관련되어 있다. 상사는 당연한 얘기지만 장기와 단기를 불문하고 부하에 대한 관리와 능력개발이 어떤 업적을 가져다 주는가 하는 것에 관심을 갖는다. 이때 업적은 다양한 기법을 이용하여 측정되고 목표나 계획과 관련하여 검토된다. 이를 통해 부하는 능력향상에 관한 피드백을 받게 된다. 업적평가시스템을 검토할 때에는 다음과 같은 목적이 고려되어야 한다.

- 피평가자는 상사와의 개방된 커뮤니케이션 하에서 업적목표를 설정하고 상사는 파트너십을 장려할 것.
- 신뢰할 수 있으며 공정하고 객관적인 업적척도를 이용하며, 예정된 목표와 실제 업적(실적)과를 비교하여 피평가자에게 피드백할 것.
- 업적이 요구되는 적정수준에 미치지 못할 경우 교육훈련이나 능력개발의 필요성을 파악하여 개인별 개선계획을 피평가자에게 제시할 것.
- 평가프로세스에 따라 외적보상(예를 들면 업적연동형 급여)과 내적보상(예를 들면 스킬향상의 기회 제공)의 양자를 배분할 준비를 할 것.
- 종업원의 만족감, 개개인의 능력의 완전한 활용, 기업문화의 변혁, 개인목표와 조직목표가 조화를 이룬 상태에서 조직목표를 달성할 수 있도록 할 것.
- 업적관리가 전반적인 관리프로세스의 중심이라는 점을 명확히 인식할 것.

3) 보상관리

조직내부에서 보상시스템을 관리하는 목적은 조직목표를 달성하기 위해 조직이 필요로 하는 인적자원을 유인, 정착시키는데 있다. 종업원의 공헌을 얻어내고 높은 수준의 업적을 유지하기 위해서는 종업원의 모티베이션과 커미트먼트를 증대시킬 필요가 있다. 보상관리(reward management)는 조직목표와 개인목표를 일치시키고자 하는 목표를 가지고 있다.

인적자원관리에 있어 보상관리는 임금 혹은 급여, 보너스, 변동급, 이윤분배제와 같은 금전적 보상과, 인센티브에 관계하는 외적 모티베이션에 한정되지 않는다. 이는 또한 직무 다양성과 보람, 달성감, 인정, 책임, 스킬획득기회와 경력개발, 그리고 의사결정 프로세스 상의 보다 많은 영향력의 행사 등과 같은 종업원의 심리적 욕구를 만족시키는 비금전적 보상과도 관련되어 있다. 비금전적 보상은 내적보상으로 간주된다.

4) 교육훈련과 능력개발

인적자원관리가 인간이 지닌 자산(assets)으로서의 가치를 높이기 위해 필요한 인간에 대한 투자를 강조하는 것은 당연한 것이다. 대부분의 사원이 지식집약적인 조직에서는 교육훈련과 능력개발(training and development)이 기업에 부가가치를 가져다주는 그들의 능력을 유지하기 위해 필요불가결하다. 물론 교육훈련과 능력개발이 모든 조직에서 만능은 아니다. 그러나 종업원에게 스킬이나 지식을 몸에 익히게 하고 그 능력을 활용하도록 동기부여하는 것은 매우 중요하다.

현재 교육훈련과 능력개발은 인적자원관리를 매개로 하여 경영전략과 통합되고 있다. 종업원을 자원화하는 계획이나 조직전체의 전략적 계획에 적합한 종업원 능력개발플랜을 설정하는 것이 조직으로서는 필수적인 작업이 된다. 종업원의 교육훈련과 능력개발은 단순한 옵션(선택의 문제)이 아니라 인적자원관리 실천의 본질적인 부분이며 종업원에 대한 투자로서 당연히 수행되어야만 한다.

교육훈련과 능력개발이라는 용어는 자주 혼동하여 사용되고 있다. 과거 교육훈련이란 능력개발보다 즉시적이어서 관리직이 아닌 종업원의 직무에 관한 지식이나 스킬을 개선하는 것으로 취급되었다. 반면에 능력개발은 관리자를 대상으로 하는 활동으로 창조성이나 기획력 등의 자질을 개발하는 것으로 간주되었다. 그러나 이러한 구별은 지나치게 단순한 사고로서 현재는 모든 종업원에게 능력개발이 필요하며 관리자에게도 업무상의 스킬이나 역량을 개선하기 위한 교육훈련이 필요하다고 생각되고 있다. 이처럼 교육훈력과 능력개발은 서로 관련되어 있고 보완적인 위치에 있다고 볼 수 있다.

5) 조직문화관리

국가수준의 문화가 조직관리에 영향을 미친다는 것은 홉스테드(G. Hofestede)의 연구에 의해 밝혀졌다. 그의 연구는 조직 혹은 기업문화에 주목하게 되는 계기가 되었다.

샤인(E.H.Schein)은 조직문화(organizational culture)를 특정한 집단이 그 외부에의 적응과 내부의 통합이라는 문제에 대처하는데 있어 기본적인 전제로 하는 패턴으로 정의하였다. 무어헤드(G. Moorhead)와 그리핀(R.W.Griffin)에 의하면 조직문화는 사람이 조직내에서 그 행동이 용인될까 안될까를 판단힐 때 조직내에서의 그 행동에 대해 일반적으로 부여되고 있는 용인여부와 관련된 일련의 가치이다.

조직문화의 문제는 한국과 일본을 중심으로 하는 유교문화권에 속한 기업들에서 사회적 결속, 연장자에 대한 경의, 뛰어난 노동윤리 등과 같은 중요한 가치가 조직행동에 영향을 미치고 이것이 기업의 높은 성장을 가져오게 한 하나의 요인으로 지목되면서 경영자들의 관심을 끌게 되었다.

조직문화를 미국 초우량기업의 업적과 연계하여 지적한 사람은 피터스(T.J.Peters)와 워터맨(R.H.Waterman)이다. 그들은 그 기본적인 것으로서 행동지향적이고 명확한 관리, 고객니즈의 확인과 대응, 자주성과 기업가정신의 장려, 기업관리에 대한 종업원 참여, 숙지하고 있는 영역에의 조직활동의 집중과 미지영역에 대한 다각화의 회피, 복잡한 계층조직의 회피, 중앙집권화와 작업집단의 자율성과의 통합 등을 들고 있다. 그리고 인적자원관리의 소프트한 특징, 즉 스탭(staff), 스타일(style), 시스템(system), 스킬(skill), 가치공유(shared values)를 중요시하고 있다. 초우량기업 이론(excellent company theories)으로 알려진 이 연구는 기업문화, 리더십, 인적자원관리 전반에 대한 높은 관심을 불러일으키게 되었다.

조직문화는 경영전략이나 조직구조와 밀접하게 관련되어 있으며, 모집, 선발, 평가, 보상, 교육훈련, 능력개발 등의 인적자원관리 활동에 영향을 미치고 있다. 조직문화에 대한 관리와 변화의 시도는 인적자원관리의 중요한 과제가 되고 있다.

6) 종업원 관계관리

인적자원관리가 출현하기 이전에 종업원 관계(employee relations)에 상당하는 영역은 노사관계였으며 이는 경영자로 대표되는 고용주와 노동조합으로 대표되는 노동자와의 상호관계에 밀접하게 연결되어 있었다. 그것은 단체교섭이나 노사협의회와 같은 프로세스를 포함하는 기업과 산업의 두 가지 수준에 걸쳐 있었다. 그러나 현재의 인적자원관리에서의 종업원관계는 노동자와의 직접적인 커뮤니케이션이나 개인수준에서의 종업원과의 접촉을 중요시하고 있다는 점에서 지금까지의 노사관계와는 차이가 있다. 그 결과 인적자원관리에서는 노동조합과의 집단적인 상호작용에 대한 중요성은 감소하고 있다.

전통적인 단체교섭이 임금결정이나 근로조건에 특화한 것에 반해 인적자원관리 접근법은 종업원의 참가확대, 커뮤니케이션 증대, 유연성, 재량권의 확대 등을 통해 종업원의 경영참가를 촉진하는데 노력하고 있다. 이는 긍정적인 의미를 가진 것으로 이해되는 경우도 있으나 다른 한편으로 인적자원관리라는 수사가 반노동조합정책을 감추기 위해 사용되는 경우도 있다는 지적을 받고 있다.

04 · 본서의 구성

지금까지의 논의를 바탕으로 본서에서는 [그림 1-3]과 같은 모델을 설정하고 이에 기초하여 전체 내용을 구성하였다.

그림 1-3 | 본서의 인적자원관리 시스템 모델

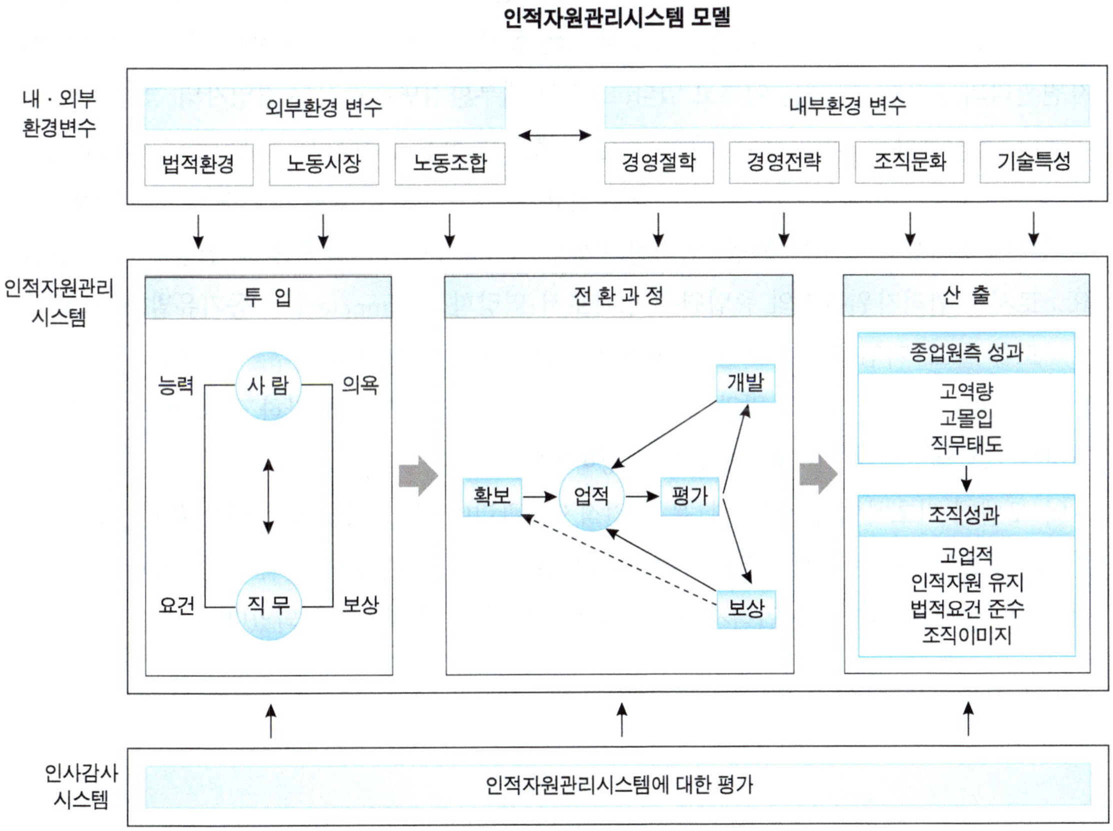

이 모델은 인적자원관리시스템에 영향을 미치는 내 · 외부 환경변수와 인적자원관리 시스템, 그리고 인사감사시스템으로 구성되어 있다. 인적자원관리 시스템의 외부환경변수로는 크게는 특정기업이 속해있는 국가나 지역의 정치, 경제, 사회, 문화의 여러 변수가 있겠으나 여기서는 기업의 인적자원관리에 직접적인 영향을 미치는 주요 변수로서 법률적 환경과 노동시장 및 노동조합을 설정하였다.

법제도적 환경에는 정부의 각종 노동관련 규제정책과, 중요 노동법제로서 개별 근로관계법과 집단적 노사관계법을 들 수 있는 바 개별 근로관계법에는 근로기준법, 최저임금법, 선원법, 산업재해보상보험법, 산업안전보건법, 남녀고용평등과 일 · 가정양립지원에 관한 법률, 고용보험법, 임금채권보장기금법, 파견근로자보호법, 기간제 및 단시간근로자 보호 등에 관한 법률(이른바 비정규직 보호법) 등이 있다. 집단적 노사관계법에는 노동조합 및 노동관계조정법, 근로자 참여 및 협력증진에 관한 법, 노동위원회법 등이 있다. 노동시장은 기업의 인적자원관리에 있어 필요한 노동력의 조달처로서 중요한 의미를 가지며 노동력의 수급상황 여하에 따라 기업의 인적자원관리는 커다란 영향을 받게 된다. 노동조합은 기업별 조합이든 산별조합이든 기업조직의 인적자원관리에 때로는 협력하고 때로는 비판자로 기능하면서 인적자원관리의 중요한 한 축을 이루고 있다. 그리고 내부환경변수로서는 경영자의 경영철학, 경영전략, 조직문화, 그리고 해당기업의 기술적 특성을 설정하였다. 인적자원관리 시스템에서는 투입요소로서 사람과 직무의 결합을 들었고, 투입요소를 산출로 전환시키는 과정에서는 인적자원의 확보활동, 평가활동, 업적관리활동, 보상활동, 개발활동 등을 설정하였다. 산출요소로서는 인적자원관리의 종업원측 성과로서 역량향상(competency), 동기유발(고몰입), 근무태도를 들고, 기업측 성과로는 업적, 인적자원유지, 법적요건의 준수, 기업 이미지의 개선 등을 들었다. 이외에 인적자원관리 시스템의 효율적 운영여부를 평가하고 그 개선방안을 모색하는 프로세스로서 인사감사활동을 설정하였다.

이 모델에 기초하여 본서의 제1부는 인적자원관리에 대한 기초적 이해를 위한 도입부로 설정되었고, 제2부는 인적자원관리 시스템의 투입요소, 제3부는 전환과정, 즉 성과창출과정이 설정되었으며, 제4부는 인적자원관리 시스템에 대한 평가가 배치되었다.

연습문제

1. 인적자원의 개념을 설명해 보시오.

2. 인적자원관리의 특질에 대해 설명해 보시오.

3. 인적자원관리의 대표적 모델인 하버드 모델과 미시간 모델의 특징에 대해 설명해 보시오.

4. 인적자원관리의 체계에 대해 설명해 보시오.

5. 인적자원의 조달방법인 내부 조달방식(make policy)과 외부조달방식(buy policy)의 유불리점에 대해 설명해 보시오.

6. 인적자원관리에서 노사관계보다 종업원관계를 중시하는 이유는 무엇이며, 이에 대한 당신의 평가는?

7. 한국기업에서 실무적으로 사용되고 있는 실적과, 성과관리에서의 성과 간에는 어떤 차이가 있는가?

제2장

인적자원관리 시스템의 개요와 주요 환경변화

01 · 인적자원과 인적자원관리 시스템의 상호 관련성
02 · 기술의 변화
03 · 노동환경의 변화
04 · 조직형태의 변화

학습목표

인적자원과 인적자원관리 시스템의 상호 관련성, 인적자원관리 시스템의 주요 외부환경변수, 인적자원관리 시스템의 주요 내부환경변수, 밀레니엄세대, 조직 문화가 인적자원관리에 미치는 영향

인적자원을 관리함에 있어서는 일정한 프로세스와 그에 영향을 미치는 조직 내·외의 환경변수를 고려해야만 한다. 인적자원관리를 위한 일정한 프로세스를 인적자원관리 시스템이라 할 수 있으며, 이 시스템은 개방체계로서 그 조직이 속해 있는 여러 가지 외부환경변수, 예를 들면 크게는 정치, 경제, 사회, 문화적 변수로부터 보다 직접적으로는 노동법, 노동시장, 노동조합과 같은 변수들로부터 영향을 받는다. 또한 조직시스템의 하위관리시스템인 까닭에 조직수준에서의 주요한 내부환경변수인 경영이념이나 경영전략, 기술적 특성, 조직문화 등과 같은 변수들의 영향을 받는다. 이 장에서는 인적자원을 활용하는 인적자원관리 시스템의 중요성과, 인적자원관리 시스템의 운영에 영향을 미치는 주요한 조직 내외의 환경변수에 대해 살펴보고자 한다.

01 · 인적자원과 인적자원관리 시스템의 상호 관련성

인적자원이 기업의 지속적 경쟁우위의 원천이 되는 잠재적 가능성을 갖는 자원이라고 할 때 그러면 어떻게 인적자원이 가진 가능성을 최대한으로 발현해 낼 수 있을까라는 문제가 생긴다. 즉 인적자원과 인적자원관리 시스템 사이의 관계다. 인적자원이 기업과 직접으로 고용관계를 맺고 있는 인적자본의 기초라고 한다면 인적자원관리 시스템이란 보유하고 있는 인적자본을 기업목표를 향하여 분발하도록 동기부여, 관리하는 다양한 조직적 활동이다. 인적자원과 인적자원관리 시스템과의 관계를 이해하기 위해서는 인적자원이 지닌 능력과 행동을 구분하여 생각할 필요가 있다.

먼저 선발시스템에 의해 채용된 인적자원에 대해 생각해 보면 기업이 통제할 수 있는 것은 어디까지나 인적자원의 행동이다. 그런 의미에서 인적자원 그 자체는 지속적인 경쟁우위의 필요조건이지만 충분조건은 아니다. 왜냐하면 기업이 보유하고 있는 인적자원이 반드시 기업목표를 향해 분발한다고는 할 수 없기 때문이다. 중요한 것은 기업의 목표를 달성하기 위하여 분발하도록 인적자원의 행동을 촉구하는 관리시스템을 구축하는 것이다. 실제로 선발과 교육훈련, 보상시스템과 같은 인적자원관리 시스템의 목표는 종업원을 동기부여하여 인적자원의 노력이 절내적인 양과 수준을 고양하고, 궁극직으로 기업성과를 높이는 것에 두고 있다. 요컨대 인적자원은 인적자원관리 시스템에 의해 비로소 지속적 경쟁우위의 원천이 되는 것이다.

이와 같은 측면에서 인적자원관리 시스템이 기업에 부가가치를 부여한다는 것은 분명하다. 그러나 Wright 등은 인적자원관리 시스템은 경쟁기업에 의해 모방되기 쉽다는 점에서 지속적 경쟁우위의 원천이 될 수 없다고 지적하고 있다. 인적자원관리 시스템과 관련된 의사결정을 내릴 때 업적이 양호한 기업의 인적자원관리 시스템이 벤치마킹되고 있다는 사실에 비추어 볼 때 확실히 인적자원관리 시스템은 모방하기 쉬운 것으로 생각될 수 있다. 그러나 이러한 인식은 인적자원관리 시스템의 외형적인 부분에 한해서 정당하다 할 것이다. 따라서 인적자원관리 시스템은 그것이 외부에서 파악하기 힘든 기업의 일상적인 운영시스템과 밀접하게 결합되어 기업의 부가가치를 높이는 데에 공헌하는 경우 지속적인 경쟁우위의 원천이 될 수 있다. 그 이유로서는 다음 두 가지 점을 들 수 있다.

한 가지는 인적자원관리 시스템을 구성하고 있는 여러 가지 기능 간의 내적 적합성(internal fitness)이다. 일반적으로 복잡한 시스템을 모방하기 위해서는 시스템을 구성하고 있는 각각의 기능이 어떻게 상호작용하는가를 확실하게 파악하지 않으면 안 된다. 그러나 이 같은 상호작용을 파악하는 것은 대단히 어렵기 때문에 이런 의미에서 인적자원관리 시스템 내의 다양한 기능, 예를 들면 확보, 개발, 보상, 유지와 같은 활동들 간의 내적 적합성과 조직성과와의 관련성은 인과관계의 모호성(causal ambiguity)의 원인이 된다.

다른 한 가지는 외적 적합성(external fitness)이다. 여기서 말하는 외적 적합성이란 컨틴젼시 이론에 근거한 전략적 인적자원관리론이 인식하는 것처럼 단순히 기업전략과 인적자원관리 전략과의 적합성을 의미하는 것이 아니다. 그것은 인적자원관리 시스템이 기업의 일상적인 운영시스템과 밀접하게 연관되어 상품개발의 속도나 고객서비스, 품질과 같은 기업의 구체적 경영문제를 해결하는 데 매우 유용하다는 의미에서의 외적 적합성이다. 이런 의미에서의 외적 적합성은 컨틴젼시 이론에 근거한 전략적 인적자원관리론에서 말하는 기업전략과 인적자원관리 전략과의 적합성을 뛰어 넘는 기업 특수적인 성격을 지님으로써 경쟁기업의 모방을 어렵게 만드는 요소로 작용한다. 자원기반 관점에 근거한 전략적 인적자원관리론이 인적자원관리 시스템을 둘러싼 제문제를 해결하는 돌파구로서 내적, 외적 적합성을 포함한 시스템으로서의 인적자원관리를 대단히 중시하는 이유가 여기에 있다.

시스템으로서의 인적자원관리의 논의와 함께, 전략적 인적자원관리의 논의 중에서 한 가지 더 주목할 가치가 있는 것은 인적자원이 가진 능력을 최대한으로 도출해낼 수 있는, 어느 기업에서도 보편적으로 적용가능한 인적자원관리 시스템의 조합이 존재한다고 하는 최상의 모범사례(best practice)에 관한 논의라고 할 수 있다. 그 배경에는 특히 미국의 경우, 이제까지 인적자원관리 시스템이 너무나 비용 중심적이었기 때문에 인적자원이 가진 능력이 절반밖에 이용되고 있지 않고 그것이 결과적으로 미국기업의 경쟁우위의 악화로 연계되고 있다는 인식이 존재하고 있다. 따라서 최상의 모범사례를 준거기준으로 삼은 인적자원관리 시스템의 구축을 통해 경쟁력을 강화시킬 수 있을 것으로 추론할 수 있다.

02 · 기술의 변화

2.1 4차 산업혁명과 일자리

4차 산업혁명(Fourth Industrial Revolution)은 정보통신기술(ICT)의 융합을 중심으로 빅 데이터, 인공지능, 로봇공학, 사물인터넷, 무인운송수단, 3D 프린트, 나노기술과 같은 6대 분야의 새로운 기술혁신을 말한다. 4차 산업혁명은 클라우스 슈바프(Klaus Schwab)가 의장으로 있는 세계 경제포럼(World Economic Forum, WEF)에서 2016년에 주창된 용어이다. 4차 산업혁명은 물리적, 생물학적, 디지털적 세계를 빅 데이터로 통합시키고 경제 및 산업분야에 영향을 미치는 다양한 신기술로 설명될 수 있다. 물리적, 디지털관점의 통합은 O2O(online to offline), 가상현실(VR)과 증강현실(AR)을 통해 이루어지고, 생물학적 관점에서는 인체의 정보를 디지털 특성에 접목하는 기술인 스마트워치나 스마트밴드를 이용하여 모바일 헬스케어를 구현할 수 있다.

클라우스 슈바프에 의하면 초연결지능(Hyper-connected intelligence)의 시대인 4차 산업혁명 시대는 모든 산업분야에서 획기적인 과학기술의 발전이 규모와 속도, 그리고 범위면에서 기존의 1~3차 산업혁명에 비해 상상이상으로 매우 빠르고 폭넓게 전개될 것이라고 주장하였다.

특히 인공지능과 빅 데이터의 특성은 인적자원관리 차원에서도 매우 중요하고 신중하게 다루어야 할 주제이다. 일본 미쓰비시 종합연구소는 채용 시 서류심사를 인공지능이 대신하는 시스템을 개발했다. 과거 어떤 인재를 선발해왔는지를 인공지능이 학습한 후 입사지원자 중 가장 적합한 사람을 추천하는 방식이다. 구글과 도이치방크도 신입사원채용과정에서 서류심사에 인공지능을 도입하였다. 빅 데이터와 설문을 통해 재직중인 우수직원의 특성을 분석해 우수직원 프로파일을 만들고 입사 지원자가 설문지를 작성하면 인공지능이 이 프로파일과 비교분석하여 지원자에게 적합도 점수를 부여한다.

일본 오라클은 고객기업의 직원을 대상으로 과거업무내용, 실적, 역량평가 등을 분석해 해당 직원에게 가장 적합한 부서 · 직책 · 업무가 무엇인지 판단해준다. 세기의 대결로 관심을 모았던 이세돌 9단을 물리친 알파고는 바둑 잘 두는 법을 컴퓨터에 입력하는 방식대신에 바둑고수들의 대국데이터를 컴퓨터가 스스로 학습하도록 하여 기본적인 실력을 쌓은 이후에는 자기 자신과 수백만번의 대국을 통한 강화학습(Reinforcement Learning)을 바탕으로 인간고수를 이길 수 있는 실력을 축적할 수 있었다.

이렇듯 인공지능 등 기술의 획기적인 발전은 인적자원관리와 개발분야에도 많은 변화를 일으켰으며 앞으로 그 영향력은 점점 더 커질 것이다. 이는 앞서 기술한 바와 같이 급진적인 기술적 성과들이 인간의 업무를 대체하며 자동화가 가능한 업무의 경계를 무너뜨리고 확대되고 있기 때문이다.

2016년 세계경제포럼이 발표한 '직업의 미래' 보고서에 따르면 인공지능이 향후 새로운 일자리를 만들어 내겠지만 기존 일자리가 사라지는 과정에서 직업이동이 어려운 노동자들의 실질적 충격이 발생될 수도 있고 경제전반의 양극화 문제를 확산시킬 수 있을 것으로 보고하였다.

글로벌 컨설팅기업인 맥킨지(McKinsey)는 2055년 내에 인간업무활동의 50% 정도가 로봇과 인공지능에 의해 자동화될 수 있다고 주장하였고 한국노동연구원이 2015년에 발간한 보고서에 따르면, 한국의 전체고용인원의 55~57%는 로봇에 의해 자동화될 가능성이 큰 직업군에서 일하고 있다고 발표하였다.

인공지능 기술의 발전에 따른 고용의 변화는 이미 각 산업군에서 빠르게 일어나고 있다. 예를 들면 금융업계에서는 사람이 하기 어려운 수 백 가지 상품을 동시에 만들고 제안할 수 있는 로봇 어드바이저(Robot advisor)가 생겨났고 의료업계에서는 IBM의 슈퍼컴퓨터 왓슨이 도입되어 질병진단에 참여하고 있으며, 각 나라의 법조문과 판례를 찾아 특정 케이스를 정확히 분석해 주는 로봇변호사도 등장했다. 미국 Amazon의 '키바(Kiva)'라는 로봇은 사람보다 네 배 빠른 속도로 고객이 주문한 물건을 찾아서 배송하여 도입 2년 만에 운영비용의 20%를 절감하였다. 반복되는 사무 및 행정지원업무는 자동화 프로그래밍에 의해 대체되기 쉬운 일이 될 것이고, 회계관리나 성과관리분야에서는 이미 다양한 프로그램들이 사무 및 행정지원 일자리를 대체하고 있다.

2013년, 인공지능의 발전으로 많은 비정형화된 업무가 컴퓨터로 대체될 수 있다고 주장했던 영국 옥스포드 대학의 경제학자 프레이(C. Frey) 교수와 인공지능전문가 오스본(M. Osborne) 교수의 연구이후, 인공지능이 일자리에 미칠 영향에 대한 논의가 활발하게 이루어지기 시작했다. 다만 이들은 10~20년 후에도 인공지능이 대체하기 힘든 업무를 창의적 지능, 사회적 지능, 감지 및 조작 등 세 가지 업무로 국한해 제시하였고, 미국 노동시장 일자리의 47%가 향후 10~20년 후에 인공지능에 의해서 자동화될 가능성이 큰 고위험군으로 나타난다고 주장하였다. 프레이 & 오스본(2013)의 연구에서 도출한 직업별 대체확률을 우리나라 직업별로 변환해 423개 직업에 적용하여 분석한 LG경제연구원(2018)의 연구에 의하면 사무, 판매, 기계조작 직군 대체가능성이 큰 것으로 나타났다.

이 연구에 의하면 '관리자'와 '전문가 및 관련 종사자'의 경우 대체확률이 낮은 부분의 직종들이 많이 분포해 있는 것을 알 수 있다. 한편, 인공지능의 일자리 대체가 늘면서 발생하는 잉여인력이 노사이슈와 연결돼 사회적 갈등으로 비화될 가능성이 커 이에 대한 사전대비가 필요할 것이다. 다만, 이런 갈등이 4차 산업혁명의 속도를 늦추거나 방해할 수는 없을 것으로 보인다. 단순한 재교육을 통한 전환배치 등의 방법에는 한계가 있다. 시간이 경과될수록 잉여인력은 급증하게 되어 경영에 큰 부담이 될 것이므로 이에 대한 대안을 수립해야 할 것이다. 따라서 인공지능과 빅 데이터로 설명되는 곧 다가올 미래에는 노동시장의 충격을 흡수할 수 있는 정책과 제도가 고려됨과 동시에 기술적인 이점을 누릴 수 있는 방향이 연구되어야 할 것이다.

2.2 4차 산업혁명과 인적자원관리

4차 산업혁명의 변화에 대응하기 위해서는 조직내에도 새로운 변화가 불가피할 것이다. 새로운 플랫폼, 시스템, 제도의 개발, 새로운 가치체계와 조직문화의 정립과 전략적이고 창조적인 업무의 중요성은 더욱 강조될 것이다. 특히 급여와 보상업무는 이미 자동화 비율이 가장 높은 영역이다. 높은 연산능력을 가진 인공지능이 급여운영의 알고리즘만 연결하면 급여와 보상에 관한 모든 작업이 실시간으로 자동처리될 것이다. 이때 급여담당자는 기본 데이터의 제공, 운영의 모니터링, 문제중재자가 될 것이며 인공지능이 급여담당자의 업무를 대신하게 될 것으로 예상된다.

채용분야에서도 인공지능의 활용이 활발해지고 있고 이러한 변화는 앞서 기술한 바와 같이 다양한 국가에서 개발 · 시행되고 있다. 쌍방소통과 대화가 가능하고, 사람의 감정을 읽고 느끼는 인공지능이 면접관의 역할을 수행하여 사람의 오류와 실수를 줄여주고, 지원자의 역량과 업무 적합성을 논리적으로 판단해 효과적인 채용이 가능해 질 수 있다. 이는 최근 화두인 블라인드 채용에도 최적의 솔루션이 될 수 있을 것이다. 중요한 것은 인공지능채용시스템과 사람과의 협업을 통해 가장 효과적이고 효율적인 결과를 도출 할 수 있는 구체적인 운영방안의 수립이 필요하다.

효과적인 성과관리를 위해서는 리더들의 후배들에 대한 개인적인 관심과 지속적인 면담 등 관리가 필요하지만 전형적으로 성과관리는 일정한 규칙과 절차에 의해 운영되는 표준 프로세스 영역이다. 물론 현재도 많은 기업들은 e-HR을 통해 평가의 전산화가 운영되고 있지만, 인공지능의 알고리즘이 접목되면 목표설정-중간평가-최종평가-보상연계의 모든 프로세스가 실시간으로 관리될 수 있을 것이다. 인공지능으로 평가에 필요한 핵심 데이터가 실시간 공유가 가능해져 사람의 개입, 조정, 판단의 영역이 줄어드는 반면 평가의 속도나 정확성은 획기적으로 늘어날 것이다. 하지만 평가시스템의 자동화에 따른 역량평가, 운영모니터링, 면담강화 등의 평가정합성을 제고하기 위한 대책들도 필요하다.

4차 산업혁명은 인공지능이 딥러닝(deep learning)을 통한 자기학습을 통해 알고리즘을 계속 진화시키며 발전하고 있다. 이와 더불어 사물인터넷으로 시공을 초월해 업무를 처리하는 유비쿼터스(Ubiquitous) & 가상 네트워크(Virtual Network)가 인공지능과 융합해 사람을 대체할 수 있는 가능성이 커지고 있다. 이미 사물인터넷과 인공지능이 융합된 핀테크, 클라우드, 빅 데이터, 드론, 왓슨, 로봇 등의 다양한 애플리케이션들이 경영에 접목되면서 진화를 거듭하고 있다. 특히 빅 데이터의 활용을 통한 초고속 문제해결능력으로 인공지능에 대한 신뢰도는 급상승하고 있고, 세상의 모든 정보를 연결해 원하는 업무를 처리해 내는 능력은 고도화되고 있다.

이처럼 인공지능이 사람의 일자리를 대체하면서 직업과 직무의 상실, 인간과 인공지능이 공존해야 하는 새로운 패러다임, 사물인터넷의 발전에 힘입어 직장이라는 물리적 공간과 인간관계중심의 일하는 방식과 문화가 시공을 초월하는 가상의 네트워크에서 인공지능과 협업하는 체제로 변화될 것이라는 전망은 인적자원관리 차원에서 각별히 주목해야 할 점이라고 하겠다.

2.3 HR 애널리틱스

HR 애널리틱스는 통계학, 인공지능, 데이터 시각화기술을 HR 데이터에 적용하여 직원과 관련한 주요 문제들에 대해 사실과 증거에 기반하여 의사결정을 내리는 것으로 설명할 수 있다. 다시 말해 HR 애널리틱스는 비지니스 성과의 차이를 나타내는 직원들의 특성과 환경적 요인을 발견하고 그 차이를 줄여나가는 작업이라고 할 수 있다.

기업의 채용담당자가 후보자를 선별함에 있어 인터뷰결과라는 주관적 판단외에 후보자의 적합성판단에 컴퓨터 알고리즘을 활용하였을 때 50% 이상의 성과 향상을 가져왔다는 보고가 있다.[1] 일반적인 채용과정 상에서 보이는 주관적인 판단에 빅 데이터, 머신러닝, HR 애널리틱스 등 신기술을 접목함으로써 의사결정의 정확성과 효과성을 보다 극대화한 예라고 할 수 있다. 이미 많은 해외기업에서는 채용과정외에 정확한 성과평가, 퇴사자예측, 조직문화개선 등 다양한 HR 분야에 이러한 애널리틱스 등의 신기술을 접목한 사례들을 찾아볼 수 있다.

국내 주요 대기업을 중심으로 '데이터 중심경영'을 목표로 한 회사의 전략방향에 변화를 모색하고 있으나 어디까지나 전략, 사업, 마케팅 부서 등 매출, 영업, 실적 등과 밀접한 부서들의 업무에 국한된다. 이러한 상황에서 HR 부서는 업무에 기술을 적용하기 보다는 부서들의 변화된 요구사항에 맞도록 빅 데이터, AI, 머신러닝 등에 전문성을 가진 인재확보에만 집중하고 있다. 그 이유는 HR부서에서 애널리틱스를 활용한 데이터경영을 어디서부터 어떻게 활용해야 할지에 대한 구체적인 방법이 명확하지 않기 때문이라고 할 수 있다. 부서내에 적합한 분석/통계전문인력도 없고, 방대한 데이터는 있지만 무엇부터 해야할지 막막한 상황, 그리고 적합한 인사시스템도 부재한 상황이 아마 대부분의 HR 부서의 현실일 것이다.

해외의 경우 애널리틱스를 인적자원분야에 효과적으로 적용한 사례가 있다. IBM 호주/뉴

1) 동아비지니스 리뷰.

질랜드 HR팀은 빅 데이터를 이용해 회사인력의 패턴을 예측해오고 있다. IBM이 애널리틱스를 통해 진행한 실험 가운데 하나로는 인력이 떠나는 이유와 조직내 갈등에 대한 것이 있었다. IBM 호주/뉴질랜드 HR 담당자는 "인력에 대한 정보와 변인들, 예를 들어 연봉과 같은 정보를 획득하기 위해 '경도(longtitudal) 데이터'라는 이름의 방대한 데이터를 수집해 시작하게 된다"고 말했다. 이러한 정보를 모두 수집한 이후 갈등위험이 존재하는 곳은 어디인지, 또는 연봉상승 등이 어떤 변화를 초래하는지를 실험했고 기술인력에 대한 분석결과를 조합하는 것이었다. 이를 위해 조합한 정보로는 이력서, 자격증, 기술수준 외에 다양한 것들이 있었다.

GE는 Digital GE를 표방한다는 기조하에 HR 전 영역에 걸쳐 HR 애널리틱스를 활용하기 위해 필요한 시스템을 구축하고 제도를 바꿔 나가고 있다. 우선 임원을 위한 경력 및 승계계획 어플리케이션을 개발하였다. 과거이동, 배치데이터와 직무기술서를 기반으로 특정 사업부나 지역에서 필요한 인력을 탐색할 시, 적합한 사람을 찾도록 추천해 주고 관심있는 사람들도 이런 기회를 발견할 수 있도록 돕는 시스템이다. 육성분야에도 현재의 업무성과 개선과 자기계발을 위해 필요한 훈련과 교육을 추천해 주고, 이와 관련한 실시간 피드백을 상사 및 동료와 주고받을 수 있는 어플리케이션을 도입하였다. 또한, 핵심 인재발굴과 유지를 위해 'Pareto Frontier[2]라는 새로운 기술을 적용한 시스템을 도입하였다. 연봉인상, 보너스, 승진율 등의 기본정보를 활용하여 이직 가능성 있는 인재를 미리 예측하여 사전에 조직적으로 예방할 수 있도록 도와주는 시스템이다. 과거 연례 상대평가로 구성원들의 성과를 구분하고, 이에 맞는 육성 및 배치를 지향하던 것에서 앞으로는 다양한 시스템들을 통해 구성원의 성과를 측정하고 최적의 방안으로 인재를 활용하기 위한 데이터의 중요성을 인식한 위에 근본적인 HR의 모델을 바꿔 나가고 있는 것으로 보인다.

2.4 인적자원관리 기능의 변화

인사부서는 전략적 역할로 변화하기 위해 노력해 왔지만 아직까지는 전략의 주 파트너로 자리매김을 완전히 못하고 있는 상황이다. 하지만 4차 산업혁명시대에는 인사부서가 전략의 파트너가 아니라 전략 및 사업의 주요한 일부로서 변화의 주체가 되어야 할 것이다. 특히 인

2) Trade-off가 존재하는 상황에서 최적의 조건을 찾는 모델링 기법

공지능과 빅 데이터와의 경쟁에서 인간의 영역을 확보하고, 인간역량발휘를 극대화하고자 하는 인적자원관리의 전략이 필요하다. 이를 위해서는 창의력과 융·복합역량을 갖춘 인재의 확보 및 육성이 무엇보다 중요해질 것이다.

4차 산업혁명은 분명히 혁신적인 변화가 분명하지만 결국 조직, 특히 경영의 핵심차원은 인공지능 로봇이 가질 수 없는 직관과 공감능력을 갖춘 인적자원일 것이다. 결국은 사람의 관점·생각·행동의 변화가 조직의 변화를 이끌어내는 것이다. 따라서 4차 산업혁명시대가 오더라도 인적자원을 관리하는 담당자들은 직원들을 관리의 대상이 아니라 회사를 이끌어 가는 핵심으로 인식해야 할 것이다. 이는 미래 사회에서도 역시 끊임없는 학습을 통해 보다 높은 성과창출을 발현하기 위해 업무에 몰입하는 직원들이 회사의 미래를 이끌어 갈 것이기 때문이다.

4차 산업혁명시대에는 물리적, 조직적인 경계가 모호해지고 일하는 방식 및 사람을 관리하는 방식이 크게 변화할 것이다. 점진적으로 일하는 장소는 큰 의미가 없게 되고 다양한 공간에 있는 내외부 전문가들과 서로 연결되고 협력하면서 일하게 될 것이다. 인사부서는 직원들에 대한 일방적 관리가 아닌 상호 유기적으로 업무를 할 수 있는 플랫폼을 제공하는 것이 새로운 역할이 될 것이다. 더불어 새로운 노사관계 모델이 출현하게 되어 법규화되면서 이에 대한 적정한 대응이 필요하다. 또한 근무시간 및 장소의 유연성을 높여 인재의 다양성을 높이기 위한 노력이 필요하다. 인사업무는 정성적이고 직관적인 경향이 있으나 향후에는 데이터를 통한 객관성을 확보하고 의사결정을 지원하는 방향이 되어야 할 것이다.

구글의 경우 People Analytics팀을 만들어 데이터기반의 인사관리를 하고 있고 이러한 결과를 통해 통계적, 분석적 방법으로 경영의사결정을 지원하고 있다. 향후 인적자원관리는 변화되는 환경에 대응하기 위해 통계적, 분석적 기법을 활용하여 신규직무, 예상되는 인력과잉, 변화하는 직무스킬 등을 조기에 파악할 수 있어야 하고 이를 통해 인력계획 및 인재관리 계획을 수립할 수 있어야 한다.

4차 산업혁명의 시대, 기업경영의 변화에 대하여 경영자들은 '사람이 더욱 중요해질 것'이라고 답한다. 4차 산업혁명의 시대에는 눈에 보이지 않는 것을 생산해야 하기 때문에 구성원들이 '머리'와 '가슴'을 잘 사용할 수 있게 하는 것이 무엇보다 중요하다는 것, 결국 자율적이고 자발적인 경영환경을 구축하지 않으면 기업이 좋은 성과를 얻기 어려워지리라는 것이다. 피터 드러커는 미래를 가장 잘 예측하는 방법은 미래를 만들어가는 것이라고 했다. 결국 현재 도래하고 있는 4산업혁명의 시대에 올바르게 대비하기 위해서는 4차 산업혁명의 본질이

'인간'이라는 것을 이해하면서 미래를 만들어가야 할 것이다.

03 · 노동환경의 변화

3.1 베이비부머세대의 퇴장과 MZ세대의 등장

베이비부머 세대의 퇴장과 MZ세대의 등장은 현대 노동환경에 중대한 변화를 가져오고 있다. 베이비부머 세대는 전후 경제성장과 함께 안정적인 직장과 가족 중심의 삶을 중시하며 성장한 세대이다. 반면, MZ세대는 디지털 환경에서 자라난 세대로, 개인의 자유와 다양성을 중시하며 새로운 가치관을 가지고있다. 이러한 세대 간의 차이는 노동환경의 구조와 문화에 큰 영향을 미치고 있으며, 이는 기업의 운영 방식과 인사 관리, 직장 내 문화에까지 영향을 미치고 있다.

M세대와 Z세대를 합친 MZ세대는 두 세대를 통칭하여 부르는 말이다. M세대는 1980-1995년 출생자를 Z세대는 1996년-2005년 출생자를 의미한다. 90년생은 밀레니엄 세대와 Z세대에 걸쳐 있음을 알 수 있다. 통계청에 따르면 2022년 기준 MZ세대는 총인구의 32.5%를 차지한다. M세대는 10,330천 명(20.6%), Z세대는 5,969천 명(11.9%)이다.

MZ세대는 일반적으로 세 가지 특성을 보인다. 첫째, 개인적인 면에서 새로운 도전이나 문화를 받아들이는 데 있어서 거부감을 느끼지 않고 오히려 새로운 경험을 즐기는 태도를 보여준다. 또한 자신의 가치관이 명확하고 일에 대한 성취감을 추구하는 강한 욕구를 지닌 특성이 있으며, 주변의 인정을 중요하게 여긴다. 둘째, 관계적인 측면에서는 조직의 팀워크 행동 강조를 통해 집단행동을 즐기지만, 리더의 영향력이 크게 나타나지 않는 간접적인 인간관계를 선호하는 특징을 보인다. 셋째, 기술적인 측면에서 디지털 환경의 변화에 익숙하고 디지털 환경을 기반으로 상호 소통 및 공유하는 커뮤니케이션 형태를 선호하는 특징을 보인다.

베이비부머 세대는 전통적인 직장 문화를 중시하며, 안정성과 장기근속을 중요하게 여겼다. 이들은 직장에서의 충성심과 헌신을 강조하며, 정해진 경로를 따라 승진하는 것을 당연하게 여겼다. 반면, MZ세대는 개인의 삶의 질과 일과 삶의 균형을 중시하며, 직장에 대한 충성도보다 개인의 성장과 발전을 더 중요하게 생각한다. 이들은 직장 내에서의 유연한 근무환경과 자율성을 요구하며, 수직적인 조직 구조보다는 수평적인 협업 문화를 선호한다.

MZ세대의 등장은 유연한 근무 형태의 확산을 촉진하고 있다. 재택근무, 원격근무, 플렉스 근무제 등 다양한 근무 형태가 도입되면서, 직원들은 자신의 생활 패턴에 맞춰 일할 수 있는 기회를 가지게 되었다. 이러한 변화는 특히 팬데믹 이후 더욱 가속화되었으며, 많은 기업들이 유연한 근무 방식을 채택하고 있다. 이는 직원들의 만족도를 높이고, 생산성을 향상시키는 긍정적인 결과를 가져오고 있다.

MZ세대는 직장 내에서의 소통과 협업을 중시한다. 이들은 수직적인 권위보다는 수평적인 관계를 선호하며, 팀워크와 협업을 통해 문제를 해결하는 방식을 선호한다. 이러한 변화는 기업의 조직 문화에도 영향을 미치고 있으며, 많은 기업들이 개방적이고 수평적인 조직 문화를 구축하기 위해 노력하고 있다. 또한, MZ세대는 다양성과 포용성을 중시하며, 이를 반영한 인사 정책과 프로그램이 필요하다.

MZ세대는 디지털 네이티브로서, 기술을 활용한 업무방식을 자연스럽게 받아들이고 있다. 이들은 소셜 미디어, 협업 도구, 클라우드 서비스 등을 통해 효율적으로 소통하고 협업할 수 있는 환경을 조성하고 있다. 기업들은 이러한 기술을 적극적으로 도입하여 업무 효율성을 높이고, 직원들이 보다 쉽게 정보를 공유하고 협력할 수 있는 시스템을 구축해야 한다.

MZ세대의 등장으로 인해 인사관리방식도 변화하고 있다. 전통적인 인사 관리 방식은 성과 중심의 평가와 승진체계를 중시했으나, MZ세대는 개인의 성장과 개발을 중시한다. 이에 따라 기업들은 멘토링 프로그램, 교육 및 개발기회를 제공하여 직원들이 지속적으로 성장할 수 있도록 지원해야 한다. 또한, 성과평가방식도 변화하여, 팀 단위의 성과를 중시하고, 개인의 기여도를 보다 공정하게 평가할 수 있는 시스템이 필요하다.

베이비부머 세대의 퇴장과 MZ세대의 등장은 노동환경에 중대한 변화를 가져오고 있다. 유연한 근무 형태의 확산, 직장 내 문화의 변화, 기술의 활용, 인사관리의 변화 등은 모두 MZ세대의 가치관과 요구에 부응하는 방향으로 진행되고 있다. 이러한 변화는 기업의 경쟁력을 높이고, 직원들의 만족도를 향상시키는 긍정적인 결과를 가져올 것이다. 앞으로의 노동환경은 더욱 다양하고 유연해질 것이며, 기업들은 이러한 변화에 적응하고 선도하는 것이 중요하다. MZ세대의 가치관을 이해하고 이를 반영한 정책과 문화를 구축하는 것이 기업의 지속가능한 발전을 위한 핵심이 될 것이다.

3.2 조직 내 MZ 세대에 대한 선입견

앞서 기술한 다양한 특성이 있는 MZ세대가 대다수를 차지하고 있는 기업내에서 그 들을 인적자원관리 측면에서 어떻게 이해해야 하는가?

(1) MZ세대는 이중적이다?

취업난이 매우 심각하다는 것은 언급하지 않아도 되는 커다란 사회적 문제 중 하나이다. 그런데 MZ세대들은 그 힘든 취업관문을 통과한 뒤에도 쉽게 직장을 그만두는 것처럼 보인다. 빨리 취업에 성공해서 '주류'로 편입하고 싶다는 갈망이 높으면서도 본인의 성향과 맞지 않으면 기성세대들에 비해 쉽게 그만두는 것처럼 보인다. 그러한 이유는 MZ세대들은 그만큼 자신이 하는 일에 대해 '가치'를 높게 추구하고, 자신의 성장에 기초한 '성취감'에 대한 욕구가 크기 때문일 것이다. 그 어려운 취업문을 통과했다 하더라도 막상 그 기업이 내가 추구하는 가치와 다르면 거리낌없이 그만두는 것도 그 가치를 얼마나 중요하게 여기는지를 보여주는 것이다. 이처럼 높은 가치달성을 추구하는 만큼 업무에서도 본인이 만들어 낸 가치있는 성과에 대해 적절한 보상을 요구하는 것도 당연하다고 할 수 있다.

(2) MZ세대는 개인주의적이다?

MZ세대는 함께 개인적인 이야기를 나누기를 꺼려하고 조언을 받아들이지 않는다는 점에서 개인주의, 또는 이기적이라고 오해를 불러일으키기도 한다. 그러나 밀레니얼들은 동료간에 고민을 나눌 수 있는 깊은 관계를 추구하며, 상사와도 심도있는 대화를 통해 본인의 의견을 인정받고자 하는 경향이 높다. 2017년 오라클에서 발표한 '밀레니얼 세대의 직무몰입'이라는 자료에 의하면 91%에 해당되는 밀레니얼이 상사와 자유롭게 자신의 의견을 나누고 싶어하며, 자신들의 업무와 아이디어가 존중받는다고 느꼈을 때 업무에 대한 몰입도가 더욱 높아진다고 밝혔다. 이들은 상사의 역할도 과거에는 업무를 지시하고 성과를 평가하며, 보상을 제공하는 역할이었다면 이제는 멘토로서 올바른 방향을 제시해 주고, 자신들의 업무에 대해 의미와 가치를 부여하는 역할이 기대된다고 한다.

(3) MZ세대는 야근을 싫어한다?

MZ세대는 개인과 업무, 생활의 균형을 맞추는 것을 중요히 여긴다. 이는 업무 장소, 시간을 중시한다기보다, 정해진 시간 내에 자신들이 설정한 가치를 달성하는데 집중한다는 것을 의미한다. 본인의 계획에 따른 가치달성을 위해서는 긴 시간 동안 일할 수 있고 업무 외 시간에도 일할 수 있다는 의견이 대부분이다. 다만 이들은 본인 업무와 방법에 대해 누가 정해준 장소에서 정해준 방법대로 하기보다는 스스로 설정하고 통제하기를 원한다. 따라서 리더들은 밀레니얼에게 처음부터 명확하고 올바른 방향을 제시해 주고 코칭을 해준다면 그들 스스로 성장할 기회를 줄 수 있을 것이다.

3.3 근로시간 단축과 HR의 과제

근로시간 단축은 조직의 인적자원관리 차원에서 세 가지 해결해야 할 과제를 던져주고 있다.

(1) 근로시간을 어떻게 줄일 것인가?

근로시간을 단축하려는 가장 큰 이유가 '일자리 창출'이라고 한다면 기업은 단축되는 시간에 필요한 만큼의 신규인력을 채용해 주는 것이 가장 바람직한 방안이겠지만 기존의 관련제도를 개편함으로써 근로시간을 줄일 수도 있을 것이다. 탄력근무제, 유연근무제, 그리고 시간선택제 등을 사내에 도입하여 유연하게 대처하는 기업들이 늘고 있다. 더불어 출근과 퇴근만 기록되고 리포팅기능이 없어 따로 엑셀로 가공해야 했던 기존의 근태시스템에서 효과적으로 관리할 수 있는 더 효율적인 근태시스템의 사용이 늘어나고 있다.

기존 제도의 개편을 통한 근로시간의 단축방안으로는 첫째, 의사결정구조와 회의 및 보고절차의 개선이 필요하다. 신속하게 의사결정을 하고 집행함으로써 근로시간을 단축할 수 있다. 의사결정권한이 위임되지 않고 상위계층에 집중되어 있으면 사소한 부분까지 상위계층의 결제를 받아야 일이 진행되므로 실무자들은 일일이 상사의 결정을 받아야 하므로 많은 시간이 소요된다. 경영전략과 경영목표 그리고 핵심가치가 명확하게 공유된다면 실무자들은 자율적으로 의사결정을 하게 되고 업무처리하는 시간도 단축될 수 있을 것이다. 또한 회의와 보고를 간소화하는 것이 필요하다. 회의 및 보고의 종류도 많고 한 번 회의나 보고를 할 때 많은 시간이 소요되는 기업을 쉽게 볼 수 있다. 회의나 보고를 간소화해서 준비와 진행시간을 단축할 필요가 있다.

둘째는 조직구조와 업무절차의 개선이 필요하다. 중소기업의 특징 중 하나는 조직과 개개인의 직무가 중복돼 업무진행에 비효율이 발생하고 있다는 점이다. 각 조직의 미션과 이를 위한 직무와, 직무의 목적과 과업을 정의하고 조직과 개인의 역할과 책임을 명확하게 해야 한다. 각 조직과 개인의 직무와 과업에 대한 과제를 경영전략과 연계해 목표를 도출하고, 목표달성여부를 확인할 수 있는 평가지표를 선정해 관리함으로써 성과를 향상시켜야 한다. 또한, 직무분석을 통해 불필요한 프로세스나 업무내용을 개선하거나 제거해 업무량을 줄이는 노력이 필요하다.

(2) 임금을 어떻게 조정할 것인가?

근로시간 단축에는 노사 모두 공감하면서도 임금삭감에 대해서는 서로 입장이 다르다. 법원칙상 줄어드는 시간만큼 임금도 줄어드는 것은 당연하지만 실제 임금을 줄인다는 것이 쉬운 일은 아니다. 과거 법정기준근로시간을 주 40시간으로 단축했을 때(2004년)에는 기본급의 인상, 수당의 신설이나 증액 등의 방법으로 기존 임금수준을 어느 정도 보전해 준 사례가 많았다. 현재 대법원은 휴일근로가 연장근로에 해당할 경우 휴일근로수당 외에 연장근로 가산수당까지 중복하여 지급해야 한다는 입장을 유지하고 있으며, 이는 실무에서 이미 적용되고 있다. 그러나 이러한 원칙이 명시적 법률 규정으로 강화될 경우, 사업장에는 추가적인 인건비 부담이 발생할 가능성이 크다. 이에 따라 토요일을 휴일로 운영하는 사업장에서는 비용부담을 줄이기 위해 토요일을 휴무일로 전환하거나 휴일근로를 축소하는 방안을 검토할 필요성이 높아질 수 있다.

(3) 생산성을 어떻게 올릴 것인가?

근로시간 단축으로 인하여 인력충원이 불가피한 경우를 제외하면 인사담당자가 우선적으로 고민해야 할 부분은 바로 생산성을 향상시키기 위한 방안을 찾는 것이다. 기업에 존재하는 장시간근로의 근본원인이 어디에 있는지에 대한 분석을 통해 생산설비의 개선이나 업무방식의 혁신 등을 통한 생산성 향상방안을 찾아야 할 것이다. '생산성 자기고백 리포트' 조사결과[3)]에 의하면 하루 업무시간 중 개인적 활동시간이 1시간 54분, 하루 업무시간 중 비효율

3) Ernst & Young, 국내 서비스 및 사무직 종사자 3,000명 대상

적인 업무시간이 2시간 30분에 달하고, '한국 기업문화진단결과'[4]에 의하면 주5일 기준 3일 이상 야근하는 경우가 43.1%로서 습관적인 야근문화가 존재하는 것으로 나타났다.

근로시간 단축을 통한 일자리 나누기는 전 세계적인 흐름이라고 할 것이며, 우리나라도 근로시간 단축을 통해 노동생산성을 높이고 고용창출효과가 제대로 발생될 수 있게끔 올바른 방향으로 가야할 것이며 이후 확대적용 때까지 경제적 부작용을 최소화할 수 있도록 노사 모두 합리적으로 대응방안을 준비해 나아가야 할 것이다.

3.4 기업의 사람중심 경영과 '워라밸'

사람중심 경영이란 '단기이윤 · 효율' 대신 '구성원 행복 · 만족'을 목표로 삼는 새로운 경영이론으로, 유럽과 미국 등에서는 이미 기존 경영이론을 대체하는 새 흐름으로 기존 신자유주의 경제가 초래한 양극화문제를 극복하고 지속 가능한 발전을 가져다줄 새로운 경영의 트렌드로 주목받고 있다. 사람중심 경영의 도입방안으로 가장 주목받는 것이 바로 '직원행복경영'이다. 직원들이 회사생활을 통해 행복함을 느끼고, 자기생활이 즐거워야 회사를 위해 자발적으로 일에 몰입해 최선을 다해 일하게 된다. 그러면 자연스레 고객만족이 되고 개인과 회사는 발전하게 된다는 어떻게 보면 당연한 이야기이다.

하지만 분명한 것은 직원이 행복하다는 것이 복리후생제도만 잘 갖춰진 것을 의미하지는 않는다. 일본이나 독일의 세계적인 장수기업들의 사례에서 나타나는 특징 중의 하나는 직원들에 대해서 따뜻함과 함께 엄격함이 존재한다는 것이다. 결국 직원행복경영이나 일하기 좋은 직장의 핵심은 시켜서가 아니라 직원 스스로가 자발적으로 자기가 하는 일에 몰입함으로써 개인이 성장하고 회사도 같이 동반성장해 일에 대한 '자발적 몰입'이 행복으로 연결되어야만 한다.[5]

그래서 훌륭한 일터만들기(GWP, Great Work Place)가 크게 대두되고, 사람이 중심이 되는 인본주의 경영, 위대한 기업을 넘어 사랑받는 기업이 주목을 받는 이유이다. 미국 캔자스주립대 경영학과 토마스 라이트 박사팀은 근로자의 정신적 웰빙과 직업만족도가 회사의 실적

---

4) 대한상공회의소 & 맥킨지

5) 칙센트 미하이

에 미치는 영향을 조사한 결과, 행복하다고 느끼는 근로자가 있는 직장은 생산성이 10~25% 정도 높은 것으로 나타났다고 밝혔다. 이러한 연구결과는 직원행복이 결국 회사의 성공 또는 실패에 큰 영향을 미치는 것을 말해주는 것이다.

워라밸은 '일과 삶의 균형'을 뜻하는 '워크 앤 라이프 밸런스(Work and Life Balance)'의 앞 글자를 딴 신조어로 이미 널리 알려진 개념으로 회사를 평가하는 새로운 기준이 되고 있다.[6] 워라밸은 기업은 물론, 정부와 공공기관까지 확산되고 있고 분명 개개인의 삶과 라이프스타일을 변화시키는 기폭제가 될 것이다.

그렇다면 대기업과 달리 대규모투자나 제도개선이 어려운 중소기업들은 워라밸이 지켜지는 기업문화를 어떻게 준비해야할까? 최근 워라밸을 통해 직원에게 '저녁이 있는 삶'을 제공하는 강소기업들이 늘어나는 추세이다. 이들 회사는 각기 다른 업종이지만 직원이 행복해야 회사도 행복하다는 공통의 경영철학을 보유하고 있다. 우선 워라밸 기업문화의 핵심은 거창한 제도나 투자가 아니라 사업주의 관심과 사고의 전환이 핵심이다.

한 글로벌 정보분석기업의 조사에 따르면 한국인 10명 중 7명은 연봉이 적더라도 "일과 삶의 균형"이 중요하다고 응답했다.[7] "근무량이 많지만 연봉이 높은 회사"와 "연봉이 적지만 일과 삶의 균형을 적절하게 지킬 수 있는 회사" 중 어떤 직장을 선택하겠냐는 질문에 응답자의 75.5%가 높은 연봉대신에 일과 삶의 균형을 택하겠다고 응답했으며, 여성(81.6%)이 남성(69.7%)보다 "일과 삶의 균형"을 더 중요시 여기는 것으로 드러났다. 이는 '돈'보다 '일과 삶의 균형'에 더 높은 가치를 두고 있으며 '삶의 질'에 대한 욕구가 매우 중요하다는 것을 확인할 수 있었다.

국내 대기업들은 워라밸에 맞춰 기존의 경직되고 통제중심의 기업문화를 정비하고 이와 관련된 투자를 지속적으로 하고 있다. 출퇴근 유연근무제 도입, 연차휴가의무사용은 물론 특정시간이 되면 업무용 PC가 자동으로 작동되고 꺼지는 PC 온오프시스템을 도입해 근무시간단축을 독려하고 있다.

삼성전자의 경우 4차 산업혁명에 적극 대응하기 위해 '스타트업 삼성'의 기업문화 혁신을 추진하면서 주 40시간 근무를 강력하게 시행하고 있는데 과거의 관리통제형의 경직된 조직문화를 수평적이고 자율적인 문화로 과감하게 바꿔나가고 있다. 호칭을 '님'으로 통일하고,

---

6) 서울대학교 김난도 교수와 소비트렌드 분석센터가 선정한 트렌드의 하나로 선정해 더욱 주목받기 시작했다.

7) 닐슨코리아의 왓츠넥스트(What's Next) 그룹

직급을 7단계에서 4단계로 축소하고 회의, 보고문화를 획기적으로 바꿔 강력하게 실천하고 있다. 심지어 아모레퍼시픽의 경우는 18만평 규모의 신사옥을 건립하면서, 사옥콘셉트로 아예 워라밸을 표방하기도 하였다. 그러나 생산성과 효율을 높이는 것을 전제로 하지 않는 워라밸은 다양한 문제를 야기할 수도 있다. 효율과 생산성 향상을 위한 노력없이 단지 칼퇴근만을 강조한다면 그 조직은 경쟁력을 잃게 될 것이다.

3.5 노사관계의 변화

앞서 기술한 바와 같이 단축된 근로시간을 기초로 생산성을 유지하거나 더 높이기 위해서는 노동강도가 강해질 수 있다는 것은 사실이다. 이러한 현상은 노동조합 입장에서 볼 때는 강력대처해야 할 이슈임에 분명하다. 따라서 노동조합은 근로시간 단축에 따른 인원채용의 확대를 요구하며 사측과의 교섭방향을 이끌어 가고자 할 것이다. 이와 더불어 근로시간 단축에 따른 사용자의 임금감소주장에 대응해 월급제보장 등 임금저하를 방지하고자 하는 전략적 조직활동이 나타날 것이다. 아울러 이러한 전략의 연장선에서 법령개정사항이 철저하게 준수되는지를 엄격한 시선으로 감시하며 잘못된 부분에 대한 철저한 개선요구가 노사관계의 중요현안이 될 것은 자명하다. 또한, 이러한 현상은 모든 노조의 공통된 인식이기 때문에 산업-지역단위연대 또는 이해관계자와의 연대강화로 연결되어 사측에 대한 집단적 교섭요구와 이를 관철하기 위한 단결권행사가 보다 조직화되고 공론화되어 기업에 대한 압력은 더욱 커질 것이다.

이에 사측은 노조요구의 배경과 진정한 니즈를 파악하는 등 고려범위를 한 층 더 넓혀보는 것에서부터 바람직한 노사관계로의 변화 및 발전방향을 모색해야 한다. 시대적 변화의 흐름을 읽지 못하고 단순하게 노조의 무리한 활동으로 치부하게 된다면 강화된 부당노동행위의 형사처벌에 노출되는 구시대적 접근에 불과하게 될 수 있음에 유의해야 한다. 따라서 사측은 종업원이 공감할 수 있는 목표를 수립하고 경영상황을 공유하며 설득력 있는 교섭안이나 수정안 제시로 제대로 된 교섭을 준비해야 한다. 예를 들어 근로시간 단축에 따라 변화되어야 할 생산계획과 일정, 그 예상 결과, 적정 필요인원과 세부 인원배치현황, 신기술도입에 따른 구체적인 직무중심교육안 마련과 이에 따른 충분한 사전교감으로 노조요구에 명분있고 설득력 있는 대안제시로 접근할 수 있어야 한다.

이렇듯 노동에 관한 인식변화가 경영진에서부터 조직전반에 걸쳐 공감대가 형성되고 인지되었다면 이를 인사제도로 구체화시켜 실천해야 한다. 이때 중요한 것은 다양한 인사제도의 변화가 종업원의 니즈에 맞고 효율적인 생산성 달성에 초점을 맞춰야 한다는 것이다. 단순하게 대외적 이미지를 고려한 경쟁적인 백화점식 제도시행은 조직의 혼란을 부추기고 제도간 혼선으로 오히려 운영상의 비효율성을 초래할 수 있다.

기업은 근로시간 단축이 갖는 법률적 의미와 효과와 함께 워라밸이라는 사회적 요구에 대응하기 위하여 근본에서부터 관련 변화를 시작해야 한다. 변화는 조직문화를 바꿀 수 있는 목표지향적인 것이어야 함과 동시에 철저한 검증으로 신뢰와 안정성을 담보해야 한다. 그러기 위해서는 무엇보다 조직의 리더가 변화의 중요성을 인식하여 의지를 갖고 추진해야 한다. 그 바탕 위에서야만 비로소 기업의 노사관계는 더욱 안정될 수 있고 나아가 기업은 근로시간 단축이라는 새로운 제도적 변화를 위기이자 소중한 기회로 삼아 경쟁력을 확보해 갈 수 있을 것이다.

3.6 서구 선진국의 노사관계의 변화

서구 선진국의 노동조합들은 4차 산업혁명이 초래할 수 있는 노동문제에 대처하기 위해 활발한 움직임을 보인다. 제조업부문의 세계노동조합 연합체인 IndustriALL은 "디지털경제로의 공정한 전환(Just Transformation to Digital Economy)"을 통해 지속 가능한 산업정책, 튼실한 사회안전망, 창의적 고용조정 등을 정책목표로 내세웠다. 또한, IndustriALL은 2017년 대표자회의에서 4차 산업혁명에 대응하는 "노동조합4.0"의 준비 필요성을 강조하며 이를 실행하기 위한 액션플랜으로 노조권력의 강화, 글로벌자본의 규제, 노동자권리의 보호, 불안정노동을 위한 연대투쟁, 지속가능한 산업고용의 창출 등을 핵심과제로 선정하였다.

독일의 경우 연합서비스노조(Ver.di)가 디지털화를 통해 얻은 새로운 기술이 '공익과 인간 그리고 민주주의'를 위해 활용되어야 한다고 요구하는 "좋은 디지털노동"을 공식적 대응방침으로 결정하여 단체교섭이나 정책협의에 적용하고 있다. 구체적으로 연합 서비스노조는 도이치텔레콤과 모바일노동과 관련된 첫 단체협약을 체결하였는데, 그 협약에는 모바일근무 또는 원격근무의 직원 자율결정권보장, 근로시간등록/지정의 의무화와 모바일 노동시간의 유급인정, 모바일 근무장소의 노동자선택권 및 사용자호출권 허용 등을 명문화하고 있다.

또한, 도이치텔레콤과의 사업장협약에서는 노동시간의 구체적 설정, 연락받지 않을 권리, 작업장 출근시간, 정보보호, 기술설비고장의 대처방법, 교육훈련 및 산업안전보건 등에 대해 추가적으로 조율할 수 있는 것으로 명기하고 있다. 광산화학에너지산별노조(IG BCE)는 해당 산업의 사용자협회와 Work@Industry라는 명칭의 사회적 대화채널을 설치하여 근무시간 · 안전보건 · 경영조직 · 직업능력개발 · 정보보호 · 노동자성 · 접속차단권리 등에 대해 협의해오고 있다. 철도운수산별노조(EVG)는 독일철도(Deutsche Bahn)와 단체협약 4.0의 체결을 위한 노사공동의 작업그룹을 구성하여 가동하고 있는 것으로 보고되고 있다.[8)]

노사관계의 제도와 관행에 있어 유럽국가들과 차별적인 특성이 있는 미국과 영국에서는 디지털 기술에 대한 노조의 대응 역시 분명한 차이를 드러내고 있다. 미국과 영국의 노조들은 기존 산업현장에서의 디지털기술의 도입에 따른 노동문제를 규율하는 것에 주력하기보다는 새롭게 등장하는 디지털(플랫폼) 노동자의 권익대변과 조직화를 위해 적극적인 움직임을 보여주고 있는 것이 특기할 만하다. 영국과 미국의 노동조합들이 주로 문제시했던 플랫폼노동은 모바일웹중개를 통해 개인적 택시운수서비스를 제공하는 우버(Uber) 및 리프트(Lyft) 운전기사들이었고 이들의 세 가지 전략적 접근은 ① 노동자 지위인정요구, ② 독립사업자 지위인정과 단체교섭 및 조직화보장, ③ 독립사업자 지위인정과 노동조건개선으로 구분해볼 수 있다[9)].

독일노조들은 국가차원에서와 산업 및 기업차원에서 디지털 기술혁신에 따른 다양한 파급문제들에 대비하여 사회적 대화와 단체교섭 등을 통해 그 정책결정에 있어 노동자피해를 최소화하기 위해 사전적 규제력을 행사하는 '형성'전략을 모범적으로 전개했지만, 미국과 영국의 노동조합들은 디지털기술의 전반적 영향을 다루기보다 플랫폼노동의 특수형태인 우버운전기사 등을 대상으로 권익대변과 조직화에 주력하는 '보호'전략에 치중해오고 있다. 이처럼, 4차 산업혁명시대를 맞이하여 독일과 미국 · 영국의 노조들이 보여준 전략적 대응이 상반된 방식으로 전개되고 있는 가운데, 전자(독일노조)의 경우에는 정부와 사용자단체 그리고 기업경영진과의 실질적인 정책협의를 이뤄내며 이른바 '노동 4.0'의 대안적 노동체제를 구체화하고 있지만, 후자의 영미노조들은 권익보호와 조직화의 열성적인 활동에도 불구하고 디지털혁신의 거센변화를 규율치 못하고 그리 뚜렷한 성과를 거두지 못하고 있는 것으로 평가된다.

---

8) Eurofound.

9) Collier 등.

04 · 조직형태의 변화 – 적응적 조직문화를 만드는 애자일 조직

애자일(Agile) 조직이란 변화가 일상이 된 경영환경 속에서 기업이 경쟁력을 유지하고 지속성장하기 위해 조직의 모든 시스템을 변화에 민첩하게 대응하고 빠르게 적응할 수 있도록 재조직화하는 것을 의미한다. 1957년 IBM에서 소프트웨어를 작은 단위로 나눠 점진적으로 구현해 나가는 방식을 처음 시도했다. 이후 다양한 방식으로 발전을 거듭하다가 2001년 애자일 선언문을 통해 명칭이 통합됐다. 애자일 조직의 도입을 희망하는 조직은 상황에 따라 다르기는 하지만 의사결정, 커뮤니케이션 등의 효과성 증대를 기대한다.

규모가 작은 조직에는 빠른 실행력을 해치지 않으며 체계적인 관리를 하려는 목적으로 애자일이 도입된다. 그 이유는 빠른 결정과 실행이 가능하지만 개인능력에 대한 의존도가 높고 관리가 체계적이지 않아 혼란스러운 상황에 놓이기 쉽기 때문이다. 이와 반대로 프로세스가 복잡한 거대한 조직은 경직성을 해소하고 업무처리속도를 높이려는 목적에서 애자일을 도입하려는 경우가 많다. 복잡한 프로세스는 외부의 변화에 신속하게 대응하기 어렵게 만든다. 따라서 애자일을 도입하려면 조직문화가 변해야 하고, 조직원들의 사고방식과 역할이 변경돼야 하며, 조직구성원은 새로운 업무역량을 갖춰야 한다. 이러한 노력이 충분하지 않다면 애자일도입은 성공하기 쉽지 않다.

애자일 조직을 만들어가기 위해서는 역동성과 안정성이라는 상반된 개념을 동시에 충족하는 조직적인 시도를 해나가야 한다. 역동성이 조직의 새로운 도전과 기회에 빠르고 유연하게 적응할 수 있도록 하는 것이라면 안정성은 지나치게 자주 바뀌지 않아도 되는 조직의 요소를 확고하게 구축함으로써 조직의 신뢰도와 효율성을 강화해나가는 것이라고 할 수 있다.

가끔 대기업이 스타트업과 같은 조직문화를 만들어야 한다고 주장하는 경우가 있는데 신중하게 결정해야 한다. 전통적인 기업들은 스타트업과 같은 민첩성을 가질 수 있지만, 대기업으로서의 신뢰도와 효율성을 바탕으로 일정규모의 경제를 유지해야 하며 스타트업 또한 민첩성을 가질 수 있지만 민첩성을 유지하면서도 규모의 경제를 끌어내는 신뢰도와 효율성을 만들어가야 진정한 애자일 조직으로의 변화라고 할 수 있다.

4.1 애자일 조직구조의 특성

애자일 조직은 보통 수평적인 조직구조를 지향한다. 일반적으로 애자일 조직의 최소단위는 보통 6~8명의 소규모 팀으로 구축된다. 기존의 팀은 전문성을 가지며 동질성이 높은 소수의 구성원으로 구성되어 팀의 기능을 효율적으로 수행할 수 있도록 한다면, 애자일 조직구조에서의 팀은 업무 목표를 최소한의 수준에서 완결할 수 있는 다양한 기능을 보유한 구성원으로 구성된다. 그리고 이러한 단위팀들은 다시 업무목적이나 관련성에 따라 본부나 부문과 같은 상위그룹으로 구성된다. 상위그룹은 일반적으로 던바이론(Dunbar's Number)[10]에 근거해 구성원이 서로를 공동체로서 인지할 수 있고, 최소한의 정서적 상호작용이 가능한 최대규모라고 할 수 있는 150명 선을 넘지 않도록 한다. 그리고 동일한 상위그룹내의 팀들은 서로 적극적으로 협력하지만, 각각의 단위팀들은 완벽하게 자율적으로 움직인다. 또한, 단위팀들은 경영환경의 변화나 조직적인 니즈에 따라 상위그룹내에서 뿐만 아니라 조직내의 어떠한 팀들과도 필요에 따라 수시로 팀원들의 이동과 재구성이 가능하도록 한다.

애자일 조직에서의 모든 의사결정은 해당 업무에 대한 유관성이 가장 높은 팀원들과 팀들 간의 상호작용에 의해 이뤄질 수 있도록 권한을 최대한 아래로 내려야 한다. 단순히 보고단계를 줄이는 방식의 수평적 조직화는 오히려 리더들에게는 업무적 부담감을 주게 되고, 구성원에게는 의사결정의 지연으로 인한 상실감을 유발시키게 된다. 팀과 팀원들에게 명문화된 의사결정권을 공식화해 구성원에게는 업무주도성을 갖도록 하고, 리더들에게는 리더본연의 역할인 조직시스템을 디자인하고 방향성을 제시하는 역할에 집중할 수 있도록 해야 한다.

애자일 조직은 구성원들이 활발히 상호작용할 수 있는 내부 네트워크뿐만 아니라 조직외부 네트워크로 확장구축될 수 있어야 한다. 이를 통해 단위조직들이 자신의 목적을 실현하는데 있어서 필요한 아이디어와 기술, 전문성 등을 능동적으로 활용할 수 있도록 해야 한다. 이를 위해 구성원 간 그리고 조직 간에 높은 수준의 투명성, 소통, 협력, 우연에 의한 긍정적 충돌이 가능하도록 해야 한다.

10) 인간의 인간관계망의 적정숫자는 150명이라는 이론

4.2 애자일 조직의 프로세스 특성

전통적인 조직은 리더가 방향을 명확히 제시하고, 철저한 계획과 실행 그리고, 리스크를 줄이는 노력을 통해 최고의 성과를 만들어 갈 수 있다고 할 수 있으나 애자일 조직은 변화가 일상이 되어버린 경영환경에서 변화의 방향을 정확히 예측할 수 없기 때문에 리스크를 최소화하고 성과를 낼 수 있는 최고의 방법으로 불확실성을 수용하고 가장 빠르고 생산적인 방법으로 새로운 것들을 시도하는 것이라는 가정에서 모든 프로세스를 정립해야 한다. 따라서 애자일 조직은 기획 · 실행 · 학습의 빠르고 반복적인 사이클을 지속적으로 통합해 나가야 한다.

팀단위에서는 마치 애자일 개발방법론처럼 업무를 최소한 수준에서 완성하고 실행해가면서 수정보완하는 업무 프로세스를 갖춰야 하고 회사차원에서는 새로운 전략의 기획과 실행의 사이클을 가속화해 나갈 수 있도록 하는 사업과 업무모델을 구축해야 한다. 구글이 시행하고 있는 사업계획과 실행의 주기를 기존의 12개월에서 3개월로 줄이는 방법인 OKR (Objective and Key Results)도 예가 될 수 있지만 조직전체가 일괄적으로 캘린더 기준의 분기에 맞춰 실행하는 방법은 진정한 애자일 조직의 업무방식이라고 할 수는 없다. 개별업무의 프로세스가 유기적으로 기획 · 실행 · 학습의 사이클로 빠르게 운영될 수 있도록 해야 한다.

구글 수석디자이너인 제이크 냅이 저술한 〈스프린트-세상에서 가장 혁신적인 기업 구글벤처스의 기획실행프로세스〉에서 그가 말한 스프린트가 좋은 예이다. 스프린트는 프로토타입을 제작하고 고객과 함께 아이디어를 테스트하여 중요한 문제들에 대한 답을 찾는 독특한 5일짜리 과정이다. 구글벤처스는 스프린트를 통해 지메일과 크롬, 구글서치 등을 탄생시켰고, 페이스북과 우버, 블루보틀, 슬랙, 에어비앤비 등에서도 그 효과가 입증된 바 있다.

이 기간에 팀원들은 수시로 업무진행 현황을 공유하고 문제를 해결하며 각자의 과제를 한 방향으로 정렬하기 위해서 조정한다. 그리고 각각의 스프린트 사이에서 팀원들은 계획을 리뷰하고, 업무진척상황을 논의하며 다음 단계 스프린트를 위한 목표를 공유한다. 이를 위해 가장 중요한 것은 구성원 개개인이 자신에게 주어진 과제에 대한 충분한 전문성을 보유하고 동시에 성과에 대한 처음과 끝을 완전히 책임질 수 있는 믿음을 서로에게 줄 수 있어야 한다.

또한 애자일 조직은 일하는 방식의 표준화를 적극적으로 활용한다. 이것은 업무상에서의 용어나 프로세스, 회의모델 등을 공통적으로 사용하는 것을 넘어서, 정서적 교류와 업무적 소통의 채널을 일체화하거나 적용기술을 공유하고, 각각의 스프린트의 주기를 맞추고, 때로는 개인적인 휴식을 조정하는 것까지도 포함한다. 이러한 일하는 방식의 표준화는 개별적인 단위팀들의 자율적인 실행을 유지하면서도 팀 간, 조직간의 기획 · 실행 · 학습의 사이클을 가속화시키고, 유기적인 협력이 가능하도록 지원하게 된다.

4.3 애자일 조직의 리더십 특성

최고의 성과를 이끌어내기 위해서 리더들은 지속적으로 구성원의 일의 방향성과 구체적인 사항을 조정하고 관리해야 한다는 전통적 리더십의 가정보다는 구성원이 자신업무에 완전한 오너십을 가질 수 있도록 지원해야 한다. 이를 통해 조직의 목적과 비전을 실현하는데 최적화된 조직으로 구성원 스스로 조직을 이끌어갈 수 있다는 자신감을 제공하는 것으로 조직의 리더십을 재정의하고 실행해나가야 한다.

애자일 조직에서 리더십의 역할은 계획을 수립하고 관리하고 통제하는 대신에 업무에 가장 적합한 역량을 갖춘 구성원이 스스로 주도 · 협력해 탁월한 성과를 이끌어낼 수 있도록 명확한 목적과 비전을 제시하고, 조직을 설계 · 코칭하는 것이라고 할 수 있다. 이러한 리더들은 공유된 리더십을 발휘한다. 다시 말하면 리더들은 구성원이 조직의 목적 중심적으로 행동하도록 동기부여해 그들 스스로가 자신과 자기일에 영향을 미치는 모든 업무적, 조직적인 의사결정을 하는 데 적극적으로 참여하도록 유도해야 한다. 공유된 리더십이란 조직내에서 성과달성을 위해 서로를 이끌기 위한 조직내 개인간의 역동적이며 상호영향을 미치는 과정으로 정의할 수 있으며 이러한 프로세스는 팀내에 영향을 미치는 것이 한 명의 리더에 의지하지 않으며, 때로는 동등한 위치의 개인들과 리더십을 공유하게 만든다.

결론적으로 성공적인 애자일 조직이 되려면 조직의 사명과 경영환경에 대한 경영진과 구성원의 패러다임을 전환하는 것에서 출발해야 한다. 한정적인 자원과 기회를 놓고 경쟁해야 한다는 기존의 가정에서 벗어나 지금은 자원과 기회가 무한하게 존재하는 시대라는 것을 인식하고 조직구성원 뿐만 아니라 모든 이해관계자, 때로는 경쟁자까지도 포함하는 협력적 관계를 통해 함께 새로운 가치를 창출해야만 한다는 집단의 가정을 만들어가야 한다. 이를 위해서는 기업의 포괄적인 가치창출모델에 다양한 사람들이 개인적으로 그리고 감성적으로 응집될 수 있도록 하는 공유된 목적을 명확히 하는 것이 우선돼야 한다.

4.4 애자일 조직의 조직문화

조직경쟁력을 저해시킬 수 있는 일률적 근로시간 단축과 노동강도완화만으로는 바람직한 변화를 만들어 갈 수 없다. 따라서 짧아지는 근무시간 속 경쟁력 있는 노동을 지향해야 하는 기업의 조직문화는 노사 모두가 합의하고 인정하는 것을 바탕으로 그 변화를 시작해야 한다. 그리고 이러한 변화에 앞서 기존의 조직문화의 특징과 내재된 구성원 인식을 면밀히 분석하고 구체적인 변화를 안정적으로 이끌어 가야 한다.

조직문화변화를 촉진하기 위해서는 명확하고도 지속적인 메시지, 교육, 제도변화추진 외에 관련시스템 및 업무도구의 변화도 수반될 수 있어야 한다. 특히 최고경영자의 반복적이고 지속적인 직원들과의 커뮤니케이션을 위한 노력이 무엇보다 중요하다. GE의 전 CEO였던 잭웰치는 새로운 조직문화를 전파하고 정착시키기 위해서는 적어도 최고경영자가 700번이상 직원들과 커뮤니케이션을 해야한다고 주장하기도 하였다.

최근 카드사를 중심으로 하는 몇몇 금융회사들이 애자일 조직으로 조직을 개편하는 시도들이 언론을 통해 많은 관심을 불러일으키고 있다. 애자일은 원래 IT 개발자들 사이에서 폭포수모델과 비교되는 개념으로 흔하게 활용되던 소프트웨어 개발방법론이다. 이것은 사전에 이뤄지는 철저한 기획과 계획을 바탕으로 엄격한 단계에 의해 개발이 진행되어 흠잡을 데 없이 완벽한 서비스를 완성해 출시하는 기존의 방식이 아니라 시장환경에 맞춰 일단 민첩하게 실행한 뒤, 고객의 반응에 따라 지속적으로 수정과 보완을 통해 완성해 나가는 개발방법론이라고 할 수 있다.

단, 우리가 간과하지 말아야 할 것은 애자일 개발방법론과 애자일 조직은 민첩성과 적응성이라는 관점에서 유사하지만, 완전히 다른 개념이라는 사실이다. 다시 말하면 애자일 조직으로 변화한다는 것은 애자일 개발방법론을 적용하기 위한 조직을 만들어간다는 뜻이 아니다. 애자일 조직은 그것이 디자인 씽킹이나 린 오퍼레이션, 애자일 개발방법론, 또는 다른 어떤 기법과 관계없이 기획과 실행 그리고 학습의 빠른 반복을 지속하고 통합해 나가는 조직적인 역량을 구축하는 것을 말한다.

다시 말하면, 기술적인 면에서의 지속적인 파괴적 혁신뿐만 아니라 모든 분야에서의 가속화된 디지털화, 새로운 국면을 맞이하고 있는 인재전쟁, 그리고 진화하는 사회문화적 환경 등, 변화가 일상이 된 경영환경 속에서 기업이 경쟁력을 유지하고 지속성장하기 위해 조직의 모든 시스템을 이러한 변화에 민첩하게 대응하고 빠르게 적응할 수 있도록 재조직화하는 것이 바로 애자일 조직이다. 애자일 조직은 기업이 동시 다발적으로 일어나는 경영환경의 변화 속에서 새로운 가치를 창출하거나 자신들의 가치를 지키기 위해 사업전략, 조직구조, 프로세스, 구성원들의 정서와 역량, 기술적 인프라 등을 이러한 변화에 빠르게 적응할 수 있는 상태로 항시적으로 유지시키는 것을 말한다.

연습문제

1. 인적자원과 인적자원관리 시스템 간의 상호 관련성에 대해 설명해 보시오.

2. 인적자원관리 시스템 내의 각 직능활동들 간의 상호작용의 중요성과, 이들 간의 내적 적합성과 조직성과와의 관련성에서 나타나는 인과관계의 모호성이 갖는 의미에 대해 설명해 보시오.

3. 컨틴젼시 이론에 근거한 '전략적' 인적자원관리론의 논의 수준을 뛰어 넘는 기업특수적인 성격을 지니는 '외적 적합성'의 개념에 대해 설명해 보시오.

4. 4차산업혁명이 가져온 다양한 측면의 변화가 향후 인적자원관리 시스템의 운영에 미치는 영향에 대해 설명해 보시오.

5. 인적자원관리 시스템의 주요 외부 환경변수에는 어떤 것이 있는가? 이들은 인적자원관리 시스템의 운용에 어떤 영향을 미치는가?

6. 인적자원관리 시스템의 주요 내부 환경변수에는 어떤 것이 있는가? 이들은 인적자원관리 시스템의 운용에 어떤 영향을 미치는가?

P·A·R·T 02

인적자원관리 시스템의 문맥

- **제3장** 인적자원관리 시스템의 투입요인
- **제4장** 직무분석과 역량모델에 대한 이해
- **제5장** 직무설계와 작업조직

제3장

인적자원관리 시스템의 투입요인 : 사람에 대한 이해

학습목표

발달적 관점, 조직적 관점, 조건적응이론, Theory X, Theory Y, 합리적 경제인 가설, 사회인 가설, 자아실현인 가설, 복잡인 가설, 호-손 효과, 심리적 계약

01 · 인간성 : 이는 왜 다루기 힘든 것인가?

인적자원관리에서 끊임없이 문제가 되고 있는 것 중의 하나는, 관리자에게 생산성을 올리고 종업원에게 만족을 줄 수 있는 관리방법에 대한 실마리를 제공해주는, 인간성에 대한 개념의 개발이었다. 이를 위해서 우리는 여러 가지 동기이론에 관심을 기울여왔다. 무엇이 사람으로 하여금 일하게 하는가, 사람을 행동하게끔 하는 궁극적인 욕구나 동기는 무엇인가, 금전은 동기요인으로서 어느 정도 중요한가, 사람들의 동기부여에는 어느 정도의 유사성이 있는가, 어떤 유인제도가 생산성을 향상시킬 수 있을까, 고도로 동기부여되는 사람이 있는 반면 태만하거나 때로는 조직을 파괴하는 데 정력과 창의력을 쏟는 사람들이 있음은 어떤 까닭에서일까?

조직에서의 인간행동을 설명해 보고자 하는 동기이론에는 무수히 많은 것이 있지만, 명확한 실증적 뒷받침을 받고 있는 것은 비교적 적다. 예를 들면, 안전욕구설, 〈능력〉활용욕구설, 〈자아실현〉 욕구설 등은 〈어떤〉시점에서의 어떤 〈특정〉종업원이나 관리자의 행동을 설명하고 있다는 점에서는 부분적으로 옳다. 그러나 그것을 일반화하려고 하면, 그 이론으로서는 설명할 수 없는 현상이 매번 나타난다. 사람들은 때로는 돈을 벌기위해 일하지만 그러나 임금자극제도가 조금도 효과를 보지 못하는 경우가 있다. 또한 사람은 분명히 그의 능력을 활용하고자 원하고 있지만, 그러나 때로는 보다 보람있는 일을 분명히 거부한다. 일할 기분이나 흥미를 잃어버린 사람이 여전히 높은 성과를 내고 있는 경우도 있다. 이 같은 모순은 어떻게 설명되어야 하며, 관리자는 어떻게 하면 사람들을 다루는 데 있어 현명하고 합리적인 정책을 펴 나갈 수 있을까?

1.1 생물학적 오신(誤信)

인간행동의 다양성에 대한 하나의 유력한 설명은 인간의 행동중에서, 생물학적인 종으로서의 인간이 태어날 때부터 가지고 있는 내재적인 욕구나 동기에 의해 결정되는 것은 단시 일부분밖에 없다는 것이다. 인간행동에 대한 이보다 훨씬 더 큰 결정요인은, 우리가 배운 동기나 반응의 형태이며, 이것은 우리의 문화, 가정상황, 사회 · 경제적 배경, 그리고 어떤 주어진 시점에서의 그때 그곳의 상황을 반영하고 있다. 다시 말하면, 우리의 동기나 욕구는 자기가 처해있는 상황을 어떻게 보는가 하는 지각에 의해 대부분 결정되며 이 지각자체는 대부분이 이전의 학습에 의해 결정된다.

예를 들면 금전이 나를 동기부여할 수 있는가 없는가는 대부분 내가 스스로를 돈이 필요한 사람으로 보는가 아닌가 하는 지각에 의해 결정된다. 내가 스스로를 돈이 필요한 사람으로 보는지 아닌지는 부분적으로는 내가 내 자신의 지위와 상태를, 나의 준거집단(reference group)을 구성하는 사람들의 그것과 어떻게 관련 지우느냐에 달려있다. 금전적 자극에 대한 나의 반응은 내가 극히 빈곤한 가정에서 태어나 어느 정도의 생활수준에 이르게 되었고 내가 자라 온 사회에서의 성공자로서 나 자신을 보는 경우와, 장래에 조직의 고위직에 나아갈 것이며 나야말로 톱의 자리에 있다고 세상에 과시하고 싶은 욕망에 불타는, 이제 경영대학원을 졸업하고 세상에 첫발을 내딛는 사람의 경우와는 전혀 다를 것이다.

달리 말하면, 인간은 태어날 때에는 유사한 생물학적, 유전적인 경향을 갖고 있었지만, 성장환경이나 그가 처한 사회 · 문화적 환경의 차이로 인해 욕구, 동기, 태도, 가치관이 달라진다. 다른 예를 들어보면, 어떤 관리자는 과거의 경험에서 노동자를 취급하는 방법은, 그들을 결정에 참가시키고, 그들 간에 상호신뢰의 분위기를 조성하며 커뮤니케이션을 개방해 놓는 것이라고 배웠다고 한다.

이 방법은 중산계급의 사업지향적인 지역출신의 양친에 의해 성장한 노동자에 대해서는 매우 효과적일지 모른다. 그러나 노동조합주의에 관해 가족으로부터 영향을 받고, 또한 경영자들은 절대로 믿을 수 없다는 신념을 가지고 항상 활동해 온 집안의 3대째 정치활동가에 대해서는 참패를 맛볼 것이다. 따라서 인간성을 생물학적 기원에서 구하는 것은 잘못이다. 인간행동의 가장 강렬한 동기결정요인의 어떤 것은 상황적이며 또한 역할관련적이라는 것을 말해주는 압도적인 증거가 있다. 예를 들면, 보통때는 비공격적인 사람도 상사로부터 모욕을 당하거나 천한 대우를 받게되면, 격노하고 회사를 그만 둘 수도 있다. 평소에 정직하고 신뢰받던 사람도 가정에 환자가 생겨 경제적으로 궁핍하게 되면 회사돈을 유용할지도 모른다. 태만한 근로자가 그 사람과 같이 있으면 항상 강렬한 경쟁심을 갖게 하는 동료와 같이 있을 경우, 갑자기 놀랄만치 정력적으로 될 수도 있다. 언제나 출장을 싫어하던 사람이 아이가 자라고 배우자와의 관계를 자극하는 무엇인가 새로운 활동을 할 필요성을 느껴 갑자기 출장가기를 원할지도 모른다. 자신을 신뢰하고 공평하게 대해 주는 상사를 위해 열심히 일하던 사람도, 그의 대우가 불공평하다고 생각되면 태업을 할지도 모른다.

사회학자는 상황의 정의라는 개념을 쓰고 있다. 이는, 사람은 항상 어떤 상황 속에서 움직이고 있으며 이 상황은 그 상황에 대한 많은 사람들의 집합적인 견해, 그 상황에 대해 각 개인이 가지고 있는 가정이나 기대에 의해 규정된다는 것을 뜻하는 개념이다. 우리는 결코 사회적 진공속에서 움직이는 것은 아니다. 우리는 끊임없이 어떤 상황으로부터 다른 상황으로 이동하고 있으며, 그 상황에 대하여 어떻게 반응하고 그 상황중에서 어떠한 동기를 가지는가는, 우리가 그들 상황을 어떻게 정의하고 구성하느냐에 크게 의존하고 있다. 예를 들어, 새로운 직업을 가진다거나 새로운 조직에 들어가는 것과 같이 우리가 새로운 상황속에 들어갈 때에는, 상사 앞에서는 어떻게 해야 한다든가, 근무시간 후에도 어느 정도 열심히 일해야만 하는가 등등 새로운 상황을 어떻게 정의하고 생각해야 하는가를 가르침을 받고 또한 스스로 배워야만 하는데, 이런 것들이 부분적인 사회화과정인 것이다.

만약 우리가 어떤 사람이 주어진 상황속에 활동하는 것을 이해하려면, 그 사람이 그의 상황을 어떻게 정의하고 있는가를 이해해야만 한다. 예를 들면, 생산을 올리기 위해 금전적 자극시스템을 도입했는데도 생산이 오르지 않는다면 이는, 노동자가 그 상황을 생산을 올리면 우정이 깨어질지도 모르며, 쾌적한 사회관계를 잃어버릴 수도 있을 것이고, 급기야는 임률이 저하될지도 모른다는 것으로 정의하고 있기 때문이다. 결국 이 경우는 위험을 무릅쓰면서까지 금전적인 이득을 꾀하려고 노동자가 생각하지 않는다는 것이며, 그들의 행동에 변화가 없는 것은 금전이 일반적인 동기부여요인으로서 중요하지 않기 때문에 그런 것이 아니라, 그들이 처한 바로 그 특수한 상황하에서는 다른 가치나 동기에 비해 금전이 그만큼 높이 평가되지 않았기 때문이다. 바로 이 노동자가 다음에 그 일을 그만두고 보다 많은 임금을 주는 곳으로 옮겨 갈 수도 있는 것이다. 그러면 이것은 모순이 아닐까? 결코 그렇지 않다. 이것은 다만, 동기는 어떤 특정한 상황에 결부되어 있으며 동일한 동기가 모든 상황 하에서 모든 사람에게 언제나 적용될 수 있는 것은 아니라는 것을 의미할 뿐이다.

인간성은 고정되어 있으며 모든 사람이 동일한 동기를 가지고 있다는 가정은 과학적인 근거가 없다. 그럼에도 불구하고 많은 사람들의 행동양식에는 일치점이 있다. 이러한 일치는 아마도 문화, 가족, 사회 · 경제적 계층, 지역사회, 그리고 궁극적으로는 조직역할 내에로 사회화되어 가는 각종의 경험을 통하여 우리가 가지는 공통적인 견해 때문일 것이다.

1.2 사회적 · 상황적 관점의 필요성

확실하게 예측가능한 인간의 반응은 면대면(面對面)의 상호작용에서 일어나며, 가장 강력한 동기의 어떤 것은 직접적인 면대면의 만남으로부터 나온다. 홀(Edward Hall)과 같은 문화인류학자나 고프만(Erving Goffman)과 같은 사회학자는, 우리의 사회적 행동이 얼마나 규칙화되어 있고, 인간이 얼마나 강하게 상호작용에서의 정서를 중시하고 있는가를 분명하게 보여주고 있다. 예를 들면, 사람을 화나게 하는 가장 손쉬운 방법은 그를 모욕하는 것임을 모르는 사람은 없다. 대부분의 부모들은 각자의 문화적 환경에 맞게끔 아이들에게 예의, 요령, 재치, 다른 사람과 사귀는 방법을 중점적으로 가르치고 있다.

남아프리카의 심리학자인 실버바우어(Raymond Silberbauer)는, 금광의 백인감독의 경우에는 노동자의 출신부족의 다양한 문화적 규칙을 염두에 두어야만 한다고 강조하고 있다. 예를 들면, 감독들은 노동자를 신뢰할 수 없는 부정직한 사람으로 보는데 그 이유는 노동자들이 결코 감독의 얼굴을 똑바로 보지 않기 때문이다. 그러나 이들 노동자 간에는 자기보다 윗사람의 눈을 바로 쳐다보는 것은 무례한 것으로 생각한다는 것을 감독은 모르고 있었다. 라틴아메리카에서는 남자들끼리 부둥켜 안는 것이 우정의 표시로 되어있지만, 이 같은 관습에 익숙하지 못한 미국인 감독자에게는 동성애로 의심하고 걱정할지도 모른다. 대부분의 다국적 기업에서는 어떤 문화출신의 관리자가 다른 문화에서의 단순한 교제방식을 모르기 때문에 잘못된 관리를 하고있다는 놀라운 사실들이 많다. 그러나 이와 똑같은 현상들이 우리 자신들의 사회에서도, 사회 · 경제적 집단, 지역, 종교를 달리하는 사람들 간에도 일어나고 있다.

자부심과 위신은 강력한 감정이며, 위신이나 체면을 유지하고자 하는 것은 인격심리학자들에 의해서 열거되고 있는 것들-예를 들어 권력욕구, 성취욕구, 안전욕구 등-보다 훨씬 더 강력한 동기요인일 수도 있다. 산업심리학자인 마이어(Norman Maier)가 지적한 바와 같이 기업들은 관리자의 체면을 떨어뜨리지 않기 위해, 즉 그의 감정을 보호하기 위해서 그의 실수를 덮어주는 데 많은 경비를 투입할 것이다. 고프만(Goffman)과 기타 사회학자들이 지적하는 바와 같이, 체면을 유지한다는 것은 매우 중요하다. 왜냐하면 자기의 체면과 위신을 유지함에 있어 다른 사람을 신뢰하지 못하게 되면 사회질서는 불안정하게 되기 때문이다. 내가 다른 사람과의 사귐에 있어 안심할 수 있기 위해서는 그들이 부당하게 나를 취급하고 있지않다는 믿음이 있어야 하며, 나도 또한 그들로부터 신뢰받고 있는 것으로 처신해야 한다. 일단 이러한 상호작용에 있어서의 규범이 파괴되면 사회구조 그 자체가 분해되어 버린다. 규범을 파괴한 자는 배척되며 정서적으로 불안정한 것으로 판정되어 정신요법이 필요할 지도 모른다. 그리고 항상 규범을 파괴하는 자는 다른 사람들과 함께 일해 나가는 것을 배울 때까지 정신병원에 들어가 있어야 할 것이다.

대다수의 심각한 노사 간의 위기는 노동자에게 있어서는 임금이나 노동조건보다도 위협이나 굴욕감으로부터 야기되는 감정이 훨씬 더 심각하다고 보는 경우에만 이해될 수 있다. 이와 같은 관점에서 보면 관리자의 화장실에는 융단이 깔려있는 데 종업원의 화장실에는 화장지도 없다와 같은 농담도 웃어 넘길 수만은 없을 것이다.

결국, 사회학적 · 상황적인 관점없이는, 또 그룹내의 특정 사람들의 규범이나 가치관을 모르고서는 어떠한 것이 사람들의 위신을 위협하는 것인지 진실로 이해할 수가 없다는 것이다.

1.3 발달적 관점

발달적 관점은 욕구, 동기, 가치관, 규범은 모두가 그 사회의 진화, 조직 및 특히 개인의 성장발전과 더불어 변화한다는 것을 강조하는 사회학적 · 상황적 관점의 연장선상에 있다. 인생의 어떤 단계에서 최고의 욕구, 가치관이었던 것도 다른 단계에서는 완전히 달라질 수가 있다. 인간행동의 과학적인 연구에 있어 중요한 문제의 하나는 변화하는 요인과 변화 · 성장하기 쉬운 요인을 구분하기가 어렵다는 것이다. 후술하는 바와 같이, 인생은 자아상과 가치관의 안정화과정도 있지만, 또한 중년기나 노년기와 같은 중요한 시기에 극적인 변화가 일어나는 경우도 있다. 그러므로 관리자는 이러한 변화에 주의하여 어떤 연령, 어떤 문화적 그룹의 사람들에게만 적용될 수 있는 이론을 바탕으로 단정적인 결정을 내려서는 안 된다.

1.4 조직적 관점

동기의 유형을 결정하는 중요한 상황적 요인 중 하나는 그 행동의 조직적 맥락이다. 조직이 우리를 어떻게 취급하는가, 그리고 조직의 규범이나 가치관, 지배와 권력의 종류 등 이들은 모두가 우리의 행위와 그 동기에 강력한 영향력을 미치고 있다. 이 점은 조직의 권력과 지배의 기본적인 형태가 역사적으로 변해왔다는 것을 보면 가장 잘 이해될 수 있다.

에치오니(Etzioni)는 조직을 ① 사람들을 복종시키기 위해 행사하는 힘 또는 권한의 종류와, ② 조직구성원의 참여의 형태라는 두 가지 기준에 의해 분류하고, 이에 의해 개인 · 조직 간의 관계를 분류하고 있다. 그는 권한의 차원에서 조직이 순수한 강제력을 사용하는가, 합리적 · 합법적인 권한과 함께 경제적 · 물질적인 유인책을 사용하는가, 아니면 규범적인 보상이나 자극을 이용하는가에 의해, 조직을 기본적인 세 가지 형태로 구분하고 있다. 위의 마지막 분류에 들어가는 조직은 그 구성원에게 내재적인 가치가 있으며 또한 개인의 목표와도 일치하는 조직의 목표에 공헌할 수 있는 기회를 부여해 주며, 또한 카리스마적 또는 합리적인 리더십의 형태를 수반하는 조직이다. 〈표 3-1〉은 조직의 세 가지 유형의 순수한 형태 및 혼합된 형태의 예를 보여주고 있다.

에치오니는 또한 조직구성원의 조직에 대한 참여를 다음과 같은 세 가지 형태로 구분하고

표 3-1 | 사용되는 힘 또는 권한에 바탕을 둔 조직분류

A. 〈강제적〉 색채가 강한 비합법적 권한
- 집단수용소
- 형무소 및 교정시설
- 전쟁 포로수용소
- 보호정신병원
- 강제적 노동조합

B. 〈공리적〉 색채가 강한 합리적·합법적 권한, 경제적 보상 사용
- 기업 및 산업(다소의 예외 있음)
- 기업조합
- 농민조직
- 평화시의 군대조직

C. 〈규범적〉색채가 강한 카리스마, 혹은 전문성에 바탕을 둔 권한, 소속의식, 지위, 내재적 가치의 보장 등을 사용
- 종교적 조직(교회, 수도원 등)
- 이념적인 정치조직 혹은 정당
- 병원
- 대학
- 사회적 동맹
- 자원단체 및 상호부조적 단체
- 직업단체
- 창설시의 기업조직

D. 〈혼합〉구조
- 규범적 · 강제적 : 전투부대
- 공리적 · 규범적 : 대부분의 노동조합
- 공리적 · 강제적 : 초기산업의 일부, 농원의 일부, 상업지역, 선박

있다. ① 소외적-심리적으로는 참여하고 있지 않지만 강제로 구성원으로 남아있다. ② 계산적-정당한 1일의 지불에 대하여 정당한 1일의 노동을 한다는 정도의 참여. ③ 도덕적-조직의 사명이나 자기의 역할에 가치를 두고 조직에 개인적으로 참여하여 일체감을 가진다.

〈표 3-2〉는 이 분류로부터 논리적으로 도출해 낼 수 있는 아홉 가지의 조직과 개인과의 관계를 나타낸 것이다. 그러나 에치오니는 개인적 참여의 형태는 대부분 조직이 행사하는 힘이나 권한의 종류에 의존한다고 지적하고 있다.

그러므로 조직은 이 표의 대각선상을 따라서 몇 개의 칸 속에 모이는 경향이 있다.

여기서 〈표 3-2〉의 예를 보면, 강제적이라는 곳에 표시되어 있는 조직에서는 구성원은 소외되며, 반면에 공리적 조직의 구성원은 성과에 대하여 경제적 보상을 기대하고 그들의 일이나 고용주를 좋아할 필요가 없다고 생각하는 계산적인 사람들이다. 규범적이라고 예시되어 있는 조직에서는 구성원은 그 조직의 목표를 가치있는 것으로 생각하고 자기의 역할을 수행하는 것을 좋아하기 때문에 조직에 소속하는 경향이 있다. 말하자면 이들은 그 조직에 소속하는 것이 도덕적으로 옳다고 생각하고 있다.

이상의 것을 우리의 용어로 다시 고쳐보면 대각선상에 있는 조직은, 그 구성원과의 사이에 공정한 심리적 계약을 맺고 있다고 말할 수 있다. 왜냐하면 이들 조직은 그들이 사용하는 보상이나 권한의 종류에 어울리는 참여를 얻고 있기 때문이다. 만약에 제조회사와 같은 공리적 조직이 그 종업원에게 일을 좋아할 것(결국 도덕적으로 참여하는 것)을 기대한다면, 이것은 본래 받아야 할 것 이상의 것을 기대하고 있다 할 것이다. 마찬가지로 대학과 같은 규범적인 조직이 교수들의 도덕적 참여를 요구한다면 이 같은 참여에 어울리는 보상과 권한시스템을 사용해야만 한다. 만약 대학당국이 예를 들어 학문적 자유와 같은 특권을 주지 않는다면 그

표 3-2 | 권력·권한의 형태 대 참여의 유형

권력유형 / 참여형태	강제적 (Coercive)	공리적 (Utilitarian)	규범적 (Normative)
소외적 (Alienative)	*		
계산적 (Calculative)		*	
도덕적 (Moral)			*

* 나타나기 쉬운 유형을 표시

것은 교수와의 심리적 계약을 침해하는 것이 되며, 아마 교수들은 자신들의 역할에 대한 생각을 바꾸어 도덕적 참여로부터 계산적 참여로 변화하게 될 것이다. 말하자면 급료에 대응하는 최소한의 강의와 사무만을 보게되거나 또는 요구되는 것 만큼의 교육과 연구는 계속하지만 그 내용에는 무관심하게 되고 정열을 잃어버리게 되는 형태로 반응하게 됨으로써 소외될 것이다.

이상의 분류는 순수한 형태의 조직이며 현실세계에서는 거의 존재하지 않는 것이다. 대부분의 조직은 몇 가지 형태의 복잡한 혼합형이다. 그럼에도 불구하고 순수한 형태를 묘사하고 기본적인 권한 · 권력 형태 및 심리적 참여의 형태를 고려해 보는 것은 유용하다.

역사적으로 보면 조직은 순수한 규범적 형태로부터 공리와 강제, 또는 공리와 규범의 각종 결합형태로 변하여 왔다. 특히 산업의 발전과정에서는 직업이 적고 생활수준이 낮았기 때문에 회사의 명령에 따르지 않을 수 없었던 강제적인 분위기로부터, 적절한 경제적 보상, 직업안정, 기타 각종의 종업원 복지에 회사가 관심을 기울이는 방향으로 변화해 왔음을 볼 수 있다. 노동조합과 단체교섭의 발전은, 노사간의 공리적 · 합리적 · 합법적 계약관계를 촉진시켰다.

산업이 복잡화하고 관리자와 노동자 모두로부터 훌륭한 성과를 요구하는 정도가 높아짐에 따라서 심리적 계약은 더욱 공식적 · 규범적인 것으로 되기 시작하였다. 결국 회사는 종업원과의 사이에 새로운 관계를 수립해 보고자 하고 있다. 이러한 새로운 관계는 규범적 개념을 도입하기 위해 순수한 공리적 개념을 어느 정도 포기하는 것이다. 구성원은 점점 일을 좋아하고, 조직의 목표에 개인적으로도 따르며, 조직목표를 달성하기 위해 창조적인 역할이 기대되는 만큼 그대신 종업원은 의사결정에 지금까지보다 훨씬 더 큰 영향력을 미칠 수 있게 되었고 따라서 관리자의 권한을 축소시키고 있다.

1960년대 후반에 대학에서 만연된 학원분쟁은 학생들이 참여의 기초를 규범(교육 그 자체를 가치있는 것으로 믿었기 때문에 대학에 들어왔다) 또는 계산(교육을 받으면 앞으로 좋은 직업과 좋은 수입을 얻을 수 있다)으로부터 소외(교육내용은 자기들의 관심과는 무관하며, 위선적이고 질이 떨어졌다고 생각하며, 단지 대학에 들어가야만 한다는 압력 때문에 대학에 머물러 있다)로 이동시킨 것으로 해석될 수 있다. 학문적 전문성에 입각한 교수의 권위는 학생이 그 전문성을 학생 자신의 가치관이나 목표와 관련이 있는 것으로 수용할 경우에만 그 기능을 발휘할 수 있다. 일단 학생들이 교수의 전문성을 자기들의 목표나 가치관과는 무관한 것으로 보게되면 교수는 더 이상 어떠한 합리적 권위도 가지지 못한다. 그렇게 되면 교수들은 공리적 권한(학생들이 자신의 장래의 경제적 복지를 위해 교육을 받는 것이 필요한 것으로 생각해 주기를 바란다)이나 강제적 권한(불손하거나 열심히 공부하지 않는 학생을 퇴학시킨다고 위협한다)에 의존하지 않을 수 없다. 1960년대 후반의 학생들의 분노와 교수들의 불안의 대부분은 양자 간의 심리적 계약이 붕괴되었기 때문이었다. 이러한 붕괴는 양자 간의(공통의 가치관과 목표에 바탕을 둔)관계에 대한 근본적인 의문을 나타내고 있다. 일단 이러한 붕괴가 일어나면, 커뮤니케이션의 붕괴, 상호 이해의 상실, 교수 · 학생 간의 여러 가지 감정적인 반응을 유발하는 욕구불만이 증가한다.

1970년대에는 학생운동은 점차 보다 계산적 · 도덕적인 형태로 되돌아갔지만, 그러나 1960년대의 기본적 가치관의 많은 부분 예를 들면, 독단적 권한의 거부, 교육내용의 타당성에 대한 보다 높은 관심, 자연과 환경에의 보다 큰 관심, 개인주의, 자기표현에의 관심 등은 여전히 남아 있다.

1.5 조건적응 이론

인간성을 정의하는 문제에 대한 해결책의 하나로 조건적응 이론(Contingency Theories)이라 불리는 것이 있다. 이 이론은 조직내의 인간행위에 대해서는 어떤 단순화된 일반화도 있을 수 없으며, 다만 그 이전의 주변 상황, 그 상황 속에서의 인간의 행위, 일과 환경의 성질 등이 충분히 규명된다면 비로소 가설이나 제안을 만들 수 있다고 강조하고 있다.

그러므로 이들 제안은 만일 이러이러한 전제조건이 진실이라면 관리자는 이러이러하게 해야만 한다는 형태를 취한다. 예를 들면, 그의 부하가 경험도 기술도 없는 빈곤하고 불공평한 대우를 받는 소수민족 출신의 노동자라면 관리자는 훈련을 실시하고 엄격한 규칙을 적용하며, 보다 나은 금전적 보상을 실시하고, 그들이 자신을 갖도록 고도의 지원적 태도를 취해야만 할 것이다. 반면에 만약 그의 부하들이 새로운 고도의 기술적 설비를 설계하는 고학력의 경험이 풍부한 엔지니어들이면, 관리자는 그들에게 최대한의 자유를 부여하고 필요에 따라서 상담에 응하며, 금전적인 유인책보다는 그들을 인정해주고 규칙을 정하는 경우에는 그들에게 강권하기보다는 같이 협력하여 정하는 방법을 택해야만 한다.

일을 조직화하는 경우에도 어떻게 일을 분할하고 각자의 노력을 통합하며 권한을 위양하고 조직을 통제할 것인가에 관하여 비슷한 조건적응 이론이 적용될 수 있다. 조건적응 이론에 있어서 중요한 것은, 이들 이론이 사회과학사가 문화적 · 경제적 · 조직적 · 기술적 힘의 상호의존으로부터 발견하고 있는 현실성에 대한 깊은 이해를 보여주고 있다는 점이다.

인간성이란 무엇인가 또는 조직이란 무엇인가와 같은 기본적인 문제를 생각해 보는 것도 중요하지만, 이 경우 우리는 〈해답은 결코 단순하지 않다〉는 것을 인식하지 않으면 안 된다. 다음 제2절에서는 이러한 인간성에 대한 이해가 인간성이나 기본적인 동기부여에 대한 관리자의 사고방식에 어떻게 반영되어 있는가를 보다 상세하게 살펴보고자 한다.

02 · 관리자의 인간관

2.1 인간성에 대한 가설

인간의 행동은 그 사람의 의도, 현재의 상황에 대한 견해, 상황과 그 상황내의 사람들에 대한 그 사람의 생각이나 신념 등의 복잡한 산물이다. 우리의 이러한 견해나 생각은, 과거의 경험, 문화적 규범, 다른 사람으로부터 받은 가르침 등에 바탕을 두고 있다. 조직의 기능을 이해하기 위해서는, 우선 조직내의 사람들, 특히 결정을 내리며 정책이나 규칙을 만드는 관리자가 어떻게 행동하는가를 이해할 필요가 있다. 따라서 우리는, 인간성 및 모티베이션에 대한 관리자의 가정에 대해서 검토해 보고자 한다. 왜냐하면 유인제도, 보상, 기타 인간에 관한 여러 결정은 관리자의 이와 같은 가정에 의해 결정되기 때문이다.

예를 들면, 인간은 자발적으로 열심히 일하지 않는다는 강한 신념을 가진 경영자는, 노동자가 시간에 늦지않게 출근하여 감독자의 엄격한 감독하에 있도록 통제가 엄격한 조직을 만들 것이다.

반면에, 인간은 물건을 만드는 데 기쁨을 느끼며 제품을 통해 그 기쁨을 확인하기 위해 일한다는 생각에서 출발하는 경영자는, 종업원의 회사 소유감과 일체감을 증대시키는 관리유형을 취하며, 종업원에게 주식을 분배하고 종업원에게 자율성을 장려하며 엄격한 감독보다는 오히려 종업원의 자기규율을 존중할 것이다. 이 두 사람의 경영자는 어떤 특정한 노동자에 대해서 보면, 부분적으로 또는 전면적으로 잘못된 가정 하에서 행동하고 있다. 그럼에도 불구하고 이들 최초의 가정들은 유인, 보상 및 통제방식을 설계하는 데 강한 영향을 미치고 있다. 그러므로 최초의 가정이 어느 정도 정확한 것인가 하는 것이 조직의 설계에 있어 중요한 문제로 대두되고 있다.

조직심리학의 이 분야는 사람이 어떻게 하여 상황을 지각하며, 무엇을 기초로 하여 상황에 의미를 부여하고 있는가, 그리고 사람들의 개인적 태도나 가치관은 지각이나 상황의 의미부여에 어떤 영향을 미치는가 하는 것을 연구하는 사회심리학의 오랜 전통과 밀접히 관련되어 있다. 예를 들면, 라이트맨(Wrightman)은 그가 인간성의 철학이라고 부르는 것의 여섯 가지 차원을 측정해 보고자 하였다.

- 인간은 신뢰할 만한 가치가 있다, 또는 없다고 믿는 정도
- 인간은 이타적(利他的)이다, 또는 이기적이다 라고 믿는 정도
- 인간은 독립적이며 자기 신뢰적이다, 아니면 의존적이며 집단이나 권위에 순종한다라고 믿는 정도
- 인간은 강한 의지의 합리성을 갖고 있다, 아니면 비합리적인 내외의 힘에 의해 통제되고 있다고 믿는 정도
- 인간은 다른 생각과 견해를 갖고 있다, 아니면 기본적으로 같은 견해와 가치관 등을 갖고있다고 믿는 정도
- 인간은 단순한 유기체다, 아니면 매우 복잡한 유기체다 라고 믿는 정도

지역에 따라서 대학생의 인간관은 처음의 네 가지 차원에 바탕을 둔 냉소의 정도에 있어서나, 마지막 두 가지 차원에 바탕을 둔 단순 · 복잡함의 정도에 있어서나 상당한 차이가 있는 것으로 알려지고 있다. 나중에 알게 되겠지만, 우리의 인간관은 역사적으로 냉소적인 것으로부터 이상적인 것으로 단순한 것으로부터 복잡한 것으로 바뀌어져 왔다.

관리자의 인간관을 조사해 보면 그것이 맥그레그(McGregor)가 말하는 관리자의 전인생관 또는 우주관의 일부라는 것을 알 수 있다. 말하자면, 모든 관리자는 세계관을 가지고 있으며, 왜 인간은 일하는가 또는 어떻게 인간을 동기부여하고 관리해야만 하는가에 대한 관리자의 견해는 그의 세계관의 일부이다. 그리고 그의 세계관은 그가 소속된 사회의 인간성에 대한 유력한 문화적 이론을 반영하고 있다. 이들 광범위한 문화적 이론들은 지난 세기 동안 계속 발전되어 왔으며 각각의 사회의 보다 기본적인 정치제도를 반영하는 경향이 있었다. 다시 말하면, 어떤 조직내에서 생각될 수 있는 심리적 계약의 종류는 궁극적으로는 그 사회에서 행해지고 있는 계약의 반영이며, 또한 그 사회의 계약은 권한의 합법적 기반에 관한 그 사회의

일반적인 사고방식을 반영하고 있다.

여기서는 관리자의 사고방식에 상당한 영향을 미치고 있는 세 가지의 중요한 가설을 살펴보고, 여기에 대한 몇 가지 연구결과를 검토하며, 이런 가설이 관리자의 행동에 대해 가지는 의미에 대해 논하고자 한다. 여기서 말하는 중요한 세 가지 가설은 ① 합리적 경제인 가설, ② 사회인 가설, ③ 자아실현인 가설이다.

2.2 「합리적 경제인」 가설

인간성은 합리적 · 경제적이다 라고 하는 교의(教義)는, 최종적으로는 인간은 자기이익을 극대화하기 위해 행동한다고 하는 쾌락주의의 철학으로부터 나왔다. 이와 유사한 인간관에 바탕을 둔 아담 스미스(Adam Smith)의 경제학설은 시장에서 조직 간의 관계 및 거래당사자 간의 관계는 통제되지 않은 채 방치되어야만 하는데 그 이유는, 각자가 자기의 이익을 추구함으로써 스스로 균형을 찾게되기 때문이라는 이론이다.

이와 같은 사고방식을 종업원에 적용해 보면, 다음과 같은 가설이 도출될 것이다.

- 종업원은 본질적으로 경제적 자극에 의해 동기부여되며, 그 경제적 수확을 극대화하기 위해 행동한다.
- 경제적 자극은 조직에 의해 통제되는 것이므로, 종업원은 본질적으로 조직에 의해 조종되며 동기부여되고 통제받는 수동적인 존재이다.
- 인간의 감정은 본질적으로 비합리적인 것이기 때문에 자기이익이 합리적인 계산에 의해 방해받지 않도록 해야만 한다.
- 조직은 인간의 비합리적인 감정이나 예측할 수 없는 성질을 중화하고 통제할 수 있도록 설계할 수 있으며, 또한 그렇게 설계되어야만 한다.

맥그레그(Dauglas McGreger)는 종업원에 대한 조직의 사고방식을 분석함에 있어 몇 가지를 더 추가하고 있다. 그는 그의 추가된 가설을 후술하는 Y이론에 대하여 X이론으로 불렀다.

X 이론(Theory X)

- 인간은 날 때부터 게으르다. 그러므로 외부의 자극에 의해 동기부여되어야만 한다.
- 인간의 생리적인 목표는 조직의 목표와 상반된 것이다. 그러므로 인간을 조직목표달성

에 협력하게끔 하기 위해서는 외부의 힘에 의해 통제하지 않으면 안 된다.

- 인간은 그의 비합리적 감정 때문에 기본적으로 자율 및 자기통제가 불가능하다.
- 인간은 대충 두 그룹으로 나눌 수 있는데, 그 하나는 위에서 약술한 가설에 맞는 그룹이고, 다른 하나는 스스로 동기를 가지며 자기통제가 가능하고, 감정에 비교적 좌우되지 않는 그룹이다. 후자의 그룹은 전자의 그룹을 통제하는 관리자의 역할을 담당해야만 한다.

결국, 합리적 경제인의 가설은 인간을 신뢰할 수 없고, 금전에 의해 동기부여되는 계산적인 다수와 신뢰할 수 있고 금전 이외의 것에 의해서도 광범하게 동기부여되며, 대중을 조직하고 관리해야만 할 도덕적 엘리트의 두 그룹으로 분류하고 있다. 대부분의 산업에서 노동자는 X이론의 가설에 맞는 것으로 고정관념화 되어 있었다. 이 이론의 중요한 문제점은 이것이 전혀 인간에 맞지 않는다는 것이 아니라, 인간의 행동을 너무 지나치게 일반화하고 있으며, 지나치게 단순화시키고 있다는 것이다.

1) X이론에 근거한 관리전략

인간성에 대해 관리자가 가진 가정은 그의 전략을 규정하며 조직과 종업원 간의 심리적 계약에 대한 그의 사고방식을 결정한다. 예를 들면, 앞에서 말한 가설은 에치오니의 계산적 참여를 의미한다. 조직은 종업원의 노동과 복종을 경제적 보상으로 사며, 또한 조직은 권한과 통제시스템을 이용하여 조직자신과 종업원을 인간성의 비합리적인 측면으로부터 보존할 의무가 있다고 가정하고 있다. 이 가정 하에서는 권한은 본질적으로 직무나 지위중에 있으며, 종업원은 전문성이나 인격에 관계없이 권한이나 상위직급에 있는 사람에게는 복종할 것이 기대된다.

또한 이 전략에서 기본적으로 강조되는 것은 능률적인 과업달성이며, 사람들의 감정이나 사기는 그것이 과업달성과 직접적인 관련이 없으면 이에 대한 관리자의 책임은 2차적인 것이다. 이 관리전략은 쿤츠와 오도넬(Koontz and O'donnel)이 관리자의 중요한 직능으로 들고 있는 다음의 다섯 가지에 잘 요약되어 있다. ① 계획하는 것, ② 조직화하는 것, ③ 사람과 자원을 배분하는 것, ④ 명령하는 것, ⑤ 통제하는 것.

이 가정 하에서는 사람들의 능률이 올라가지 않거나 사기가 저하되면 적절한 동기나 생산수준을 확보하기 위해 직무나 조직적 관계의 재설계 또는 자극제도나 통제시스템의 변화를 통해 해결하고자 하는 경향이 있다. 그러므로 이 가정 하에 운영되는 산업조직은 그의 전체적인 유효성을 개선하기 위해서는 제일 먼저 조직 그 자체 — 누가 누구에게 보고하며, 누가 어떤 일을 하는가, 능률성과 경제적 관점에서 직무는 적절하게 편성되어 있는가 등 — 에 관심을 집중한다. 두 번째로 이 조직은 동기부여 및 보상시스템을 재검토하게 될 것이다. 생산성이 낮은 경우, 높은 생산성을 올리는 사람에게 보상하는 개인별 상여제도를 시도해 볼 수도 있고, 또는 노동자 간의 경쟁을 자극하여 승자에게 특별보수를 주는 것도 시도해 볼 수 있다. 마지막으로 이 조직은 그의 통제제도를 재검토해 볼 것이다. 즉, 감독자들은 생산을 올리기 위해 종업원들을 충분히 독려하고 있는가? 생산성이 낮거나 태만한 자를 발견하여 처벌하는 적절한 시스템이 되어 있는가? 적절한 작업량을 달성하지 못하는 부분을 확인할 수 있는 적절한 정보수집기구가 마련되어 있는가? 등에 관한 문제를 재검토해 볼 것이다.

또한 이 관리전략에서는 조직성과에 대한 모든 책임이 경영자에게 주어져 있으며, 종업원들은 자극제도와 통제제도가 자극하고 허용하는 범위내에서만 작업하면 그뿐이다. 그러므로 실제로 종업원이 이 가설과 일치하지 않는다 하더라도 그들이 이 가설과 다른 행동을 보일 수는 없을 것이다. 그 결과 이들 가설에 의해 운영되는 조직의 최대의 위험은 조직이 정말 이 가설을 그대로 따르는 경향이 있다는 점이다. 즉, 종업원을 무관심하고 적대적이며, 경제적 자극에 의해서만 동기부여되는 것으로 생각한다면 자연적으로 관리전략도 종업원들을 그와 같이 행동하도록 훈련하게 된다.

2) 「합리적 경제인」 가설의 예증

이 가설이 어떤 의미에서 옳다는 것을 나타내는 예증은 우리주변의 일상생활의 경험중에서나 또는 산업역사 중에서 볼 수 있다. 인간에 대한 이러한 가설 및 그로부터 발생한 관리원칙은 여러 가지 상황에서 적용될 수 있다. 예를 들면, 유동작업방식의 조립작업은 능률적인 생산방법이라는 것이 기회있을 때마다 증명되어 왔으며, 또한 금전이나 개인적 자극제도가 좋은 동기요인이라는 것도 여러 조직에서 증명되어 왔다. 또한 이 가설에서는 종업원이 원래 일에서 만족감을 얻는다는 것을 기대할 수 없기 때문에 종업원의 일에 대한 감정적 욕구가 만족되지 않는다는 것은 불합리한 말이다. 그러나 인간성에 대한 합리적 경제인의 가설에 바탕을 둔 관리전략의 극적인 성공에도 불구하고 많은 문제와 실패사례를 볼 수 있다. 만약 노동자가 조직에 대해 임금만을 기대하고 있다면, 그들은 언제나 보다 많은 임금을 요구할 것이다. 그러나 실제로는 생활수준이 향상됨에 따라서 종업원은 임금지불방법이나 기본적 인권에 대한 기대를 바꾸어 왔다. 대규모조직들이 최초로 노동자들을 개발하는 것이 쉽다는 것을 알았다. 그러나 이러한 노동자들의 개발은 최종적으로는 노동조합의 발전으로 이어졌으며, 이를 통해 노동자들은 그들의 기대가 충족되지 않을 경우 경영자에게 보다 강력한 영향력을 행사할 수 있었다.

또한 일은 점점 복잡해졌으며 조직 간의 경쟁도 치열해졌다. 이는 경영자로 하여금 노동자의 판단, 창의적 능력 및 충성심에 더욱 의존하게끔 만들었다.

이처럼 조직이 종업원에게 보다 많은 것을 요구하게 되면서 조직은 종업원에 대한 가설을 재검토해야만 하게 되었다. 조직이 종업원에게 많은 것을 기대할수록 종업원도 또한 조직에 많은 것을 기대하게 되었다. 이와 같이 조직이 점점 복잡해지고 종업원에게 의존하는 정도가 점점 높아짐에 따라서 심리적 계약의 성질도 바뀌지 않으면 안 되게 되었다.

이와 동시에, 산업심리학자나 산업사회학자는 조직구성원의 동기나 행동양식이 실제로 어떠한 것인가를 한층 더 주의깊게 연구하기 시작하였다. 연구결과가 종합됨에 따라서, 종업원은 합리적 경제인의 가설에 맞지않는 많은 동기, 욕구, 기대를 갖고 있으며 이것들이 종업원들의 노동의 질과 양 그리고 조직에 대한 그들의 관계에 영향을 미치고 있다는 것이 분명해졌다. 이러한 연구로부터 사회적 욕구와 동기를 강조하는 다른 가설이 나타나게 되었다.

2.3 사회인의 가설

조직생활에 있어서의 사회적 동기의 중요성을 처음으로 밝힌 두 개의 연구가 있다. 그 하나인 호손(Hawthorne) 연구에서는, 동료들에게 받아들여지고 호감을 받고 싶어하는 욕구는 경영자에 의해 제공되는 경제적 자극보다도 중요하다는 극적인 사실의 발견으로 주목을 받았다. 또한 이 연구는 종업원은 만약 경쟁상태에 놓이게 되면 다른 사람들과 단결하여 패자가 될 위협을 잘 처리한다는 것을 보여주었다. 이것과 유사한 것이 조직심리학상 제2의 고전적 연구인 트리스트에 의한 석탄광부의 연구이다(Trist and Bamforth, 1951; Trist, Higgin, Murray and Pollck, 1963).

1) 호손연구

1920년 후반에 일리노이주에 있는 서부전기(Western Electric) 회사의 호손공장에서는 전화기 조립작업을 하고 있는 여성 작업집단에 대해, 노동시간, 휴식의 횟수와 시간, 조명의 개선, 무료중식, 기타 물질적 환경요인이 생산에 어떠한 영향을 미치는가를 규명하기 위한 일련의 연구가 진행되었다. 특별히 이 연구를 위해 선발된 여성작업집단은 1인의 감독자밑에 특별실에 배치되어 주의깊게 관찰되었다.

실험자는 작업조건을 여러 가지로 변경해 보았으며 그 조건을 크게 바꿈에 따라 생산도 실질적으로 증대함을 알게 되었다. 여기서 실험자는 모든 작업조건에 대한 조사를 마쳤을 때 이 작업자들을 원래의 작업조건 즉, 휴식 기타 오락시설을 제거하고 빈약한 조명하에서 하루 종일 일을 시켜보았다. 그런데 놀랍게도 생산은 여전히 상승하였으며, 지금까지 가장 좋은 실험조건하에서 보다도 오히려 높은 수준에 달하였다.

여기서 연구자들은 실험에서 용의주도하게 조작된 요인 이외의 다른 요인에 주목할 수밖에 없었다. 그 하나는 작업자들의 모랄은 실험중에는 극히 높았으며 일을 열심히 그리고 잘 하도록 극도로 동기화되어 있다는 분명한 사실이었다. 이처럼 높은 사기의 원인으로서는 몇 가지를 들 수 있다. ① 그 여성들은 자기들이 연구대상으로 선발된 사실에 만족감을 갖고 있었다. 즉, 이 선발은 경영자가 자기들을 중요시하는 생각을 갖고 있음을 그들에게 보여주는 것이었다. ② 그 여성들은 서로가 편하도록 작업을 분담하고 작업진행도 상당히 자유롭게 결정할 수 있었기 때문에 동료들 및 감독자와 좋은 관계를 유지하였다. ③ 동료들 간의 사회적 접촉과 편한 관계가 한층 더 일을 즐거운 것으로 만들었다. 이 발견으로부터 새로운 가설 즉, 일에 대한 동기부여, 생산성, 작업의 질의 모든 것은 동료간 또는 작업자와 감독자 간의 사회적 관계의 성질과 깊은 관계가 있다는 것이 제시되었다.

이 가설을 보다 체계적으로 조사해 보기 위해 14명으로 구성된 새로운 집단이 선발되었다. 이 집단은, 권선공(捲線工)이 배전반(配電盤)에 선을 감으면 그것을 납땜공이 납땜을 하고, 2인의 검사공이 검사하여 완성품 표시를 붙이는 일을 맡고 있었다. 이들은 특별실에 배치되었으며 거기에는 훈련된 관찰자가 하루종일 그들을 지켜보고 있었다. 처음에는 작업자들이 그를 의심스런 눈으로 보았으나 시간이 지남에 따라서 아무런 특별한 일도 일어나지 않자 작업자들은 긴장을 풀고 정상적인 작업으로 들어갔다. 관찰자는 권선실(捲線室)의 작업집단에서 다음과 같은 흥미로운 사실을 발견하였다.

결과 1 이 그룹은 하나의 집단으로서의 강한 일체감을 느끼고 있었지만, 대충 작업실의 앞 열과 뒷 열에 해당하는 두 개의 집단이 형성되었다. 앞 열의 사람들은 자기들 편이 뒷 열보다 지위가 높다고 생각하였는데 그 이유는 그들이 하고 있는 배전반(配電盤)의 권선(捲線)이 뒷 열 사람들이 하는 것보다 어려운 작업이라고 생각하였기 때문이다. 두 집단에는 그 방의 권선공, 납땜공 및 검사공의 대부분이 들어가 있었지만 어느 쪽에도 속하지 않은 사람들도 몇 명 있었다. 두 집단은 각자의 특수한 게임과 습관을 가지고 있었으며, 상호 간에 경쟁하고 조롱도 하였다.

결과 2 전체로서의 집단은 몇 가지 규범 즉, 일의 처리에 있어 적절하고 공정하다고 여겨지는 어떤 사고방식을 갖고 있었다. 이 규범중에는 집단의 생산률에 관한 것이 있었으며, 이는 적정한 급료에 어울리는 적정한 작업량의 의미로 가장 잘 표현될 수 있을 것이다. 다시 말하면 집단은 얼마의 생산이 적정한 것인가에 대한 규범을 만들었으며, 그것은 6,000개로서 이 숫자는 경영자를 만족시켜 주는 것이지만 노동자들에게는 아직 충분한 여력이 남을 정도의 작업량이었다. 이 규범과 관련하여 다른 두 개의 규범이 더 있었다. 그 하나는, 기준을 파괴해서는 안 된다는 것으로서 이는 집단내의 다른 사람들에 비해 지나치게 많이 생산해서는 안 된다는 의미였다. 다른 하나는 태만해서는 안 된다는 것으로 이는 다른 사람에 비해 지나치게 적게 생산해도 안 된다는 의미였다. 기준에서 어느 쪽으로든 벗어나면 경멸적인 비난을 받게되며, 다른 사람들과 보조를 맞추게끔 사회적 압력을 받게된다. 그리고 이 압력에 따르지 않으면 사회적 추방을 당하게 된다.

실질적으로 사람들은 공모하여 그들의 능력이하로 밖에 생산하지 않았으며 이런 관습은 생산제한이라 불리워지고 있다.

작업관계에 영향을 미치는 다른 중요한 규범은 집단의 검사공과 감독자에 관한 것이다. 이는 권한을 가진 사람은 지나치게 참견하거나, 또는 그들이 가진 권한을 남용해서는 안 된다는 것이었다. 그리고 그들은 일반적으로 검사공은 성질이 나쁘다고 생각하고 있었고 검사공이 그의 역할을 남용하거나 지나치게 참견하는 것은 동료의 집단규범을 파괴하는 것으로 생각하였다. 어떤 검사공이 우연히 우월감을 느끼고 그것을 표현하였는데 집단은 장비에서 그를 속일 수 있었으며 그를 동료로서 취급해 주지 않았고, 그에게 너무나 많은 사회적 압력을 가했기 때문에 그는 다른 그룹으로 옮겨줄 것을 호소하였다. 다른 검사공과 감독자는 집단의 동료였으며 그 이유로 그 집단에 수용되었다.

결과 3 관찰자는 집단이 회사정책상의 중요한 점에 대한 상당부분을 따르지 않는다는 것을 발견하였다. 예를 들면, 각 직무는 어느 정도의 기술을 요하기 때문에 사전에 주의깊은 직무평가가 이루어진 것이므로 임의로 직무를 바꾸는 것은 금지되어 있었다. 그럼에도 불구하고 권선공(捲線工)은 납땜공이 일을 하는 도중에 일을 바꿀 것을 자주 제의하였다. 이렇게 함으로써 그들은 단조로움을 완화하고 실내의 다른 사람과의 사회적 접촉을 유지하였다. 또한 매일 종업시에 각자는 자기가 한 작업량을 보고하게끔 되어 있었으며, 실제로는 감독자가 모든 사람들의 작업량을 보고하게 되어 있었지만 그는 작업자들이 스스로 보고하고 싶어한다는 것을 알고는 그렇게 하도록 결정하였다. 그런데 실제의 생산량은 매일 많은 변동이 있음에도 불구하고 그들은 매일 거의같은 생산량을 보고하였다. 그 결과 생산기록은 매일 생산고가 거의 일정한 수평적 생산고를 유지하는 것으로 나타났지만 실제의 생산고는 각자의 피로도, 사기, 기타 많은 사정에 의해 상당한 차이가 있었다. 그들은 과대한 보고를 하는 등의 속이는 일은 하지 않았다. 오히려 어떤 날은 실제보다 낮추어 보고함으로써 나머지 잔여분은 그가 실제로 적게 생산했을 때를 대비하여 남겨두었다.

결과 4 사람들은 생산율에서 상당한 개인차가 있었으며 그 차이를 해명하기 위해 숙련테스트를 실시하였다. 그러나 그 결과는 개인적 생산고와는 아무런 상관관계가 없었다. 지능테스트도 실시했지만 결과는 마찬가지였다. 여러 가지 조사결과 생산율의 개인차를 가져오는 열쇠는 동료집단 내에서의 사회적 소속감이었음이 판명되었다. 즉, 두 개의 동료집단 중 높은 지위에 있는 집단의 구성원은 낮은 지위의 집단보다도 일률적으로 높은 생산율을 올리고 있었다. 그러나 생산율이 가장 높거나 가장 낮은 사람은 어느 집단에도 소속되어 있지 않은 사회적 고립자였다. 확실히 개인의 생산고는 그들의 원래 타고난 능력과는 관계가 없고 노동자의 사회적 소속감과 밀접히 관련되어 있었다.

그런데 생산고는 실제로는 급여체계로 인해서 두 집단 간의 갈등의 중요한 원인중에 하나였다. 각자의 급여는 기본급과 집단전체의 생산고로부터 계산된 집단 보너스에 일정한 비율을 곱하여 얻은 것의 합계였다. 따라서 높은 지위에 있는 집단은 낮은 지위의 집단이 태만하다고 생각하고 그들에게 생산율이 낮다고 잔소리를 하였다. 낮은 지위의 집단은 무시당하고 모욕감을 느끼게 되었으며, 이들에게 보복하는 가장 좋은 방법은 고의로 생산을 낮추는 것이라고 생각하였다. 따라서 두 집단은 자해적 악순환으로 빠져들게 되었고 집단 생산율은 더욱 저하되었다.

결론 이 연구가 산업심리학자에게 준 것은 사회적 요인-작업수행이 개인뿐만 아니라 사회적 관계의 구조에 의존하고 있는 정도-의 중요성이었다. 조직에 대한 많은 연구가 진행되면서 어떠한 조직에도 존재하는 비공식적 모임이 개인의 작업에 대한 동기부여, 생산수준, 작업의 질에 깊은 영향을 주고 있음이 명백해졌다. 따라서 호손연구는 산업심리학을 산업〈사회〉심리학으로 다시 정의하게끔 하는 중요한 계기가 되었다.

호손연구는 비공식적 사회조직의 존재나 그것이 작업수행에 미치는 효과를 명백히 밝혀주었으나, 이같은 비공식조직이 인간으로서의 노동자에 대해서 어떤 중요한 기능을 하고 있는지에 대해서는 밝혀주지 못하였다. 만약 경영자가 종업원을 바짝 조이고 규율을 강요하며, 변두리로 전출시키거나 고립시킨다면 어떤 다른 결과가 나올까? 비공식조직을 변화시키려는 체계적인 시도는 서부전기회사에서 연구되지 않았지만, 다른 조직에 대한 연구에서 이루어졌다. 그 가장 좋은 예는 타비스톡연구소(Tavistock Institute)가 행한 영국의 석탄산업에서의 기술적 변화의 효과에 관한 연구이다.

2) 타비스톡 연구소의 탄광연구

트리스트와 그의 동료들은 채탄기나 컨베이어의 도입이라는 채탄상의 기술적 변화가 탄광에 어떠한 영향을 미치는가에 대해 집중적으로 연구하였다.

구식시스템에서는 2인 또는 8인으로 구성된 소그룹이 고도의 상호 의존적인 팀으로서 일했으며, 각 팀은 평소에는 다른 팀과는 고립되어 일하고 있었다. 팀은 보통 한 사람의 숙련노동자와 그의 동료, 그리고 탄차에 석탄을 싣는 노동자 수 명으로 구성되어 있었다. 각 팀은 채탄장의 작은 부분을 할당받으며, 채탄, 적재, 운반을 책임지고 있었다(이 방법을 일반적으로 단벽식(短壁式)〈shortwall method〉이라 부른다). 각 팀은 극히 자치적이며, 구성원은 서로 협조할 수 있도록 팀장에 의해 선발된다. 팀의 구성원 간에는 오랜 관계가 맺어지며, 이런 관계에 의해서 팀의 누군가가 부상당하거나 사망하게 되면 그의 가족을 돌보아 주게 된다. 지하의 어두운 곳에서 일함으로써 생기는 불안 때문에, 그리고 채탄작업 자체가 매우 위험하기 때문에 팀구성원 간에는 강한 연대감이 형성된다.

팀간의 갈등이나 경쟁은 흔한 일이었으며 일하기 쉬운 채탄장을 맡기위해, 그리고 다른 팀보다도 많은 석탄을 운반할 수 있도록 탄차를 충분히 확보하기 위해 뇌물이나 선물제공 등의 행위가 있었다. 지하나 지역사회에서 자주 싸움이 일어났지만 이것은 분명히 작업 그 자체가 지닌 고도의 욕구불만적 측면으로부터 발생하는 공격성의 유효한 배출구의 역할을 하였다.

팀간의 경쟁은 생활의 일부로서 수용되었지만 그러나 이것으로 인해 지역사회나 탄광의 기본적인 사회적 체제에 혼란이 일어나지는 않았다.

영국탄광의 광맥의 두께에는 차이가 많았으므로 기술적 관점에서는 채탄 및 운반을 위해 기계장치를 설치하는 것이 바람직하였다(이런 채탄법을 보통 장벽식(長壁式)이라 부른다). 그런데 이 방법에서 필요한 노동자는 단벽식의 그것과는 전혀 달랐으므로 조직은 지금까지의 작은 팀으로부터 작은 공장의 일부분 정도의 대집단으로 바뀌어져야만 했다. 이 새로운 집단은 한 사람의 감독자밑에 40명 내지 50명의 노동자로 구성되었다.

결국 이전에는 작은 팀과 하나의 전 지역이 집단의 단위였는데 비해 이제는 중규모의 커다란 사회적 체계가 노동자의 각종 욕구를 채워주지 않으면 안 되게 되었다.

이 중규모의 큰 시스템은 커다란 사회문제를 일으켰다. 왜냐하면 이제 노동자는 폭이 약 2m, 높이 약 1m의 터널 속에서 180m의 범위에 걸쳐 흩어졌으며 3교대제로 분할되었기 때문이다. 이 방식에서는 교대반 간의 고도의 협력, 반내 구성원 간의 고도의 협력이 요구되었기 때문에 누군가의 능률이 떨어지면 전 집단의 생산고가 현저히 떨어졌다. 특히 석탄층의 약한 부분에 드릴로 구멍을 뚫고 폭파시켜 채탄장을 준비하는 사람들과 자동컨베이어에 석탄을 싣는 사람들 간의 관계는 미묘하였다. 새로이 만들어진 수개의 소집단은 작업의 종류면에서나 지역사회 내에서 차지하는 위신의 면에서 서로 구분되었다. 이 새로운 방법 때문에 교대반 간의 커뮤니케이션이 파괴되었을 뿐만 아니라 새로이 형성된 소집단 조직도 또한 작업과 특권의 차이로 인해 손상되었다.

집단관계의 파괴로부터 야기된 긴장감 이외에 일 자체의 양과 질에 관련된 다른 문제들이 일어났다. 노동자들이 지나치게 분산되어 있었기 때문에 효율적인 감독이 불가능하였다. 작업자체에 내재하는 위험성과 제문제(높은 정서적 유대관계 속에서 긴장감을 완화할 수 있는 기회를 갖지 못하는 것) 때문에 사람들의 생산성이 떨어지는 경향이 있었다.

새로운 방법으로 인해서 생긴 여러 가지 어려움에 대처할 수 있는 유일한 방법으로서 저생산성의 규범이 발생하는 경향이 보였다. 심리학적으로 보면 이 새로운 방법이 가져다 준 것은, 일의 의미의 상실, 소외감의 증대(타인이나 사회와 무관하다는 느낌), 수동적 의식 및 무관심이었다.

이 사례의 중요한 교훈은 합리적인 공학상의 배려에 의해 도입된 기술상의 변화가 노동자의 사회적 조직을 파괴하였으며, 그 결과 기계에 의한 모처럼의 새로운 시스템도 효과적인 것이 되지 못했다. 결국 공식조직이 노동자의 정서적 욕구를 충족시켜 주는 의의를 가진 비공식조직의 형성을 방해한 것이다. 만약 이 탄광이 단지 일의 조직에만 구애되지 않고 사회과학자의 도움을 받아 공식조직과 사회적 조직의 재편성을 시도해 보았다면 이러한 문제의 몇 가지는 극복할 수 있었을 것이다.

이 사례에서 본질적으로 중요했던 것은 더욱 기계화를 추진함과 동시에 작업집단도 더욱 자율성을 가지게 함으로써 전문화된 작업집단 간의 경쟁이 아닌 협력을 자극하는 것이었다. 집단임금제도와 노동자가 작업반 간을 이동할 수 있는 기회를 더욱 늘리며, 직무를 바꾸는 것을 허용하고 전반적으로 자기통제를 장려하는 등에 의해 고도의 기계화에 의한 생산성의 손상없이 광부의 사회적 욕구를 충족시킬 수 있었을 것이다. 트리스트와 그의 동료교수들은 또한 오토메이션 또는 기계의존경향이 강해질수록 새로운 노동문화와 새로운 관리기술이 점점 더 필요해질 것이라고 지적하였다.

이상의 두 가지 사례는 노동자 간의 사회적 관계에 대한 영향을 고려하지 않은 채 작업방식을 변경했을 때 자주 일어나고 있다. 비공식조직은 조직구성원의 정서적 욕구를 충족시키는 중요한 역할을 하고 있으므로 이것을 무시한다든지 금지할 수 없다는 것을 다시 한번 보여주는 것이었다.

연구결과가 축적됨에 따라서 직무설계나 산업공학의 전통적인 개념에 점차 변화가 일어났다. 작업의 설계는 공학적 원칙에 의한 것이어야만 한다는 지금까지의 가정은 인간과 기계(또는 인간과 직무)의 상호작용과 상호영향을 처음부터 고려한 보다 세련된 인간공학의 개념에 의해 점차 대체되고 있다. 이 방법은 사회 · 기술적 어프로치라 불리고 있다.

3) 초기연구의 이해

노동자는 비공식집단의 형성에 의해서만 표현될 수 있는 사회적 욕구를 일과 함께 가지고 있으며, 또한 이러한 집단화가 작업의 방법, 생산성, 작업의 질에 영향을 미치는 감정과 규범을 창출한다는 인식으로부터 인간성에 대한 새로운 가설이 제시되었다. 이 가설은 처음 메이요와 그의 유명한 호손동료들에 의해 제시되었으며 오늘날까지도 많은 관리자의 사고를 강하게 지배하고 있다. 그에 의하면 호손연구와 그 뒤의 종업원면접으로부터 얻어진 자료는 노동이 일의 의미를 탈취해 갔으며 종업원의 기본적인 사회적 욕구를 저해하고 있다는 것을 증명하고 있다는 것이다. 많은 노동자가 소외감과 일체감의 상실을 호소하였으며 여기서 메이요는 다음과 같은 합리적 경제인과는 전혀 다른 견해를 전개하였다.

- 인간은 기본적으로는 사회적 욕구에 의해 동기부여되며, 동료와의 관계를 통하여 기본적인 일체감을 가진다.
- 산업혁명에 의한 작업합리화의 결과 노동은 그 자체의 의미를 상실하였으며 따라서 이는 직무에서의 사회적 관계속에서 추구되어야만 한다.
- 종업원은 경영자가 제공하는 경제적 자극이나 통제보다는 오히려 동료집단의 사회적 힘에 더 민감하다.
- 종업원은 감독자가 부하의 소속, 수용 및 일체감에의 욕구를 충족시킬 수 있는 정도에 응하여 관리자에게 반응한다.

4) 메이요의 가설에 의한 관리전략

이들 가설은 합리적 경제인의 그것과는 전혀 다른 관리전략을 가진다. 이 가설에 의하면, ① 관리자는 부하의 일에만 그 관심을 한정해서는 안 되며 부하의 욕구에 보다 많은 관심을 기울여야 한다. ② 관리자는 부하를 외적자극에 의해 동기부여하거나 통제하는 것보다도 부하의 감정 특히 수용, 귀속감 내지 일체감과 같은 감정에 관심을 가져야 한다. ③ 관리자는 작업집단의 의의를 인정하고 개인적 자극보다는 오히려 집단적 자극에 대해 생각해야 한다. ④ 가장 중요한 것으로서 관리자의 역할은 계획하고 조직화하며 통제하는 것으로부터 종업원과 상위경영층 사이를 중개하며 부하의 욕구감정을 듣고 이해하려고 노력하며 부하의 욕구나 감정에 대한 배려와 공감을 표시하며 고위층 앞에서 부하의 주장을 지지하는 것으로 변화되어야만 한다. 이 가설에 의하면 일의 주도권(동기부여의 원천)은 관리자로부터 노동자에게로 바뀌어지며 관리자는 일의 제공자, 동기부여자, 통제자의 입장이라기보다는 일의 촉진자, 부하의 공감적 지지자가 된다.

이들 가설 및 관리전략에 바탕을 둔 권한이나 심리적 계약은 전통적인 조직관에서 생각하는 것과는 전혀 다르다.

아마도 가장 중요한 차이는 순수한 경제적 욕구 이외에도 다른 욕구가 있다는 것을 관리자가 인정하는 것, 그리고 경제적 자극의 효과는 상황에 따라 사람에 따라 크게 달라진다는 것을 깨닫는 것이다. 관리자는 부하가 처해있는 전체적 상황을 보아야 하며 부하가 그 상황과 그 속에서의 자신의 역할을 어떻게 정의하고 있는가를 이해하지 않으면 안 된다.

사회인의 가설에 바탕을 둔 조직에서의 권한의 성격은 여전히 합리적 · 합법적인 것이겠지만, 그러나 상사의 카리스마적 기질 및 부하들과 정서적으로 가까워질 수 있는 그의 능력, 그리고 종업원을 위해 상사에게 영향을 미칠 수 있는 능력 등이 훨씬 중요한 것이 될 것이다.

이와 같은 가설은 우리가 가부장적이라 부르는 많은 제도의 근거에 자리하고 있다. 이러한 형태는 오늘날의 미국에서는 거의 찾아 볼 수 없지만 일본, 멕시코 등의 가부장적 관리자는 종업원과의 사교에 많은 시간을 쓰며 부하를 보다 가깝게 알고 정보를 얻기 위하여, 그리고 부하의 기분을 알기 위하여 직접 명령하지 않고 상대에게 영향을 미칠 수 있는 보다 비공식적인 기회를 늘리기 위해서 함께 자주 저녁을 먹으러 간다. 일본의 종신고용제는 노동자에게 안심감을 줄 뿐만 아니라 중요한 사회적 일체감을 부여하고 있다.

이와 같은 조직에서의 심리적 계약에는 종업원 측에서는 종업원의 개인적 · 사회적 욕구에 대한 배려에의 약속과 이들 욕구가 만족될 것이라는 기대가 포함되어 있다. 여기에 대해 회사는 종업원이 충성적이며 잘 동기화되어 있고, 열심히 일해 줄 것을 요구한다. 일본처럼 법률에 의해 생애고용이 요구되고 있는 나라에서는 조직과 구성원은 고도로 상호 의존적이기 때문에 아마도 한층 더 개인적인 심리적 계약의 발달이 필요할 것이다. 만약 종업원이 조직에 참가함으로써 중요한 정서적 욕구의 충족을 기대할 수 있다면 조직에 더욱 더 강하게 도덕적으로 참여하게 될 것이며, 조직은 이에 대해 합법적으로 충성심과 신뢰와 조직목표와의 일체감을 기대할 수 있게 된다.

반면에 만약 관리자가 욕구좌절과 위협을 받고있으며 소외되고 있다는 느낌을 노동자가 갖도록 한다면 노동자들은 종종 관리자의 목표에 상반되는 규범을 가진 집단이 되어 버린다. 그러나 만약 관리자가 이러한 비공식집단의 힘을 잘 처리하여 집단규범을 조직목표의 방향으로 작용하도록 할 수 있다면 막대한 에너지와 모티베이션의 축적이 가능해 질 것이다.

5) 사회인 가설의 예증

메이요, 뢰스리스버그 및 트리스트의 고전적 연구 이외에도 위에서 말한 가설에 일치하는 몇 개의 연구예증이 있다.

그 하나의 줄기는 여러 작업진단에 대해 이루어진 관찰연구로서 예를 들면, 잘레즈닉(Zaleznik)과 그의 공동연구자들은 중규모의 생산공장에 있는 약 50명의 노동자집단에 대한 연구에서 다음과 같은 것을 발견하였다. ① 노동자의 생산성과 만족감은 각자가 받고있는 임금이나 직무상의 지위와는 관계가 없고 그 집단소속감과 관계가 있다. ② 집단의 고정멤버인 경우 만족감이 높은 경향이 있으며 나아가 관리자의 기대에 부응할 뿐만 아니라 집단의 규범에도 충실한 경향이 있다. ③ 집단의 이탈자 및 고립자는 만족감이 낮고 집단의 규범을 파괴하고자 한다. ④ 집단의 일원이 되고 싶은 이탈자 및 고립자는 집단의 규범이하로 생산을 낮춘다. ⑤ 집단의 일원이 되고 싶지않은 이탈자 및 고립자는 집단의 규범이상으로 생산을 올리는 경향이 있다.

또한 화이트(Whyte)는 레스토랑에 있어서의 인간관계연구에서 사회적 내지 집단적 요인과 결근이나 이직 그리고 고객에 대한 봉사의 사이에는 중요한 관계가 있음을 발견하였다. 감독자가 비공식집단의 형성을 허용하고 집단이 잘 단결되어 있으며 통합되어 있는 경우에는 집단내의 관계와 작업의 질이 좋았다. 그러나 작업의 요구에 의해서 집단관계가 붕괴되면 여러 가지 문제가 일어났다. 예를 들면, 여급과 같이 낮은 지위에 있는 노동자가 요리사와 같이 높은 지위에 있는 노동자의 행동을 좌우하려고 하면(예를 들어 종업원이 요리사에게 큰소리로 주문하는 것), 갈등과 저항 그리고 저질의 서비스가 나타났다. 종업원이 주문을 종이에 써서 그것을 요리사가 집을 수 있는 위치에 놓아두는 방식을 취하자 요리사는 자기방식대로 주문을 받아들일 수 있었으므로 서비스가 개선되었다.

시쇼어(Seashore)는 중장비 제조회사에서 집단응집력(설문지조사에 의함)과 기타 여러 가지 요인들 간의 관계를 연구하였다.

이 연구에서는 집단응집력이 높을 경우 그 집단이 경영자를 신뢰하면 생산성이 높았고, 반대로 경영자를 불신하는 집단은 생산성이 낮았다. 또한 응집력이 낮은 집단보다 높은 집단에 속해있는 사람일수록 덜 신경질적이었고 또한 긴장감도 덜하였다.

유동작업에 의한 조립작업이나 대량생산에 관한 연구는 일관하여 노동자의 불만의 중요한 원천이 사회적 관계의 붕괴, 특히 옆사람과의 편안한 대화의 불능과 자연스런 사회적 접촉이 불가능하다는 데 있다는 것을 보여주고 있다. 반대로 팀웍과 사회적 상호작용을 조장하는 쪽으로 작업이 재편성되어 있는 곳에서는 생산성과 사기가 모두 상승되었다.

제2차 세계대전과 한국전쟁에 대한 연구에서도 사회적 관계의 중요성이 강조되고 있었다. 여기서는 병사들의 전의의 중요한 원천은 비공식적 관계를 맺고있는 전우에 대한 신뢰감이었다는 것이 나타났을 뿐만 아니라 전우가 사망하게되면 부대의 정서적 좌절이 일어났다는 것이 증명되었다. 그리고 이 같은 정서적 혼란을 일으킨 병사는 전선에서 같은 상태에 있는 병사들을 모아 놓은 소집단 속에서 여러 가지를 자유롭게 말을 할 수 있는 기회를 주면 정상상태로의 회복이 빨라질 수 있었다. 이 같은 병사를 전선에서 빼내면 자기동료를 죽게 내버려 두었다는 모든 병사들의 마음속에 있는 죄의식이 점점 강해져서 정서적인 혼란을 더욱 심화시키는 경향이 있었다.

산업사회에서는 금전이 생산성을 높이는 최대의 동기부여 요인이라는 가설을 검증하기 위해 화이트에 의해 매우 중요한 연구가 이루어졌다. 화이트는 작업집단을 관찰하고 능률이 높은 노동자와 낮은 노동자를 면접하였다. 그리고 그들의 배경에 대한 연구를 통해 다음과 같은 결론을 얻었다.

- 노동자 중 주로 금전에 의해 동기화되는 사람의 비율은 매우 낮다. 개별자극제 등에 매력을 가지고 생산제한에의 집단압력을 무시하는 사람은 약 10%이하이다.
- 자극제도의 효과가 나타나는 경우에도, 그것이 개별 자극제도이든 아니면 집단 자극제도이든 순수한 경제적 이유라기보다는 다른 이유에 의한 경우가 많다.

  사실 노동자들은 생산목표의 달성을 재미가 있는 하나의 게임으로 생각하는 경우가 있다. 감독자와 좋은 관계를 유지하기 위해서 또는 감독자로부터 심리적인 압박감을 덜기 위해서 높은 할당액을 달성하는 경우도 있다. 일을 느리게 하면 지루하거나 빨리 피로해지기 때문에 차라리 빠른 속도로 일하기도 한다. 물론 이러한 모든 것이 사회인의 가설을 증명하는 것은 아니나, 적어도 합리적인 경제인의 가설이 부적절하다는 것을 분명히 말해주고 있다고 할 수 있다.
- 집단이 정해 놓은 규범이상을 생산한 기준 파괴자와 집단의 규범을 지키는 준수자 사이에는 그 사회적 배경이나 인격에 차이가 있다. 기준 파괴자는 극히 개인주의적이고 경제적인 개인주의가 높이 평가되는 가정-예를 들면 농촌-의 출신자이며 사회적 욕구가 그다지 강하지 않은 것처럼 보였다. 반면에 규범준수자는 도시의 노동자계급 가정의 출신으로서 동료와 협조하며 함께 일해 가는 것에 높은 가치를 두고 있었고 공장외의 사회적 집단에도 참가하고 있는 비율이 높은 사실이 말해 주듯이 기준 파괴자보다 강한 사회적 욕구를 갖고 있다. 이러한 연구들은 적어도 일부의 노동자들에게는 사회인의 가설이 맞지만 그러나 역시 일률적으로 모든 노동자들이 다 그렇다는 것에는 문제가 있다. 결국 모든 노동자들이 같은 사회적 욕구를 가진 것은 아니다.

조직목표를 달성하는 방향으로 집단노동력을 이끌어 가는 집단자극제도의 성과는 스캔론 플랜(Scanlon plan)을 채택하고 있는 몇 개 회사에서 볼 수 있다.

이 플랜은 스캔론이 오랜 동안의 공장노동을 통해 개별자극제도, 제안제도, 이윤분배제도 등에 대한 결점을 관찰한 후에 개발한 것이다. 그는 학습이론과 노동자의 사회적 욕구를 직관적으로 예리하게 파악하였다. 노동자의 사회적 욕구를 만족시키기 위해서 그는 작업개선을 위한 제안은 노사쌍방으로 이루어진 제안심의위원회에 제출되어야 하며 제안에 대한 개인적 보상은 폐지하고 그 대신 제안이 채택되어 실제로 생산원가를 절감할 수 있었다면 그 절약분은 가능한 한 빨리 일률적인 상여금으로서가 아닌 각자의 기본급에 비례하여 노동자에게 환원되어야 한다고 생각하였다.

학습이론의 관점에서 보면 이 스캔론 플랜의 특징은 노동자들에게 있어서 자기들의 노력과 집단으로서 받은 경제적 보상과의 직접적인 관련성이 명백해지며 자기들의 노력에 대한 결과가 곧바로 피드백된다는 점이다. 이에 비해서 보통의 이윤분배제도에서는 노동자들은 자기가 받은 상여와 자기의 노력과의 관련성을 거의 알 수 없다. 또한 보통의 제안제도는 사람들의 제안을 억제하는 역할을 하고 있다. 왜냐하면 사람들은 제안을 함으로써 그의 집단에서 외톨이가 되는 것을 원하지 않으며 또한 아이디어라는 것이 대부분 여러 사람의 합동노력의 산물이라는 것을 잘 알고 있기 때문이다. 스캔론플랜은 절약액을 집단에 분배함으로써 이와 같은 어려움을 극복하고 있다. 또한 스캔론 플랜에서의 제안심의위원회는 그 구성원의 사회적 욕구를 직접적으로 충족시킬 뿐만 아니라 노사 간의 커뮤니케이션을 개선하며 노동자의 조직활동에의 참여를 보다 강화시킨다.

리더십 및 모티베이션에 관한 최근의 많은 연구사례도 이와 같은 기본적 가설을 지지하고 있다. 최근에는 자율적 작업집단에 관한 연구 및 노동자에 대한 일련의 문화인류학적 관찰연구가 직장에서의 사회적 요인의 중요성을 강조하고 있다. 대부분의 노동자는 사회적 욕구에 의해 강하게 동기부여되며 그것이 경제적 욕구를 능가한다는 것에는 별다른 의문이 없다. 그러나 사회인의 가설이 〈유일의〉 올바른 가설이며 조직을 설계하고 관리하는 기초가 될 수 있다는 것에 대한 충분한 증거가 있는가? 아니면 이 가설도 또한 합리적 경제인의 가설처럼 일반화될 수는 없는 것인가? 이러한 의문에 대해 보다 넓은 시야를 제공하기 위해 다른 하나의 이론, 즉 자아실현이 인간의 모티베이션에 있어 중요한 것이며 조직을 만들고 사람을 관리하기 위한 원리라고 하는 이론을 검토해 볼 필요가 있다.

2.4 자아실현인의 가설

사회인의 가설이 가진 중요한 것의 하나는 인간관계운동 즉, 종업원의 사회적 욕구에 보다 많은 관심을 갖는 감독자를 훈련하는 것이었다. 이러한 훈련은 노동자의 사기를 높이는데는 기여하였지만 생산성의 증대라는 면에서는 그 결과가 불투명하였다. 동시에 노동이 무의미한 것이 되었다는 메이요의 제안에 동의한 많은 조직연구자들은 일 그 자체의 성질로 그들의 관심을 돌렸다. 예를 들면 맥그레그, 아지리스, 매슬로우 등은 노동자들은 일에서 그의 능력이나 기술을 성숙하고 생산적인 방법으로 사용할 수 없기 때문에 소외되고 있다고 주장하였다. 그들은 근대산업에서 일의 대부분이 너무 단편적이고 전문화되어 있기 때문에 노동자는 그의 능력을 발휘할 수 없으며 또한 자기가 하고 있는 것과 조직전체의 사명과의 관계도 이해할 수 없게 되었다는 것을 입증하고 있다. 그래서 인간성에 관한 새로운 그리고 더욱 복잡한 가설이 형성되기 시작했으며, 이는 맥그레그가 Y이론이라 부르는 것으로 가장 잘 표현되고 있다.

1) Y이론 가설

- 인간의 모티베이션은 계통을 이루고 있다. 가장 기본적인 것으로부터 나열해 보면, ① 기본적 · 생리적 욕구, ② 존속, 인전, 보장에의 욕구, ③ 사회적 · 친화적 욕구, ④ 자아만족 및 자존의 욕구, ⑤ 자아실현의 욕구(이는 자기의 재능이나 자질의 모든 것을 최고도로 활용하고자 하는 욕구이다)가 있다. 가장 기본적인 욕구(음식, 마시는 것, 수면)가 충족되면 보다 고차원의 욕구를 충족시키기 위해 에너지를 사용한다. 재능이 없다고 생각되는 사람도 다른 욕구가 어느 정도 만족되면 일에서 유의미성과 완성감을 추구한다.
- 사람은 일을 통해 성장을 추구하며 실제로 성장할 수 있는 능력도 갖고 있다. 이 성장이란 어느 정도의 자율성과 독립성을 행사하며, 장기적인 안목을 가지고 특수한 능력과 기술을 개발하며, 환경에의 적응에 있어 보다 큰 유연성을 발휘하는 것을 의미한다.
- 인간은 본래 자기동기화하고 자기통제적이다. 즉, 외부로부터 부과된 자극이나 통제는 오히려 사람들을 위협하며 적응을 미숙하게 만든다.
- 자아실현과 효과적인 조직운영과는 본래 모순되는 것이 아니다. 적절한 기회가 부여된 종업원들은 자발적으로 자기의 목표와 조직의 목표를 통합할 것이다.

2) 자아실현인 가설의 관리전략

이 가설에 입각한 관리자는 부하에의 배려라는 점보다는 어떻게 하면 부하의 일을 보다 보람있고 의미있게 할 수 있을까 하는 데 많은 신경을 써야 한다. 문제의 초점은 종업원의 사회적 욕구의 충족여부에 있는 것이 아니라 종업원이 긍지와 자존심을 갖게하는 일을 통해 일의 의미를 찾게 할 수 있느냐 하는 것에 있다.

결국, 이 가설에 서 있는 관리자는 종업원이 어떤 곳에서 일하는 보람을 느끼는가를 확인하기 위해서 그들에 대한 면접자의 역할을 다하게 될 것이다. 관리자는 부하를 동기부여하고 지시하며 통제하는 사람이라기보다는 오히려 촉매자 또는 촉진자가 될 것이다. 무엇보다도 그들은 부하가 할 수 있는 범위내에서 많은 것을 부하에게 위양하게 될 것이다.

이 가설로부터 나온 권한과 심리적 계약의 의미는 매우 중요하다. 즉, 이 가설에서는 권한은 지위나 특정한 사람에게 있는 것이 아니라 일 그 자체에 있는 것이다. 문제를 처리한다는 보람-어떤 의미에서 자기통제와 자기개발-이 자아실현의 심장부에 있다. 관리자는 다만 직무의 요건을 전달하는 부차적인 역할을 할 뿐이다. 그러므로 동기부여의 기초는 종업원에게 동기를 부여하기 위해 조직이 무엇인가를 해야 한다는 의미에서의 외적인 것으로부터, 조직은 종업원이 가지고 있는 내적 동기가 조직목표의 달성에 이용될 수 있는 기회를 제공한다는 의미에서의 내적인 것으로 바뀐다.

합리적 경제인 및 사회인의 두 이론에서는 심리적 계약이 종업원의 업적에 대하여 외적보상(경제적 내지 사회적 보상)을 주는 데 대해 자아실현의 이론에서는 뛰어난 업적과 창의성에 대해 내적 보상(완성의 기쁨과 능력발휘)을 주고 있다. 이것은 분명히 종업원의 계산적 참여보다는 도덕적 참여를 이끌어 내며, 따라서 조직목표에의 책임감을 높이고 그 달성과정에서 종업원의 창의적인 노력과 잠재능력의 발휘를 허용한다.

종업원에게 어느 정도의 자율이 허용되면 그들은 보다 큰 영향력을 행사하게 될 것이며, 이를 위해 관리자는 그의 이른바 관리의 대권의 일부, 특히 통제에 관하여 그 일부를 포기하지 않으면 안 된다. 그러므로 Y이론에 따라서 운영되는 조직은 레빗(Leavitt)이 말한 권력평등화(power equalization)와 같은 광범한 권력의 분산이 이루어지며 조직결정에의 종업원의 참가에 가치를 두게 될 것이다.

참가적 관리의 개념, 즉 종업원은 그들에게 직접영향을 미치는 사항의 결정에 관여해야만 한다는 사고방식은, 종업원은 그들의 작업조직에 도덕적으로 관여하고자 하고 결정에 영향을 미치고 싶어하며, 그리고 조직목표의 달성에 그들의 능력을 활용할 수 있기를 원하고 있다는 가설로부터 나오고 있다. 아지리스에 의하면, 관리자가 다만 이러한 가설을 받아들이기만 하면 종업원으로부터 책임있는 성인으로서의 행동을 이끌어 낼 수 있는 조직과 관리제도가 설계될 수 있다. 만약 조직이 앞에서 말한 다른 두 가설을 취하게 되면, 종업원에게 아이들의 특징인 의존적이고 수동적인 방법으로 행동할 것을 기대하고 결국 그들을 아이로서 취급하게 될 것이다. 그러므로 이와 같은 제도 하에서의 관리자는 예를 들어 종업원이 반역적이고 감정적이며 조직목표에 무관심하여 마치 아이들처럼 행동하더라도 조금도 놀라서는 안 된다.

3) 자아실현인 가설의 예증

호손공장에서 최초로 이루어진 종업원 면접 및 1920년대, 1930년대에 연구가 이루어진 다른 회사에서의 종업원과의 면접은 사람들이 사회적 욕구를 갖고있음을 예증하는 동시에 사람들은 자기의 일에서 보람과 의미를 얻고자 하는 욕구도 갖고있음을 증명하였다.

또한 아지리스는 각종 생산회사의 연구에서 일이 지나치게 단순하거나 의미가 없게 되면 그들은 경영자를 속이거나 동료들과 함께 집단을 만드는 일에서 의미나 보람을 찾는다는 것을 여러 차례 발견하였다. 즉 노동자들은 일을 조금이라도 쉽게 하기위해서 색다른 도구를 만들거나 일을 피하기 위해 복잡한 계획을 만들 때는 그들중에 자주 공상적인 창의성이 발휘되고 있었으며 특히 흥미깊은 사실은 이러한 작업방법은 경영자가 설정한 방법으로 일하는 것보다도 오히려 더 많은 정력을 필요로 하는 것이었다. 이처럼 무엇인가 의미를 찾기위해서는 노력을 아끼지 않겠다는 것은, 예를 들어 비록 그것이 경영자에 대한 나쁜농담을 만들어 내는것에 지나지 않는 것일지라도, 의미를 추구하는 욕구가 사람들에게 있어 얼마나 강한가를 증명하는 것이다. 앞에서 말한 바와 같이 유동작업방식에 의한 조립작업이나 대량생산방법은 사람들 간의 사회적 관계를 파괴하지만, 이보다 더 중요한 것은 그런 방법들이 자주 일로부터 의미나 보람을 제거해 버린다.

그런데, 모든 사람이 일에서 보람이나 의미를 추구하는지 어떤지 또는 낮은 사회 · 경제계층출신의 노동자에게는 일은 원래 중심적인 생활관심사가 아닌지 어떤지 분명하지 않다. 일부 노동자에게는 고용주와 본질적으로 계산적 · 공리적인 심리적 계약. 즉, 정당한 1일분의 일에는 정당한 1일분의 임금계약을 맺는것으로 충분할지도 모른다. 이러한 사람은 일이 경제적 안전을 보장해 준다면 보람이나 의미는 다른 곳-예를 들면 가정, 취미, 지역사회활동-에서 추구된다. 그러나 일에의 참여가 낮다는 것 자체가 자아실현에의 욕구가 없다는 증거는 될 수 없다.

예를 들면 맥그레그는 노동자는 보람이나 의미를 일에서 기대하지 않도록 지금까지 배워왔기 때문에 바로 그와 같은 기대를 하지 않는 것이라는 가설을 제시하고 있다. 사실 앞에서 말한 바와 같이 합리적 경제인의 가설의 커다란 위험은 종업원이 그 말대로 되어 버린다는 것이다.

동시에 아지리스와 몇몇 사람은 모티베이션을 낮은 수준에서 붙잡아 놓은 것은 대부분의 조직으로서는 받아들일 수 없는 인적자원의 낭비라고 주장하고 있다. 세상이 점점 더 복잡해지고 경쟁적으로 되어가는 오늘날의 조직에 있어서는 장기간에 걸쳐 생산성과 창의성을 극대화하기 위해 모든 종업원을 완전히 참여시키는 것이 매우 긴요할 것이다.

자아실현인 가설의 가장 분명한 예증은 고도로 일에 몰입하며 보람있고 의미있는 일에 중심적 가치를 두고있는 전문직, 관리직 기술자에 대한 연구에서 보이고 있다(Pelz and Andrew, 1962; Bailyn and Schein, 1979). 허쯔버그는 그의 회계직원과 기사에 대한 연구에서 그들을 가장 동기화시키는 것은 직무도전감과 완성이라는 것을 명확히 보여 주었다.

감독, 급료, 작업조건 등의 요인은 부적절한 경우에 사기의 저하를 가져오며 그것을 개선하더라도 모티베이션 그 자체는 증대하지 않는다. 교육수준이 높은 종업원이나 준전문적 종업원이 증가함에 따라서, 이들 높은 수준의 종업원의 생산성이 낮은 경우의 코스트 증가문제를 생각하더라도, 내적동기부여 요인의 중요성이 증대되고 있다.

이러한 견해로부터 지금까지의 연구에서 밝혀진 것을 되돌아 보면 산업에 있어서의 초기 연구는 진정한 동기부여요인을 발견하지 못했다는 가능성을 시사하고 있다. 왜냐하면 매슬로우의 저차원의 욕구가 충분히 만족되지 않았기 때문이다. 당시의 노동자는 위협받고 불안하며 낮은 급료와 형편없는 감독밑에서 일하고 있다고 느꼈으며 그들은 이러한 것에 대처해 나가야만 되었다. 아마도 이러한 욕구가 만족되기 시작하면서 중요한 동기부여요인은 작업조건 이상의 것, 즉 일 그 자체의 기본적 성질이라는 사실을 발견할 수 있었을 것이다.

스캔론플랜을 도입한 회사를 다시 한번 보면 종업원은 일단 조직목표에 신뢰감을 갖게되면 높은 능률을 올리게 될 뿐만 아니라 엔지니어가 도저히 따를 수 없는 원가절감을 가능하게 하는 혁신자로도 된다는 것을 분명히 알 수 있다.

자아실현의 개념은 자율성, 일하는 보람, 성장, 자기의 능력과 재능의 완전한 활용 등과 같은 고차원의 욕구를 강조한다. 모든 사람은 이와 같은 내적경향을 갖고 있으나 이것이 나타나려면 우선 저차원의 안전이나 사회적 욕구가 만족되어야만 한다. 자아실현에의 동인은 관리적 행동이나 전문적 행동의 중요한, 결정적인 측면이라는 것에 대한 명백한 예증이 있다. 그러나 이 동기가 하위층의 종업원에게 어느 정도 중요한가 하는 문제는 아직 분명하지 않다. 비록 사회적 욕구가 충족되지 않은 예로써 들고있는 문제의 대부분이 조직의 모든 차원에서의 일하는 보람과 의미를 추구하는 욕구가 충족되지 않은 예로써 용이하게 해석할 수는 있지만 말이다.

여기서 우리가 말할 수 있는 것은 직장에서 보람이나 자아실현을 추구하지 않는 노동자는 그에 대한 욕구가 없거나 아니면 그것을 표현할 기회가 주어지지 않았기 때문이라고 밖에 할 수가 없다. 이러한 사태가 일어나는 것은 하위의 욕구가 아직 충족되지 않았기 때문일 수도 있고 아니면 조직이 종업원을, 그 심리적 계약의 일부로서 일에서 의미를 기대하지 못하게끔 훈련시켰기 때문일 수도 있다.

03 · 인간성의 복잡성

조직론과 관리론은 인간의 동기를 단순화하고 일반화하여 생각하는 경향이 있었다. 실증적인 연구는 이러한 생각의 일부를 지지하여 왔지만 그러나 결코 그 전부를 지지한 것은 아니었다. 그래서 수 많은 연구는 결론적으로는 인간, 조직, 관리전략에 대한 우리의 모델을 극히 복잡한 것으로 만들어 버렸다. 인간은 많은 욕구나 잠재적 가능성을 가지고 있을 뿐만 아니라 이들 욕구의 유형은 연령이나 발달단계, 역할의 변경, 상황, 대인관계의 변화와 함께 변화한다. 그렇다면 어떠한 가설이 이와 같은 복잡성을 정확하게 설명해 줄 수 있을까?

3.1 「복잡」인의 가설

- 인간의 욕구는 많은 범주로 나누어지며 발달단계나 전 생활상황에 따라서 달라진다. 이들 욕구는 어떤 종류의 계층을 이루고 있으며 사람에 따라서 각 계층의 중요성은 차이가 있지만 그러나 이 계층자체도 사람에 따라서, 상황에 따라서 또는 시간의 변화에 따라서 달라진다.
- 욕구나 동기는 상호작용하며 결합하여 복잡한 동기의 형태, 가치관, 목표가 되기 때문에 인간의 모티베이션을 생각하는 경우에는 어떤 수준에서 이해하고자 하는가를 결정해야만 한다. 예를 들면, 돈은 각종욕구를 만족시켜 주며 사람에 따라서는 자아실현의 욕구까지 만족시켜 줄 수 있다. 반면에 사회적 동기, 자아실현의 욕구는 여러 가지 방법으로 만족될 수 있으며 발달단계에 따라서 그 만족시키는 방법도 다르다.
- 종업원은 조직에서의 경험을 통하여 새로운 동기를 배울 수 있다. 이것은 주어진 직업경력 또는 인생단계에서의 동기와 목표의 전체적인 형태(그것은 그 사람의 조직과의 심리적 계약의 반영이다)는 최초의 욕구와 조직에서의 경험과의 복잡한 상호작용의 결과라는 것을 의미한다.
- 조직이 다르면 또는 같은 조직에서도 부서가 다르면 사람들의 동기도 달라질 수 있다. 즉, 공식조직 내에서 소외된 사람은 조합이나 비공식 조직내에서 그 사회적 욕구나 자아실현의 욕구를 충족시킬 수도 있으며 또는 관리자의 경우와 같이 일 자체가 복잡하면 일 속에서 여러 가지 욕구를 충족할 것이다.
- 사람은 여러 가지 욕구를 바탕으로 조직에 생산적으로 관여할 수 있게 된다. 개인의 궁극적인 만족과 조직의 궁극적인 유효성은 단지 부분적으로 그 개인의 동기의 성질에 의존하는 데 지나지 않는다. 일의 성질, 그 일을 맡고있는 사람의 능력과 경험, 조직내 타인들의 성질 등의 모든 것은 상호작용을 통해 구체적인 작업방식과 감정을 만든다. 예를 들면 높은 숙련공이지만 일하는 사기가 떨어진 노동자는 저숙련이지만 사기가 높은 노동자와 똑같이 조직에서 유효하며 또한 만족할 수도 있다.
- 동기, 능력 및 일의 성질에 따라서 사람들의 관리전략에 대한 반응은 다르다. 달리 말하면 언제나 모든 사람에게 유효한 단 하나의 올바른 관리전략이란 존재하지 않는다.

3.2 관리에의 의미 : 조건적응이론

만약 전술한 가설이 경험적 사실과 가깝다면 그것은 관리전략에 대해 무엇을 의미하는 것일까? 아마도 그것이 의미하는 가장 중요한 것은 관리자는 뛰어난 진단가이며, 조사하는 정신을 높이 평가하는 사람이어야만 한다는 것이다. 이 가설이 가르치는 바와 같이, 부하의 능력이나 동기가 매우 가변적이라면 관리자는 그 차이를 감지하고 그것을 평가할 수 있는 공감적 능력과 진단능력을 가져야만 한다. 또한 이와 같은 차이가 있는 것을 고통스럽게 생각할 것이 아니라 오히려 차이의 가치를 인정하고 차이를 드러나게하는 진단의 중요성을 인정하는 것을 배워야만 한다. 또한 진단적 통찰력을 활용하기 위해 관리자는 인간적 유연성과 그 자신의 행동을 다양화하기 위한 대인관계 기술을 가져야만 한다. 결국 부하의 욕구나 동기에 차이가 있으면 각 부하를 달리 취급해야만 한다.

이상의 제요소는 지금까지 언급했던 어떤 전략과도 모순되지 않는다는 것을 이해하는 것이 중요하다. 우리는 부하에 관하여 합리적 경제인, 사회인, 자아실현인의 가설에 집착하는 것이 모두 틀렸다고 말하는 것이 아니다. 우리가 말하고 싶은 것은 이들 중의 어느 가설도 상황과 상대에 따라서는 틀릴 수 있다는 것이다. 우리가 틀린 것은 지나친 단순화, 지나친 일반화에 있다. 만약 관리자가 인간의 행동에 대해 보다 과학적인 태도를 취한다면, 그는 자신의 가설이 바른가 그른가를 테스트할 것이며 보다 나은 진단을 찾을 것이다. 그렇게되면 그 상황이 요구하는 것이 어떤 것이든지 간에 보다 적절하게 대처할 수 있을 것이다. 그는 때와 상황에 따라서 지시적으로 또 때로는 전반적으로 비지시적인 결정을 할 수도 있다.

그는 어떤 직무설계에 있어서는 순수한 기술적 관점을 사용할 수도 있고 또 어떤 다른 직무설계에서는 종업원에게 맡겨버릴 수도 있다. 환언하면 그는 유연성을 가지게 될 것이며 또한 대인관계나 권한의 형태 및 심리적 계약 등의 다양성을 받아들일 수 있게 될 것이다.

상황의 현실성에 바탕을 둔 유연한 행동은 조건적응 이론(條件適應理論 : contingency theory)으로 불려지고 있으며, 이는 어떤 주어진 상황하에서의 올바른 조직화, 관리, 지도방식은 수많은 요인의 조건여하에 달려 있다는 사실을 가리키고 있다. 조건적응 이론은 인간성, 과업, 상황, 리더십이나 관리과정 그 자체에 내재하는 복잡성을 인정함으로해서 최근에 이 분야에서 매우 큰 인기를 끌고 있다.

3.3 「복잡」인 가설의 예증

어떤 의미에서는 지금까지 인용한 모든 연구는 이 항에서 언급한 가설을 지지하고 있는데, 여기서 인간성의 복잡성과 개인차를 분명하게 한 연구를 몇 가지 더 인용하는 것이 보탬이 될 것이다. 예를 들면, 이미 인용한 화이트와 잘레즈닉의 연구는 기준 파괴자의 사회적 배경과 동기부여의 유형은 저생산자의 그것과는 다르다는 것을 보여주었다. 양자가 모두 집단으로부터의 이탈자였지만 왜 한쪽은 집단의 인정에 무관심하였고 다른 쪽은 집단의 일원이 되고 싶었는데도 거절당했는가의 이유는 그들의 개인적 · 사회적 배경의 차이에 있었다.

같은 환경에서도 반응이 다른 것은 형무소에 의한 연구에서 보았다(Grusky). 형무소는 강제적 조직이며 죄수들은 완전히 의존적이고 복종적이어야만 하기 때문에 소외적 참여를 만들 수밖에 없었다. 그러나 그루스키는 복종적이고 의존적인 죄수는 비교적 소외되지 않고 보다 협력적이며 형무소 생활에 대해서도 보다 긍정적인 것을 발견하였다.

또한 펄린(Pearlin)과 아지리스(Argyris)는 공장노동자의 소외에 관한 연구에서 노동자의 개인적 욕구와 성질로 인해서 일에 대한 보람이나 자율을 요구하지 않거나, 또는 상사의 권위나 지위를 마음에서부터 존경하기 때문에 극히 전제적인 상황에서도 편안할 수 있었으며 따라서 소외되지도 않는 사례를 발견하였다.

블라우너(Blauner)는 네 가지 유형의 공장노동자에 관한 고전적 연구에서 작업상황 속의 기술적 성질에 의해 전혀 다른 소외의 유형이 있음을 발견하였다. 그는 〈소외〉를 원리적으로는 상호 무관계한 다음의 네 가지 심리적 상태의 결과라고 정의하고 있다. ① 무력감 내지 작업상황에의 영향력의 결여감, ② 일에 대한 의미상실, ③ 사회적 고립감, 조직, 작업그룹, 직업그룹에의 소속감의 결여, ④ 자기소외 내지 일은 어떤 목적을 위한 단순한 수단에 지나지 않는다는 의식, 일에 대한 자기 참여(일을 자신의 일부로 느끼거나 일 속에 자신을 몰입시키는 상태)의 결여

블라우너에 의하면 유동작업에 의한 자동차 조립공장의 노동자는 위의 네 가지의 모든 기준에 의해 소외되어 있었으며, 반면에 인쇄회사의 구성원들은 자기는 영향력을 갖고있다는 의식, 일의 유의미감, 직업그룹의 일원이라는 의식 및 자기의 일에 대한 깊은 참여감을 가지고 있었다. 또한 직물공장의 노동자는 자동차 조립공장의 노동자와 거의 유사하였지만 그러나 자기는 그 지역사회의 일원이라는 의식을 강하게 가지고 있었으며 그 지역사회의 전통적인 가치관 때문에 영향력을 갖고 싶다든가 일의 의의를 찾고 싶다든가 하는 기대는 처음부터

갖고있지 않았다. 이 가치관과 공장의 가부장적 관리가 맺어져 이들 노동자는 마땅히 소외되어야만 할 나쁜 환경조건 속에서도 자기들의 운명에 만족하고 있었다. 네 번째 화학공장의 노동자는 또 다른 유형을 보여 주었다. 화학공장의 연속적인 장치는 고도로 자동화되어 있었기 때문에 화학공장의 노동자는 이 장치를 통제하는 고도의 책임, 상당한 자율 및 자유, 자기의 교대반이나 공장내의 타인들과의 일체감 및 고도의 책임으로 인한 일에의 높은 참여감 등을 갖고 있었다. 이들 네 가지 유형의 노동자 간에 나타나는 차이는 공장노동자들의 소외에 대한 안이한 일반화는 위험하다는 것과 블라우너가 발전시킨 것과 같은 소외와 기술에 대한 보다 세련된 개념의 유용성을 설명하고 있다.

겔러만(Gellerman)은 동기의 다양성을 논하면서 경제적 보상에서조차 사람에 따라서 극히 다른 의미를 가질 수 있고 또 실제로 다른 의미를 갖고 있음을 지적하고 있다. 즉 돈은 어떤 사람에게는 기본적인 안정과 사랑을, 어떤 사람에게는 권력을, 어떤 사람에게는 사회에서의 성공의 척도를 의미하며, 어떤 사람에게는 안락하고 사치스런 생활을 위한 단순한 수단에 지나지 않는다. 이처럼 어떤 특정한 보상에서 조차도 그것이 사람들에 대해서 가지는 상징적 의미를 판단하는 것이 힘들며 또한 그것이 다른 동기와 어떤 관계를 갖고 있는지를 판단하기도 힘들다.

로울러(Lawler)는 금전적 자극에 관한 많은 문헌을 검토한 후, 임금제도는 그 조직 및 거기서 일하는 사람들의 특정한 욕구에 적합하다는 의미에서 개별화되어야만 한다고 결론지었다. 돈을 자극으로서 이용하는 일반적인 바른 방법은 아직 알 수 없다.

또 다른 하나의 예증으로서는 조직생활경험의 결과로서의 동기의 변화에 대한 연구가 있다. 예를 들면, 소외된 노동자의 경우, 그는 조직에 들어갈때부터 이미 성취욕구나 자아실현욕구를 가지지 않았는가, 아니면 오랫동안의 욕구불만상태에서 일했기 때문에 그러한가를 결정하기란 매우 힘들다. 그러나 이 점은 중요한 것으로서 만약 동기란 것이 경험을 통하여 만들어진다든가 자극할 수 없는 것이라면 조직이 추구하는 동기유형을 처음부터 가지고 있는 노동자를 선발하는 것이 중요하게 되며, 반면에 조직의 운영방식이나 관리전략의 변경에 의해 바람직한 동기유형을 만들 수 있다면 조직변화에 중점이 주어져야만 한다.

예를 들면, 스캔론플랜을 채택한 회사에서는 오랫동안 조직의 목표에 대하여 무관심한 태도를 가졌던 노동자가 조직의 변화에 의해 조직목표에 고도로 동기부여되고 조직목표에 신뢰를 보이게 되었다. 동기의 변화에 관한 현장연구에서 리버만은 같은 사람이 노동조합위원으로부터 직장으로 바뀜에 따라 어떠한 태도변화가 일어나는가를 보고자 하였다. 직장에서 승진한 사람들은 모두 승진 후 수개월 사이에 조합에의 호의적 태도에서 경영에의 호의적 태도로 변화하였다. 그런데 그 회사가 경제적으로 좋지 않게되어 승진시킨 직장의 일부를 다시 일반노동자로 강등시켜야만 했다. 강등된 사람들은 다시 조합에의 호의적인 태도를 취하였다. 동기와 태도가 바뀌는 것은 분명하다. 하지만 우리는 이러한 변화가 일어나는 조건과 변화의 한계에 대해서는 아직 충분히 알고 있지 못하다.

3.4 모티베이션과 심리적 계약의 전망

앞에서 개인과 조직의 관계를 여러 관점에서 살펴보았다. 우선 에치오니의 분류를 통해 조직이 사용하는 권력내지 권한의 기본적 형태와 사람들의 조직에 대한 참여방식의 기본적 형태를 보았다. 다음으로 조직에서의 인간의 행동에 관한 몇 개의 가설을 중심으로 관리과정을 검토하였다. 마지막으로 이들 가설이 상사와 부하관계의 성질, 심리적 계약, 관리전략에 대해 가지는 의미에 대해 검토하였다. 그리고 가능한 한 합리적 경제인, 사회인, 자아실현인 등 여러 가설의 예증도 검토하였다. 마지막으로는 인간성의 복잡성에 대한 보다 균형잡힌 견해를 제시하는 데 초점을 맞추었다.

이상의 논의는 어느 것이나 모티베이션 특히 종업원의 모티베이션에 중점이 두어졌다. 그러나 물론 모티베이션이 효과적인 직무수행의 유일한 결정인자는 아니다. 그 사람의 능력, 직무상황의 성질, 이용할 수 있는 도구나 재료, 일 그 자체의 성질, 종업원이나 그룹, 또는 부문의 활동을 조정하는 관리자의 능력 등의 모든 것에 의해 조직의 유효성은 결정된다. 그럼에도 불구하고 모티베이션에 초점을 두어 이것을 상세히 검토한 이유는 모티베이션의 영역에는 너무나 많은 신화나 오해가 있었기 때문이었다. 특히 외면상의 행동에서 동기를 추측하는 유혹을 억제하기 힘들고 이 때문에 관리자는 어떤 조직상황을 주어진 것으로 받아들였으며 사람들의 행동의 차이를 한결같이 동기의 차이로써 설명해왔다. 예를 들면, 일 잘하는 노동자는 성취동기가 강하며 일 잘 못하는 노동자나 소외된 노동자에게는 야심이 결여되어 있다고 하는 식이었다. 물론 이러한 사고방식이 맞는 경우도 있겠지만 상황에 따라서는 일 잘하는 노동자는 보람이 있는 일을 부여해 주는 상사밑에서 일하는 반면, 그렇지 않은 노동자는 단편적이고 내적인 의미가 없는 일을 부여하거나 노동자의 욕구, 목표, 관심, 경력 닻(career anchor), 직무가치, 직무에의 몰입 등에 둔감한 상사밑에서 일하고 있다고 생각하는 경우도 있을 것이다.

결론적으로 우리는 심리적 계약의 중요성을 강조하고자 한다. 사람들이 효과적으로 일하고 있는지, 조직과 그 목표에 대하여 신뢰감, 충성심, 열의를 가지고 있는지, 또한 일에서 만족감을 얻고 있는지 어떤지는 다음의 두 가지 조건에 크게 달려있다는 것이 우리의 중심적인 가설이다.

- 조직은 자기들에게 무엇을 주며 그 대신 자신들은 조직에 대해 어떠한 의무를 다하지 않으면 안 되는가 하는 것에 대한 사람들의 기대와 무엇을 주며 그 대신 무엇을 받을 것인가에 대한 조직의 기대와의 어울리는 정도
- (어떤 동의가 있다는 전제하에)〈실제로 교환되고 있는 사항〉의 성질-일할 시간의 교환으로서의 돈, 열심히 일하는 것과 충성심에 대한 사회적 욕구의 만족과 직무보장, 높은 생산성과 양질의 높은 수준의 일, 그리고 조직목표의 달성을 위한 창의적 노력에 대한 자아실현욕구의 충족과 보람있는 일을 할 기회 또는 이것과 저것과의 각종 조합

결국 개인과 조직의 관계는 상호작용적이며 그것은 어떤 심리적 계약의 확립과, 재확립을 위한 상호영향과 상호교섭을 통하여 전개된다. 그러므로 개인의 모티베이션이나 조직의 조건만을 보는 것으로는 이 심리적인 동태성을 이해할 수 없다. 양자는 복잡한 방식으로 상호작용하며 그것을 이해하기 위해서는 상호 의존적인 현상을 다룰 수 있는 시스템적 어프로치가 필요하다.

더욱이 심리적 계약은 조직에서의 직업경력을 통해서 끊임없이 재교섭된다는 사실을 생각해야만 한다. 개인의 욕구와 조직의 욕구도 모두 시간의 경과에 따라 변화한다. 그러므로 조직의 규범이 변화함에 따라 조직에의 사회화장면은 반복될 필요가 있다. 이러한 규범중의 어떤 것은 그 조직에 남아있기 위해서는 준수되지 않으면 안 된다는 의미에서 중추적인 것으로 생각할 수 있다. 예를 들면 미국의 관리자는 자유기준을 받아들여야만 한다. 또 하나의 규범은 그것을 고수하는 것이 구성원에게는 바람직하지만 그러나 본질적인 것은 아니라는 의미에서 주변적인 것이다. 예를 들면 조직의 관점에서 본다면 관리자는 남성이고 확실한 정치적 견해를 가지며 차림새가 좋고 자기 회사제품만을 사용하는 것이 바람직하다고 하는 것 등이다. 또한 교수의 경우는 가르치는 것을 좋아하고 대학의 관리에 협력적이며, 여행이나 상담에 많은 시간을 보내는 것보다는 대학구내에서 시간을 보내는 것이 바람직하다는 것이다. 그러나 이러한 규범을 어기더라도 중추적 규범을 준수한다면 구성원으로서의 신분을 잃지는

표 3-3 | 개인의 조직에의 적응

		중추적 규범	
		수 용	거 부
주변적 규범	수 용	순 종	위험분자적 반항
	거 부	창조적 개인주의	공공연한 혁명

않는다.

따라서 개인의 조직에의 적응은 〈표 3-3〉에 나타나 있는 바와 같이 중추적 규범 또는 주변적 규범의 수용 또는 거부라는 형태로서 생각해 볼 수 있다. 중추, 주변의 양규범의 수용은 순종이며 이것은 과거의 관례에 완전히 합치하려고 노력하는 것으로서 아무 말없이 관례를 지키려는 것, 말하자면 충성스럽긴 하지만 비창조적인 조직인간(organization man)으로 생각할 수 있다. 주변적 규범의 수용과 중추적 규범의 거부가 맺어지면 조직의 기본적인 전제는 거부하지만 주변적 규범은 고수함으로써 그 사람은 반항을 감추고 있다는 의미에서 위험분자적 반항이다. 이것과는 대조적으로 양 규범을 모두 거부하는 것은 공공연한 반항 또는 혁명적 행동이며 대부분의 경우 스스로 또는 자기의사에 반하여 그 조직의 구성원이 될 수 없다. 만약 조직이 복잡하게 변화하는 환경에 직면하여 성장과 혁신의 능력을 갖고 싶다면 이상적인 개인적 반응은 우리가 창조적 개인주의라고 부르는 것으로서 이는 중추적 규범은 수용하지만 주변적 규범은 거부하는 것에서 나온다. 창조적 개인주의자는 기본적 조직목표와 자기의 주체성확보의 양자에 대한 강한 관심을 가지며 조직이 그 기본적 목표를 달성하는 것을 돕기 위해 그의 창조력을 사용한다.

조직을 위해 창조성을 발휘하는 경우 두 가지 방법을 생각할 수 있다. 하나는 자신의 경력을 새로운 제품이나 서비스를 창조하는 데 집중하는 것으로써 이는 연구개발과 같은 조직에서 전통적으로 보이는 창조성이다. 또 하나는 역할혁신, 즉 조직을 보다 유효하게 하고 능률적인 것으로 하며 또는 환경에의 적응력을 높이기 위해 새로운 작업방법이나 역할수행방식을 개발하는 것이다. 관리자는 신제품을 연구하거나 (내용혁신), 그 정력을 2개 부품을 통합하는 새로운 방법이나 효과적인 재무통제를 위한 새로운 방법, 부하의 생산성을 극대화하기 위해 새로운 방법을 개발하는 (역할혁신) 것에 기울일 수도 있다. 교수는 새로운 과학적 법칙을 생각해내거나 새로운 이론을 발표하고(내용혁신), 효과적인 교수방법이나 타인의 기술을 보다 잘 활용하거나 타인의 기술을 사회적 문제에 결부시키는 새로운 방법을 발명할(역할혁신) 수도 있다.

순종, 반항, 혁신에의 사람들의 욕구는 그들의 저변에 있는 동기와 복잡하게 결부되어 있으며, 또한 이들 욕구는 직업경력과 함께 변화하는 것으로 생각된다. 예를 들면 견습과 같은 직업경력의 초기의 사람들은 아마도 가장 순종적이겠지만 계속근무권과 어느 정도의 보장이 얻어지면 최고도로 창의성을 발휘하며 때로는 반항적으로 된다. 직업경력의 후반기가 되면 그 사람이 어느 정도까지 일에 몰입하는가에 따라 역할혁신 또는 순종의 어느 편이 되는 경향이 강해질 것이다. 조직이 사람들의 직능적, 계층적 또는 중심도의 경계를 통한 조직내로의 이동을 어떻게 관리하는가 하는 것이, 아마도 그 사람이 관례를 지키거나 순종적으로 될 것인가 아니면 보다 혁신적으로 될 것인가에 강한 영향력을 미칠 것이다.

개인에게나 조직에게나 또는 사회정책에 관심을 가진 사회적 연구기관의 구성원에게나 이상의 논의로부터 끌어낼 수 있는 가장 중요한 결론은 인간의 모티베이션과 직업경력의 발전은 극히 복잡하며 아직 충분히 알 수가 없다는 것이다. 그러므로 항상 탐구하는 정신을 가지고 행동에 옮기기 전에 상황을 진단하는 바로 그것이 유일하고도 안전한 길이다.

창조적 개인주의를 극대화하는 심리적 계약이 과연 가장 좋은 것인가 아닌가는 확실치 않다. 왜냐하면 복종적 반응을 통해 개인도 조직도 행복해질 수 있는 어떤 조건을 떠올리기란 쉬운 일이기 때문이다. 그러나 어떤 길을 선택하든지 간에 모든 가능한 분석도구를 구사하여 그 있을 수 있는 결과를 진단해야만 한다. 그리고 개인적인 가정이나 편견은 세계를 실제보다도 훨씬 단순하게 만들어 버리는 강력한 여과 작용을 할 수 있다는 것을 알고 있어야만 한다.

연습문제

1. 인간성에 대한 이해가 왜 중요한가?
2. 인간성을 이해하기 위한 중요한 가설에는 어떤 것들이 있는가? 각 가설에 기초한 사람관리방식은 어떻게 달라질 수 있는가?
3. 조직내 세대 간의 불협화음은 실제로 있는 것인가 아니면 엄살인가? 만약에 존재한다면 그에 대한 합리적인 해결방안은 무엇일까?
4. 창조적 개인주의의 의미와 그것이 인적자원관리에 주는 시사점은 무엇인가?
5. 공리적 조직인 기업조직에 대해 구성원이 갖는 적절한 심리적 계약은 계산적 몰입이라고 에 치오니는 지적한 바 있다. 그러면 포춘의 일하기 좋은 100대 기업에 선정된 조직의 구성원들도 모두 계산적으로 몰입할까? 당신의 경험은 어떠한가?

제4장

직무분석과 역량모델에 대한 이해

학습목표

직무분석의 목적, 직무분석과 인적자원관리 활동의 관련성, 직무정보수집방법, 직무기술서와 직무명세서의 내용, 직위분석설문지(PAQ)의 내용, 직무분석의 동향, 역량(competency)과 역량모델의 개념, 역량모델의 활용영역 등에 대한 이해

01 · 직무분석의 의의와 전략적 중요성

1.1 직무분석의 의의

직무분석은 조직내에서 이루어지는 일을 체계적으로 이해하기 위한 작업을 가르킨다. 이 작업의 일차적 목표는 사람들이 무엇을 하는지, 어떻게 하는지, 그리고 그것을 하기위해 어떤 능력들이 필요한지를 이해하는 것이다.

인적자원관리 종사자들 사이에는 과연 직무분석과 역량모델링(competency modeling)이 별개의 공정인지, 아니면 같은 주제에 대한 서로 다른 변형인지에 대하여 논란이 있다. 우리의 관점은 역량모델링은 직무분석에 대한 하나의 접근방법이라는 것이다. 다시 말해서, 직무분석은 더 광범위 하고 일반적인 개념이며, 역량모델링은 직무분석의 한 가지 방법이다. 역량모델에 대해서는 이 장의 후반부에 보다 상세히 기술할 것이다.

어떤 특정한 공정을 사용하여 직무분석을 하든지 간에 직무분석의 결과는 직무기술서를 작성하기 위해서 사용된다. 직무기술서는 필수직능을 열거하고, 직무환경을 설명하고, 직무가 요구하는 특별한 교육이나 인증사항을 명시한다.

직무분석을 통해 만들어진 직무기술서는 종업원들을 위해서는 업무행위의 지침이 되고 관리자와 감독자들을 위해서는 업무평가와 피드백의 지침이 된다. 직무기술서는 또한 급여정책과 교육프로그램을 만드는 근거자료가 되기도 한다. 다시 말해서, 직무분석은 사실상 인적자원관리 시스템의 기초를 제공한다고 할 수 있다. 이것은 조직전체의 인적자원관리 시스템이 일관성이 있고 조직의 목적에 맞는지를 점검하는데 사용될 수 있다(그림 4-1 참조).

그림 4-1 | 통합된 인적자원관리 시스템 내에서의 직무분석

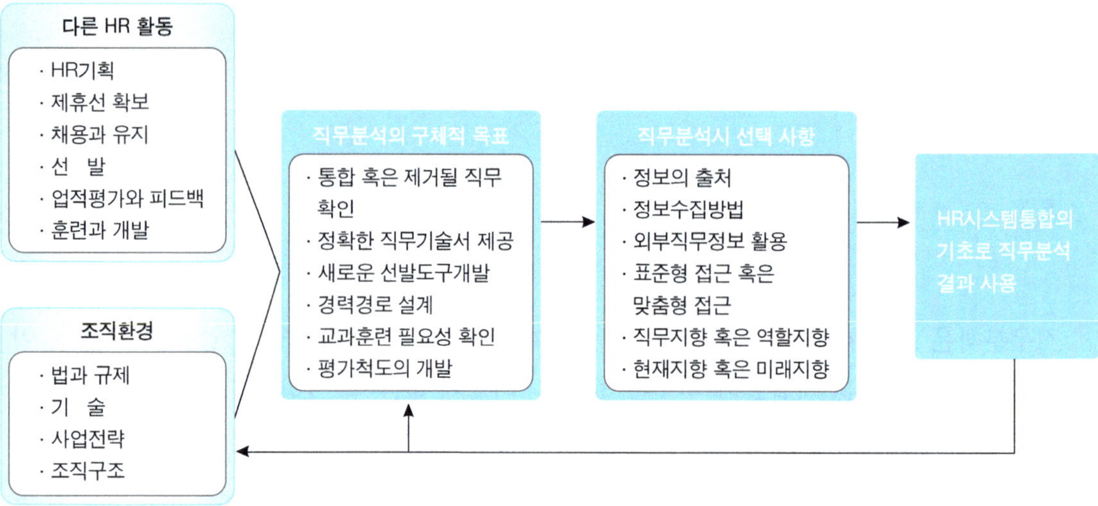

자료 : Jackson, S. and Schuler, R., *Managing Human Resources Through Strategic Partnerships* (8th ed.), Thompson, p.209.

1.2 직무분석의 전략적 중요성

직무분석의 전략적 중요성은 먼저 인적자원관리 시스템의 합리적인 근거를 제공하는 체계적 작업으로서의 유용성에 기초한다. 직무분석과 역량모델링의 역할은 조직내 직무가 갑자기 바뀌는 전략적 변화의 시기에 극명하게 나타난다.

조직이 핵심공정을 중심으로 구조조정을 할 때와 같은 전략적 변화를 겪을때 직무의 성격은 급격하게 변할 수 있다. 조직내에서 직무의 성격이 바뀔때 인적자원관리 시스템의 여러 측면들도 영향을 받게 된다. 구조조정시 더 넓어진 직무와 간소화된 관리위계는 곧 승진기회의 감소를 의미한다. 직무분석은 인적자원관리 전문가들이 새로운 조직구조 내에서 경력을 개발할 수 있도록 도와주기도 한다.

많은 조직들에서 구조조정은 인수합병의 과정에서 일어나게 된다. 인수합병은 직무분석의 중요성을 보여주는 또 하나의 전략적 변화의 형태이다. 인수합병시 직무분석은 두 개의 회사에 존재했던 직무들의 내용을 비교할 수 있는 체계적 기초를 제공한다. 두 회사가 합쳐질 때, 핵심문제는 사람들을 공정하게 대우하는 것이다. 예를 들어 만약 두 사람이 실질적으로 같은 일을 하고 있다면 그들의 실제 보수도 합병후에는 동일해야 할 것이다. 직무분석은 합병된

회사에서 어떤 직무들이 실질적으로 필요한지를 결정할 근거를 제공한다. 합병시 직무분석은 또한 정리의 대상이 될 수 있는 중복된 직무를 확인하는 데 사용될 수도 있다. 인수합병시의 직무분석의 또 다른 사용 예로는 직무수행을 위한 능력을 명시하거나, 신체적 장애를 가진 직원들을 위해 직무를 재설계한다거나, 직무수행평가기준을 개발한다거나, 교육프로그램을 설계하는 것 등이 있다.

예를 들면, 휴렛패커드에서 직무분석은 새로운 환경에서 직원들이 필요로 할 특정 역할, 행위, 그리고 능력들을 얻기 위한 회사의 새로운 전략의 의미에 대한 관리자들의 이해를 돕기 위하여 사용되었다. HP에 있어서 이 새로운 전략이란 기존의 제조업에서 서비스업으로의 전환을 의미하였다. 변화과정의 전략기획단계에서 관리자들은 업무활동에 필요하게 될 핵심변화들을 명시한 비젼표를 작성하였다. 그 다음에 직무분석절차가 적용되어 관리자들이 새로운 업무를 수행하기 위해 필요한 역할, 행위 그리고 능력들을 정의하도록 도와주었다. 분석의 결과들은 새로운 사업전략에 맞추어진 직무기술서와 상벌기준을 작성하는데 기반이 되었다. 직무분석은 조직의 새로운 직무에 걸맞는 새로운 인적자원관리정책과 실천방안들을 개발하는데 필요한 정보를 제공한다. 최근 William M. Mercer社의 조사보고서에 따르면 많은 조직들이 역량기반 직무분석으로 전환하는 이유는 전략적 변화에 적응하기 위해서라고 밝히고 있다. 예를 들어, 한 기업이 새로운 시장이나 사업영역에 뛰어들 때 직무분석은 새로운 모험이 성공하기 위한 새로운 기술과 역량들을 확인하는데 사용될 수 있다.

법률적 고려시항 역시 직무분석의 전략적 수행에 매우 중요한 역할을 한다. 노동법규제에 대한 적절한 대응은 여러 효율적 조직들의 목표 중 하나이다.

또한 직무분석은 채용, 평가, 보상, 교육의 기반을 제공하기 때문에 법률 및 규제기관의 관심의 대상이 된다.

정기적으로 직무분석연구를 수행하고 결과를 직무기술서의 형태로 기록함으로써, 고용주들은 종업원의 부당대우 주장이나 동일노동 동일임금 혹은 남녀고용평등법의 압력에 더 잘 대처할 수 있게 된다.

02 · 직무분석에서의 역할분담

직무분석은 많은 종류의 사람들과 연관이 된다. 인적자원관리 전문가들이 거의 항상 전체 작업에 대한 1차적 책임을 지지만 그들만으로는 적절한 분석을 수행할 수 없다. 실제 직무를 수행하는 사람들과 매일 그 직무를 관찰하는 사람들이 직무를 설명하는데 전문가들이 되므로 그들의 참여는 필수적이다. 다음 〈표 4-1〉 '인적자원관리의 3요소: 직무분석에서의 역할과 책임'은 전문가, 관리자 그리고 직무를 담당하고 있는 종업원들이 직무분석에 어떻게 관련되는지를 요약하고 있다.

2.1 기본 개념들(Basic Terminology)

일상대화에서 사람들은 직업을 고용사항과 관련해서 총체적으로 사용한다. 하지만 인적자원관리시스템에 있어서는 조금 더 자세한 개념정의가 필요하다. 개념의 엄밀한 사용은 명확

표 4-1 | 직무분석에서의 역할과 책임

라인 매니저	인적자원관리 전문가	종업원
· 전략기획과 조직변화에 참여 · 전문가와 토의하여 직무들이 분석, 재분석 되어야 하는지 결정 · 직무분석 수행자와 목적결정 · 직무분석에 참여할 현업직원선발 · 기술적 문서제공 · 인터뷰와 설문지를 통해 직무분석에 참여 · 현업직원들의 참여 동기부여	· 전략기획과 조직변화에 참여 · 관리자와 직원들에게 직무분석의 중요성 강조 · 관리자와 토의하여 직무들이 분석, 재분석 되어야 하는지 결정 · 직무분석 전문가로서 업무수행 또는 외부업체 발주 · 관리자와 직원들에게 법적 고려사항들 교육 · 직무기술서 작성 및 업데이트 · 직무분석 및 역량모델링 최신 기법인지	· 전략기획과 조직변화에 참여 · 직무분석의 필요성과 목적 이해 · 직무의 변화로 인한 직무분석의 필요를 관리자에게 알림 · 직무분석 작업에 필요한 정확한 정보제공 · 새로운 직무성격에 적응하고 새로운 과업에 대한 적극적이고 융통성 있는 자세 표시 · 직무분석 결과를 경력 계획과 직무선택결정에 이용 · 직무분석, 역량모델링 및 기타 인적자원관리 기법들 간의 관계이해

자료 : Jackson, S. and Schuler, R., *Managing Human Resources Through Strategic Partnerships*(8th ed.), Thompson, p.213.

한 의사소통을 원활하게 한다.

● 직위, 직무, 직군(Positions, Jobs, and Job Families)

인적자원관리 전문가들은 한 개인이 수행하는 활동들을 직위라고 부른다. 직무는 조직내에서 기능적으로 상호교환 가능한 직위를 말할 때 사용한다. 작은 조직에 있어서 한 개의 직무는 한 개의 직위를 가질 것이다. 어느 두 직원도 같은 활동을 하는 것을 기대하지는 않을 것이다. 이런 경우의 예는 '갑'이 금전관리자 직위를 맡고있고 오직 '갑'만이 그 직무를 담당하고 있을 때이다. 조직이 성장함에 따라 어떤 직무들과 연결된 직위들이 늘어나게 된다. 가족끼리 운영하던 제과점에서 더 많은 제빵사들이나 판매사원들을 고용할 수 있다. 제과점의 성장이 직무의 수는 늘리지 않고 직위의 수만 늘리는 것을 요구하고 있다. 그러나 제과점이 계속 성장하게 되면 새로운 직무가 발생할 수 있다. 만약 제과점이 앉아서 커피를 마실 수 있는 서비스를 제공하게 된다면 웨이터라는 직무가 발생될 것이다. 새로운 직무는 전문화를 통해서도 발생할 수 있다. 작은 제과점에서는 제빵사의 직무는 빵도 만들고 과자도 만드는 것이지만, 조직이 성장함에 따라 제빵사의 직무는 제빵사와 제과사로 나뉠 수 있다.

직군은 관리상 비슷하다고 취급될 수 있는 직무들의 묶음이다. 같은 직군의 직무들은 비록 서로 다른 과업을 수행하더라도 대체적으로 비슷한 역량을 요구한다.

직군은 일반인들이 생각하는 직업분류와 밀접한 관련을 갖는다. 위의 제과점 예에서 제빵사와 제과사는 같은 직군에 들어간다.

2.2 직무분석(Job Analysis)

직무분석은 직무수행활동 그리고 직원명세에 대한 정보를 설명하고 기록하는 체계적 작업이다. 일반적으로 직무분석에 의해 설명되고 기록되어지는 정보는 다음과 같다.

- 직무의 목적
- 직무수행자의 주 책임과 활동
- 직무환경
- 역량들(예: 직무수행을 가능케 하고 성과를 올릴 수 있는 기술, 지식, 능력, 그 외 다른 특성)

인적자원관리 전문가들은 직무분석기법을 개발하는 데 많은 관심을 기울였으며, 현재는 많은 종류의 기법들이 존재한다. 최근의 한 보고서에 따르면 적어도 15개 이상의 직무분석 접근방법이 있는 것으로 보고되고 있다. 이는 직무분석의 초점이 각각 다르기 때문에 나타나는 현상이다. 대부분의 방법들은 과업 지향적(Task-Oriented job analysis)이거나 직무담당자 지향적(Worker-Oriented job analysis)이다. 전통적 접근법들은 주로 과업에 초점을 맞춘다. 과업 지향적 직무분석에서는 직무가 활동과 산출에 있어서 무엇과 관계되는지에 초점을 맞춘다. 대부분의 전통적 접근법과 마찬가지로 시간과 행동연구법은 과업 지향적 직무분석방법이다.

직무담당자 지향적 직무분석은 직무를 성공적으로 수행하기 위해 현업 직무담당자에게 요구되는 특성에 초점을 맞춘다. 그 목적은 성공적 업무성과에 이르기 위한 기술, 능력, 태도, 성격 등을 기술하는 것이다. 여기서 주 관심사는 누가 직무를 수행할 수 있는가에 있다. 역량모델링은 직무담당자 지향적 직무분석접근법이다.

각각의 직무분석기법들은 강점과 약점이 있다. 물론 현실적으로 어느 한 기법이 완벽하다고 말할 수 없다. 한 특정한 기법의 유용성은 주로 직무분석의 목적에 의해 결정될 때가 많다. 예를 들어, 새로운 채용과정을 개발하기 위한 직무분석이라면 직무담당자 지향적 접근방식이 가장 좋을 것이다. 다른 한편으로는, 직무교육프로그램 설계를 위해서라면 과업 지향적 직무분석이 좋을 수도 있다. 이러한 이유로 인적자원관리 전문가들은 한 조직의 인적자원관리 정책과 내규를 정할 때 종종 여러 기법의 결합에 의해 얻어진 정보들을 활용한다.

● 역량모델링(Competency Modeling)

앞서 말했듯이, 우리는 역량모델링을 직무분석에 대한 하나의 접근법으로 생각하고 있다. 비록 어떤 컨설턴트는 자신들의 서비스를 설명하기 위하여 역량모델링이라는 새로운 개념을 사용하고 싶어하지만, 역량모델링의 기본절차와 목적은 전통적 직무분석절차에 의거하고 있다. 역량모델링접근법을 구별짓는 것은 그것이 효율적 성과와 관련된 개인적 특성을 기술하는데 더 많은 중점을 두고 있다는 것이다. 즉, 역량모델링의 1차적 목적은 고성과자의 기술, 지식, 능력, 가치관, 관심분야 그리고 성격을 상술하는 것이다. 역량모델링에 대해서는 이 장의 뒷부분에서 상술하기로 한다.

브리티시 항공의 구인광고

호의적이고 친절한 성격. 어려운 상황을 처리할 역량. 세계 각지 사람들과 효율적으로 소통할 능력. 동료에 대해 협력적임. 긴급상황에서도 차분함과 효율성을 유지할 수 있음. 자립성과 독립성. 모든 사람을 인격적으로 대할 자세가 되어있음.

2.3 직무기술서(Job Discriptions)

보통 직무분석결과의 가장 직접적 사용처는 직무담당자에게 요구되는 행위와 역량을 자세히 설명하는 직무기술서의 작성분야이다. 직무기술서는 고용관계를 규정하는 고용계약서의 일부분이다. 〈표 4-2〉는 직무기술서의 한 예이다. 채용에 있어서 명확한 직무기술서는 지원자들에게 실제적 정보를 제공한다.

표 4-2 | 사우스웨스트 항공의 승무원 모집광고

승무원들은 손님들의 안전과 편안함을 최우선적으로 약속드리며, 기억에 남는 여행이 되기 위하여 친절하고, 적극적이며, 예의 바른 그리고 재미있는 서비스를 제공한다.

일단 직무를 시작한 상태에서는 직원들은 행위의 조정자로서 직무기술서를 이용한다. 좋은 직무기술서는 그 직무의 가장 중요한 측면에 역량을 집중할 수 있게 지도한다. 감독자들은 직무기술서를 성과 평가 및 피드백제공에 이용한다. 또한 잘 쓰여진 직무기술서는 감독자들이 평가서를 쓰거나 직원들이 이력서를 쓰는데 도움을 준다. 일반적으로 잘 쓰여진 직무기술서는 〈표 4-3〉에 나타난 요소들을 포함한다.

표 4-3 | 직무기술서의 요소들과 해당 명세사항들

요 소	명세사항
직무명	· 중요한 과업을 기준으로 상호교환가능한 직위들을 정의
소속 부서	· 조직 내에서 직무의 위치를 나타냄
직무분석이 실시된 날짜	· 본 기술서가 언제 만들어졌으며 업데이트가 필요한지 표시 (대규모 변화가 있기 이전의 직무분석에 의한 직무기술서는 가치가 떨어짐)
직무 요약	· 직무에 대한 요약 · 주로 채용공고 및 보수 결정에 이용됨
감독기준	상하 보고관계를 표시. 만약 감독이 주어진다면 그것에 관한 과업들은 수행과업 밑에 표시
수행과업	직무를 이루는 과업과 임무를 표시. 과업은 직무담당자가 제품이나 용역을 생산하기 위해 수행하는 행위를 말함. 임무는 각각의 중요성과 소요시간에 의해 우선순위를 매겨야함. 명시된 임무는 1. 직무환경이 장애인법에 저촉되는지 2. 초과근무 수당이 근로기준법에 저촉되는지 3. 두 직무가 동일임금법에 의해서 동일하게 취급되어야 하는지 를 결정할 수 있다.
직무환경	직무가 수행되는 물리적 환경(예: 야외, 폐소, 외지, 극온 지방, 화학가스–질병 노출 지역 등) 뿐만 아니라 사회적 환경 (팀웍, 융통성, 재교육)을 표시. 점차적으로, 직무의 안정성과 변화정도, 기업문화, 조직의 미션 또는 비젼을 표시하기도 한다.

자료 :Jackson, S. and Schuler, R., *Managing Human Resources Through Strategic Partnerships* (8th ed.), Thompson, p.217.

2.4 직무명세서

직무기술서가 해당 직무의 과업, 의무, 책임을 포함한 직무요건(job requirements)에 초점을 맞추었다면 직무명세서(job specification)는 직무를 수행하는 담당자가 갖추어야 할 인적요건(human requirements)에 초점을 맞추고 있다. 즉 직무명세서는 직무담당자가 갖추어야 하는 지식, 기술, 능력, 기타 특성(KSAOs)을 포함한다. 지식(knowledge)은 과업을 성공적으로 수행하기 위해 필요한 실질적 정보 혹은 절차적 정보를 의미한다. 기술(skill)은 특정 과업을 수행할 때 개인의 숙련수준, 즉 업무를 잘 수행할 가능성을 말한다. 기술과 달리 능력(ability)은 개개인이 가지고 있는 보다 일반적인 역량을 말한다. 어떤 사람은 다른 사람들과 협력하는 능력과 분명하고 정교하게 기록하는 능력을 가지고 있을 수 있다. 마지막으로 기타 특성으로는 인내력 혹은 성취동기와 같은 성격 특성이 포함된다. 어떤 직무들은 면허나 자격증과 같은 법적자격요건이 필요한 경우도 있다.

KSAOs에 대한 정확한 정보는 누가 그 일을 담당하는데 적임자인지를 결정하는 데 매우 중요하다. 직무배치를 하는 관리자는 직무가 요구하는 자격요건과 지원자 각각의 특징에 대한 정보를 가지고 있어야 한다. 인터뷰와 선발의사결정 역시 KSAOs에 초점을 맞추어야 한다.

03 · 직무정보수집의 주체

(1) 직무담당자들(Job Incumbents)

현 직무담당자는 일에 대한 가장 직접적인 지식과 그 일과 연관된 적합성을 가지고 있는 사람으로서 인터뷰에 참석하거나 질문에 응답함으로써 정보를 제공한다.

직무분석의 한 가지 관점은 특정한 직무담당자를 선택하는 것이다. 만약 당신의 출판사가 30명의 출판편집자를 고용하고 있다면 당신은 출판편집에 관하여 알기위해 그들 모두로부터 정보를 얻어야만 할까? 많은 회사들은 모든 종업원의 직무를 조사하는 것은 비효율적이라 생각하므로 대개 하나의 표본을 선택한다. 한 표본이 선택될 때 그는 반드시 대표적인 표본이 되어야 한다. 이는, 남성과 여성, 각각의 인종과 국가, 청년층은 물론 장년층 또한, 각자의 지역과 구역 등을 모두 대표해야 한다는 것이다. 대표적 표본은 그 일에 종사하는 다양한 관점들을 모두 수용하게 된다.

직계간부들과 담당자들은 대체적으로 담당자들이 어떠한 일을 수행할지에 관하여 합의를 이룬다. 하지만 재직자들은 그들이 하는 일을 직계간부들이나 외부 직무분석가들이 생각하는 것보다 더 많은 기술과 지식을 요구하는 것으로 보기 쉽다. 이러한 견해차이의 한 이유는 일에 관련된 특정정보는 외부인들보다는 재직자들에게 더 두드러지게 나타나기 때문이다. 그 차이는 또한 자아고취 때문이라 할 수도 있다. 직무분석은 많은 인적자원관리의 결과물들에 기인하기 때문에-예를 들면 업무인정과 보상- 재직자들, 그리고 더 적은 정도이긴 하나 그들의 관리자들은 조직의 보상이나 자존감을 높이기 위해 그들이 하는 일을 과장할 수 있다.

(2) 관리자들(Supervisors)

재직자들과 같이 관리자들 또한 그 직무와 관련된 직접적인 정보들을 가지고 있다. 그러나 그들은 현재 그 일을 직접수행하지는 않으므로 관리자들은 그 일에 관련된 모든 것을 설명하기가 더 힘들 수도 있다. 이것은 특히 관리자들이 정신적 노동업무나 외부에서 벌어지는 노동과 같이 직접적으로 관찰할 수 없을 때 더욱 그러하다. 반면, 한 재직자가 수행하는 작업보다 더욱 많은 것을 보아온 관리자는 보다 넓은 관점의 직무분석결과를 이끌어낸다. 관리자들은 또한 그 일에 어떠한 작업이 포함되어야 하는가와 만약 그 일이 새로 고안된다면 어떠한 작업들이 포함되어야 하는가에 관하여 기술하기에 더 좋은 입장에 있다고 할 수 있다.

(3) 숙달된 직무분석가들(Trained Job Analysts)

직무분석의 몇몇 방법들은 숙달된 직무분석가들의 도움을 요구한다. 관리자들 또는 재직자들은 직무분석가들을 돕도록 권고되는데 이러한 역할은 외부 컨설턴트나 회사의 인사부에서 한다.

숙달된 직무분석가들이 참석하여 도울 경우의 장점으로는 그들은 여러 다른 지역에서 각각의 관리자들 밑에서 일하는 재직자들을 관찰할 수 있다는 것이다. 숙달된 직무분석가들은 또한 조직의 기록과 기술적 문서 그리고 제공된 정보를 이러한 간접적인 소스들로부터 선별할 수 있다는 점이다. 더 나아가, 숙달된 전문가들은 직무정보를 이끌어냄과 동시에 충분히 연관된 법률적 안건들을 감별해내기가 더 쉽다는 점이다. 그럼에도 불구하고 모든 다른 정보의 출처와 같이, 숙련된 직무분석가들도 불완전할 수 있다. 이 방법을 사용함에 있어 한 가지 결점이란, 관리자들과 같이 그들은 그 일에 관하여 모든 관점에서 파악할 수 없다는 것이다. 그들은 물리적 관점은 볼 수 있지만 정신적 그리고 감정적 관점에서는 볼 수 없다. 또한 그들은 가능한 모든 정보에 귀 기울이기 보다는 너무나 많이 그들의 그 직업 타이틀에 관련된 정형화된 관점 혹은 선입견에 의지할 수가 있다. 끝으로 특히 외부 컨설턴트의 경우 비용이 너무 많이 드는 단점이 있다.

(4) 고객들(Customers)

만약 만족하는 고객의 관점이 전략적으로 꼭 필요하다면 고객들 또한 평가고려 항목에 포함되어야 할 것이다. 사실은 이런 경우는 거의 없다. 고객들로부터 정보를 얻어내는 것은 인적자원분야보다는 시장판매분야로 여겨왔기 때문이다. 그러나 몇몇 일에서는 고객들 또한 분명히 그 일에 관련된 훌륭한 정보의 소스가 된다. 예를 들면 할인점의 계산원은 그들 시간의 78%를 고객들과 대하는데 사용하고 오직 13%만을 관리자와 대하는데 사용한다. 이와 같은 직종에서는 일을 고안하고 업무능력을 평가함에 있어 고객과의 보다 협력적인 면을 고려하는 것을 직무분석에 포함시켜야 함은 당연할 것이다.

04 · 정보수집방법

일과 조직에 관한 정보가 많은 경로로 전달되듯 전체적으로 많은 방법들이 정보를 얻기위해 사용된다. 직무와 조직분석에 관한 정보를 수집하기 위한 가장 대표적인 세 가지 방법은 관찰, 인터뷰, 그리고 질문이다.

(1) 관찰(Obervations)

사원들이 일하고 있는 것을 관찰하는 것은 그 일에 관련된 풍부한 정보를 제공하여 준다. 관찰은 단순히 사람들이 일하는 것을 지켜보며 비디오로 녹화하고 컴퓨터로 모니터링하는 것을 포함한다. 작업활동을 물리적으로 측정하는 것, 측정하는 물체의 움직임과 어떻게 기기가 작동하는가는 수행되는 일을 관찰하는데 종종 사용된다.

관찰은 매우 시간소비적인 일이 될 수 있다. 특히 그 일과 조건의 변화가 하루나 계절의 시간적 배경을 기준으로 변화할 때 더욱 그러하다. 실제의 관찰방법은 일반적으로 표본화를 요구한다. 일의 표본화(Work sampling)는 개인이나 그룹내의 개인의 생산활동의 즉각적인 표본들을 취하는 것을 의미한다. 임의적으로 일을 표본화하는 것은 단순히 직무분석가가 편리한 때에 관찰한 것일 뿐이다. 조직적인 일의 표본화는 보다 나은 정보를 내놓는다. 조직적이 되기 위해서는 직무분석가는 재직자들을 미리 예정한 시간내내 관찰하여야 한다.

직무분석을 하는데 있어 관찰의 한 가지 단점은 직무담당자들이 감시를 받고있다고 생각할 수 있다는 점이다. 그들의 프라이버시는 밀접한 관찰에 의해 침해당하게 되며 그들의 정직성이 의심받고 있다고 생각하게 할 수 있다.

(2) 인터뷰(Interviews)

어떤 직업들은 관찰하기가 어렵다. 더 커진 조직체제의 구성요소들-구조, 문화, 그리고 전략-은 단순한 관찰로는 분별하기가 어렵다. 이러한 일들과 조직적 내용들을 이해하기 위해서는 다양한 사람들과 인터뷰하는 방법이 있다. 예를 들면, 상업적 인쇄물을 위한 그래픽 프로그램을 상업화하는 소프트웨어 디자이너의 일을 제대로 알기 위해서는 현장재직자들이나, 그 일의 감독관들, 제품디자인 팀의 멤버, 컴퓨터 코드제작자 또는 그 프로그램을 사용하려는 고객과 인터뷰할 수 있다.

(3) 설문지(Questionnaires)

설문지는 인터뷰 또는 관찰보다 더 효율적이기 때문에 각계각층의 많은 사람들로부터 정보를 모으는데 유용하게 사용된다. 이것은 특히 인터넷과 같은 전자적 방법으로 진행될 때 더욱 그러하다. 설문지는 특정한 상황 또는 외부고객들을 위한 특정 기준에 의해 고안될 수 있다. 표준화된 질문들은 더욱 효율적이다. 설문지의 또 하나의 장점은 축적된 데이터베이스를 통해 유용한 정보를 제공한다는 것이다. 한편 정형화된 질문들은 특별한 직군을 위해 특별하게 고안될 수 있다. 이러한 특성은 글쓰는 직업이나 작품측정 직업류에 특히 유용할 수 있다.

05 · 표준화된 직무분석설문

표준화된 직무분석설문들은 재직자, 관리자 또는 인사담당자에 의해 작성된다. 이러한 접근방법의 장점으로는 이 일은 숙달된 직무분석가를 필요치 않는다는 점이다.

표준화된 설문들의 대상은 폭넓고 다양한 직종들에 적용 가능하도록 고안되었다. 아이스크림 판매원의 경우를 생각해 보자. 표준화된 설문의 내용은 '추운 곳에서 일하는 직무' 그리고 '다양한 색깔의 아이스크림 중 주문된 것을 선택한다' 등으로 구성된다. 이와 같은 일반적 분석항목의 이용이 가진 장점으로는 같은 분석항목을 이용하여 여러 종류의 직무를 분석할 수 있다는 것이다. 당신은 같은 설문지를 아이스크림 제조자, 포장자, 선적자, 배송자 그리고 판매자 모두에게 활용할 수 있다. 표준화된 직무분석설문들의 가장 주요한 두 가지 형태로는 직위분석설문과 관리직용 조사설문이 있다.

(1) 직위분석설문지(Position Analysis Questionnaire)

직위분석설문지(PAQ)는 모든 사원들의 행동과 행위에 그들이 수행하는 특별업무와 상관없이 적용될 수 있다. PAQ의 창시자인 어니스트 J 맥코닉은 두 가정하에 출발했다: ① 관련된 자잘한 업무활동들은 모든 작업에 동일하다. ② 모든 직무는 이러한 활동들의 조합에 의해 규정지어진다. 이러한 가정에 입각하여 그는 사원들의 행위에 관한 194가지 조항이 기록된 설문집을 고안하였다. 각각의 문장은 사용의 정도, 작업의 중요성, 업무수행의 시간 등과 연관되어 있다. 이러한 설문집은 [그림 4-2]에서 보는 바와 같이 6개의 영역으로 나뉘어져 있다.

그림 4-2 | PAQ에서 구분하는 6개의 업무행위

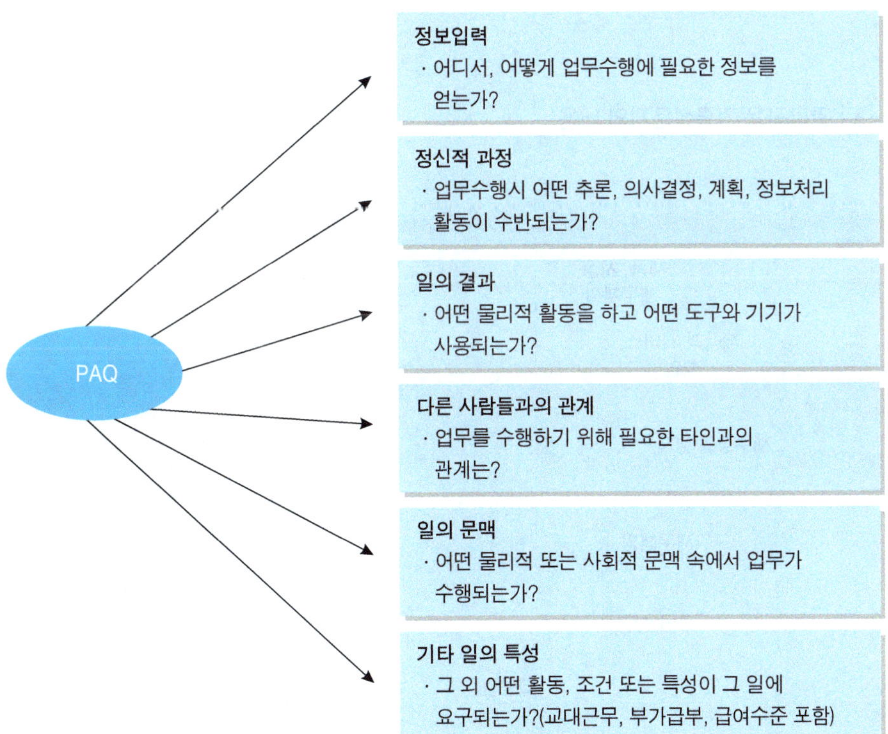

자료 : Jackson, S. and Schuler, R., *Managing Human Resources Through Strategic Partnerships*(8th ed.), Thompson, p.226.

PAQ는 수많은 사람들의 직무를 분석하는데 사용되어 왔다. 이러한 조사결과는 여러 다른 조직들내의 유사직무들을 대상으로 종합적으로 저장되어 왔다. PAQ 데이터베이스에는 또한 PAQ 반응, 작업태도, 임금수준 등의 정보도 포함되어 있다. 그러므로 PAQ는 시장에서의 고용결정을 할 때 선택기준을 결정하는데 사용되며 임금테이블을 만들 때 사용된다. 그러나 PAQ는 반드시 컨설팅회사로부터 도입되어야 하기 때문에 비용이 많이 든다. PAQ를 사용함에 있어 또 다른 결점으로는 PAQ를 보려면 대학원수준의 판독력을 요구한다는 점이다. 그러므로 PAQ는 그 정도 수준이 되지 않는 사람에게는 주어져서는 안 된다.

(2) 관리직용 평가설문지(Management Position Description Questionnaire)

관리직용 평가설문(MPDQ)은 관리자의 관점, 책임, 요구, 제한 그리고 기타 197가지 아이템이 포함된 기본설문집이다. 이 아이템들은 13개의 필수적인 요소로 구성되어 있는데 그 구성요소는 [그림 4-3]과 같다

MPDQ는 모든 관리직을 분석하기 위해 고안되었으므로 그 결과는 관리직위와 조직의 종류 등에 의해 매우 달라질 것으로 여겨진다. MPDQ는 새로운 관리직 위치를 적합한 직무군

그림 4-3 | 관리직용 기록설문지의 내용

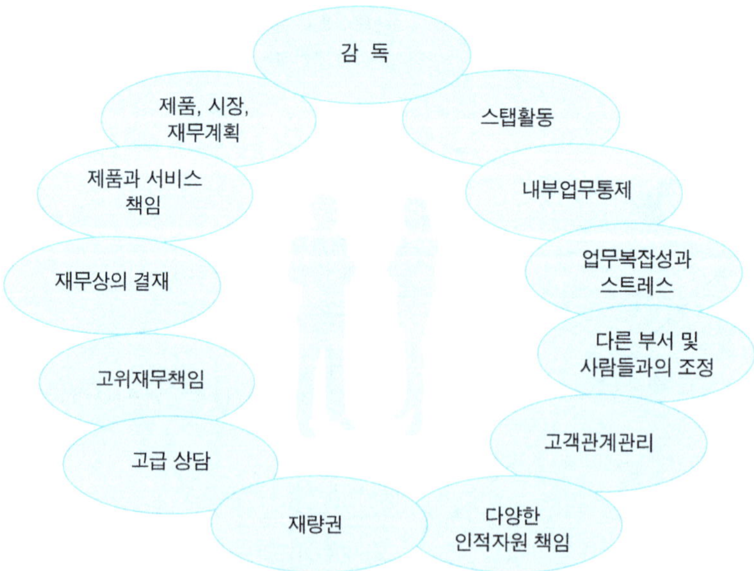

자료 : Jackson, S. and Schuler, R., *Managing Human Resources Through Strategic Partnerships*(8th ed.), Thompson, p.227

에 배치하게 하고, 부서에 필요한 과정과 요소들을 밝혀주며 그 부서의 구성에 필요한 사원들을 파악하고 그 위치에 적합한 임금을 설정하는 일에 적절히 사용될 수 있다.

06 · 맞춤형 업무기록

맞춤형 업무기록(Customized Task Inventories)이란 분석될 업무의 아이템이라 불리는 행위들이 기록된 것을 의미한다. 이 기록상의 아이템들은 표준적인 아이템들이 아니라, 각각의 분석과정에서 연구될 업무에 따라 특수하게 고안된 것이다. 이 기록들은 각각의 직무에 맞게 고안된 것들로써 새로운 고객들을 위해 즉, 새로운 회사나 관리를 위해 새로 만들어진 것이다.

초창기 맞춤형 업무기록은 대개 미 공군이나 AT&T사에 의해 개발실행되었다. 맞춤형 업무기록의 작성은 사원의 협조여부에 의해 크게 좌우된다. 종업원들은 기꺼이 그들의 행위를 내보이고 인터뷰에 동참하며 장시간의 인터뷰에 응해야 한다. 더욱이 그 결과물에 대한 분석은 복잡한 통계적 분석을 요구한다. 따라서 이 기법의 사용은 경찰관이나 소방수 등 대규모 집단에서만 사용된다. 이 방법은 정부기관, 군대, 그리고 대기업 등에서 널리 이용된다.

맞춤형 업무기록을 활용한 직무분석 과정으로는 폭넓은 자료정보와 자료수집방법을 포함한다. 대개 분석하고자 하는 일에 관하여서는 관찰과 인터뷰가 이용된다. 그 다음 더욱 상세한 정보를 구축하기 위해 질문을 하게 된다. 마지막 완성을 위해 분석하고자 하는 업무에 관한 전반적인 이해를 시행한다. [그림 4-4]는 맞춤형기록에 의해 어떻게 경영진 보좌직의 업무가 평가기술되는지를 보여주고 있다.

그림 4-4 | 경영진 보좌직의 맞춤형 업무 기록

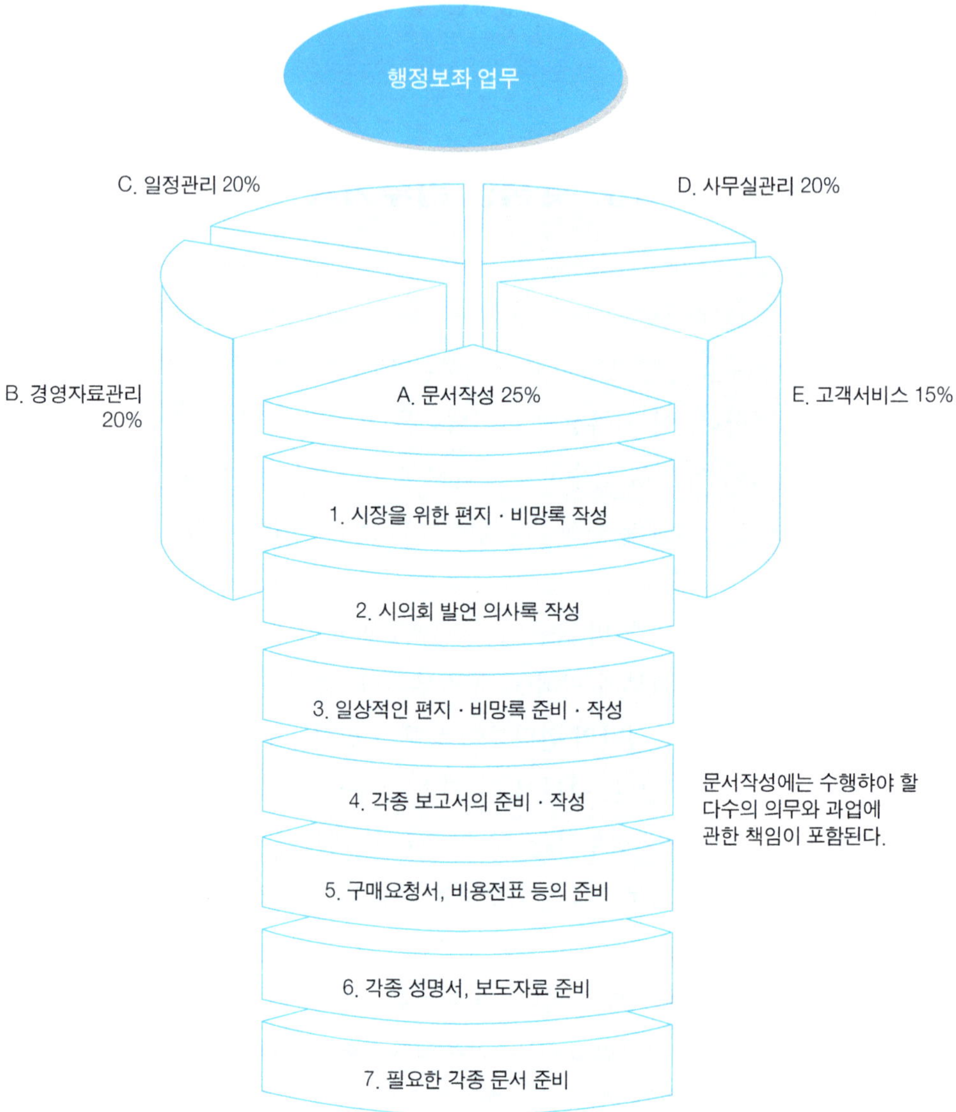

자료 : Source J. A, Buford Jr., and J. R. Lindner, *Human Resource Management in Local Govemment Concepts and Applications for HRM Students and Proctitioners*(Cincinnati, OH: South-Western).

(1) 맞춤형 기록의 평가항목 개발(Developing the Customized Inventory)

맞춤형 업무기록상의 평가항목은 다양한 방법에 의해 개발될 수 있다. 대개 분석가는 재직자에 의해 진행되는 업무를 관찰함으로써 시작하고 업무에 사용되는 자재들과 기기들을 재검토한다. 필요하다면 간단한 비형식적 인터뷰가 이 과정중에 사원들이 진행하는 바를 명확히 하기 위해 수행되어질 수 있다. 이러한 과정들은 업무에 관한 다양한 관점의 분석이 가능토록 한다.

이러한 과정중에 분석가는 재직자나 관리자에게 업무과정의 대표적인 효율적, 비효율적 요소들을 묻기도 한다. 이러한 기술로써 어떠한 사건이 어떠한 동기에 의해 전개되는지, 그리고 그 통제가능성 여부가 밝혀진다.

예를 들어 도서관 사서에 의해 작성된 사고기록이 효과적 업무수행방법의 한 예로 나타나 있다.

몹시 화가 난 사람이 도서관에 들어와 욕설을 해대기 시작했다. 이 사건을 접하게 되었을 때, 나는 사무실에서 뛰쳐나와 그를 진정시키려고 노력했다. 나는 그가 사람들을 다치게하거나 도서관 기물을 파괴할까 걱정이 됐다. 나는 10여분간 이야기한 끝에 그를 밖으로 나가게끔 하였다. 그가 나가자마자 나는 또 다른 직원보고 경찰에 전화를 걸도록 하였다. 다행히도 더 이상은 아무 일도 일어나지 않았다. 그런데 다음날 TV기자가 와서 이 사건에 관하여 알고자 했다. 하지만 나는 도서관에 끼칠 나쁜 영향을 고려하여 그 침입자에게 해를 끼칠만한 것은 아무것도 이야기하지 않았다. 그 이야기가 그날 저녁 10시 뉴스에 방영되지 않은 것은 다행한 일이었다.

관찰과 인터뷰 그리고 결정적 사건리포트에 근거하여 직무분석가는 내용을 기술한다. 예를 들면, 사서의 중요한 사건리포트는 다음과 같이 업무기술에 쓰여질 수 있다.

- 도서관 이용자에 의해 생겨난 문제를 처리함
- 언론매체에 도서관 이용자들을 대표함

전형적으로 이 단계에서 여러 줄의 평가항목들이 생겨난다. 이러한 평가항목들은 업무분석을 위한 질문들을 만드는데 이용된다.

(2) 데이터분석(Analyzing the Data)

맞춤형으로 고안된 질문들은 업무기술항목에 산술적으로 포함되어진다. 최종적으로 이 항목에 근로행위가 포함되어 순서가 매겨진다. 각각의 근로행위는 업무기술에 표준화되기 위하여 반드시 최소한의 표준을 지니고 있어야 한다. 예를 들면, 표준업무행위는 업무재직자의 다수에 의해 행해지는 행위이어야 할 것이다.

(3) 장점과 단점(Advantage and Disadvantages)

맞춤형 업무기록의 가장 큰 장점은 이것이 생생한 기록을 나타낸다는 점이다. 이 방법으로 작성된 기록을 읽고 있으면 그 직무에 관하여 그림을 그리기가 쉬워진다. 다른 어떠한 추상적이고 정형적인 표현보다 이 방법에 의해서 명백한 아웃라인이 만들어진다. 이러한 장점은 또한 이 일을 하려는 사람을 훈련시키는 프로그램 작성을 용이하게 만든다.

이 방법의 주된 단점으로는 각각의 자료를 작성하는데 시간이 많이 들고 작성된 데이터를 분석하는 방법도 복잡하다는 점이다.

07 · 직무분석의 동향(Trends In Job Analysis)

구글이나 마이크로소프트와 같은 조직에서는 기술적 변화가 너무나 빨리 일어남으로 직무분석 자체가 전형적으로 불가능할 수가 있다. 그리고 점진적으로 업무요건을 구분하기가 어려워지는데 이는 기업이 고객이 원하는 것은 무엇이든 하기를 원하기 때문이다. 이와 같은 상황에서 직무분석은 다분히 동적이며 유동적이어야 한다. 빠르게 변화하는 21세기에는 더욱이 유연한 직무분석을 필요로 한다.

(1) 직무분석의 쇠퇴?

직무구분의 감소와 업무분담의 증가, 그리고 만연해진 부서간 모임 등이 사람들이 전통적 직무분석기술의 효용성을 의심하게끔 하는 몇 가지 이유들이다. 전통적 직무분석은 직무간의 구분을 전제로 하는데 반해 직종간 그리고 계층간의 직무구분이 모호해지는 현상을 감안하면 실효성이 떨어지는 면이 없지 않다.

이 전통적 직무분석의 가정과 현실의 경향간의 명백한 불일치는 너무나 명확해서 더 이상의 직무분류가 과연 필요할까라는 의구심마저 들게 한다. 우리는 이 물음에 대하여는 분명히 필요하다라는 답을 할 수 있다. 변하고 있는 것처럼 보이는 것은 실은 전통적인 접근법을 초월한 역량에 기반을 둔 접근법의 선호추세이다. 우리가 이 장의 서두에서 논의한 바와 같이 직무분석과 역량모델링은 전략적 변화에 유용한 도구가 될 수 있다. 또한 직무분석은 법적 적합성과 회사의 고용규칙의 준수를 염두에 둔 조직에겐 필수적이다.

분명 직무분석은 없어지지는 않을 것이다. 직무분석에 사용된 과정들은 조직의 새로운 요구를 충족시키기 위하여 진화와 변화를 이뤄낼 것이다. 증가하는 역량모델링의 인기는 어떻게 직무분석이 진화할 수 있는가를 보여주는 한 가지 좋은 예이다. 역량모델링의 강점은 이것이 직무의 핵심역량과 행위를 식별하는데 아주 유용하다는 것인데 이것들이 직원의 직무기술을 포함할 때, 역량모델은 직무분석의 매우 중요한 도구로서의 역할을 수행하게 될 것이다.

(2) 나의 직무에서 나의 역할로(From "My Job" to "My Role")

전통적 직무분석기술은 조직과 일이 보다 안정적이고 예측 가능할 때에 개발되었다.

사람들은 특정일을 하기 위하여 고용되었고, 그들은 기본적으로 같은 일을 같은 방법으로 몇 개월에서 몇 년간 하게 될 것으로 기대되었다. 이러한 구분법은 경영진에게나 노동자에게 편리한 것이긴 하였지만 현재의 경영진은 노동자들에게 기술된 것 이외의 일을 하길 바란다.

오늘날의 환경은 조직에 적합하고 유연한 인재들을 원한다. 조직은 어떻게 사원들의 저항없이 유연한 조직을 이끌어 나가면서 동시에 사원들에게 편의를 제공할지를 생각한다. 도요타나 혼다와 같은 기업은 특정업무를 위해서가 아니라 회사를 위해 사원을 채용한다. 사우스웨스트 항공사의 부사장 리비 사틴은 사람을 채용함에 있어 직종이 아니라 다양한 업무수행을 위해 고용한다고 말한다. 그러므로 우리는 사원의 사고방식이 오직 '나의 일'을 하는 것에서부터 어떤 일이든 간에 해야 할 일을 하는 것으로 바뀌져야 한다는 것을 알 수 있다. 이에 따라 몇몇 인적자원부서 사람들은 이제는 직무분석이란 용어 대신 역할분석이란 용어가 사용되어야 한다고 주장하기도 한다.

(3) 팀워크(Teamwork)

직무에서 역할로의 이동은 업무자체가 개인위주가 아닌 팀별로 주어진 조직인 경우 더욱 분명해진다. 이러한 팀별환경에서는 특정 개인에 의해 이루어진 업무 또한 팀의 재능과 관점에 의해 크게 좌우될 것이다. 그 팀은 의무가 전체적으로 지워져 있고, 특정업무에 관하여 개인의 역할이 논의될 수 있다. 만약 팀이 자체적으로 운영된다면 구성원들은 그 업무를 원하는 데로 조직할 수 있다. 이와 같은 상황에서는 각각의 개인에게 팀 구성원으로서의 역할을 묻는것이 각자의 직무를 묻는 것보다 더 나을 것이다.

> 일이란 단지 사회적 인공물이다. 대부분의 과학자들은 일이라는 개념없이도 그들의 일들을 잘 수 행해 왔다. 산업시대 이전에는 사람들은 매우 열심히 일했지만 그들에게 직업이라는 것은 없었다.
>
> — 윌리암 브리지

(4) 미래지향적 직무분석과 역량모델링

지속적으로 변화하는 현실을 고려한다면 전통적 직무분석법과 역량모델링 절차는 앞으로의 모두 업무의 본질을 제공하거나 새로운 일을 수행함에 있어 필요한 역량에 관한 정보를 제공하는 모습으로 변화할지 모른다. 미래지향적 직무분석에서 강조되는 것은 현재직무의 묘사에서 미래직무의 예측으로 변화될 것이다.

예를 들면, 한 조직이 규모를 축소하기로 결정했다고 하자. 전통적 직무분석은 현재 모든 직원에 의해 수행되는 업무를 모두 분석하려 하지만, 미래지향적 직무분석에서는 어떠한 업무를 조직이 계속 진행할 것이며, 어떠한 일이 외부로 아웃소싱 될 것인지를 살핀다. 그러므로 위의 예와 같이 미래지향적 직무분석은 조직의 전략적 계획과정을 담고 있다고 할 수 있다. 미래지향적 직무분석의 결과는 새로운 인적자원정책을 설립하고 그에 따른 충원과 훈련 그리고 평가와 급여설정 등을 실행할 수 있도록 한다.

(5) 고객을 위한 직무분석

고객의 만족을 최대화하겠다는 열망은 많은 조직들로 하여금 새로운 경영기법으로 다가서게끔 하였다. 이와 관련하여 몇몇 진보적인 회사들은 고객관리와 사원관리 간에 많은 유사점이 있다는 점을 인식했다. 경영학 교수이자 서비스관리 전문가인 피터 밀즈 교수는 심지어 말하기를 고객들을 그 조직의 잠재적 사원으로 대해야 한다고 하고 있다.

만약 고객을 잠재적 사원으로 생각한다면 그 다음 단계에서는 인적자원관리 과정에서 직원을 대하듯 고객을 대할 것이다. 벤자민 스네이더 교수와 데이비드 보웬 교수는 기업들에게 권고하기를 현재 고객들의 역할을 평가하고 고객이 행할 수 있는 역할을 파악하여 증진시키라고 말했다.

많은 조직들에게는 고객이 현장에 도착하기 전에 할 업무가 주어져 있다. 현장에서는 조직은 고객들이 어떤 행동은 하고 어떤 행동은 삼가기를 원한다. 직무분석의 절차들은 그 조직으로 하여금 고객에 대한 성공적인 서비스제공의 가능성을 높이거나 낮추게 하는 행위와 적합성을 식별하는 것을 도와준다. 고안된 직무분석결과들은 고객에게 요구되는 행위와 자질을 기술한다. 그에 따라 조직은 고객의 행위가 다음의 기준에 얼마나 잘 부합하는지를 파악할 수 있다.

- 고객을 구분하여 선택함
- 고객을 훈련시킴
- 바라는 바를 실행시키기 위해 동기를 고취시킴

(6) 직무분석과 직무재설계에 대한 인간공학적 접근법

인간적 요소접근법은 인간공학적 접근이라고 언급되기도 하는데, 그 목적은 직무를 분석함에 있어 업무의 결과로 발생하는 스트레스와 피로를 최소화하는데 있다. 인간공학적 분석이란 어떻게 일이 사람의 육체적 운동과 정신적 반응에 영향을 미치는가에 초점을 둔 것이다. 예를 들면, 손목, 팔, 그리고 어깨의 생체역학의 이해와 함께, 인간공학적 분석으로 사무실업무가 어떻게 불필요한 장애의 근원이 되는가를 파헤친다. 불필요한 장애를 유발하는 사무기기들은 대체되어야 하고, 직원들의 업무처리방식은 장애를 최소화하는 방향으로 조정되거나 그들의 건강상태를 지키기 위해 필요한 조치들이 취해져야 할 것이다.

08 · 인적자원관리에서 역량개념의 활용

이 절에서는 역량개념의 생성배경과 역량모델, 역량기반 경영의 사고방식에 대해 기술한다.

8.1 역량개념의 성립

미국에서는 1990년대 초이래 인적자원관리 영역에 역량(Competency)개념이 도입되기 시작하였다. 이는 1996년의 American Compensation Study에 참가한 217개의 북미 대기업 중 이미 40%가 역량에 기초한 인적자원프로그램을 개발중에 있다는 소사에서 드러난 바와 같이 1990년대 후반에는 미국의 대기업에서 광범위하게 활용되고 있음을 알 수 있다.

역량에 기초한 경영이 미국에서 성립, 보급되게 된 것에는 크게 두 가지 요인을 들 수 있다. 우선 미국에서 과거의 인사관리가 전제로 한 '직무'(job)의 개념이 1980년대부터 바뀌기 시작했으며 그러한 사태에 대응하기 위한 새로운 경영관리기법이 필요하게 되었다는 점을 들 수 있다. 다음으로는 그러한 사태와 병행하여 미국 심리학분야에서 그와 같은 새로운 경영수단으로 응용될 수 있는 '역량'개념을 발전시켰다는 점이다.

1) 세분화된 '직무'의 변화

직무란 개별적 분업을 인간의 주체적 활동의 측면에서 정의한 개념으로 '직업'(occupation), '직종'(trades)의 하위단위이다. 직무는 개별노동자에게 분담된 노동자 1인분의 노동력을 필요로 하는 것으로 일군의 '과업'(tasks)으로 구성된 '직위'에 대해 그 수행에 필요한 지식, 숙련, 노력, 책임, 의무 등의 요인을 기준으로 유사하거나 혹은 사실상 동일한 종류나 정도의 것을 한 단위로 편성한 관리노동단위이다. 이는 직무분석, 직무기술서, 직무명세서, 직무평가 등 인사관리의 여러 기법에 의해 보다 엄격히 정의되었고 나아가 노조와의 단체교섭에 의해 엄밀히 규정되었다.

직무세분화는 '테일러시스템'(Taylor system of management=Scientific Management)과 '포드시스템'(Ford system)이란 이름으로 기업경영에 구체화된 개별적 분업의 연장선상에 있는 직무설계 원리이다. 노동생산성의 관점에서 혹은 그것을 기반으로 형성된 조직효율의 관점에서, 나아가 노동력의 유동성을 전제로 한 미국산업사회에서의 세분화되고 한정된 직무는 거기에 포함되는 정보량을 제약하기 때문에 노동의 호환성 측면에서 노동자의 교육훈련시간과 비용이 절약될뿐더러 임률을 엄밀하게 설정할 수 있다는 관점에서 기업경영 상의 유효성이 인정되어 왔다. 또한 노동조합도 이를 통해 임금, 노동시간, 노동내용 등에 대한 경영측의 재량의 여지를 배제할 수 있다고 생각하였다. 그러므로 직무의 세분화는 노사쌍방에 의해 용인되어왔다고 볼 수 있다.

그러나 이와 같은 세분화된 직무는 지나친 단순화, 반복성, 지루함 등으로 인해 1960년대 후반부터 1970년대 초에 걸쳐 심각한 노동소외문제를 야기시켰다. 이에 대한 대책으로 QWL(Quality of Working Life=노동생활의 질 개선)이나 '노동의 인간화'(Humanization of work)로 알려진 '직무교대'(job rotation), '직무확대'(horizontal job enlargement or job enlargement), '직무충실'(Vertical job enlargement or job enrichment) 등의 '직무재설계'(job redesign)나, '반자율적 작업집단'(semi-autonomous work group)과 같은 팀노동제 등의 여러 시책이 많은 기업에서 도입되게 되었다.

1980년대부터 1990년대에 걸쳐서는 공장에서의 생산기술직과 같은 정형적인 직무가 감소하고 노동에 유연성이 요구되면서 컴퓨터나 정보기술을 매개로 다양한 내용의 일을 한 사람의 종업원이 수행하거나 팀워 등에 기초하여 집단으로 수행하게 하는 등 직무가 크게 변하게 되었다. 이러한 변화로 인해 세분화된 직무를 전제로 확립된 경영기법인 테일러시스템 혹은 포드시스템은 재편될 수밖에 없는 처지에 놓이게 되었다. 이에 따라 종업원에 대한 임금체계도 '직무급'(job evaluation wage system)체계에서 '능력급'(skill-based-pay)체계로 전환되게 되었으며, 이는 임금결정요소가 직무요소에서 인간적 측면, 즉 인간의 능력이라는 요인으로 전환되고 있음을 보여주고 있다.

2) 역량개념과 심리학의 성과

심리학의 성과가 인사관리에 응용된 예는 인사관리가 성립될 무렵의 '산업능률의 심리학'(Munsterberg, H., 1913)을 들 수 있으며, 인적자원관리의 성립에는 앞의 제2장에서 본 것처럼 행동과학의 성과가 크게 기여하였다.

역량은 심리학의 영역중에서도 인간행동의 '동기'(Motive)에 관한 연구에서 개념화된 것이다. 동기에 관한 연구는 매슬로우나 허쯔버그에 의한 욕구이론이 일찍부터 인사관리 영역에 응용되어 왔으며, 역량과 관련해서는 1950년대부터 1960년대에 걸친 맥클레란드(D.C. MaClelland)와 아트킨슨(J.W. Atkinson)에 의한 '성취동기'(Achievement Motive)연구, 특히 전자의 연구가 크게 기여하였다. 성취동기란 곤란을 극복하고 보다 고도의 문제에 도전하며 높은 업적을 올리고자 하는 동기로서 맥클레란드는 성취동기가 높은 사람일수록 항상 높은 업적으로 연결되는 행동을 통해 실제 고업적을 올리고 있음을 밝혀냈다. 이처럼 높은 업적으로 연결되는 행동특성을 개념화한 능력개념이 역량으로 인식되고 있다. 1970년대에 맥클레란드가 미국 국무성의 직원채용의 선발기준에 역량개념을 도입한 이래 1980년대 말에는 미국기업들이 이 개념을 인적자원관리 시스템에 적용하기 시작하였다.

8.2 역량모델과 활용영역

1) 역량모델

역량은 일반적으로 지속적으로 고업적을 올리고 있는 사람의 능력을 의미하는 '고성과자의 행동특성'(high performer's behavioral characteristics)으로 이해되고 있다. 역량에 기초한 경영은 각 기업에서 고성과자를 선별하여 지속적으로 고성과를 이끌어내는 행동특성을 파악하고 그것을 모델화한 역량모델을 개발하는 것으로부터 시작된다. 이 경우 역량에 대응하는 스킬이나 지식을 중심으로 명확히 정의하는 예도 있고, 동기나 성격 특성까지 포함하여 역량을 광범위하게 이해하는 예도 있다. 이런 점에서 역량은 아직까지는 엄밀하게 정의된 개념은 아니라 할 수 있다.

또한 고성과자라고 하면 조직내에서는 흔히 매니저(=관리자)를 의미하며 그것을 기초로 하여 확립된 체계적인 경영도 매니저를 대상으로 하는 경우가 일반적이지만 역량의 경우 반드시 그런 것은 아니다. 오히려 고성과자를 매니저에 한정하지 않고 직장의 리더, 숙련공(expert), 전문가(specialist) 등 다양한 고성과자의 행동특성을 모델화하고 거기에 기초하여 경영하고자 하는 점에 역량경영의 특징이 있다고 하겠다. 이처럼 새로운 능력개념을 기반으로 경영을 전개하고자 하는 점에서 종업원의 능력개발을 중시하는 인적자원관리의 이념적 측면의 특징을 찾아볼 수 있다. 더구나 그 적용이 조직내 전 구성원 및 경영층까지도 예외로 하지 않는다는 점에서도 인적자원관리의 특질을 반영하고 있다.

2) 역량의 활용영역

역량모델을 개발하면 그 다음 단계는 목적에 따른 양식을 작성하여 그것을 활용할 수 있도록 만드는 것이다. 〈표 4-4〉는 역량모델이 인적자원관리 시스템의 선발(selection), 교육훈련 · 능력개발(Training and Development), 업적평가(Performance Appraisal), 후계자육성계획(Succession Planning) 별로 활용되는 경우의 모델이 취하고 있는 양식을 간략히 정리한 것이다.

그러나 미국 대기업에서도 역량에 전면적으로 의거한 보상시스템을 실시하고 있는 경우는

표 4-4 | 역량모델의 양식과 인적자원관리 시스템

활용영역	양 식
선 발	· 해당 직무에서 필요한 역량 · 면접에서 적절한 행동에 대한 정보를 도출하기 위한 질문항목 리스트 · 용인될 수 있는 행동과 용인될 수 없는 행동의 범위를 나타내는 피면접자 평가표
교육훈련·능력개발	· 각 역량마다 고업적을 설명하기 위한 3~5개의 구체적인 행동예 · 역량의 활용가능성 혹은 유효성을 평가하는 기준 · 스킬 개선에 유효한 직장경험 혹은 개발경험 리스트
업적평가	· 상위 표준에서 하위 표준까지 각 역량의 유효성에 관한 3~5개 수준의 설명 · 각 역량별로 특정한 행동례가 있는 첵크리스트
후계자 육성계획	· 구체적 행동에 대한 설명이 있는 역량/직무수행에 필요한 능력 · 역량개발의 방법에 관한 지시

자료 : Lucia, A. and Lepsinger, R., *The Art and Science of Competency Models,-Pinpointing Critical Success Factors in Organizations-*, Jossey-Bass, p.114.

많지 않다. 즉 미국에서는 이러한 역량경영도입의 확산에도 불구하고 '직무급'이 여전히 주류로 기능하고 있기 때문이다. 따라서 〈표 4-4〉에서는 보상시스템에의 적용예는 찾아볼 수 없다. 그러나 기업에서는 외부노동시장에서 주류를 이루고 있는 직무급을 전제로 한 직무분석을 실시할 경우 직무분석요소에 역량개념을 이용한다거나 직무등급의 일정한 범위내에서의 승급을 결정할 때 컴피턴시 개념을 이용하거나 하는 부분적인 활용예는 증가하고 있다. 이런 점에서 역량모델링을 직무급을 전제로 한 직무분석의 한 접근방법으로 이해할 수 있다.

8.3 역량경영의 특징

1) 직무세분화와 역량

역량경영(competency based management)의 성립과 보급은 1990년대이지만 그것은 이미 1980년부터 현저하게 드러난 직무세분화의 붕괴와 밀접한 관련이 있다. 세분화된 직무가 가진 문제는 전술한 바와 같이 1960년대 후반부터 1970년대 초에 걸쳐 심각한 노동의 소외문제를 야기시켰고 1980년에 들어와서는 경영환경의 변화에 대한 대응을 저해하는 요소로 간주되었다. 즉 세분화된 직무 아래서는 배치전환이 곤란할 뿐만 아니라 능력개발에도 한계가 있어 단능공양성에 치중함으로써 변화에 대한 유연한 대응이 어려울 수밖에 없다. 이러한 문제에 대응하기 위해 유사한 직무를 크게 묶은 '브로드 밴드'(broad band)나 '팀작업'(team working) 같은 것이 보급되기 시작하였다. 이러한 상황속에서 인사상의 기준으로서 직무를 대신하여 등장한 것이 속인적 요소에 초점을 맞춘 역량개념이다.

이와 같이 역량은 테일러시스템에 기초한 직무세분화의 붕괴를 단적으로 보여주는 개념이며 그러한 사태에 대처하기 위한 구체적인 관리실천(management practice)으로 이해할 수 있다. 이런 의미에서 '테일러주의'가 종언을 고했다고 말할 수도 있을 것이다. 그러나 테일러시스템이 '일류노동자'의 노동내용을 객관화 · 표준화를 통해(표준과업량의 설정; a fair daily work) 일반노동자를 통제하고자 한 것과 마찬가지로(차별적 성과급제의 도입; differential piece-rate pay system), 역량은 고성과자의 행동특성에 대한 연구를 통해 그것을 객관화 · 표준화함으로써 일반노동자 뿐만 아니라 화이트칼라 노동자, 나아가 경영층까지도 통제하는데 이용하고 있다는 점에 유의해야 할 것이다. 역량에 기초한 경영은 '테일러주의'의 한층 더 강화된 전개를 보이는 측면이 내포되어 있다는 점을 지적할 수 있다.

나아가 역량경영의 성립과 보급이 미국 노동조합운동의 정체와 그 궤를 같이 하고 있음에 유의해야 한다. 이는 직무변화에 따른 새로운 사태의 전개에 노조가 충분히 대응하지 못하고 있다는 것을 의미하고 이는 향후 노동조건이 악화될 가능성이 더 높다는 것을 의미한다. 즉 1970년대까지 지속된 미국의 전통적인 대항 · 교섭형의 노사관계의 특징은 노사관계의 중심에 '단체교섭'(뉴딜식 단체교섭)이 자리잡고 있었으며 이는 바로 직무통제조합주의(job control unionism)라는 노조의 운동원리이기도 하였다. 그것은 경영자가 엄격하게 정의한 직무내용을 단체교섭을 통해 재정의하고 각 직무담당자의 의무와 책임의 범위를 명확하게 함과 동시에 각 직무에 대한 임금을 설정함으로써 각 노동자 간의 배분의 원칙을 확립하게 해주었다. 특히 후자는 '선임권원칙'(principle of seniority)으로 자리매김하였다. 이처럼 고용으로부터 일시해고, 해고, 재고용에 이르기까지 엄격하게 규정화되어 있었으므로 노사관계는 이 룰을 둘러싼 단체교섭에 의해 대항적으로 전개될 수밖에 없었다. 이러한 룰은 일반적으로 '제한적 노동관행'(restrictive work rule)이라 불리어졌다.

그런데 단체교섭제도를 중심으로 거대기업과 약 반세기에 걸쳐 대립적 교섭을 전개해온 뉴딜기에 형성된 미국의 산별노조는 1980년대에 들어 역사적 전환을 맞게 되었다. 이 시기 제조기업들에 의해 배제의 대상이 된 것은 경영자와 적대적 입장을 견지해온 전통적 노조였지만 실제로 배제의 대상이 된 것은 노조의 조직형성 기반이었던 '제한적 노동관행' 그 자체였다. 이로 인해 노조에 의한 직무규제는 완화될 수밖에 없는 처지가 된 것이다.

2) 직능자격제도와 역량

역량은 1970년대 말부터 일본을 필두로 우리나라 기업에 보급되기 시작한 '직능자격제도'와 매우 유사한 것으로 인식되고 있다. 1970년대부터 1980년대에 걸쳐 미국기업은 일본기업의 높은 경쟁력을 분석하는 과정에서 직능자격제도에 대해서도 많은 검토가 이루어졌을 것으로 생각되지만 여기서는 양자 간의 차이를 파악하는데 초점을 두고자 한다.

직능자격제도의 '직능'이란 직무수행능력을 의미하며 이는 잠재적인 능력의 보유상태를 의미하고 있으며, 역량의 경우는 실제 드러난 발휘능력을 의미한다는 점에서 커다란 차이가 있다. 이는 직능자격제도에서는 능력요건으로 표현될 경우 '~를 할 수 있다'로 표현되는 것이 일반적인데 반해 역량에서는 실제로 발휘하고 있는 행동특성을 기준으로 하기 때문에 '~를 하고 있다'로 표현되고 있다는 점에서 전형적으로 드러난다. 따라서 매우 정치하게 구상된 직능자격제도에서 조차도 앞에서 지적된 발휘능력이 아닌 잠재적인 보유능력을 기준으로 삼음으로써 근무년수나 직장경험 등과 같은 연공적 요소가 안이하게 그 운용상의 기준으로 채택되고 있다는 점이 이 제도의 커다란 약점으로 지적되고 있다. 이런 점에서 업적평가 등에 역량개념을 도입하는 등 직능자격제도가 지닌 약점을 보완하기 위해 역량개념을 부분적으로 활용하는 예는 앞으로 우리 기업들에서도 증가할 가능성이 크다고 생각된다.

연습문제

1. 직무분석의 목적, 직무분석과 다른 인적자원관리 활동과의 관련성에 대해 설명해 보시오.

2. 직무분석의 절차에 대해 설명해 보시오.

3. 직무기술서와 직무명세서의 내용에 대해 설명해 보시오.

4. 표준화된 직위분석 설문지(PAQ)의 구성내용에 대해 설명해 보시오.

5. 직무분석의 새로운 동향에 대해 설명해 보시오.

6. 기업경영의 중점이 역량중심으로 전개되면서 제기되는 직무분석 무용론에 대한 당신의 생각을 정리해 보시오.

7. 테일러식의 직무세분화 원리와 역량경영 간의 차이에 대해 설명해 보시오.

8. 직능자격제도의 직능과 역량 간의 차이에 대해 설명해 보시오.

제5장

직무설계와 작업조직

학습목표

- 노동이라는 용어의 의미를 설명할 수 있을 것.
- 직무설계를 정의하고, 특정의 직무설계전략을 설명할 수 있을 것.
- 최근의 조직설계와 직무설계정책의 중심이 되는 이론적인 논의를 이해할 수 있을 것.
- 노동의 본질과 조직설계가 인적자원관리 활동에 주는 영향을 설명할 수 있을 것.
- 비지니스 프로세스 리엔지니어링(Business process reengineering), 포디즘(Fordism), 인간관계운동, 재패나이제이션(Japanization), 직무특성모델(Job characteristic model), 직무설계(Job design), 직무확대(Job enlargement), 직무충실(Job enrichment)의 개념을 설명할 수 있을 것.

01 · 들어가는 말

노동과 조직형태의 연구에는 긴 역사가 있다. 이미 18세기에 산업화 사회이전의 전통적인 작업속도와 작업관행은 분업과 공장시스템 원리의 작업조직으로 이행했다. 20세기로 눈을 돌리면 과학적 관리운동은 노동자의 노력의 통제와 협업을 강화하는데 중점을 두었다고 볼 수 있을 것이다. 1960년대에 생산성의 저하와 관련해서 생긴 노동쟁의의 증가와 노동자불만의 고조는 노동자의 자율성과 참가를 강조한 새로운 직무구조로의 변화를 유도하고 직무충실을 통해서 다양한 기능적 과업이 탄생했다. 1990년대에는 기술혁신과 세계화의 진전에 따라 새로운 작업조직시스템이 출현했다. 1990년대에 유행한 경영슬로건은 유연성으로 유연한 전문화, 셀생산, 린생산, 팀기반의 수평적 직무구조, 리엔지니어링, 가상조직 등의 조직이노베이션 연구가 많은 문헌에서 검증되고 있다. 새로운 직무설계와 직무구조의 이론적 근거의 대부분은 당초에는 미국을 중심으로 발전하여 북미와 유럽경제에서 일반화되었다. 이를 테면 Hammer와 Champy는, 세계는 서로 다른 지역으로 이루어져 있기 때문에 리엔지니어링은 없으면 안 되는 것이라고 주장했다. 세계적인 변화에 따라 빠르게 대응하기 위해, 세계시장에서 보다 적극적으로 경쟁할 수 있는 조직을 만들기 위해, 그리고 보다 유연하고 고객의 요구에 순응할 수 있는 종업원을 획득하기 위해 경영자는 비지니스 프로세스를 근본적으로 재구축해야만 한다는 것이다.

노동은 크게 나누어 두 가지 학술적인 관점에서 연구할 수 있다. 사회학적인 것과 심리학적인 것이다. 노동의 사회학적 관점은 사람들의 노동경험에 영향을 주는 폭넓은 상황적 요인과 구조적 요인에 관심을 갖는다. 사회학자에게 있어서 중요한 테마의 하나로서 분업이 있는데, 그것은 사람들이 특정 타입의 직무에 전문적으로 대처할 수 있는 방법을 다루는 것이다. 조직수준에서 내적 분업은 효율성과 노동자의 통제기준을 제공한다. 사회수준에서 분업은 프로페셔널, 경영, 사무, 숙련공이나 미숙련공 등의 직업구조를 산출한다. 그밖에 노동의 사회학에 있어서의 중요한 토픽으로서 노동에 있어서의 불평등이라는 테마가 있으며, 여기에는 조직에 있어서의 성적차별구조, 성별역할에 관한 관심의 확대, 또는 성별과 권력과의 관계 등이 포함되어 있다.

노동에 있어서의 인간의 심리학적 연구는 개인행동을 이해하는 시도로서 모티베이션, 직무만족, 업무스트레스, 직무설계, 기타 직무의 수행을 저해하는 노동환경에 관련된 요인 등을 다룬다. 여기에는 조직행동론의 한 분야로서 방대한 문헌이 있다. 개인의 직무행동에 관한 초기의 이론은 인간이 경험하는 욕구의 타입이라는 관점에서 모티베이션의 본질을 설명하고자 하였다. McGregor의 X-Y이론, Herzberg의 동기부여-위생이론, Vroom의 기대이론 등 행동과학자들의 일련의 이론적 공헌은 관리자가 직무구조와 보상을 어떻게 설계하면 좋은가라는 점에서 실천적인 시사점을 제공한 데 있다. Hackman & Oldham 모델은 노동의 핵심이 되는 특징과 개인이나 작업집단에 작용하는 중요한 심리적 프로세스 사이에 있는 상호작용을 진단하는 것을 목적으로 만들어지고 있다.

노동의 본질과 관리자가 어떤 식으로 노동을 조직화하는가 하는 것은 인사활동에 영향을 미치는 내적인 상황요인이다. 작업팀에 관한 새로운 스킬과 분권화, 조직구조에 관한 의사결정은 사람들에게 필요한 학습이나 훈련에 영향을 미친다. 부연하면 새로운 직무의 편성은 보상시스템설계에도 영향을 준다.

탈관료제 조직에 관한 논의(의사결정의 분권화, 관리계층의 소수화, 유연한 직무수행 등에 의해 관료제의 원리를 뒤엎는 작업시스템의 채용 등)는 새로운 작업조직의 형태가 직무충실로 연결되는 것인지 직무의 퇴폐로 연결되는 것인지의 논쟁을 불러일으키고 있다. 한편 낙관주의자들은 새로운 직무구조가 종업원의 재량권을 강화(empowerment)하고 경영행동이 통제의 매니지먼트에서 커미트먼트의 매니지먼트로 이행하고 있는 것을 높이 칭찬하고 있다. 또 몇 가지 새로운 노동방식은 전자적인 착취공장에 의해 성립하고 있다는 주장과 종업원을 임파워먼트한 노동시스템은 기본적으로 노동강화를 완곡하게 표현한 것이라는 주장도 있다. 최신 노동현장의 현실을 파악하기 위해 평론가는 맥월드라는 용어를 자주 사용한다. 이것은 특히 젊은 사람이나 여성, 유색인종들이 경험하는 수준 낮은 일, 파트타임계약, 성과달성에 대한 엄격한 감시, 상시적인 고용불안 등 노동에 있어서의 여러 가지 체험을 의미하고 있다.

몇 가지 실증적인 문헌에서는 직무재구축 프로세스를 상황에 의존해서 이해하려는 시도가 이루어지고 있다. 상황의존시각은 새로운 직무구조는 균일한 결과를 가져오는 것이 아니라 사업전략이나 변혁프로세스에 대한 노조의 관여여부, 일련의 인사정책과 새로운 일의 구조와의 일관성 여부 등 여러 가지 변수에 의해 상황이 달라진다고 주장하고 있다. 이를 테면 팀 작업의 도입은 이익과 비용의 양면을 초래한다고 주장하고 있다. 요컨대 조직혁신의 결과 생기는 종업원에 있어서의 잠재적인 이익과 비용에 대한 인식은 보다 복잡한 상황파악으로 연결되어 조직에 있어서의 직무의 변화가 심리적 계약을 강화하거나 약화시킬 수 있다는 가설을 지지하는 사람도 있다.

본장은 사회학자와 산업심리학자에 의해 연구되고 있는 모티베이션, 직무만족, 직무설계의 관계를 살펴봄으로써 직무설계의 전략과 새로운 조직형태를 밝혀보고자 한다. 여기서는 현대사회에 있어서의 일의 의미(meaning of work)에 대해 생각해 본다. 일에 관한 보다 넓은 상황구조는 최근의 직무설계기술과 새로운 조직패러다임에 관하여 관리자와 인사담당자에게 중요한 예비지식을 제공할 것이다. 우리는 테일러리즘과 포스트포디즘, 유연한 전문화, 일본적 직무설계, 리엔지니어링, 학습하는 조직 등의 직무설계전략을 검토하고 고용관계관리와 관련된 직무구조의 시사점에 대해 살펴볼 것이다.

02 · 노동의 본질

학생이 장학금 응모서류를 쓰는 것은 노동으로 간주되지 않지만, 서류를 작성하는 것은 사무원의 노동의 일부이다. 동시에 학생이 자신의 아이를 돌보는 일은 노동으로 간주되지 않지만, 그 학생이 베이비시터를 고용하면 베이비시터에게는 유급의 노동이 된다. 이들 사례에서도 알 수 있는 것처럼 노동이란 단순히 활동의 내용으로 정의할 수 있는 것이 아니다. 우리는 노동이라는 말을 사용할 때 어떤 의미로 사용하고 있는 것일까. 여기서는 이 문제에 관한 의미와 사회가 노동을 어떻게 이해하고 있는가 하는 점에 대하여 아래와 같이 노동의 정의를 검토하는 것부터 시작하고자 한다.

> 노동이란 금전을 보상으로 해서 고용주의 지시에 따라 특정의 장소에서 특정의 시간에 이루어지는 육체적 · 정신적 활동이다.

이 정의는 노동의 핵심적인 특징에 유의해서 내려지고 있다. 첫째로, 육체적 · 정신적이라는 의미는 건축업자의 활동도 컴퓨터시스템 분석가의 활동도 명확히 노동으로 간주된다. 둘째로, 특정한 장소에서 낮이든 밤이든 시간을 정하고 활동하는 것, 즉 장소와 시간은 노동을 사회적 구조안에서 파악하고 있다고 할 수 있다. 셋째로, 사회적 구조에는 활동이 이루어지는 사회적 관계 등도 포함된다. 어머니나 아버지가 가족을 위해 저녁을 준비할 경우, 활동의 내용자체는 병원에서 고용되어 있는 요리사가 환자를 위해 식사를 준비하는 것과 비슷할지 모르지만 그 활동이 이루어지고 있는 사회적 관계는 매우 다르다. 병원요리사의 활동은 규정, 즉 고용주와 그 대리인으로부터의 명령에 구속되어 있는 것이다. 이 점에서 이것이 노동인지 아닌지를 결정하는 것은 활동 그것이 아니라 오히려 그 활동에 내재되어 있는 사회적 관계라는 것은 분명할 것이다. 넷째로, 육체와 정신을 쓰는 것, 피로와 개인의 자율성 상실 등의 보상으로 노동자는 금전과 지위, 내발적 만족 등 일련의 보상을 받는다. Watson은 이 일련의 인풋(육체적 · 정신적 활동 등)과 아웃풋(보상 등)의 교환관계를 고용주와 종업원 간의 암묵의 계약이라 부르고 있다.

그러나 이 정의는 고용관계에 대하여 열쇠가 되는 특징을 인식하는 데에는 도움이 되지만 너무 한정적이고 엄밀한 면이 있다. 첫째, 육체적 · 정신적 활동이라 하더라도 모든 활동이 돈을 받고하는 것은 아니다. 이를 테면 시민단체(예를 들면 법률상담 등을 무료로 행하는 단체)에서 일하는 자원봉사자나 육아같은 임금이 발생하지 않는 힘든 노동의 대부분은 기쁘게 받아들이는 경우도 있지만, 심하게 기력이 소모되는 경우도 있는 활동이다. 그러나 이와 똑같은 활동도 예컨대 사람들에게 법률에 대해 어드바이스해서 보상을 받거나 보육원에서 고용되어 보수를 받고하는 일은 사회관계나 금전적 보상면에서 모두 노동으로 인식할 수 있을 것이다. 둘째, 노동의 보상과 만족, 위험 등은 매우 불평등하게 분배되어 있다. 현대사회에서는 사람들이 누구인지, 어떤 일을 하고 있는지에 따라 보상이 결정된다. 역사적으로 보면 여성은 남성과 비교하면 같은 일을 해도 보상이 낮다. 노동은 위험하고 건강을 해치는 경우도 있지만 위험이 평등하게 부담되는 것은 아니다. 흔히 경영상의 스트레스에 대해서는 사회적인 이목이 집중되고 있지만 실제로 노동과 관련된 위험은 육체노동자의 현장에 많이 분포되어 있다. 나아가 산재의 불균등한 분포는 사회적 가치나 경제적인 압력의 체계적인 결과라는 주장도 있다.

노동의 성격과 경험이 변화하는 것은 틀림없다. 세계화의 광범한 진전과 새로운 경영전략의 실행으로 유상노동이 서비스분야로 이동하고 있고, 정보기술이 보급되어 많은 여성이 임금노동자로 전환하고 있다. 특히 개발도상국에서의 임금노동의 최근형태는 노동과 가정의 통합에 의존하고 있다. 마찬가지로, 노동의 성격은 인적자원관리 활동에 영향을 미친다. 이를 테면 종업원이 받는 급여는 실제의 활동내용이라기보다는 오히려 사회적 태도나 전통과

관계되어 있다. 임금의 결정에는 노동자의 사회적 분업, 특히 성적역할분업에 대한 이해가 필요하다. 경영자는 과업을 어떤 종류의 직무로 나눌 것인가, 그것들을 다른 과업이나 직무와 어떻게 관련지을 것인가 하는 것을 생산방법이나 기술에 맞추어 결정해야만 한다. 결정은 통제시스템, 즉 상사가 관리해야 할 부하의 수, 종업원 훈련, 보상시스템의 특징 등에 대해서도 이루어진다. 인적자원관리는 개인의 업무경험에 대해서 영향을 주기도 하고 받기도 한다. 직무가 설계되는 방법은 조직의 유효성에 대해서 뿐만 아니라 개인이나 집단의 경험과 모티베이션에 대해서도 영향을 준다. 우리가 검토하는 직무설계의 프로세스는 이 점에 주목하고 있다.

03 · 직무설계

기업조직은 혁신적인 방법으로 인적자원을 활용하여 경쟁우위를 확보하기 위해 직무설계 문제에 주목해 왔다. 이는 다음과 같이 정의할 수 있다.

> 조직에 있어 직무와 직무 간의 관계를 형성하기 위해 과업과 책임을 결합하는 프로세스

3.1 초기의 전개

직무와 관련된 혁신은 수백년에 걸쳐 학자와 관리자의 관심을 모아 왔다. 근대경제학의 창시자인 Adam Smith는 18세기 영국에서 출현한 분업에 주목했다. 아담 스미스에게 있어 육체노동의 분해는 경제성장이론의 핵심이었다. 아담 스미스는 다음의 세 가지 점에서 분업이 경제성장을 촉진한다고 주장했다.

- 숙련의 증대에 의한 1인당 생산고의 증가
- 작업의 준비와 교체에 걸리는 시간의 감소

• 전문화에 의한 새로운 기계발명의 촉진

아담 스미스는 자신의 저서 국부론에서 핀의 제조를 상술하고 직무설계의 초보적인 예를 명시했다.

> 철사를 편다, 곧게 한다, 자른다, 뾰족하게 한다, 머리를 붙이기 위해 끝부분을 간다, 이 외에도 머리를 만드는데도 두 세 가지 다른 공정이 필요하며, 핀을 하얗게 도금하는 작업도 있다. 마지막으로 종이에 포장을 해야 한다. 핀을 제조하는 중요한 작업은 이처럼 18가지 작업으로 나뉘어지는 것이다.
>
> 이 모든 작업을 한 사람이 수행할 경우 하루에 몇 개의 핀을 만들 수 있을까? 아마도 한 개를 만드는 것도 쉽지 않을 것이며, 20개를 만드는 것은 분명히 힘들 것이다.
>
> 아담 스미스는 자신이 직접 보았다는 핀 제작소의 생산량을 예시하고 있다. 이 제작소에서는 10명의 노동자가 고용되어 있었고, 따라서 그 중 몇 사람은 두 세 가지 작업을 혼자서 하고 있었다. 매우 척박한 제작소였으며, 기계설비도 제대로 갖추지 못하고 있었으나 그래도 열심히 하면 하루에 12파운드의 핀을 만들 수 있었다.
>
> "1파운드면 중형핀이 4천 개가 넘는다. 그러므로 이 열명은 하루에 4만 8천개 이상의 핀을 만들 수 있는 셈이다. 따라서 1인 당 4만 8천 개의 10분의 1, 즉 하루에 4,800개의 핀을 만든다고 보아도 될 것이다. 그러나 만일 그들이 각자 독립적으로 따로 따로 모든 일을 하고, 또 아무도 이런 특정한 일을 위한 교육을 받지 않았다면 그들은 틀림없이 혼자서 하루에 20개의 핀은 커녕 한 개의 핀도 제대로 만들 수 없을 것이다. 다시 말해 그들은 현재 여러 작업의 적당한 분할과 결합으로 수행할 수 있는 일의 2,400분의 1은 커녕 4,800분의 1도 못할 것이라는 점은 분명하다."

19세기 찰스 바베지도 분업이 고용주에게 이익을 가져다 준다고 주장하고 있다. 과업을 단순화해서 미숙련 노동자에게 세분화된 과업을 할당함으로써 고용주는 저임금을 실현할 수 있다. 노동력의 거래를 기초로 하는 사회에서 기능을 분할하는 것은 개인별 노동의 가격을 낮추는 것으로 연결된다.

산업에 있어서의 분업의 출현은 직무설계에 있어 보다 급진적인 연구를 촉진했다. 칼막스는 새로운 노동방식이 체계적인 착취의 형태로 구성되어 있고 자본주의적 고용관계와 노동에 있어서의 자율성 상실로 인하여 노동자가 스스로의 생산물로부터 소외되어있다고 주장했다.

20세기 초두 프레드릭 테일러의 저작인 과학적 관리법에 의해 직무설계에 대한 관심은 더욱 높아졌다. 1908년부터 1929년 사이에 헨리포드는 테일러리즘의 원리를 발전시켜 조립작업의 컨베이어시스템 생산원리를 바탕으로 한 직무구조를 개발했다. 1920년대에는 인간관계론이 성행하여 작업집단의 성과에 대한 영향에 관심이 쏠렸다. 그리고 1960년대 후반 생산성의 저하와 과학적 관리법의 결점에 대한 관심이 높아지면서 직무재설계운동으로 연결되어 갔다. 직무설계에 대한 관심과 논의는 일본적 경영으로 옮아갔다. 일본적 경영에 있어서의 직무설계는 경영스타일, 스킬, 가치 등을 강조하고 직무설계를 조직의 고용전략의 일환으로 편성해 가는 것을 목적으로 하고 있다. 이하에서 이들 어프로치에 대하여 좀 더 자세히 살펴보기로 한다.

3.2 과학적 관리법

미국의 Frederick Taylor는 과학적 관리운동의 개척자이다. 직무설계에 대한 이 어프로치는 테일러리즘이라 불리우며, Henry Gantt와 Frank Gilbreth 등의 영향도 컸다. 테일러는 종업원의 모티베이션과 직무설계기법에 관한 아이디어를 자신이 공장장으로 일한 펜실바니아의 미드벨제철소에서 실현시켰다. Littler는 테일러리즘은 이데올로기상의 주장이기도 하고 경영상의 일련의 시책이기도 했다고 주장하고 있다. 테일러는 비효율적인 노동정책과 노동자가 열심히 일하지 않는 모습(테일러는 이것을 자연태업(natural soldering)이라 불렀다)에 놀라세 되었다. 테일러는 육체노동자를 금전에 의해 동기부여되는 탐욕스런 로봇으로 인식하면서, 그들을 과업수행을 위한 최선의 방법(one best way)을 개발할 능력이 없는 멍청한 존재로 간주하고 있었다. 경영의 역할은 수행되어야 할 과업을 과학적으로 분석하여 시간단축과 불필요한 동작을 제거할 수 있도록 직무를 설계하는 것이었다.

직무설계에 대한 테일러의 어프로치는 다섯 가지 주요 원리에 의거하고 있다.

- 직무는 최대한 세분화한다.
- 계획과 실시를 분리한다.
- 직접노동과 간접노동을 분리한다.
- 필요로 하는 스킬과 직무훈련시간을 최소화한다.
- 기계작업의 가동률저하를 최소한으로 할 것

과학적 관리의 가장 중요한 것은 과업을 가장 심플한 구성요소로 나누는 것이었다(제1원리). 대부분의 육체노동자는 게으르고 어리석다고 간주되었기 때문에 모든 의사결정기능을 그들에게서 박탈해야 한다고 주장되었다(제2원리). 모든 준비작업이나 서비스직무는 숙련공(직접노동)으로부터 분리하여 미숙련 또는 저가의 노동력(제3원리에 있어서의 간접노동)에 맡겨야 한다고 주장되었다. 리틀러에 의하면 이것이 테일러리스트와 바베지원리의 공통점으로 노동강화의 본질적인 요인이 되었다. 과업수행에 필요한 스킬을 최소화하는 것은 노동과정에 대한 노동자의 통제권한을 저하시키며(제4원리), 최종적으로는 시간을 절약하기 위해 경영은 인간과 재료의 움직임을 최소화하는 기계의 배치를 하게 된다(제5원리). 리틀러에 의하면 테일러의 직무설계 어프로치는 단순화의 역학을 구현한 것으로, 조직에 새로운 통제구조를 제공했다고 주장하고 있다.

테일러리즘은 1930년대의 경기후퇴로 사라져 비교적 수명이 짧았다고 하는 논자도 많다. Rose는 과학적 관리는 대부분의 고용주에게 어필하지 못하고 있으며, 테일러리스트 중 몇 명은 미국의 고용주에게 그것이 받아들여지도록 노력했으나 수포로 돌아갔다고 말하고 있지만, 이는 직무설계에 대한 테일러원리의 보급과 영향을 과소평가하고 있다. 로즈와는 대조적으로 브레이버만은 테일러리즘은 그후의 인간관계학파로 대체되었다고 하는 통설은 잘못된 것이며…실제 경영발전의 변천을 몹시 왜곡하고 있다고 말하고 있다. 마찬가지로 리틀러와 사라만은 공장노동에 대한 테일러리즘의 직접적 · 간접적인 영향은 매우 광범위하고 산업조직에 있어서의 직무설계와 기술설계는 네오테일러리즘으로 물들어 있다고 말하고 있다.

3.3 포디즘

Henry Ford는 테일러리즘의 주요 원리를 적용했을 뿐만 아니라 전문기계를 도입하여 조립작업에 컨베이어시스템 원리를 확립했다. 이후 이런 종류의 직무설계는 포디즘이라 불리우게 되었다. 고전적인 조립라인의 원리에서는 직무세분화와 과업수행시간(task-cycle)의 단축이 진행되는 등 종업원의 통제기술 또는 노동생산성 증가를 위한 직무설계 등이 검토되어 왔다. 포디즘은 이밖에도 두 가지 특징이 있다.

- 서로 다른 작업을 담당하는 각각의 부서에 부품을 운반하기 위해 연결한 컨베이어 시스템을 도입

- 규모의 경제를 획득하기 위한 표준화된 상품

포디즘은 표준화된 상품을 저비용으로 대량생산하는 장기적인 방침을 확립했다.

조립라인의 작업속도는 일련의 지시에 의해서가 아니라 오히려 기술에 의해 결정된다. 테일러가 행한 상세한 시간연구와 동작연구에 의해 직무 프로세스의 매니지먼트에 의한 통제가 강화되었다. 직무연구의 기술자들은 가장 짧은 태스크사이클 시간을 발견하기 위해 시행착오를 거듭했다. 사람들을 매니지먼트하는 포드의 컨셉은 매우 단순하였다. 사람은 단 1초라도 불필요한 시간을 없애고 정해진 1초 1초를 보내야 한다는 것이다. 작업시간을 기록한다고 하는 것은 매니저가 부하의 노력이나 성과를 보다 밀접하게 감시할 수 있다는 것을 의미한다. 과업관리는 새로운 통제구조의 기초로서 기능했던 것이다.

그러나 포드 생산시스템에는 문제가 있었다. 노동자는 반복적인 일이 지루하고 보람이 없다고 느끼기 시작하면서 점점 결근률이나 이직률이 높아지는 등 직무불만족이 나타나게 되었다. 이를 테면 포드공장에서는 평상시 조업에 필요한 인원이 1만 3천 5백명이었지만, 1913년 한해 동안 5만명 이상이 퇴직했다. 이들 인사문제에 대응하여 포드에 의해 개발된 매니지먼트 기법은 포디즘과 테일러리즘의 명확한 차이가 되었다. 포드는 자격을 부여받은 자에 대하여 보다 짧은 노동시간으로 2배의 임금을 제공하는 일급 5달러제를 도입했다. 이러한 보상은 알콜을 자제하는 등 공장노동자의 라이프스타일이 만족할 수 있는 것인지 아닌지를 조건으로 삼고 있었다. 포드의 가부장적 스타일은 작업성과를 높이기 위해 새로운 노동습관 뿐만 아니라 새로운 사회적인 습관을 체득시키고자 하는 것이었다. 테일러리즘과 포디즘은 미국과 캐나다, 영국에서는 자동차나 전기공학같은 대규모 인괄생산에 있어서의 직무설계의 유력한 어프로치가 되었다.

직무설계와 노무관리전략이라는 점에서 보면 과학적 관리법과 포드주의적 사고방식은 노동자가 그것을 받아들인다 하더라도 일정한 한계를 노정시키고 있다. 첫째, 작업의 단순화는 지루함과 불만족을 초래하고 적대적인 노사관계 분위기를 양성하는 경향이 있다. 둘째, 테일러적인 직무설계 기법은 통제와 협업의 비용이 많이 든다. 전문화가 진전되면 생산계획, 통제, 감독, 검사 등의 담당자가 늘고 간접노동비용이 증가한다. 분업의 이익은 지나치면 관리통제구조의 비경제성에 의해 상쇄되는 경향이 있다. 셋째, 협업의 비용이라 불리우는 것이 있다. 테일러리즘은 노동자의 성과에 대해 질적으로나 양적으로 매니지먼트의 통제가 증가하지만, 그 결과 욕구불민이나 불만족이 높아지고 일부 노동자는 커미트먼트가 저하

된다. 이렇게 되면 관리자의 입장에서 볼 때 품질관리 측면에서 커다란 문제를 초래할 수 있다. 관리자와 피관리자의 관계는 악화되고 이는 다시 매니지먼트의 통제를 더욱 강화하게 하는 결과를 초래하게 된다. 테일러리즘과 포디즘의 기본원리는 종업원을 강하게 통제하면 할수록 보다 강한 통제가 필요하다고 하는 근본적인 패러독스를 보여주었다. 이들 문제를 명확히 파악하고 지나친 분업에 대한 대응으로서 새로운 직무설계 어프로치인 인간관계론이 개발되었다.

3.4 인간관계운동

인간관계운동은 매니저의 관심을 노동자의 지각된 욕구로 이동시켜 직무설계는 직무의 심리적 · 사회적 측면을 고려해야만 한다는 점을 강조하였다. 이 움직임은 1920년대에 Elton Mayo의 호손(Hawthorne) 실험으로 시작되었다. 메이요는 시카고에 있는 호손공장의 계전기조립실에서 실험을 시작했지만, 그 목적은 작업환경의 변화(조명, 실온, 환기 등)가 생산성에 주는 영향을 밝히기 위한 것이었다(자세한 내용은 4장 [호손연구] 부분 참조할 것). 호손연구팀은 이들 요인과 생산성 간에 명확한 관계를 발견하지 못했다. 연구자들은 오히려 단순한 경제적 인센티브나 노동환경이 노동자를 동기부여하는 것이 아니라는 것을 제시하고, 인식이나 사회적 응집성 등 노동자의 모티베이션을 설명할 수 있는 요인을 밝혀냈다. 경영에 대한 메시지는 매우 명확했다. 그것은 매니지먼트 컨트롤이나 경제적 인센티브에 의존하는 것이 아니라 노동자의 사회적 욕구를 충족하는 분위기를 양성함으로써 작업집단에 영향을 주는 것이 필요하다는 것이었다. 인간관계론은 노동자참여, 제일선의 비권위주의적 감독 등 여러 가지 기술적인 관리방식을 제창했는데, 이것들이 결국은 경영의 질적 · 양적욕구를 충족하는데 기여하는 인간관계가 좋은 풍토를 만든다고 생각했던 것이다.

직무설계에 대한 인간관계론적 어프로치의 비판점은 많은 논자에 의해 제기되어 왔다. 인간관계론 비판자는 인간관계론이 고용주와 종업원 사이에 기본적으로 존재하고 있는 경제적 갈등을 경시하는 경향이 있다는 점을 비판하고 있다. 또 이들 관리기술을 적용한다 하더라도 노동자가 반드시 예상된 반응을 보여주는 것은 아니라는 것이 밝혀진 점도 비판의 대상이 되었다. 마지막으로, 인간관계 어프로치는 보다 전체적인 사회경제적 요인을 무시하고 있다는 점에서 비판되고 있다. 그러나 이들 비판에도 불구하고 직무설계에 대한 인간관계 어프로치는 제2차 세계대전 후의 완전고용환경하에서는 경영정책의 입안에 일정한 영향을 주었다고 할 수 있을 것이다. 직무재설계로의 움직임을 이끌어낸 것은 오히려 인간관계 학파와 병행해서 연구된 직무에 관한 새로운 개념쪽이었다.

04 · 직무재설계운동

1960년대에서 1970년대 초두에 걸쳐 직무설계는 로즈가 말하는 신인간관계론 학파와 보다 폭넓은 관점에 의한 노동생활의 질(QWL : Quality of working life)에 의해 도입되었다. 직무설계에 대한 신인간관계론 어프로치는 단편화된 직무를 재구성함으로써 사회적 욕구를 충족하는 것을 강조했다. 한편 QWL운동에 대해서는 미국에 있어서의 노동과 직업생활의 질에 대하여라는 2개의 보고서로 거슬러 올라갈 수 있다.

리틀러와 사라만은 과학적 관리법원리에 도전하는 QWL운동에 전형적으로 나타나는 다섯 가지 좋은 직무설계원리를 제시했다.

- 통합의 법칙(Principle of closure)으로, 생산이나 프로세스를 완성시키는 모든 과업을 통합한다고 하는 직무관이며, 성취라는 사회적 욕구를 만족시킨다.
- 좋은 설계는 개인 혹은 집단이 품질관리책임을 짐으로써 통제와 감시를 그 안에 포함시킨다.
- 노동자가 직무의 유연성을 실현하기 위해 다양한 기능을 획득함으로써 과업 다양성이 있다.
- 작업속도의 자기조정이 가능하다.
- 노동자 간의 사회적 상호작용이나 협업을 가능케하는 직무구조를 가져오는 설계

1970년대 후반 경쟁압력에 의해 점차 많은 서양의 기업들이 자사의 직무설계전략을 재평가하지 않을 수 없게 되었다. 대부분의 학자들이(예를 들면 Kelly) 직무설계에 관한 최근의 발전은 동종의 것이 아니라 세 가지 타입으로 나눌 수 있다고 주장했다.

- 직무충실
- 조립라인의 재조직화
- 일본적 직무설계

이하에서는 이들에 대해 검토하기로 한다.

4.1 직무충실

직무충실이라는 용어는 과업을 교대하고 확대하며 집합하는 여러 가지 프로세스를 가리킨다. 이 프로세스의 초기사례는 직무교대(job rotation)의 활용으로, 단순화된 어떤 과업에서 다른 과업으로 노동자를 정기적으로 이동하는 것이었다(그림 5-1). 직무교대의 장점은 노동자의 활동을 다양화함으로써 단순화된 과업의 실행에서 오는 지루함과 단조로움을 경감시킬 수 있다는 점에 있다.

이밖에 직무재설계에는 과업을 수평적으로 확대하는 직무확대(job enlargement)가 있다(그림 5-2). 예를 들면 햄버거굽기 전담자의 일은 햄버거를 굽는 일 뿐만 아니라 버거를 위한 고

그림 5-1 | 직무교대

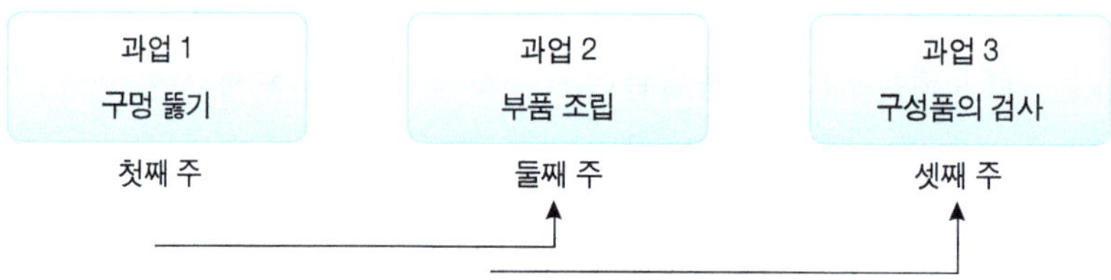

그림 5-2 | 직무확대

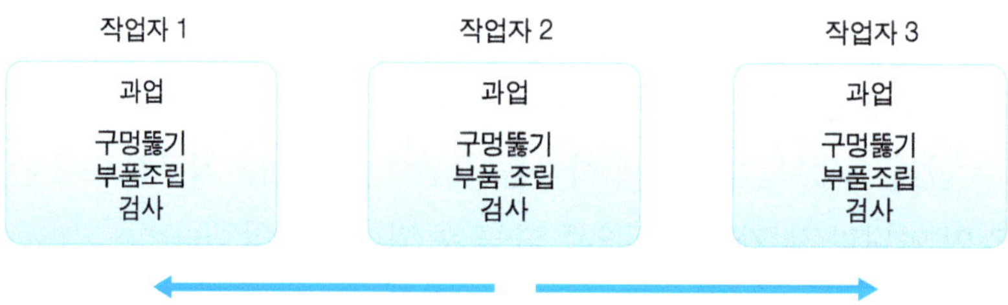

그림 5-3 | 직무충실화

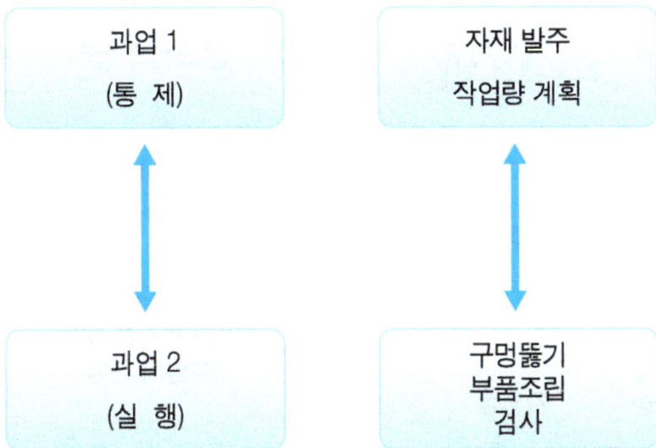

기를 빚거나 혹은 주문에 따라 샐러드를 준비하는 등 여러 가지로 확대된다. 노동자에게 할당된 과업이 많아지면 작업사이클 시간이 길어지고 반복과 단조로움이 감소한다.

테일러리즘과 포디즘의 한계에 대응하기 위한 보다 세련된 처방으로서 조직행동론 텍스트에서도 자주 언급되고 있는 직무충실(job enrichment)이라 불리우는 직무의 수직적 확대가 있다. 이 어프로치는 감독자로부터 몇 가지 권한을 제외한 나머지를 직무담당자에게 부여하는 것이다(그림 5-3). 수직적인 범위가 부가됨으로써 노동자는 계획이나 품질관리 등 추가적인 책임을 지게 된다. 이를 테면 전술한 패스트푸드 노동자의 경우, 햄버거를 굽고 샐러드를 준비하는 것 뿐만 아니라 도매업자로부터 재료를 사들이는 일이나 품질유지를 위한 납품검사를 하는 것도 담당하게 되는 것이다.

핵크만과 올드햄의 직무충실모델은 직무설계에 대한 영향력 있는 어프로치로서 직무특성모델이라 불리운다. 이 모델에 의하면 노동자는 다섯 가지 핵심적인 직무특성에 따라 세 개의 바람직한 심리적 상태를 경험하고, 그 결과 명확한 성과가 생긴다고 주장하고 있다(그림 5-4). 다섯 가지 핵심적인 직무특성이란 다음과 같다.

- 기능다양성 : 일을 실행함에 있어 그 직무에 필요한 활동의 다양성의 정도와 거기에 필요한 노동자의 기능과 재능의 수
- 과업정체성(task identity) : 그 직무가 단편적인 것이 아닌 전체를 마무리 하는 것
- 과업중요성 : 그 직무가 다른 사람들의 생활이나 일에 대해 갖는 중요성(의미) 정도
- 자율성 : 작업스케쥴과 절차의 결정, 그 직무가 노동자에게 허용하고 있는 자유, 독립성, 재량의 정도

그림 5-4 | 직무특성 모델

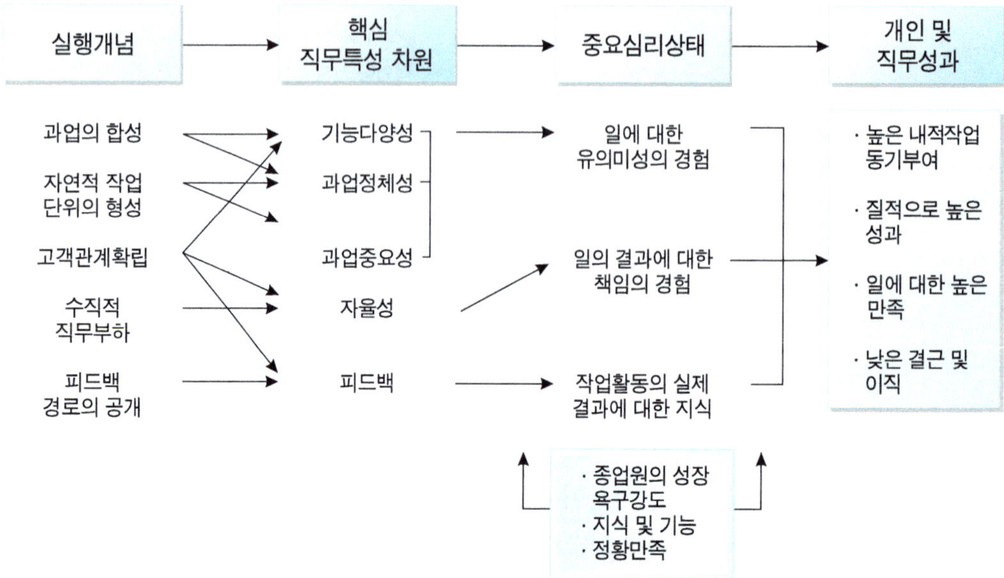

자료 : Hackman, J. Richard and Oldham, Greg R., *Work Redesign*, Addison-Wesley, p.95.

- 피드백 : 노동자가 자신의 성과의 실제결과에 대한 정보를 얻을 수 있는 정도

이를 테면 작은 레스토랑의 조리사나 매니저의 일은 높은 기능다양성(요리에 관한 기능외에 장부를 기입한다고 하는 비지니스상의 기능 등), 높은 과업정체성(재료로부터 시작해서 맛있는 요리로 끝나는), 높은 과업중요성(식사는 고객에게 기쁨을 제공한다고 하는 마음가짐), 높은 자율성(공급업자의 결정이나 메뉴를 결정하는), 높은 피드백(식후에 고객에게 찾아가 입맛에 맞는지 어떤지를 확인하는 작업)이 가능하도록 설계할 수 있다. 한편 패스트푸드의 체인점에서 햄버거를 굽고있는 사람의 직무는 아마 낮은 스킬 다양성(시프트내내 햄버거만 굽고 있다), 낮은 과업정체성(단순히 햄버거를 굽는 것 뿐이고 다른 식사를 준비하는 일은 전혀 없다), 낮은 과업중요성(어떤 방법으로 햄버거에 케찹을 묻혀도 큰 차이가 생기는 것은 아니라는 자세), 낮은 자율성(고도로 규칙화된 루틴에 따라서 햄버거를 굽는다)으로 설계되어 있을 수 있다.

이 모델은 직무에 있어서 다섯 가지 중심적인 직무특성이 높아지면 높아질수록 잠재적인 동기부여 효과가 높아진다는 것을 시사하고 있다. 지식과 스킬, 성장욕구의 강도, 상황여건의 만족이라는 조절변수(moderators)가 존재하고 있는 것은 이론적으로 동기부여효과가 높은 직무가 자동적으로 모든 노동자의 모티베이션과 만족을 높이는 것은 아니라는 것을 의미

하고 있다. 이것은 약한 성장욕구밖에 없는 종업원에게는 직무충실에 의해 플러스 효과를 얻기 어렵다는 것을 의미하고 있다. 로빈스에 의하면 직무특성 모델은 많은 연구자에 의해 검증되어 왔지만 대부분의 증거가 이 이론을 지지하고 있다고 한다.

일부 연구자는 직무충실에 대해서 보다 본질적이고 관념적인 평가를 하고 있다. 예를 들어 보스켓(Bosquet)은 직무충실은 모든 계층에 있어서 상사의 권위와 전제적인 권력의 종언을 초래하는 것이라 주장한다. 이는 노동자를 지루하고 따분한 직무에서 해방하는 것과 연결된다. Friedman은 직무충실기법은 직무만족이나 커미트먼트를 높일지도 모르지만, 초점은 여전히 경영측의 통제에 있다고 지적하고 있다. 그는 직무충실 등의 직무설계전략은 개인 혹은 집단에 대해서 최소한의 감독하에 보다 많은 재량권을 부여하지만, 이 책임있는 자율성(responsible autonomy)전략은 노동자에 대한 경영상의 권위를 유지하고 증대시키는 수단 또는 노동자의 자기규제수단이 되고 있다고 주장하고 있다.

Thompson(1989)은 직무재설계 기법에 대해 대부분의 직무충실화 의도가 새로운 것을 거의 제공하고 있지 않고, 도리어 경영측의 통제를 강화하는 형태로 될 수가 있다고 지적하고 있다. 과거 10년 간의 콜센터보급에 대한 비판적 연구는 사용자 통제의 새로운 형태에 주목하고 있다. 세련된 전자 커뮤니케이션과 종업원감시시스템, 판매담당자와 고객과의 대화를 전자적으로(디지털 기기를 이용해서) 엿듣는 것, 동료집단의 감시 등은 전자적인 착취공장 혹은 전자적인 테일러리즘의 형태를 취하고 있다고 지적하고 있다.

4.2 조립라인의 재편성 : 포디즘을 넘어

Cloke & Goldsmith는 새로운 조직 패러다임하에서 조직구조의 기초단위는 개인이 아니라 협업적인 자기관리팀이 된다고 말하고 있다. 이를 테면 영국에서는 1998년에 실시된 직장종업원 관계조사(WERS)에서 생산에 있어서도 상사와의 커뮤니케이션 방법으로서도 작업팀의 채용이 증가하고 있다는 것이 밝혀졌다. 포드주의의 합리적 모델과는 다른 이들 새로운 조직형태에 대해서는 본절과 다음 절에서 다루기로 한다.

매니저에 의해 설계된 직무구조에 대해 검토하기 전에 분석적인 유의점에 대해 언급해 두고자 한다. 새로운 조직형태에 관한 연구의 대부분은 전통적 포디즘과 포스트 포디즘이라는 정반대의 두 가지에 대해 노동과 조직의 특징을 비교함으로서 분석을 단순화하고 있다. 직무

그림 5-5 | 포디즘과 포스트포디즘 생산시스템의 비교

	포디즘	포스트포디즘
1. 기술	· 고정적, 전용기계 · 수직적으로 통합된 생산 · 대량생산	· 극소전자기술로 통제된 다목적 기계 · 하청 · 배치(batch) 생산
2. 제품	· 대량소비시장 지향 · 비교적 저렴	· 다양한 제품 · 고품질
3. 노동과정	· 단편적 · 좁은 업무범위 · 적은 재량권 · 계층적 권위와 기술적 통제	· 다양한 노동자의 풍부한 과업 · 일정한 자율성 부여 · 집단적 통제
4. 계약	· 단체교섭에 의한 임률 · 비교적 안정	· 개인업적에 따른 보상 · 이중시장 : 핵심인력 안정, 주변부인력 불안

출처 : Warde(.

설계에 과한 이들 두 가지 어프로치의 비교가 [그림 5-5]에 예시되고 있다. 그러나 자피(Jaffee)가 논하고 있는 것처럼 두 개의 상반된 특징의 일람표는 경험적인 현실이라기보다 개념적인 간결함을 추구한 것이다. 현실에서의 조직재설계는 하나의 관념적 타입에서 다른 것으로 유연하게 이행하는 것이 아니라 새로운 조직형태는 낡은 조직설계의 구성요소에 새로운 부품을 결합한 하이브리드 형태가 되기 쉽다.

헨리 포드(Henry Ford)의 유명한 마케팅슬로건[1)]인 '당신이 원하는 색이 검정색인 한 어떤 차라도 구입할 수 있다'라는 말에서 알 수 있는 것처럼 포드가 대량생산모델이라면 도요타는 조립라인의 재구축모델이 된다.

포디즘의 한계에 관한 초기 논의는 마이클 피오레(Michael Piore)와 찰스 세블(Charles Sabel)의 저서인 제2의 산업분수령(The Second Iudustsial Divide, 1984)에서 잘 파악되어 있다. 이들에 의하면 포드주의 모델은 고도로 경쟁적인 소비재 산업에서 기민하게 대응할 수가

1) "우리는 대중을 위한 자동차를 만들겠습니다. 가족 또는 개인이 운전이든 정비든 손쉽게 할 수 있는 자동차입니다. 현대기술을 총동원하여 가장 단순하면서도 최고의 성능과 재질을 가진 차를 만들겠습니다. 그 가격은 어지간한 봉급생활자라면 누구나 구입할 수 있을 만큼 쌉니다."

1908년, 헨리 포디가 'T형' 자동차 생산에 들어가면서 내세운 광고였다. 그리고 포드는 앞으로 포드사에서 오직 T형 하나만을 생산할 것이라고 선언했다. 앞으로 포드라는 상표를 붙인 자동차는 모두 똑같은 모양, 똑같은 성능을 갖게 될 것이다. 단 색깔만은 고객이 원하는대로 선택할 수 있다-검은색이기만 한다면!

없다. 포디즘을 대신할 수 있는 것은 유연한 전문화와 장인적 패러다임의 부활이라고 할 수 있을 것이다. 조직변혁에 관한 이러한 신낭만주의적 관점은 다음과 같이 기술되어 있다.

■ 지속적 혁신전략

끊임없는 변화를 통제한다기보다는 오히려 거기에 적응한다고 하는 것이다. 유연하고 다용도적(multi-use)인 설비와 숙련공을 기초로 한다. 그리고 전략을 통해서 경쟁을 자신있는 혁신분야에 한정하는 산업커뮤니티를 형성한다.

유연한 전문화모델은 다음과 같은 특징이 있다.

- 세분화된 시장에 대한 다품종 소량생산
- 노동프로세스에 대해 상당한 통제와 자율성을 행사하는 고도의 숙련공 활용
- 프로세스기술과 정보기술의 이용
- 협업을 통한 유연하고 효율적인 소규모 생산자의 강력한 네트워크

유럽의 정책담당자, 경영학자, 실무가는 이러한 의도에 따라 개발된 유연한 기업모델에 강한 관심을 지녔다. 1980년대 후반부터 90년에 걸친 유연한 기업모델에 관한 분석은 사실상 영국정부의 정책이 되었다. 유연한 기업모델은 이중노동시장 어프로치의 다른 형태로서 유연한 고용형태에 이론적 타당성을 부여하고 비정규노동을 증가시켰다는 점에서 중요한 포인트가 되고 있다. 유연한 기업모델에는 중요한 구성요소로서 아래의 세 가지 유연성이 있다.

- 기능적 유연성
- 재무적 유연성
- 수량적 유연성

유럽, 특히 영국에서의 유연한 기업모델은 국외자가 보다 수월하게 조직에 참가할 수 있도록 수용성을 높여주는 완만한 조직의 경계선에 의해 유동성을 촉진한다고 하는 탈관료주의적인 목표와 밀접하게 관련되어 있다.

4.3 일본형 작업설계

1980년대 일본의 위협은 전통적인 마케팅과 제조전략에 대한 도전이고, 또 그것에 의해 조직 리스트럭춰링과 노동프로세스 관리에 새로운 변화를 가져왔다. 일본적 직무설계전략의 기본원리는 미국에서 「린(군살이 없는)」 생산으로 알려져 있다.

생산과 고용관계에 대한 일본적인 어프로치는 연구자나 실무가의 강한 관심을 불러일으키고 있어 상세히 검토할 가치가 있다. 여기서는 두 가지 중요한 의문점을 거론해 보기로 한다.

- 컨셉에 대하여 : 일본적 경영의 주요한 특징은 무엇인가?
- 영향에 대하여 : 이들 특징은 직무설계와 조직설계를 새로운 단계로 이끌 정도의 독자성을 갖춘 것인가, 그리고 그러한 관리방식의 인적자원관리에 대한 시사점은 무엇인가?

이 절에서는 우선 두 가지 의문에 대한 답을 제시하고, 그 다음에 일본적 경영에 관한 문헌을 리뷰한다.

1986년 영국 노사관계 연구자인 피터 턴블(Peter Turnbull)은 영국의 루카스전기(Lucas Electrical(UK))사의 새로운 생산시스템을 상세히 소개했다. 동사는 노동생산성이 급격히 향상되고 제품의 품질도 개선되고 있었으며, 모듈생산시스템 도입으로 폭넓은 스킬에 숙달된 초숙련공(super-craftsman) 육성을 꾀하고 있었다. 턴블은 영국의 루카스전기사가 일본의 많은 대기업이 채용하고 있는 생산방법을 채용하고 있었던 점에서 동사의 조직적 변화를 재패나이제이션(일본화)이라 불렀다.

첫 번째 의문점인 일본적 경영의 특징과 관련하여 우리는 일본적 생산모델에는 다음과 같은 주목할 만한 세 가지 요소가 있다고 생각하고 있다.

- 유연성(flexibility)
- 품질관리(quality control)
- 낭비의 최소화(minimum waste)

유연성은 모듈 또는 셀생산을 채용함으로써 달성된다. 이 시스템은 두 가지 방법으로 유연성을 얻고 있다. 첫째, 기계를 그룹 또는 셀(셀기술)로 배치하는 것이며, 둘째는 유연한 다능공을 활용하는 것이다. 기계설비는 노동자가 전체의 구성요소를 마무리할 수 있도록 U자형으로 배치되었고, 이것은 1970년대 초두의 구미 자동차업계에 있어서의 그룹 테크놀로지(유사부품가공법) 원리와 유사한 것이다. 셀방식의 노동구조(cellular work structure)를 뒷받침하는 직무설계는 테일러리즘과는 정반대의 것이다. 직무의 경계가 애매한 제네럴리스트인 숙련기계공이 하나의 특정한 직장에서 하나의 기계를 조작하는 전문화된 기계공을 대체한 것이다.

품질관리는 일본적 생산시스템의 제2의 구성요소이다. TQC(Total Quality Control, 전사적 품질관리)의 경영철학은 모든 작업자가 품질에 관심을 갖고 책임을 짐으로써 제조공정에서 품질에 관한 표준을 확립하는 시도라고 할 수 있다. TQC는 셀작업의 담당자가 새로 자기점검이라는 과제를 맡아 품질개선활동에 참가하기 때문에 결과적으로 직무확대로 연결된다. TQC는 노무비나 원부자재비의 절감으로도 연결된다. 즉 품질검사요원과 재작업시간이 감축되고 원부자재의 낭비도 감소하게 되는 것이다.

일본적 생산모델의 세 번째 요소는 낭비의 최소화이다. 낭비는 적기 공급방식(JIT; Just In Time) 생산에 의해 제거되거나 혹은 적어도 최소화된다. 이것은 말 그대로 필요한 구성요소를 필요할 때 필요한 품질로 필요한 양만큼 생산하는 것을 목적으로 한 (단기간에 결산을 맞추는) 생산방식이다. 이 시스템에서는 부품이나 원자재의 재고는 최소한으로 억제되고 제조공정에서 필요한 시점의 몇일 전이나 몇시간 전에 도착하는 것이 이상적이다. JIT생산의 가장 중요한 성과는 재고와 낭비의 감소에 있다고 할 수 있다.

두 번째 의문점으로는 이러한 일본적인 직무설계와 고용관계가 테일러리즘이나 인간관계론같은 종래의 직무설계원리와 크게 다른 것인지 어떤지에 대해 많은 연구가 수행되었다(이를 테면 Elger & Smith, 참조). 일본적 모델의 다양한 구성요소와 그것을 둘러싼 논의를 이해하기 위해 Bratton은 일본화(Japanization) 개념을 검토하는 이론적인 분석틀을 개발하였다. 이 모델은 일본적 경영에 관한 논의에 있어 두 가지 중요한 공헌에 의거하고 있다. 하나는 Oliver & Wilkinson의 높은 의존관계, 또 하나는 Guest의 인적자원관리 모델이다. [그림 5-6]과 같이 이 모델은 다음과 같은 여섯 가지 구성요소로 이루어져 있다.

- 일련의 제조기술
- 일련의 의존관계
- 일련의 인적자원관리 방침
- 일련의 공급자(협력업체)정책
- 경영이념

그림 5-6 | 일본적 생산시스템 모델

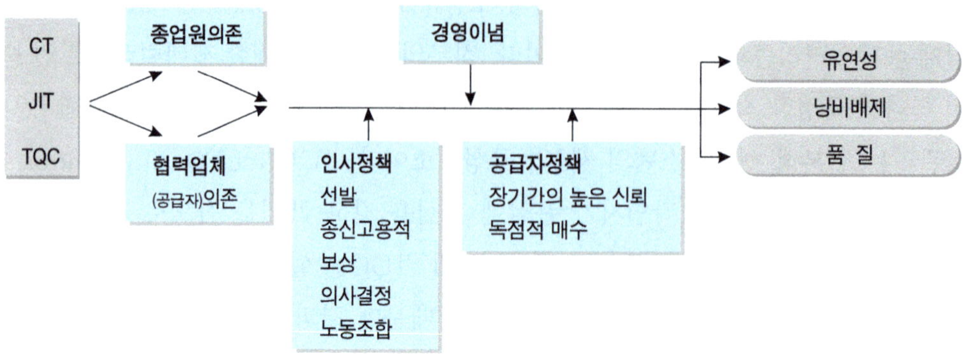

출처 : Bratton.

일련의 성과

일련의 제조기술(a set of manufacturing techniques)이란 셀기술(CT), JIT생산, TQC로 이루어지며 각각의 원리에 대해서는 전술한 대로이다. 일본적 제조공정은 거미줄모양으로 복잡한 의존관계를 형성하여 고도의 관리가 요구된다. 셀시스템은 노동자의 대체성이 낮고 다능공에 대한 의존률은 점점 높아지게 되었다. 더구나 안전검사요원의 안전망(safety net)이 제거되었을 경우, TQC는 이들에 대한 의존성을 높이게 된다. 게다가 JIT는 공급의 지연과 정지에 약하다. 기업이 재고제로 혹은 최소한의 재고로 조업할 경우, 스트라이크 등에 의한 부품공급의 지연이나 공급정지는 제조공정에 즉각 영향을 미치게 된다. 올리버 · 윌킨슨이 지적하는 것처럼 「JIT방식을 채용하고 있는 기업에서 준법투쟁이나 시간외 노동의 거부는 일반기업으로 말하면 스트라이크와 동급의 파괴력을 지닌다.」

브라톤모델은 종업원과 공급자에 대한 기업 의존성의 균형을 맞추기 위해 일련의 매개변수가 필요하다는 것을 보여주고 있다. 조직은 고용관계에 있어서의 불균형을 해소하기 위해 종업원의 심리적 계약에 대해 충분한 영향력을 발휘하기 위한 사회적 매카니즘을 개발할 필요가 있다. 인적자원관리 방침과 시책은 금전적인 연결을 기초에 둔 전통적인 고용관계를 넘어 종업원의 기대감과 의무감을 형성하도록 설계되어 있다. 마찬가지로, 바이어의 독특한 일련의 공급자(협력업체)정책은 바이어와 공급자 간에 호혜적인 의무를 발생시키는 데 목적이 있다. 경영이념과 리더십행동도 매개변수로서 기능하고 있다. 마지막으로, 시스템의 성과목표 혹은 업적은 종업원의 스킬과 과업이라는 측면에서나 생산상의 낭비 최소화와 품질결함의 최소화라는 측면에서도 유연성을 가진다.

이 모델은 팀웍을 뒷받침한다고 생각되는 기술(과업 유연성), 지배구조(governance, 위양적 임파워먼트), 문화라는 세 가지 차원을 채용하고 있다. 일본적 팀작업의 문화적 또는 규범적 차원은 사회적 응집성이라든가 조직목적에 대한 도덕적 커미트먼트를 산출하는 고용관계의 사회적 측면과 심리적 측면에 주목한 것이다. 문화적 관점에서 보면 이러한 작업조직은 노동프로세스의 사용자 통제를 저하시키지 않고 창조성, 시너지, 커미트먼트를 해방한다고 하는 권한위양에 관한 고전적인 관리문제를 해결하는 것을 목표로 하는 사회적 장치라고 할 수 있을 것이다. 일본의 대기업을 대상으로 한 분석에서는 기업을 커뮤니티로 개념화해 왔다. 연구자는 노동자가 어떻게 해서 기업커뮤니티 혹은 문화의 규칙이나 규범에 따르도록 사회화되는 것인가라는 점에 주목해 왔다. 이를 테면 일본의 매니저는 항상 자신의 부하들에게 시장고유의 경쟁을 의식하도록 주문하고 있다. 기업경쟁이라는 개념은 기업외부에 있는 현실의 시장상황에 대해 종업원이 자주적으로 행동을 조정한다는 개념을 의미하고 있다. 작업조직에 대한 일본적인 어프로치는 협조, 집단적 문제해결, 태도의 컨트롤(노동의 사회조직으로서 논의되고 있는) 등에 의해 특징지을 수 있고, 그 시스템은 세련된 생산계획에 의해 특징지어진다. JIT생산은 생산에 있어서의 실수를 피하고 신속히 불량품을 발견하는 절박감으로 유인함으로써 노동자의 행동을 수정하고 있다.

노동의 사회조직은 형식적인 노력-보상계약을 넘어 기대와 의무에 영향을 주도록 설계된 정교한 통제시스템을 구성한다. 이를 테면 선행연구에서는 자율적 작업팀의 노동자가 어떤 식으로 자율적 통제의 작업문화를 창조하고 있는가를 밝히기도 하고, 팀베이스의 작업체제가 동료에 의한 압박(peer pressure)이나 집단적 통제에 의해 하루종일 일한다고 하는 것처럼 힘들게 일하는 도덕적 의무가 존재하는 문화시스템을 어떻게 해서 산출하는가를 보여주기도 한다. 또한 작업팀에 관한 또다른 연구에서는 노동자들 간의 규율은 매니저의 것보다 더 징벌적이라고 주장하고 있다. 「집단에 있어 동료 압력은 매우 중요하다. 팀구성원의 동료에 대한 압력은 상사의 부하에 대한 것보다 더 엄격하다」고 말하고 있다.

[그림 5-6]의 일본적 경영모델의 개요를 의문시하는 사람도 있을 것이다. 이것은 정말 일본의 실정을 나타낸 것일까. 혹은 일련의 생산시책이나 고용시책은 실제로 이루어지고 있는 것일까. 또 이것은 일본적 경영이라는 복잡한 사회상황을 조직화하는데 도움이 되는 방법과 이론인가.

많은 관찰자가 제조방식이나 고용정책의 일본적 모델이 신화에 의거하고 있을 것이라는 점을 인식하고 있다. Whittaker는 일본적 고용에 대해서는 복수의 과제가 있다고 주장하고 있다. 이를 테면 종신고용과 연공적 임금시스템은 일본에서도 개혁이 진행중이며 최근 10년 간 일본경제의 침체로 인해 변화의 속도가 빨라지고 있다. 그러나 조직설계를 파악하기 위한 용어는 바뀌어도 Jurgens나 Murakami 등의 미국, 영국, 독일의 자동차산업에 대한 연구나 Malloch과 Jones에 의한 카이젠(개선)이나 TQM기술에 관한 사례연구를 보면 일본적 팀작업은 경영사상에 있어 일과성의 관심에 머무는 것이 아니라는 것을 보여주고 있다.

[그림 5-6]에서 본 모델은 직무 및 조직설계와 경영행동에 대한 특정 어프로치의 복잡성을 보여주기 위한 유용한 프레임웍이다. 이 모델은 모델의 모든 요소가 많은 직장에 적용할 만한, 혹은 적용할 수 있다는 점에서 이상형으로 잘 개념화되어 있다. 이 모델은 자율적 작업조직의 본질(기술, 거버넌스, 문화의 측면)과 권한위양된 작업체제를 사회화하기 위해 필요한 일련의 인사정책의 묶음과의 체계적인 연계를 잘 묘사하고 있다. 일본적 경영을 영국이나 북미의 조직으로 이전할 경우 상당히 주의깊게 선택되고 있음을 보여주는 연구가 있다(Jurgens, 1989). 그리고 수평적인 작업팀에 관하여 직무를 재설계한 많은 영국기업은 고도로 자립적인 관계를 완전히 적용한 것이 아니라 전통적으로 대립적인 문화가 있는 조합과 경영의 관계에 이들 새로운 조직형태를 도입하기도 하였다(Bratton, 1992).

05 · 지식노동과 탈관료제적 설계

20세기의 마지막 25년 간은 조직, 매니저, 노동자에게 있어서 전통적인 노동과 지식노동 출현과의 사이에 있는 갭을 메꾸기 위한 전환기였다. 노동은 이미 실체가 있는 제품의 대량생산을 위해 존재하는 것이 아니라 조직의 보이지 않는 자산인 지식에 관한 것이되고, 지식은 기업이나 국가에 있어서 본질적인 자산이 되었다. 지식노동의 본질은 전통적인 기계세대에서 다루어 온 것이나 대량생산, 매스마케팅과는 근본적으로 다르다. 전통적인 노동과 지식노동의 차이는 〈표 5-1〉과 같다.

조직이 경쟁하기 위한 재화나 능력은 대개 종업원의 머리속에 있고, 또 그것들은 실제로 종업원과 함께 매일 출근하고 퇴근하는 것으로 인식되고 있기 때문에 전통적인 노동에서 지

표 5-1 | 전통적 노동과 지식노동의 비교

	전통적 노동	지식노동
노동의 장소	개인의 주변	집단, 프로젝트
노동의 초점	과업, 목표, 업적	고객, 과제, 이슈
스킬의 진부화	점진적	급속
일련의 스킬 · 지식	좁고 자주 기능적	전문화되고 깊음 점점 주변적인 초점을 가짐
활동 · 피드백 사이클	초보적, 즉시적 성질	사업의 시점에서 장기적
업적 척도	과업수행 적고, 정기적, 고신뢰	프로세스의 유효성 잠재적이고 큼 자주 불규칙
종업원의 충성심	조직, 개인의 경력시스템	직업이나 네트워크, 동료
기업업적에의 영향	마스터 플랜을 지원하는 다수의 작은 공헌	전략적이고 장기적으로 중요한 소수의 커다란 공헌

출처 : Boud and Garrick.

식노동으로의 이행은 인적자원관리에 대해 중요한 변화를 초래한다. 이와 마찬가지로, 쿠어(Quah)는 지속적 경쟁우위는 최대의 공장을 건설하는 데 있는 것이 아니라… 단편적인 중요한 정보를 입수하고 정리하는 방법을 알고 있는 것이라든가 또는 이해한 것을 타자가 이해할 수 있는 형태로 잘 정리(문서화/도식화)하는 데 있다고 주장하고 있다. 지식노동은 과거와 근본적으로 다르다는 인식에 서게 되면 매니지는 전략, 상호작용의 패턴, 인사정책, 새로운 조직구조 등을 변경하지 않을 수 없게 된다.

5.1 탈관료제적 작업설계

후술하는 바와 같이 탈관료제적 조직에 관한 논의를 뒷받침하고 있는 암묵의 가정은 첫째, 정보화시대의 노동의 본질이 급속히 변화하고 있다는 점이고, 둘째로 조직의 전형적인 관료제적 피라미드모델이 경영구조의 재구축과 의사결정의 현장이동에 의해 조직은 보다 높은 업적을 올릴 수 있을 것이라는 점이다. 몇몇 연구자들은 조직설계에 있어서의 이들 안티계층적 특징을 모던주의에서 포스트모던주의적인 조직관행으로의 변화로 받아들이고 있다.

탈관료제는 작업조직에 대해 일원성과 질서정연한 성격, 전체성과 장대한 역사적 성격을

그림 5-7 | 전통적인 계층조직과 수평적 팀 기반조직

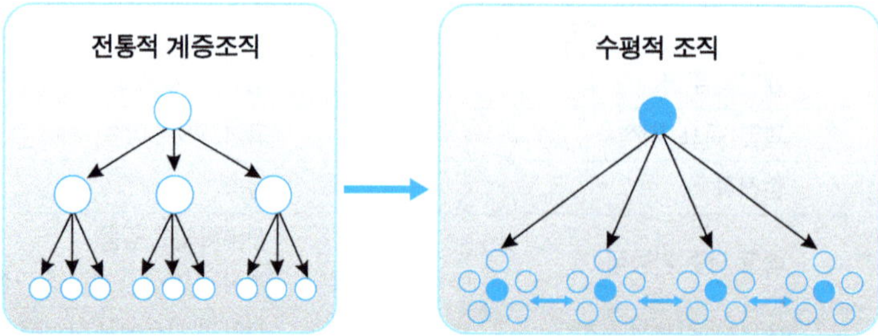

부여함으로써 기능주의를 강조하는 경향이 있는 모던주의에 대한 반감을 포함한 포스트모던 주의에 대한 논의가 발전된 것으로 볼 수 있다. 모던한조직의 관료제적인 특징은 형식파괴와 평면(flat)화, 유연하고 권한이양된(empowered) 포스트모던적인 조직형태로 전환되었다. 클레그(Clegg)는 모던주의에 대한 포스트모던주의의 주된 특징을 다음과 같이 요약하고 있다.

모던주의의 조직은 엄격하고 포스트모던주의의 조직은 유연하다… 모던주의의 조직은 기술결정론을 전제로 하고 있으며, 포스트모던주의는 마이크로 일렉트로닉스 설비를 통해서 기술적인 선택이 가능해지는 것을 전제로 하고 있다. 모던주의의 조직이나 직무는 고도로 특수화되고 분리되며 저숙련으로 되어 있었지만, 포스트모던주의의 조직과 직무는 고도로 특수화되고 분리되며 다숙련(multi-skilled)으로 되어 있다.

외부로 눈을 돌리면 탈관료제적 조직의 경계는 애매 또는 유동적이고, 매니저는 외부의 독립기업과 일시적인 전략적 제휴를 형성한다. 그들 기업은 정보기술에 의해 서로 연결되고 네트워크 구조 또는 가상(virtual)조직이라 불리운다. 내부에서는 이들 새로운 조직의 형태는 유연한 직무관련 학습이나 보다 급진적인 이노베이션과 협력적인 사회적 상호작용의 기회를 제공하여 조직이 미래를 재발명하는 것을 가능케한다고 되어 있다. 직장학습이나 조직학습이라는 개념은 지식과 정보의 처리라는 점에 있어 조직에 관한 포스트모던 주의의 논의를 가열시키는 대화의 일부가 되고 있다. 조직이 정보를 처리함으로써 학습한다고 하는 생각은 작업조직의 뇌의 메타포에 적용된다(Morgan).

Heckscher의 탈관료제적 조직의 이상형과 관련된 다섯 가지 특징은 이들 새로운 조직형태에서 볼 수 있는 사회적 상호작용의 내적실천과 패턴에 대해 흥미깊은 통찰을 제공하고 있다.

- 조직적 대화, 설득과 신뢰
- 정보공유
- 원리에 의거한 행동
- 문제해결에 기초를 둔 커뮤니케이션
- 동료에 의한 평가

관찰자에 의하면 경영의 명령과 통제는 대화, 설득, 신뢰로 전환되고 이로써 계층의 상층부에서가 아니라 오히려 하층부에서 혹은 상하 양쪽을 모두 포함하는 폭넓은 분야에서 인풋의 투입이 가능해진다. 대화, 설득, 신뢰의 유효성은 조직경영에의 참가와 정보공유에 달려 있다. 매니저와 종업원의 행동이나 행위에는 공식적인 계약상의 규칙이나 문서화된 절차가 아니라 유연성, 재량, 적응을 촉진하는 일반원리가 필요하다. 조직내 커뮤니케이션과 의사결정은 명령의 계층적인 연쇄에 의해서가 아니라 과제나 프로젝트에 의해 촉진된다. 탈관료제적 조직에서 사람들의 업적은 직속상사나 연공, 공식적인 자격이 아니라 동료에 의한 평가라든가 협의해서 결정된 표준적 업적에 의존하고 있다. 전체적으로 보면 헥셔의 이상형은 주요한 개념, 모든 사람이 전체의 성공에 책임을 갖는 조직을 산출한다는 점에 주목하고 있다. 탈관료제적 조직이라 부를 수 있는 조직은 거의없는 것처럼 생각되지만, 헥셔는 캐나다의 온타리오주에 있는 셸 사르니아(Shell-Sarnia)사의 화학공장을 이 노동체제의 가장 선진적인 모범사례로 소개하고 있다.

탈관료제나 포스트모던적인 조직에 대한 비판을 보면 예를 들어 톰슨은 포스트모던 조직론자는 기술결정론의 희생자이며 작업조직의 외형과 본질을 혼동하고 있다고 비판하고 있다. 톰슨은 보다 린(군살이 없는)한 조직이 가져다주는 것은 별로 없다고 말하고 있다. 조직의 미들레벨계층을 제거하는 것이 기본적인 권력구조를 바꾸는 것은 아니며… 중간관리직 레벨을 제거함으로써… 톱레벨에 있어서의 권력의 원천이 증가할 수 있다고 주장하고 있다. 이를 실행하는 방법은 다음 절에서 논하기로 한다.

5.2 비지니스 프로세스 리엔지니어링

조직설계의 커다란 발전의 하나인 비지니스 프로세스 리엔지니어링(BPR)은 수평적 구조(자율팀(self-managed team))에 의한 노동의 조직회 프로세스를 강조하는 탈관료주의의 하나

표 5-2 | 리엔지니어링된 조직

특 징	전통적 모델	리엔지니어링 모델
시장	국내	글로벌
경쟁우위	코스트	스피드와 품질
자원	자본	정보
품질	가능한 범위	타협없음
초점	이익	고객
구조설계	계층적	플랫화
통제	집권화	비집권화
리더십	독재적	공유
노동	동질적	문화적 다양성
일의 조직화	전문화와 개인	유연성과 팀
커뮤니케이션	수직적	수평적

출처 : Bratton & Gold(2003).

로 받아들여지고 있다. BPR에서는 조직구조와 구조화된 작업방식은 근본적으로 변화하지 않으면 안되고, 리엔지니어링한 기업은 끊임없는 변화와 재생을 향해 적응할 수 있게 된다고 보고 있다. 리엔지니어링의 교조적인 존재인 James Champy에 의하면 BPR은 '관리업무와 조직화, 격려, 배치, 권한의 부여, 측정, 보상에 대한 우리의 사고방식을 바꾸는 것, 즉 경영 그 자체를 바꾸는 것'이라고 말했다. 리엔지니어링된 조직은 몇 가지 공통점이 있다고 한다(표 5-2). Willmott에 의하면 이들 조직형태의 핵심은 핵심 종업원의 재개념화에 있고, 그것은 핵심 종업원을 변동비로 파악하는 것이 아니고 명령과 통제형의 리더십을 필요로 하지 않으며 고객의 힘(도움)이 될 수 있는 가치 있는 자산으로 이해하도록 하는 것이다. 고객민주주의의 융성하에 종업원은 고객가치의 창조를 위해 독창력을 발휘하도록 요구되며 그것이 회사의 이익으로 연결되는 것이다. Hammer는 다음과 같이 기술하고 있다.

> 순종과 근면은 현재는 무의미하다. 명령에 따르는 것은 성공의 보장이 안 된다. 잘못된 방식으로 열심히 일하는 것은 미덕이 아니다. 고객이 왕이라면 이해 · 유연성 · 열정이 없는 고된노동으로는 어디에도 도달할 수 없다. 일(작업)은 스마트하게, 적절한 목표를 정하여 특정 프로세스와 고객의 상황에 적응해서 수행해야만 한다…충성심과 하드워크는 과거의 유물이고…현재는 조직은 종업원에 대해 회사에 대한 충성심 이상으로 고객에 대해 충성심을 갖도록 그 태도를 바꾸지 않으면 안 된다. 그것이 회사가 살아남는 유일한 길이다.

이 말이 던지는 의미는 첫째로, 종업원의 커미트먼트, 책임의 공유(shared commitment), 상호작용에 대해 다른 시점에서 논의를 불러일으킨다. 둘째로는 리엔지니어링된 조직에서는 종업원의 운명을 쥐고 있는 것은 매니저에서 고객으로 변화한다. 해머에 의하면 기업이 공장을 폐쇄하거나 노동자를 해고하는 것이 아니라 고객이 행하는 것이다.

QWL운동같은 초기의 직무설계운동과는 달리 리엔지니어링은 시장주도형이다. 고용주와 종업원의 관계가 아니라 구매자와 판매자의 서비스나 상품과의 관계에 주목한다. 해머와 챔피는 3C(customers, competition, change)를 강조하고 비지니스에 대한 정부의 정책을 사랑의 채찍으로 바꾸는 것이 비지니스 프로세스 리엔지니어링에 대한 필요성을 촉진한다고 주장했다. 챔피는 구좌익에 의한 구식용어와 신좌익의 용어를 혼합해서 고객계급(customariat)의 독재성 혹은 … 시장민주주의는… 전통적이고 기계와 같은 회사에 있어서의 전체적인 혁명의 원인이 된다고 말하고 있다.

그러나 실무가와 학자들 간에는 리엔지니어링에 대한 비판이 적지 않다. 어떤 경영컨설턴트는 BPR의 부정확한 의미를 비판하고 시니어 매니저는 그밖의 다른 목적을 정당화하기 위해 BPR이라는 용어를 사용하고 있다고 지적했다(Management Today, 1995). Grint & Willcocks는 BPR에 대해 그 수사적 주장도 실천적 주장도 본질적으로 정치적이라는 점을 지적하고 새로운 것이 아니라고 주장하고 있다. 마찬가지로 Willmott은 BPR을 경멸하고 리엔지니어링은 고도의 톱다운방식으로서, 정보기술을 이용한 리엔지니어링 기업에서 비계층구조의 형성은 별 의미가 없는 프로세스로서…특히 계층구조의 통제우선과 기계의 부품같은 종업원을 산출한다고 지적하고 있다. Buchanan은 병원에 있어서의 BPR의 케이스 스터디 분석에서 BPR의 용어와 방법론의 불명확함 때문에 정치적으로 동기부여된 자들에 의한 상당한 정치적 책략의 여지가 발생했다고 주장하고 있다. 공공부문에 있어서의 BPR의 사례연구에서는 새로운 조직에서 자신의 역할을 정당화하고자 하는 인간적 욕구와 조직내에서 권력기반을 유지하고자 하는 매니저의 욕구간에 갈등이 발생했다. 게다가 고용관계의 맥락에서 BPR은 고용주와 종업원이라는 두 입장에 있는 이해관계의 대립을 제거할 수는 없다. 고용관계라는 맥락에서 생각하면 BPR은 직원들의 협력 · 생산성 · 적응능력을 높이기 위한 일련의 대응의 마지막 물결로 해석할 수 있다.

06 · 조직설계와 인적자원관리

조직구조의 설계와 거기서의 작업방식은 새로운 인적자원관리 형성의 중요한 특징이다. Guest는 인적자원관리 모델을 뒷받침하는 것은 변화의 필요성이고, 키워드는 본질적으로는 안티관료제이다. 또 게스트는 그것에 부수해서 일어나는 직무설계에 있어서의 변화를 강조하고 인적자원관리는 맥그레거의 Y이론 가설을 기초로 설계된 조직을 기반으로해야 한다는 것을 주장했다. 맥그레거에 의하면 인간은 일하지 않으면 안 되기 때문이 아니라 일하고 싶기 때문에 일한다. Y이론에서는 노동자는 도전적인 일을 할당받고 그 일에 대한 자율성이 있을 때 높은 모티베이션, 높은 커미트먼트, 높은 업적이라는 반응을 보인다고 보고 있다.

직무설계와 조직설계는 모집과 선발, 학습과 개발, 보상과 노사관계 등 핵심적인 인적자원관리 활동 전체와 밀접하게 관련되어 있다. 직무설계는 모집과 선발의 기초가 된다. 팀기반의 조직환경에서 숙련공을 활용한 소규모의 일괄생산(small-batch)으로 고부가가치 제품을 생산하고 있는 기업에서는 피라미드형 계층조직으로 관리되고 있는 비숙련공에 의한 대규모 일괄생산에 특화한 기업에 비하면 분명히 보다 엄격한 모집과 선발을 할 것이다. 직무설계는 직장에서의 학습과 종업원의 훈련 · 개발에 영향을 준다. 우리가 주장하고 있는 것처럼 직장에서의 질 높은 학습은…직장에서의 직무설계의 질에 의존하고 있다.

몇 가지 실증연구를 보면 전통적인 노동체제 하에 조업하고 있는 기업과 비교하면 새로운 작업조직형태 하에서는 종업원의 기술적 스킬을 보다 향상시키고 훈련하는 강하고 일관된 경향이 발견되고 있다. 특히 새로운 작업조직형태는 공식적으로나 비공식적으로 기술, 의사결정, 팀빌딩스킬을 학습할 필요가 있다. 예를 들면 Compaq Canada는 매니저를 기업의 트레이닝센터에 보내 팀빌딩 스킬을 배우게 한다. 성공하기 위해서는 팀내에서 서로 의사소통하고 협력해서 함께 일하는 법을 배워야만 한다. 새로운 작업팀제도를 도입하기로 한 경우 팀성과나 커뮤니케이션, 팀멤버의 공헌의지 등에 영향을 미치는 팀구조, 실제보상 등에 대해 상세히 검토해야 한다.

최근에는 직무구조를 바꾸는 것이 심리적 계약에 공헌한다는 점이 강조되고 있다. 본장에서 논하고 있는 노동의 본질과 조직의 구조적 특징(공식적인 규칙이나 절차, 의사결정과 거버넌스의 프로세스)은 호혜적인 기대, 희망, 이해의 형성과 재편성에 있어서의 본질적인 요인이다. 이를 테면 Beer et al.의 인적자원관리 모델에서는 종업원의 책임을 확대하고 커미트먼트, 역량, 비용효율성, 노사조화의 4C를 크게 개선하는 직무설계를 제안하고 있다. 그러나 실제로는 리스트럭춰링, 특히 고용조정, 계층축소, 다운사이징에 의해 심리적 계약이 파기되는 것에 대해 많은 관심이 쏠리고 있다. Edwards에 의하면 다운사이징은 계획적이고 의도적인 인원정리이다. 인원정리의 대상이 된 종업원에게는 명확한 고용계약의 해제이며, 남겨진 종업원에게는 두 가지 점에서 심리적 계약상의 변화가 발생한다. 첫째, 남겨진 종업원은 의리를 저버린 조직에 대한 믿음이 없어진다. 둘째, 남겨진 종업원은 노동강화에 수반해서 빈번하게 추가적인 일을 떠맡게 된다. 요컨대 고용보장은 종업원의 지식이나 스킬, 커미트먼트, 충성심과의 교환이며, 다운사이징이나 노동강화를 초래하는 작업의 재설계는 작업조직에 대한 감정적인 애착을 없애고 커미트먼트와 충성심의 저하, 심리적 계약의 일방적인 파괴라는 결과로 연결되는 것이다.

심리적 계약에 있어 중요한 논점은 고용관계의 복잡성에 초점을 맞추고 있는 것이지만, 작업조직형태의 차이가 어떻게 긴장과 대립, 변혁을 가져오는가라는 점에 대해 충분한 관심을 기울이지 않으면 인적자원관리 상의 긴장과 패러독스를 놓치게 된다.

07 · 직무설계에 있어서의 긴장과 패러독스

제1장에서 언급한 것처럼 모순, 긴장, 패러독스는 인적자원관리의 주요 분석들에서 강조되고 있다. 직무설계에 있어 패러독스의 사고방식이나 개념화에는 많은 시각이 있으나 여기서는 [그림 5-8]에서 보는 바와 같이 Jaffee가 제시한 심플한 모델을 살펴보고자 한다. 이 모델에서는 패러독스가 분화-통합의 긴장이라 불리우는 것에서 발생한다. 이것은 경제활동에 있어서의 합리적 분업을 달성하기 위한 경영전략과 함께 이들 활동을 통합하는 것 사이에 있는 고유의 긴장에 대해 서술한 것이다. 노동의 분화와 분업은 기본적인 경영원리로서, 제품이나 서비스의 비용과 품질관리 목표가 강조된다. 반면에 조직이 커지고 복잡성이 증가하면 통합의 문제가 대두된다. 여러 노동자, 부문, 매니저가 어떻게 협력하고 서로 다른 활동을 동

그림 5-8 | 직무설계-인적요인의 패러독스

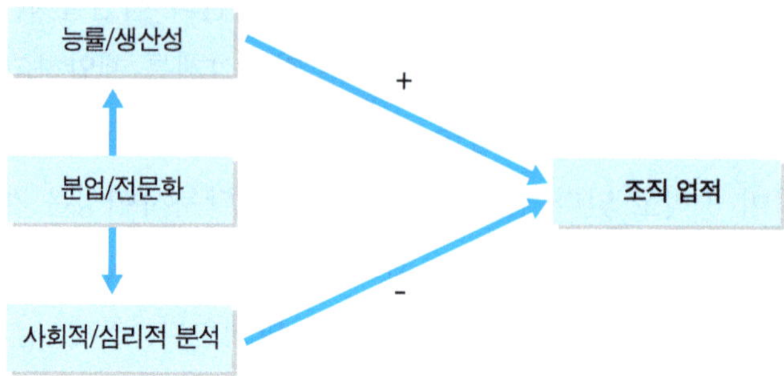

출처 : Jaffeec.

합시켜갈 것인가 라는 문제이다.

조직에 있어서의 분화와 통합간의 긴장은 엄격한 분업과 고도로 전문화된 태스크(이를 테면 포디즘) 등의 직무재설계에서 시작되는 제조전략에 의해 설명된다. 이러한 재설계의 의도된 결과는 조직합리화를 통해 노동자를 보다 효율적이고 생산적으로 만든다는 것이다. 의도하지 못한 결과는 상호 커뮤니케이션과 직무만족, 모티베이션, 조직 커미트먼트의 수준이 저하하는 말하자면 사회적으로 붕괴된 작업경험으로 연결된다는 것이다. 다시 말하면 새로운 작업환경은 사람들의 경영에 대한 커미트먼트와 기대감을 변화시켜 심리적 계약에 영향을 주게 된다. 전술한 것처럼 이것은 노동의 전문화에 의한 플러스공헌을 제한할 수 있다. JIT 생산방식에 대해서 그러한 긴장과 모순을 제기하는 견해도 있다. 보다 엄격한 기업 간 로지스틱스의 통합효과는 생산성을 향상할 수 있는 것이지만, 재고제로에 의해 기업은 약간의 작업정지에 대해서도 상당히 민감해져 납품기한을 지켜야 한다는 엄격한 압력으로 인해 심리적 계약이 손상될 수 있는 것이다. 이처럼 극단적인 정책의 실행이 초래하는 종업원과 작업조직에 대한 압력과 스트레스는 결국 인사부문의 적절한 대응을 통해 해소되지 않으면 안될 부분이다.

매니지먼트는 단순히 노동과정을 통제하는 것이 아니라 노동자의 지식, 창조성, 노력을 끌어내는 것이기도 하다. 인적자원관리 측면에서 보면 경영자는 지금 상반된 두 가지 요구에 직면해 있다. 그것은 종업원의 창의성과 경영목표에 대한 커미트먼트를 위태롭게 할 만큼 통제를 강화하는 정책과, 또 하나는 경영에 의한 관리통제를 감소시킬 수 있는 위험을 무릅쓰고 감행하는 종업원의 재량권 강화(empowerment)이다.

매니저가 노동자의 참가와 자유재량을 강화하는 쪽으로 조직구조와 환경을 재설계한 경우

표 5-3 | 직무설계의 네 가지 접근방법

	모티베이션 가설	중요 기법	직무 분류	이슈
과학적 관리법	모티베이션은 업적에 기초한 성과급이 기본 더 많이 생산하면 더 높은 임금지불	과업과 책임의 분할 유일최선의 과업 분석 훈련 보수	다수의 직무분류로 연결되는 과업이나 실행과 통제의 분할	모티베이션의 기준이 의문시됨 조합역할 없음 협동 코스트 제품의 비유연성
직무충실	사회적 욕구와 종업원의 기대에 기초한 모티베이션. 업적향상을 위해 성취, 인식과 책임에 초점을 둠	과업의 결합 책임의 증가 자연적 작업단위의 창조 보다 큰 책무	통제의 하방이동으로서 몇 가지의 감독업무는 노동자가 부담	모티베이션의 기준이 의문시됨. 조합역할 불명확
일본적 경영	팀작업 혹은 대가족적 규범, 조직문화에 기초한 모티베이션. 업적이나 모티베이션은 사회적 프로세스로서 노동자는 타인에 의해 열심히 일하도록 영향을 받음	철저한 사회화 종신고용 합의에 의한 의사결정 비전문화의 경력경로 연공급	유연성과 상당한 자율성에 따라 적은 직무분류로 충분	모티베이션의 기준은 문화와 밀착 협조적인 조합역할 노동강화
리엔지니어링	고객에게 봉사하려는 욕구에 기초한 모티베이션. 업적과 모티베이션은 사회적 프로세스로서 강력한 리더가 노동자가 열심히 일하는 것을 보증함	조직의 규범과 전통 포기 네트워크 형성 강력한 하향적 리더십 직장 학습 정보기술이 변화 촉진 프로세스는 다양한 패턴이 있음	다차원적 직무 노동자는 프로세스팀으로 조직화됨 노동자는 의사결정할 수 있도록 재량권 강화됨	모티베이션의 기준이 의문시됨 시장주도형 조합역할 불명확 노동강화

출처 : Bratton and Gold.

라도 고용관계의 중심에 있는 근본적인 패러독스는 제거되지 않는다.

주류쪽의 많은 조직학자는 자율적 작업팀은 테일러류의 스킬을 빼앗는 경향과는 반대의 기능을 갖는다고 주장한다. 예를 들면 Piore와 Sabel은 새로운 유연한 작업환경은 장인적 패러다임의 재출현이라고 단정하고 있지만, 이 일본모델의 해석에도 비판은 있다. 직무구조에 있어서의 변화를 비판적으로 보는 관찰자는 팀에 의한 작업방법은 노동자의 이익에 손해를 가한다고 주장하고 한정적인 재량권 강화는 일반적인 스킬의 저하경향을 역전시키는 것이 아니라 도리어 노동강화로 연결되는 경향이 있다고 지적하면서 경영은 약속된 노력이상으로 엄격한 통제를 가한다고 말하고 있다. 원형형무소(한 눈에 모든 죄수들을 감시할 수 있는 구조; 미셸 푸코가 근대사회를 비판하면서 사용한 은유적 표현)의 감시방식을 예로 들면서 비진통직인 직무설계에 대한 비관적인 분석이 여기저기서 이루어지고 있으며, 거기서는 작업팀이 경영적인 통제를 강화하기 위한 생산주체로서 개인을 재구성하는 기능을 수행하고 있다고 주장하고 있다.

본장 서두에서 서술한 것처럼 새로운 작업체제가 어떠한 결과를 가져올지에 대해서는 단정적으로 말하기 힘들다. 비전통적인 직무설계가 노동자의 스킬향상으로 연결될 것인지 스킬저하로 끝날 것인지는 배치사이즈나 경영의 판단, 교섭 등 기타 요인에 의존하고 있다. 작업팀을 모니터링 하는 경영수법은 아직 초기단계이지만, 팀의 자율성이 노동자의 저항을 제거한 것은 아니므로 경영측의 통제강화에 대한 논의는 계속될 것이다. 마찬가지로 BPR에 관한 논의는 새로운 직무구조가 테일러리즘의 원리(전문화의 원리에 따른 분업의 극단적인 진행, 상사에 의한 엄격한 통제)에 따르는 경우보다도 과연 종업원에 대한 임파워먼트가 제대로 되는 것인지에 대해 초점이 모아져 있다. 이를 테면 Willmott은 극소전자기술(microtechnology)의 지원을 받으면서 리엔지니어링은 풍습이나 습관에 대한 테일러의 개혁운동의 최신판으로, 과학적 관리법에 있어서의 스톱워치가 수행한 역할을 리엔지니어링에서는 실리콘칩이 똑같은 역할을 수행하고 있다고 말하고 있다.

조직이 새로운 직무구조를 채용했을 때 일어나는 변화는 일의 성질, 관리자와 비관리자, 인적자원관리의 전개에 커다란 영향을 미친다. 그러나 이들 직무설계 전략의 정확한 영향은 일본적 경영, BPR, 학습조직과 같은 미성숙한 조직 패러다임들처럼 많은 논의가 필요한 부분이다.

연습문제

1. 당신과 주위사람들은 「뇌를 입구에서 맡기기를」 요구하는 일을 경험한 적이 있는가? 또 팀에서 행하는 일을 경험한 적이 있는가? 자택에서 일하는 것에 대해 어떻게 생각하고 있는가? 새로운 노동방식의 ① 젊은층, 여성, ② 인적자원관리에 대한 시사점은 무엇인가?

2. 직무를 활동의 내용이 아니라 사회적 문맥에 의해 정의하는 이유는 무엇인가?

3. 직무설계전략이라는 점에서 테일러리즘의 한계를 설명해 보시오.

4. '직무교대, 직무확대, 직무충실은 매니저가 작업에 있어서 단순히 개인을 통제하기위한 시도'라는 주장에 대해 당신은 찬성하는가? 찬성 혹은 반대의 논거는?

5. 학생들은 팀프로젝트를 하는 것에 대해 자주 불만을 토로하는 경우가 있다. 그 이유는 무엇일까? 자율적 작업팀과 관련지어 대답해 보시오. 당신은 이런 작업집단의 멤버가 되고 싶은가? 그 이유는?

6. 「재패나이제이션이라는 개념은 혼동된 개념이다」. 「재패나이제이션은 일본적 경영시책의 복잡성을 체계화하기 위한 유효한 프레임웍이다」. 이들 2가지 의견을 비판적으로 평가해 보시오. 그리고 그 논거는?

7. 맥워크는 오늘날 젊은이들이 직면하는 직장생활의 현실을 잘 포착(파악)한 것으로, 「뉴이코노미」를 비판할 때 심볼로서 사용되는 말이다. 「맥워크」는 어떤 종류의 일일까? 그리고 이것은 오늘날의 고용을 정확히 표현한 것일까?

8. 소매나 서비스 분야에서 현대직장의 노동시스템은 네오테일러리즘에 계속 물든다고 하는 주장에 대한 자신의 생각을 말해 보시오.

P·A·R·T 03

인적자원관리의 직능활동

제6장

인적자원 확보활동

학습목표

적극적 확보활동, 소극적 확보활동, 하향식 인력계획, 상향식 인력계획, 인력소요량의 산정방법, 델파이 기법, 사내모집방법과 사외모집방법, 사내공모제도, 선발의 단계적 접근방법과 종합적 접근방법 및 그 장·단점, 선발도구의 요건(신뢰성과 타당성)

01 · 인적자원 확보활동의 의의

기업은 이익사회를 대표하는 조직으로 인적자원과 물적자원을 사용하여 성과를 창출하는 것을 기본목표로 하고 있다. 이 중 인적자원은 물적자원과는 기본적으로 다른 성격을 가지고 있으며, 경영의 주체인 동시에 객체가 되기 때문에 성과를 창출하는 과정에서 중요한 역할을 하게 된다. 채용관리는 인적자원관리에서 개인과 기업이 서로 간의 관계를 시작하는 단계에서 필요한 모든 업무를 내용으로 하고 있다. 따라서 채용과정에서 입사 후 기업에 기여하는 정도가 높은 사람을 잘 선별하여 채용하는 것은 마치 옷을 입을 때 첫 단추를 잘 채워야 하는 것과 비슷한 이치라 하겠다.

인적자원확보는 전통적으로 조직의 빈자리를 채우기 위해 자질을 갖춘 우수한 사람을 선발하는 과정으로 정의되어 왔다. 그러나 지난 몇 년 동안 인적자원확보의 중요성이 점차 커지게 되어 채용은 기업이 필요로 하는 사람에 대한 정보의 수집과 분석, 외부노동시장에서 선발되는 신입사원과 경력사원, 조직내 내부노동시장을 통한 배치전환과 공모제도(job posting), 법률적 규제와 환경적 제약의 정확한 이해 등을 포함하게 되었다.

인적자원의 확보에서 항상 염두에 두어야 할 것은 노동시장의 여건변화를 충분하게 파악하고, 노동의 수요자인 회사입장에서만 접근할 것이 아니라 노동의 공급자인 근로자 입장에서도 접근하는 자세를 가지는 것이 바람직하다.

인적자원확보의 목표는 아주 단순하다. 인적자원의 확보는 우수한 인적자원의 확보를 목표로 하고 있다. 여기서 우수한 인적자원이란 입사 후 뛰어난 직무성과를 내어 회사에 많은 기여를 할 수 있는 사람을 의미한다. 기업은 단순히 우수한 사람을 확보하는 것만으로는 부족하고, 시간적으로 적기에 경쟁사보다 빨리 접근하여 채용결정을 내리는 것까지 목표로 하고 있다. 최근 많은 기업들이 외국유명대학 MBA과정을 졸업한 우수인력의 채용을 놓고 경쟁하는 것을 보면, 이들을 채용하는 업무가 이미 일년내내 진행되는 상설업무로 변하여 채용의 개념이 크게 달라지고 있음을 알 수 있다.

인적자원확보가 가지고 있는 이러한 기본적인 목표 때문에 인적자원확보의 효율성 여부를 판단하기 위해서는 개인의 직무성과와 기여도를 평가하는 정확하고 공정한 인사고과가 반드시 전제되어야 한다. 확보관리의 목표를 보다 구체적으로 세분해 보면 다음과 같다.

- 회사가 필요로 하는 우수한 인적자원을 놓치지 않고 선발할 수 있어야 한다.
- 회사가 선발해서는 안 될 사람은 채용하지 않아야 한다.
- 회사가 원하는 능력을 가진 사람들을 보다 많이 지원하도록 해야 한다.
- 시간과 비용이 적게 들어야 한다.
- 정부가 규정하고 있는 기준을 만족시킬 수 있어야 한다.

인적자원의 확보활동에는 적극적인 확보활동(positive procurement)과 소극적인 확보활동(negative procurement)이 있다. 전자는 우수한 인재들이 채용과정에서 보다 많이 지원하도록 유인하는 모집활동을 말하고, 후자는 모집된 지원자를 대상으로 조직이 원하는 인재를 가려 뽑는 선발활동을 말한다. 먼저 모집활동부터 보기로 하자.

02 · 모집관리

모집관리는 [그림 6-1]과 같은 과정을 거쳐 이루어진다.

그림 6-1 | 모집활동의 접근방법

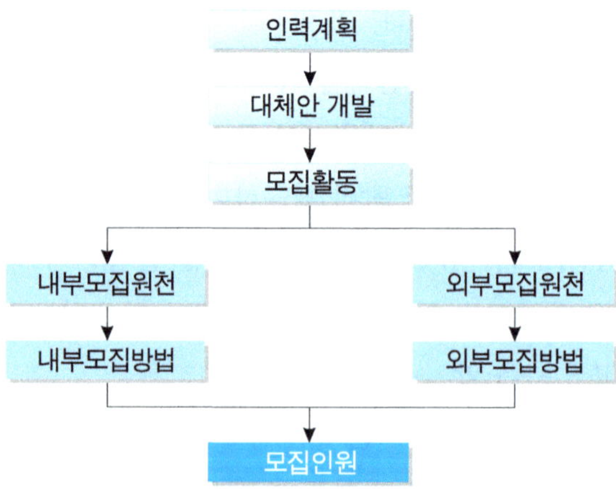

[그림 6-1]에서 보는 것처럼 기업조직의 모집활동은 인력계획에서부터 시작한다. 즉 현재 우리 회사가 보유하고 있는 인적자원의 현황이 질적 · 양적 측면에서 적정수준인가, 아닌가를 회사의 현재와 미래의 전략적 목표와 업무량 등을 기준으로 먼저 판단해야 한다. 이 판단의 결과 인적자원이 부족하다는 판단이 섰을 때 모집활동이 개시될 수 있다. 다만 모집활동 비용이 많이 드는 까닭에 외부에서 충원하기 전에 좀 더 적은 비용으로 인력부족분을 채울 수 있는 방법을 찾아보는 것이 우선 필요한 절차라 하겠다.

여기서는 모집활동의 출발점인 인력계획에 대해 먼저 간략히 정리해 보기로 하자.

2.1 인력계획

인력계획의 흐름을 보면 [그림 6-2]와 같다. 여기서 조직목표는 경영전략과의 상호 관련성 하에 단기목표와 중장기목표가 설정되며, 이어서 이 목표달성을 뒷받침할 수 있는 인력목표가 설정된다. 인력목표의 질적측면은 개별기업의 구체적인 상황에 따라서 천차만별일 수 있어 일률적으로 말하기는 힘들다. 그러나 인력목표의 양적측면은 몇 가지 구체적인 접근방법을 생각할 수 있다.

그림 6-2 | 인력계획의 접근방법

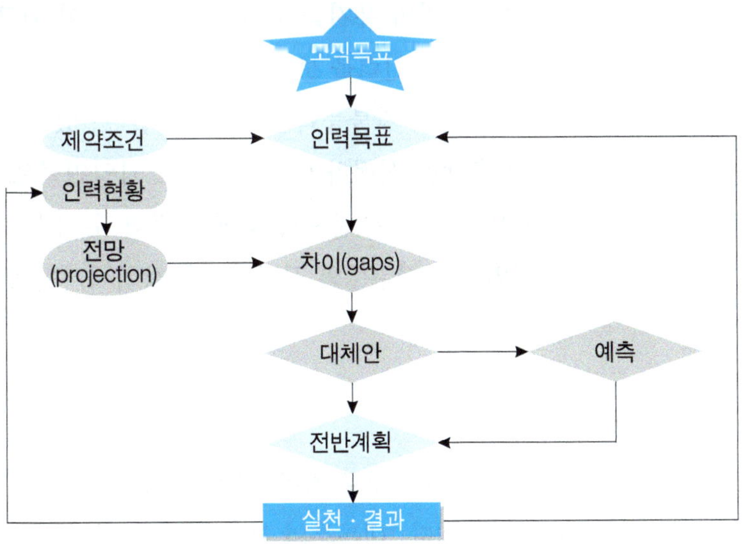

1) 인력 소요량의 산정방법

(1) 하향식 접근방법(top down approach)

이는 정책적 접근방법이라고도 하는데, 주로 미래의 목표부가가치 대비 인건비비율을 근거로 하여 산출되는 인력량이다.

이 방식에 의한 인력량 산출절차는 다음과 같다.

- 먼저 목표연도의 목표매출액 대비 부가가치율을 설정하여 부가가치액을 산출한다.
- 목표연도의 부가가치 분배율(부가가치 대비 인건비 비율)을 설정하여 노동분배분을 산출한다.
- 위의 노동분배분이 목표연도의 인건비 총액이 되며, 이를 목표연도의 평균임금으로 나누면 목표연도의 인력량이 산출된다.

  인건비 총액 ÷ 임금수준(평균임금) = 인력량 ----- ①

  위의 등식을 인력량을 중심으로 다시 전개하면 아래와 같다.

  임금수준(평균임금) × 인력량 = 인건비 총액 ----- ②

위의 등식 ②와 같이 인력량은 인적자원관리에 있어 매우 중요한 위치를 차지하고 있다. 즉 기업의 임금수준은 유능한 인재를 확보할 수 있도록 경쟁력 있는 임금수준이 설정되어야 한다. 또한 인건비 총액은 기업의 지불능력범위를 벗어나서는 곤란하다. 이렇게 보면 적정수준의 인력량을 유지하는 것이 기업경쟁력의 유지를 위한 중요한 관건이 되고 있음을 알 수 있다. 여기서 만약 적정수준을 벗어난 과잉인력을 보유할 경우 경쟁력 있는 임금수준의 설정으로 말미암아 자칫 인건비 총액이 기업의 지불능력범위를 벗어날 수 있다. 또는 그 반대로 기업의 지불능력범위 내의 인건비 총액을 설정하였다 하더라도 과잉인력으로 인해 임금수준이 우수인재를 확보하기에는 턱없이 낮은 수준으로 밖에 설정될 수 없는 상황이 올 수도 있다. 이런 의미에서 등식 ②는 기업의 적정수준의 정원개념을 상기시키는 주요한 등식이라 하겠다.

(2) 상향식 접근방법(bottom up approach)

이는 업무량 분석접근법이라고도 하는데, 주로 직무분석에 기초한 각 부서별 업무량 분석을 통해 필요한 인력을 산정하는 방식이다. 대부분의 부서가 피크 시의 업무량을 고려하여

그림 6-3 | 인력량 산정의 접근방법

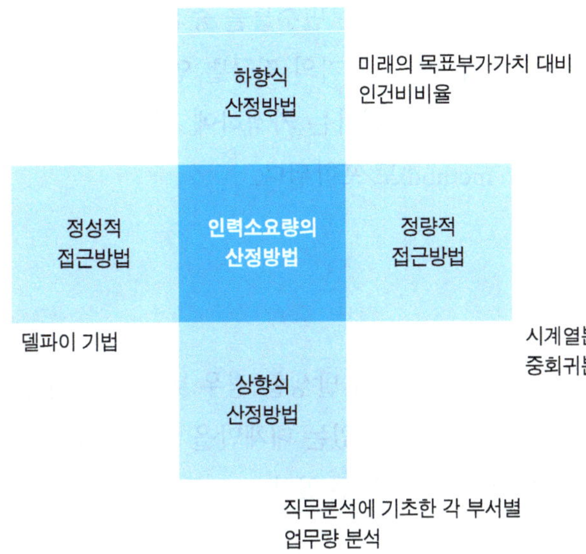

여유분까지 포함한 인력량을 산정하는 경우가 많음으로 인해 앞의 정책적 접근방법에 의해 산정된 인력량보다 더 많게 나타나는 것이 일반적이다. 따라서 적정인력량을 산정하기 위해서는 업무량 접근방법에 의해 산정된 인력량을 정책적 접근방법에 의해 산정된 인력량의 규모와 비교하면서 적절하게 조정할 필요가 있다.

(3) 정성적 접근방법(qualitative approach)

이는 미래의 목표인력량을 산정하는 데 있어 양화할 수 없는 질적변수까지를 모두 고려한 산정방식으로서 델파이 기법(Delphi method)이 그 대표적인 방법이다. 델파이 기법은 원래 해외투자시 투자대상국의 위험도를 분석(country risk analysis)할 때 주로 사용되는 방식으로서 해당 분야의 전문가들을 동원하여 정치, 경제, 군사 등의 여러 측면을 고려하여 각국의 투자위험도를 예측하게 하는 방법이다. 이 방법을 활용하면 양적 접근방법에서 취급할 수 없는 여러 가지 정성적인 요인(예를 들면 경영자의 동향, 경영자의 리더십, 조직문화, 해당 업종의 매력도 등)까지를 모두 고려한 인력예측이 가능하다는 이점을 얻을 수 있다.

(4) 양적 접근방법(quantitative approach)

이는 미래의 목표인력량을 양화할 수 있는 변수들을 중심으로 시계열분석이나 중회귀분석 등을 통해 산정하는 방법이다. 여기에는 과거의 직급별 인력이동상황을 확률치로 변환하여 이러한 확률치가 미래에도 그대로 적용된다는 가정하에 미래의 직급별 인력량을 예측하는 마코브 체인기법(Marcov chain method)도 포함된다.

2) 대체안개발

앞의 인력계획을 바탕으로 인력부족분이 발생할 경우 바로 비용이 많이 소요되는 모집활동으로 들어가기 보다는 부족분을 채울 수 있는 대체안을 개발하여 검토할 필요가 있다.

모집의 대체안으로 다음과 같은 것을 들 수 있다.

- 기존 종업원에 의한 연장근무(이 경우는 초과근로수당의 크기와 종업원의 정서가 고려되어야 할 것임)
- 임시직(아르바이트생이나 파트타이머 등)의 고용(이 경우에는 산출품의 품질이 고려되어야 할 것임)
- 아웃소싱을 포함한 외주(여기서는 노조가 있을 경우 노조와의 사전협의가 중요한 고려요인이 될 것임)

위와 같은 대체안을 고려했음에도 불구하고 마땅한 대안이 없을 경우 모집활동에 들어가게 된다.

2.2 모집활동

모집은 비어있는 직무를 채우려는 목적으로 지원자들을 유인하는 조직활동이다. 조직은 다음의 세 가지 조사를 통해 모집활동에 대한 효율성을 평가할 수 있다.

- 지원자의 수
- 지원자의 질
- 부작용 효과

조직은 적절한 자격을 갖춘 지원자를 보다 많이 유인할 수 있는 성공적인 모집활동을 전개하기 위해서 다음과 같은 이슈들에 직면해 있다.

- 조직 내 · 외부원천 중 어느 것을 이용할 것인가?
- 조직은 지원자를 유인하기 위해 어떻게 모집을 광범위하게 이용할 것인가?
- 조직이 원하는 모집메시지는 무엇인가?
- 조직은 커뮤니케이션을 위해 어떠한 매체를 이용할 것인가?

(1) 내부모집과 외부모집

내부모집과 외부모집의 선택은 조직의 목표와 문화에 달려 있다. 이러한 접근방법은 외부적으로 입직직무를, 내부적으로 입직이외의 다른 직무를 모집하기 위한 것이다. 내부모집의 장점은 장시간 동안 안정되고 성실하며 귀속의식이 높은 노동력을 배치하게 된다는 것이다. 내부모집방법은 내부구성원들에게 우선권을 주는 방법으로서 내부추천이나 내부공모제도를 통해 이루어진다. 또한 외부모집방법은 거의 모든 직무를 외부에서 모집하는 것으로 여기서는 조직적인 성실성이나 귀속의식을 기대할 수 없다. 내 · 외부모집에 대한 구체적인 내용에 대해서는 후술하는 4절, 한국기업의 확보활동을 참조하기 바란다.

모집방법의 선택은 다음과 같은 요인들에 의해 결정된다.

- 필요한 노동의 양
- 필요한 노동의 질
- 자원의 유용성
- 과거의 경험들
- 예산의 제약조건
- 계약상의 의무
- 자원의 효율성(직무만족, 직무성과, 유지 등의 수준)

03 · 선발관리

선발은 조직과 지원자가 서로 간의 상호조화를 찾아가는 과정이다. 조직은 수익성, 성장률과 같은 목표달성에 도움을 줄 수 있는 지원자들을 바라고 있고, 지원자들은 보상과 욕구의 충족과 같은 개인적 목적달성에 도움이 되는 조직을 추구하고 있다.

[그림 6-4]에서는 모집과 선발과정이 직무요건과 개별구성원의 자격요건, 직무에 대한 보상과 개별 구성원의 동기유발 간에 조화가 이루어지고 있음을 보여주고 있다.

조직과 개인의 상호 결합과정에서는 다음과 같은 상황이 발생할 수 있다.

- 조직의 직무요건과 보상은 구성원들의 자격조건 및 동기부여와 결합한다.
- 조직의 직무요건은 개별구성원들의 자격조건과 매치시킬 수 있지만, 조직의 보상시스템은 개별구성원의 동기부여와는 매치가 되지 않을 수 있다.
- 조직의 보상시스템은 개별구성원들의 동기부여와 매치될 수 있지만, 조직의 직무요건은 개별구성원의 자격조건과 매치되지 않을 수 있다.

좋은 결합은 조직과 개인 모두에게 혜택을 줄 수 있으며, 나아가 조직과 개인이 이익극대화 측면에서 장기적인 관계를 유지할 수 있게 해준다. 반면에 조직의 직무요건과 보상, 개별구성원의 자격조건과 동기부여 간의 부조화는 유능한 인재의 조기이탈 등 바람직하지 못한 결과를 초래한다.

그림 6-4 | 조직과 개인의 상호 결합과정

(1) 선발활동의 접근방법과 선발도구의 요건

[그림 6-5]는 선발활동의 접근방법과 선발도구가 갖추어야 할 요건을 보여주고 있다.

선발활동의 접근방법에는 단계적 접근방법과 종합적 접근방법이 있다. 어느 방법을 선택하느냐 하는 것은 지원자의 규모, 시간 · 예산상의 제약, 조직의 문화적 특성 등에 의해 결정된다. 다만 단계적 접근방법을 채택한 경우에도 탈락자에 대해 충분히 배려하고 있다는 느낌이 주어지도록 최소한 면접까지는 모든 지원자(이들은 모두 미래의 잠재 고객임)에게 도전할 기회를 준다든지 탈락이 결정된 후 인사부서장의 명의로 된 편지(지원해준데 대한 감사의 뜻과 다음 기회에 재도전해줄 것을 격려하는 뜻이 담긴 내용)를 보내는 등의 사후서비스활동이 요구된다. 이처럼 탈락자에 대한 사후처리는 특히 전자제품과 같은 소비제품을 생산 · 판매하는 기업의 경우 기업이미지 관리와 관련하여 매우 중요한 활동이다.

선발도구로는 [그림 6-5]에서 보듯이 학교성적표, 경력증명서, 추천서, 필기시험성적, 적성검사, 신원증명서, 건강검진, 면접 등이 활용된다. 이들이 갖추어야 할 요건에는 신뢰성과

그림 6-5 | 선발활동의 접근방법과 선발도구의 요건

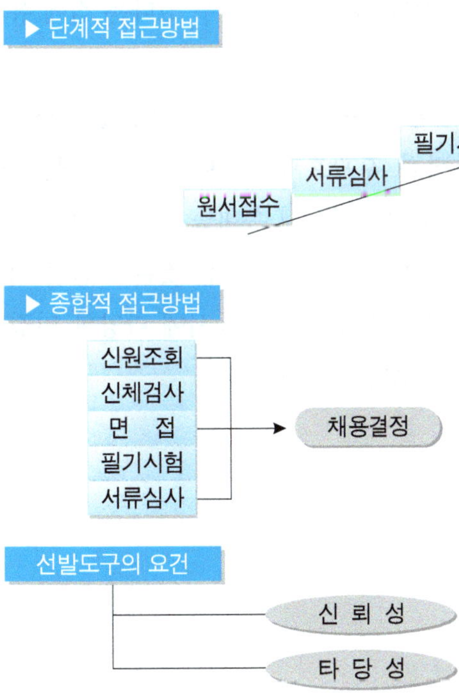

타당성이 있다.

신뢰성(reliability)이란 특정 선발도구가 선발대상자들에게 적용되었을 때 안정적이고 일관성 있는 결과를 얻을 수 있도록 만들어져 있을 때 획득된다. 예를 들어 동일한 대상에 대해 동일한 테스트를 반복하여 적용했을 때 그 얻어진 결과와 평균치의 차이가 너무 크면 테스트 내용을 신뢰할 수 없게 된다.

타당성(validity)이란 선발도구가 선발하려는 대상을 올바르게 평가할 수 있는 내용으로 구성되어 있을 때 얻어질 수 있다. 예를 들면 유능한 간호사를 선발하고자 할 경우에는 지원자가 지니고 있는 간호학에 대한 지식이나 임상경험, 혹은 의료기기의 활용능력 등에 초점을 맞추어 시험을 보거나 면접을 보아야 한다. 그런데 여기에다 워드프로세스 활용능력이나 자동차 면허증의 취득여부 등을 적용한다면 전혀 타당성이 없다는 것이다.

최근 많은 기업에서 사원채용 시 그 비중을 높여가고 있는 면접에는 여러 가지 다양한 방식이 적용되고 있다. 전통적인 면접방법으로는 구조화된 면접과 비구조화된 면접을 들 수 있다. 전자는 사전에 만들어진 면접항목을 중심으로 모든 피면접자에게 동일한 질문을 던지는 방식인 반면, 후자는 사전에 특별히 마련된 질문항목없이 피면접자의 특성에 따라 면접자가 대상을 잘 파악할 수 있을 법한 질문을 임기응변적으로 생각하여 던지는 방식이다. 후자의 경우는 면접자의 대인지각능력이 뛰어난 경우에만 효과를 얻을 수 있다는 점에 유의해야 한다.

그 외의 면접방법으로는 리더십파악에 초점을 맞춘 집단토의식 면접, 높은 스트레스 하에서의 냉정한 판단력을 보고자 하는 스트레스면접, 후광효과를 줄이고자 하는 블라인드 면접, 팀웍능력을 파악해 보고자 하는 운동면접, 자제력과 진실된 속내를 파악해 보고자 하는 취중면접 등을 들 수 있다. 이처럼 다양한 면접방법이 동원되고 있다는 것은 그만큼 기업들 간에 인적자원의 중요성에 대한 인식이 확산되고 있음을 보여주는 동시에 다양한 면접방법의 적용을 통한 신중한 선발과정을 운영하고 있음을 보여주고 있다.

04 · 한국기업의 확보활동

4.1 인터넷채용

기업들의 채용방식이 대규모 공개채용 대신 소규모 수시, 상시채용으로 바뀌면서 인터넷을 많이 활용하고 있다. 그에 따라 최근 여러 기업에서 인터넷을 이용한 모집광고와 지원제도가 보편화되어 가고 있다.

특히 특정 직군을 모집하는 경우, 인터넷이 많이 활용되고 있다.

(1) 인터넷채용의 방식

- 각 기업의 홈페이지 - 회사의 소개, 복리후생, 근무조건 등에 대한 정보제공, 채용정보제공
- 채용공고
- 각 개인이 채용공고 확인
- 홈페이지에 개인정보기록, 입사지원서 작성
- 결과 확인

(2) 인터넷채용의 장점

- 각 기업에 대한 소개와 복리후생, 근무조건 등에 대한 정보를 제공받을 수 있다.
- 기업의 홍보전략으로 사용할 수 있다.
- 지원자나 기업의 비용이 절감된다.
- 시간이 단축된다.

(3) 인터넷채용의 단점

- 지원자가 제시하는 자료에 대해 진실여부를 판단하기 어렵다.
- 컴퓨터나 서버에 문제가 생긴 경우 지원서류가 입력되지 않는 등의 불이익을 당할 수

있다.

- 인력이 아닌 기계에 의한 작업과 평가인 만큼 세심한 주의를 기울여야 한다.
- 지원자의 경우 적극적인 태도가 아니면 정보를 확보하기 어렵다.

이러한 인터넷채용은 현재와 비교할 수 없을 정도로 크게 확산될 것이다.

현재 대부분의 기업에서는 각 기업의 홈페이지를 이용하는 방법이 주류를 이루고 있다. 그 형태를 보면 삼성의 경우 취업정보면에서 각 사의 채용현황과 문의전화를 알 수 있으며 매년 전체지원자의 80%를 인터넷으로 지원을 받았다.

이 외에도 현대, LG, SK, 한진, 코오롱그룹 등 대부분의 기업이 온라인채용의 방법을 사용하는 것으로 나타났으며 중소기업의 경우도 예외는 아니다.

4.2 내부모집(사내모집)

내부모집은 기업내부의 인력을 대상으로 하는 모집활동이다. 내부모집은 내부노동시장이 발달되어 있는 일본이나 한국기업들이 많이 활용하고 있으며, 내부모집의 대상으로는 승진, 배치전환, 직무순환, 재고용 등이 있다.

(1) 내부모집의 장점

- 승진자의 동기부여 · 능력을 보다 정확하게 평가할 수 있다.
- 비용이 적게 든다.
- 공석이 있을 경우 객관적인 평가를 통해 후보자를 선발함으로써 직무에 대한 사원들의 주인의식과 사기가 높아진다.

(2) 내부모집의 단점

- 승진탈락자들의 사기저하 문제가 발생한다.
- 승진을 위한 조직내부의 갈등이 생긴다.
- 우수한 관리자 육성프로그램 등이 필요하다.

최근에는 경영혁신을 통해 세계 초우량기업으로 다시 평가받고있는 미국기업들(예: Xerox, AT&T 등)도 전통적인 외부노동시장 중심의 인력수급방법에서 다기능공양성과 직무순환 등을 이용해서 내부노동시장 중심의 인력수급방법으로 전환하고 있는 추세이다. 이는 인력확보에 소요되는 비용이 해가 갈수록 커질뿐만 아니라, 기술의 빠른 변화로 인해 기업이 필요로 하는 인력을 외부노동시장에서 적기에 확보하기 어렵기 때문이다.

우리나라 기업의 경우 배치전환과 같은 기업주도적인 내부인력수급은 활성화되어 있지만, xerox 등과 같이 내부공모제도와 같은 개별근로자가 주도하는 형태는 드물다. 최근 한국 IBM, 한국 휴렛패커드 등 내부공모제도를 도입하고 있는 회사가 하나씩 늘어가고 있는 것은 상당히 좋은 현상이라고 볼 수 있다(사내 인력시장 기사 참조).

이는 현재 개인과 조직의 욕구를 동시에 만족시킨다는 윈-윈(win-win)의 성격이 강한 인사제도로 평가받고 있다.

4.3 외부모집(사외모집)

기업은 내부에서 충분한 자질을 갖춘 지원자들을 확보하는 데 한계가 있다. 특히 지난 20여 년 동안 우리나라 기업들처럼 성장속도가 빠르고 제품의 성격이 기술적으로 고도화되는 경우에 외부로부터 적합한 인적자원을 확보하는 것이 활성화된다.

사외모집(외부모집)이라 함은 일반적인 신입사원수준의 사원을 확보하는 것 뿐만 아니라 기업에서 실질적인 업무능력이 갖추어져 있는 간부급이나 경력직을 모집하는 것을 의미한다. 이러한 신입사원이 아닌 경력직의 중도채용이 빈번하게 활용되는 분야는 자신의 기업보다 기술이 좋은 기업의 인재를 스카웃하는 경우에 많이 볼 수 있다.

(1) 외부모집의 장점

- 조직에 새로운 활력소를 불어 넣어줄 수 있다.
- 교육훈련비와 같은 주변적인 인건비를 절감할 수 있다.
- 권위적이고 계급적인 관료주의를 어느 정도 해소하는 데 도움이 된다.

(2) 외부모집의 단점

- 개인(지원자)에 대한 정보의 부족으로 꼭 필요한 사람을 선택하기 어렵다.
- 경력사원을 채용할 때 내부승진을 기대하는 사람들의 사기저하를 초래할 수 있다.
- 기존 기업의 사원들보다 기업의 문화나 일반적인 흐름에 대해 파악하기 어렵다.
- 비용면에서는 기존의 사원들보다 많은 비용이 요구되고 기업 전체적인 임금수준을 상승시키는 효과가 나타난다.

지금과 같은 시장변화가 빠른 사회에서는 신입사원을 교육시켜 배치하는 것보다 바로 쓸 수 있는 중도채용자가 훨씬 효율적이라는 평이 나오고 있다.

가장 중요한 것은 앉아서 인재를 기다리는 자세보다는 보다 적극적인 자세가 요구된다는 것이다.

4.4 수시모집

지금까지 우리나라 기업들의 채용관행은 기본적으로 신입사원을 중심으로 한 정기채용이 주류를 이루어 왔다. 그러나 과거의 일률적인 인재선발의 과정보다 훨씬 효율적이고 편리성이 따르는 수시모집이 점차 증가세를 보이고 있다. 기존의 회사에 대한 정보를 홈페이지에 기록해 놓고 채용을 신청할 수 있는 지원서를 함께 첨부해 놓는 형태가 일반적이고 특정한 시기가 아니라 어느 때든지 기업의 사이트에 들어가서 지원서를 작성해 놓으면 각 기업마다 필요한 인력의 공석이 생길 때 자연스럽게 충원하는 방식이다. 이는 대부분 인터넷을 이용한 온라인채용방식을 사용하고 있다.

(1) 정기채용

기본적으로 신입사원을 중심으로 하는 것이 정기채용이다. 이는 특성화 고교나 대학교에서 졸업생이 배출되는 시기에 맞추어 봄과 가을 각각 한 차례씩 일년에 두 번 이루어지는 형태로 집단주의적인 성향이 강한 우리나라 사회의 특성과 내부노동시장 중심의 인적자원관리와 연관되어 뿌리를 내려온 채용관행이다.

그림 6-6 | 정기·수시채용의 비율

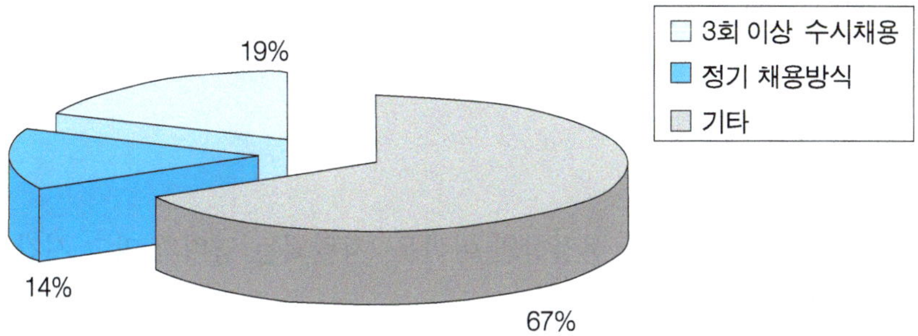

자료 : 엘리트코리아 사이트(대학소식).

(2) 수시채용의 장점

- 기업내에 인력수요가 발생했을 경우 단기간에 외부로부터 인력을 충원하여 조직전체의 생산성 저하를 방지할 수 있다.
- 수시채용은 대개 채용인원이 많지 않은 소수채용의 형태를 가지게 되어 채용과정이 보다 엄격하게 진행될 수 있다.
- 서류전형에 의존하던 과거의 선발기법보다 특정 직무를 수행할 수 있는 능력을 중심으로 적성검사나 면접방법을 활용할 수 있게 되어 채용의 효율성을 크게 높일 수 있게 된다.

현재 온라인채용을 하는 대부분의 대기업, 중소기업이 이러한 수시모집의 형태를 동시에 취하고 있다.

4.5 육성에 의한 인적자원 확보활동

각 기업마다 요구하는 인적자원의 형태가 다르고 기술이 다르기 때문에 각 기업들은 적합한 인재를 선발하는 것이 너무나 어려운 과정이다. 따라서 이러한 문제점을 보완하고 보다 우수한 인적자원을 확보하기 위해 대학이나 기술관련기관에 일정액의 장학금과 운영비를 지원하면서 인적자원을 육성하고 그들이 일정한 과정을 마친 후에는 자신의 기업에서 그들을 확보하는 방법도 나타나고 있다.

(1) 육성에 의한 인적자원 확보활동의 장점

적절한 시기에, 적절한 조건의 인재를 확보할 수 있고 보다 높은 수준의 인적자원을 안정적으로 확보할 수 있다.

(2) 단점

육성할 대상과 적합한 육성기관 선정상의 어려움, 지원되는 경비가 많고 시간이 길어진다는 어려움 등이 발생한다.

4.6 확보활동의 문제점과 전망

(1) 현 인적자원 확보활동의 문제점

대부분의 한국기업들은 우수한 인재의 확보가 조직의 발전에 있어서 어느 정도 중요한 의미를 가지고 있는지를 잘 이해하고 있다. 국내 일부 대기업에서 학교성적이나 전공시험보다는 인성 및 능력검사에 더 많은 비중을 두고 있거나, 많은 기업들이 인턴사원제도를 도입하고 있는 것은 확실히 큰 변화로 볼 수 있다. 그러나 모집과 선발활동에 대한 기업들의 높아진 관심에도 불구하고 인적자원 확보활동의 전반적인 수준은 선진국의 우수기업들과 비교할 때 아직도 시작단계에 머무르고 있다.

우리나라 기업들의 인적자원 확보활동의 문제점을 모집, 선발 및 채용과정을 중심으로 살펴보자.

- 장기경영계획과 인력계획과의 연계가 부족하다. 장기적인 관점에서 인적자원 확보활동은 기업의 장기경영계획 및 인력계획과 연계되어 있어야 한다. 하지만 채용규모가 이들 내용과의 연계속에서 결정되지 못하고 단기적 인력수요중심으로 이루어지기 때문에 채용후 승진 · 내부모집 등에서 일관성을 가지지 못한다.
- 직무관리(특히 직무분석)가 제대로 이루어지지 않아 직무와 관련된 선발기법을 선택하기 어렵다. 이것은 선발기법의 타당성 검증과 밀접한 관련이 있으며, 특정 직무가 필요로 하는 능력 보유여부를 선발과정에서 충분히 평가할 수 있어야 한다. 우리나라 기업들

은 직무관리에 관한 경험을 축적하지 못해 체계적인 인적자원 확보활동이 어려운 실정이다.

- 선발기법의 효율성(타당성)을 평가할 수 있는 판단근거가 없다. 선발기법의 효율성은 선발과정에서 얻은 개인의 평가가 채용후의 직무성과를 얼마나 잘 예측해 줄 수 있느냐로 판단된다. 이러한 평가를 위해서는 개인의 직무성과에 대한 공정한 인사고과결과를 가지고 있어야 한다. 하지만 대부분 기업에서 인사고과의 공정성이 낮아 선발기법의 상대적 효율성을 판단할 수 없는 실정이다.
- 모집에서 내부인을 상대로 한 사내공모제도가 회사주도적으로 이루어지고 있다. 내부노동시장이 잘 발달한 우리나라 기업에서 배치전환이나 직무순환을 통해 회사 주도적인 내부공모제도가 많이 운용되어 왔으나, 외국기업에서 처럼 개인 주도적인 성격을 가지지 못해 실질적인 모집원천으로 운용되지 못해 왔다. 내부공모제도가 개인의 경력관리적인 입장에서 운용되지 못하면 동기부여기능에서 한계를 가지기 때문에 기업으로서는 이에 대한 깊은 연구가 필요할 것이다.
- 적절한 선발기법을 선택하지 못해 너무 많은 기법들을 사용하고 있다. 대부분의 기업들이 개인적인 사항을 중심으로 한 서류전형 · 인성 및 적성검사 · 언어 및 일반상식 · 전공시험 · 면접(1차 및 2차) 등 여러 가지 선발기법들을 단계별로 이용하고 있는데 과연 이러한 방법들이 모두 필요한 것인지, 아니면 이중 두 세 가지 기법만으로도 채용후의 직무성과를 충분히 판단할 수 있는지를 검토해 볼 필요가 있다. 선발기법의 타당도에 대한 충분한 자료도 없이 여러 가지 기법들을 활용한다는 것은 시간과 경비에 있어서 낭비가 아닐 수 없다.
- 선발과정에서 여러 가지 선발기법을 통한 단계별 합격제도의 효율성에 대한 평가가 없다. 선발과정에서의 순서는 기업이 필요로 하는 인력의 특성과 각 선발기법들을 통한 단계별 합격제도가 바람직한지 아니면 단계의 수를 줄여서 단계별 합산제도나 전체합산제도를 이용하는 것이 바람직한지에 대한 명확한 평가도 있어야 한다. 잘못하면 서류전형에서 우수한 능력을 가진 지원자가 탈락하는 경우가 발생할 수 있기 때문이다.
- 선발기법 중 최근 그 중요성이 커지고 있는 면접에 대한 보다 구체적인 보완이 필요하다. 면접은 지금까지 다른 선발기법의 타당도를 높여줄 수 있는 보완적인 방법으로 많이 활용되어 왔다. 그러나 짧은 시간에 채용여부를 결정짓는 데 도움을 줄 수 있는 꼭 필요한 내용을 알아내기 위해서는 면섭내용 · 면접방법 · 면접자의 교육 등이 충분히 연

구되어지고 가능하면 회사의 특성을 고려하여 사전에 충분히 준비된 면접이 이루어져야 할 것이다.

(2) 앞으로의 전망

우리나라 기업들의 인적자원 확보활동의 변화방향과 전략을 살펴보자.

(1) 정기채용에서 수시채용으로

지금까지 우리나라 기업들의 채용관행은 앞에서도 언급한 바와 같이 기본적으로 신입사원을 중심으로 한 정기채용이 주류를 이루어 왔다. 정기채용은 대개 특성화 고교나 대학교에서 졸업생이 배출되는 시기에 맞추어 봄과 가을에 각각 한 차례씩 일년에 두번 이루어져 왔다. 정기채용은 집단주의적인 성향이 강한 우리나라 사회의 특성과 내부노동시장 중심의 인적자원관리와 연관되어 뿌리를 내려온 채용관행이 되었다. 게다가 노동시장에서 인력의 수요를 주도적으로 결정해온 재벌그룹들은 그룹차원에서 신입사원을 선발하여 각 계열사로 배정하는 채용관리를 해왔었다. 그러나, 지난 몇 년 동안 그러한 관행은 눈에 띄게 변화하고 있으며, 이러한 추세는 앞으로도 더욱 더 강하게 나타날 것으로 보인다. 특히 IMF 외환위기 이후 기업들이 구조조정을 단행하게 되었고, 이제 더 이상 우수인력을 무조건 많이 확보하고 보자는 식의 경쟁풍토는 찾아보기 어렵게 되었다. 그리고 근로자들도 예전과는 달리 한 기업에서 자신의 경력을 쌓아 나가겠다는 생각을 버리고, 기회만 있으면 좀 더 좋은 조건을 제시하는 기업으로 옮겨다니는 자세를 보이고 있다. 이런 현상들로 인하여 기업에서는 혈통을 중시하는 정기채용에서 개인의 능력과 기업의 성과를 중시하는 개인중심의 수시채용으로 변화해 가고 있다.

(2) 인사부서 중심의 채용에서 현장조직 중심의 채용으로

기업의 경영수준이 높아지게 되면 나타나는 몇 가지 현상들이 있다. 즉, 경영자의 유형이 소유경영자나 고용경영자에서 전문경영자로 전환되고, 인적자원관리도 스탭인 인사부서와 운영의 주체가 되는 현장관리자 간에 역할이 적절하게 분배되는 현상이 나타나게 된다. 최근 우리나라에서 인적자원관리의 주도권이 인사부서에서 현장관리자에게로 이동하는 현상이 두드러지게 나타나고 있다. 일반 인사행정업무의 대부분이 현장관리자에게 위임되고, 인사부서는 최소한의 행정업무만을 맡게되는 추세에 있다. 채용을 위한 공통적인 역할은 인사부서가 수행하지만 지원자중에서 우수한 사람을 선발하는 과정은 현장관리자들의 결정에 맡겨 놓고 있는 기업들이 많다. 채용할 사람이 갖추어야 할 능력요건을 정하는 것은 물론, 채용심사과정에서 필요한 면접의 경우도 현장관리자 중심으로 이루어지고 있다. 현장관리자 중심의 채용관리는 해당 직무를 수행할 수 있는 우수한 사람을 선발하는 데도 효율적일 뿐만 아니라 직무의 전문화를 촉진시키는 역할도 하게 된다. 다만 현장관리자의 주관적 판단이 지나치게 개입되어 회사가 정해 놓은 인재상이나 채용요건을 지키지 못하는 경우가 발생할 수도 있다. 현장관리자들의 인적자원관리에 대한 전반적인 이해를 높이고 채용과정에서 필요한 면담능력을 높이는 심도있는 교육프로그램이 마련되어야 할 것이다.

(3) 모집방법의 다양화

최근 기업들의 채용동향이 인사부서가 주관하는 정기채용에서 현장조직을 중심으로 한 수시채용으로 전환되면서 우수한 인적자원을 모집하기 위한 다양한 방법이 모색되고 있다. 이는 채용하고자 하는 인적자원의 유형이 점점 전문화되어 노동시장이 세분화되고 다양한 모집방법을 활용하여 목표로 하는 인적자원에게 접근할 수 있기 때문이다. 전통적인 모집방법으로는 학교의 추천, 직업훈련원, 공공 및 사설직업소개소, 지인의 소개 등이 많이 활용되었다. 그러나 최근에는 기업설명회 및 취업박람회, 인터넷, 지도교수의 추천, 전문대행업체 등을 이용한 모집이 활성화되고 있다.

IMF 외환위기 이후 전반적으로 실업률이 높아졌지만 중소기업의 경우 아직도 구인난에 시달리고 있다. 이런 중소기업은 정부, 중소기업중앙회, 언론기관 등이 마련하는 대규모 취업박람회를 인적자원확보의 장으로 활용하고 있다. 특정 직군의 전문직을 모집하는 경우, 인터넷이 많이 활용되고 있다. 마지막으로 헤드헌터를 이용한 모집도 점차 확산되어 가고 있다. 이 방법은 주로 외국투자업체들이 특정 분야에 충분한 경험을 가지고 있는 전문가를 채용하기 위해 많이 활용해 왔으나, 최근에는 국내기업들도 임원급인력을 채용하는 데 활용하고 있다.

이렇게 다양한 모집방법을 활용하는 이유는 기업이 노동시장을 비롯한 여러 가지 환경변화에 효과적으로 대처하기 위해 노력하는 데서 찾을 수 있다. 앞으로 기업은 저렴한 비용으로 자신이 원하는 우수한 인적자원을 신속하게 채용하기 위해 다양한 모집방법을 활용하게 될 것이다.

(4) 선발기법의 효율성에 관한 관심

선발에서 가장 중요한 과제는 선발기법의 타당도를 높이는 것이다. 그러나 우리나라에서는 채용이 가지는 중요성만 인식하고 있을 뿐 선발기법의 상대적 효율성에 대해서는 아직 체계적이고 구체적인 연구가 거의 없다. 선발기법의 효율성은 선발과정에서 얻은 개인의 평가가 채용후의 직무성과를 얼마나 잘 예측해 줄 수 있느냐로 판단된다. 이러한 평가를 위해서는 개인의 직무성과에 대한 공정한 인사고과결과를 가지고 있어야 한다. 하지만 대부분 기업에서 인사고과의 공정성이 낮아 선발기법의 상대적 효율성을 판단할 수 없는 실정이다. 따라서, 기업들은 인사고과의 신뢰도와 타당도를 높일 수 있는 노력과 함께 선발기법의 효율성을 평가할 수 있는 기반을 구축하여야 한다. 기업은 채용을 통해 자신이 원하는 우수한 사람을 선발하고 채용해서는 안 될 사람을 걸러낼 수 있도록 체계적이고 과학적인 채용시스템을 갖출 필요가 있다.

(5) 비정규직 채용과 탄력적 인력관리

IMF 외환위기 이후 인적자원관리에서 가장 큰 변화는 대대적인 구조조정으로 인한 실업자의 증가와 이로 인한 고용불안이 보편적인 현상이 되었다는 것이다. 이러한 경제환경의 변화로 인해 기업의 가장 중요한 관심사는 성장이 아니라 생존이 되었고, 경영전반에서 비용을 절감하는 것이 유일한 전략이 되었다. 그동안 내부노동시장을 중심으로 한 조직몰입을 가장 중요한 인사관리가치로 생각해 왔으나, 조직의 산출을 늘리는 전략이 한계에 부딪치면서 투입을 줄이는 전략을 선택하지 않을 수 없게 되었다. 이로 인해 인력관리의 탄력성을 높이기 위한 비정규직 인력비중이 급격하게 늘어났다.

연습문제

1. 인적자원 확보활동의 의미와 그 프로세스에 대해 설명해 보시오.

2. 인력계획의 접근방법(상향적, 하향적)에 대해 설명하고 그 장 · 단점을 비교해 보시오.

3. 선발활동의 접근방법(단계적, 종합적)에 대해 설명하고 그 장 · 단점을 비교해 보시오.

4. 사내공모제도의 특징과 그 장 · 단점에 대해 설명해 보시오.

5. 사내모집과 사외모집의 장 · 단점을 비교 설명해 보시오.

6. 선발도구가 갖추어야 할 요건은 무엇인가?

7. 현재 한국기업들이 실시하고 있는 신입사원 면접방법(술자리 면접, 야간산행면접, 합숙면접 등)들이 타당성을 가지고 있다고 생각하는가? 이와 관련하여 일본전산의 '목소리 큰 사람', '밥 빨리 먹는 사람'을 뽑는 방식에 대한 당신의 생각은?

제7장

업적평가와 성과관리

학습목표

업적평가의 전략적 중요성, 평가항목, 평가주기, 자기평가, 부하에 의한 상사평가, 360도 평가, 동료평가, 상대평가, 절대평가, 평가자 오류, 평가의 정확도 개선, 평가결과의 피드백, 팀평가, 성과관리의 목표, 성과관리의 사이클, 성과관리의 전략적 이슈, 평가에 대한 잘못된 인식

이 장에서는 업적관리시스템의 목적과 구조에 대해서 기술한다. 업적관리시스템은 사원들의 조직을 위한 노력을 최대화할 수 있도록 방향을 제시하고 동기부여를 하는 데 도움을 준다.

업적관리시스템이란 사원들의 직무와 관련된 속성, 행동과 업적을 측정하고 평가하고 또한 영향을 주기위해 취하는 공식적인 과정을 일컫는다. 초점은 사원들이 얼마나 생산적인가 그리고 미래에 더 효과적으로 일할 수 있는가를 발견하는 데 있어야 한다.

업적관리시스템에는 두 부문이 있는데 하나는 업적의 평가와 피드백제공이며, 다른 하나는 업적향상을 위한 과정관리이다.

업적평가의 핵심은 업적의 평가이다. 이는 동료, 부하, 상사 등의 주관적인 평가와 판매액, 실수율, 반응속도 등 객관적인 자료를 통한 평가로 나뉘어진다.

01 · 업적평가의 전개

1.1 업적평가와 피드백제공의 전략적 중요성

효과적인 측정과 피드백의 공통의 목적은 사원들에게 동기를 부여하고 생산성을 향상시키는 데 있다.

1) 동기부여와 생산성 향상

기대이론(expectancy theory)에 의하면 동기에는 두 요소가 있다.

어떤 행동을 해야 하는가에 대한 결정과 얼마나 많은 노력을 쏟아야 하는가에 대한 결정이 바로 그것이다. 이 이론에 의하면 사람들은 이 두 가지 결정을 함에 있어서 자신의 행동과 노력이 인정이나 보상 등 기대하는 효과를 가져오는지 고려하여 결정한다. 예를 들어, 승진같은 자신의 개인적인 목표에 도움이 되는 행동을 하고 비판이나 강등같은 부정적인 결과를 가져오는 행동은 피하게 된다.

(1) 기대(Expectancy)

기대에 관한 질문은 다음과 같다. 내가 노력을 하면 의도한 대로 업적을 만들어 낼 수 있을까? 사원들의 노력을 더 이끌어내기 위해 그들은 노력이 업적으로 나타날 수 있다고 기대할 수 있어야 한다.

(2) 유용성(Instrumentality)

나의 업적에 변화가 있다면 그에 따르는 결과는 어떻게 되는가에 대한 관심이 유용성 문제이다. 다시 말해 업적이 어떤 소용이 있는가 하는 문제이다.

중요한 결과가 업적이 아닌 다른 변수 — 예를 들어, 연공서열, 사적인 친분관계나 편애 등 — 에 의해 결정된다면 사원들은 업적이 별로 중요하지 않다고 느끼게 될 것이다.

(3) 가치(Valence)

어떤 행동과 연관된 결과에 대해 나는 얼마나 많은 가치를 두는가? 이는 개인적인 문제로 사람마다 같은 결과에 대해서도 보이는 반응이나 호감도가 다를 수 있다.

(4) 만족감(satisfaction)

사원들의 만족감은 업적의 결과가 공평한가 그렇지 않은가에 의해 결정된다. 어떤 사원이 불공평한 취급을 받았다고 생각하면 불만이 생길 수밖에 없다. 개인이든 팀이든 최대의 노력을 통해 최대의 실적을 올리게 할 수 있는 방법은 업적을 조사하고 유용한 피드백을 가능한 빨리 사원들에게 줄 수 있는 업적관리시스템이다.

2) 전략적 계획과 변화

업적관리의 또 하나의 중요한 쓰임새는 조직의 전략수립과 의사결정에 필요한 중요한 정보를 얻을 수 있다는 것이다.

(1) 문제파악

문제를 파악하기 위한 업적평가의 역할이 가장 대표적으로 나타나는 예는 CEO에 대한 평가에서이다. 물론 하위직 사원들의 업적평가에서도 문제점을 발견할 수 있는 기회가 있다.

(2) 변화의 평가

변화를 위한 노력의 공통적인 목표는 조직의 실적을 향상시키는 것이다. 결과적으로 변화의 성공을 평가하기 위한 계획의 가장 중요한 요소는 사원의 실적평가가 되어야 한다.

(3) 합법성 확보

사회는 조직이 중요한 의사결정을 하는 데 있어서 양질의 정보를 잘 사용하는가에 관심을 가지고 있다. 이러한 관심은 여러 법과 규제에 나타나 있다.

업적관리시스템의 합법성을 확보하기 위한 아래와 같은 세 가지 원칙이 있다.

(1) 비 차별적(Nondiscriminatory)

고용에서의 차별을 금지하는 법적장치는 직장에서의 불공평한 차별과 부적절한 정보의 사용을 방지하는 것을 강조한다.

(2) 직무관련성(Job Related)

고용주들은 업적평가를 함에 있어 타당한 측정을 했다는 것을 보여줄 수 있어야 한다. 이를 위한 최선의 방법은 업적평가기준을 개발할 때 직무분석(job analysis)을 사용하는 것이다.

(3) 공정성(Fair)

업적평가는 신중한 기록을 필요로 하며 관리자의 일방적인 평가를 제한하게 된다. 그럼에도 불구하고 연구에 의하면 관리자들은 공정한 업적관리시스템의 도입을 찬성하고 있는 것으로 나타났다.

1.2 평가항목의 결정

사원들의 업무가 전략적인 사업의 필요와 어떤 관계가 있는가 하는 과제에 관심을 가져야 하고 직무분석을 통하여 업적평가가 전략적 필요를 반영하게 하여야 한다. 직무분석(job analysis)은 특정과제의 수행실적과 구성원으로서 사원들의 업적을 포착할 수 있어야 한다.

1) 개인적 특성(Personal Traits)

특성에 근거한(traits-based) 평가는 개인적인 특징에 초점을 맞춘다.

충성심, 신뢰성, 의사소통 능력과 리더십 등이 흔히 평가받는 항목들이다. 하지만, 이러한 개인적 특성이 업적을 나타내는 믿을 만한 지표가 되지 않을 수도 있다. 그러므로 업적평가는 누가 평가하는가에 상관없이 사원들이 하는 일을 반영할 수 있도록 고안되어야 한다.

2) 행 동

행동척도(behavioral criteria)는 어떻게 일이 수행되어지는가에 초점을 맞춘다.

(1) 고객 서비스(Customer Service)

예를 들어 Au Bon Pain사에 있어 친절한 계산원(cashier)은 아주 중요하다. 하지만 이 회사는 사원들의 친절함에 대한 관리자들의 평가를 사용하는 대신 사원들의 친절한 행동을 평가하기 위해 가상고객(mystery shoppers)을 고용하여 직원들의 친절도를 평가하게 하였다.

(2) 다양성 관리(Managing Diversity)

행동척도에 의한 평가는 관리자들이 다양한 배경을 가진 부하사원들의 개발에 충분한 관심과 에너지를 사용하고 있는지 점검하는 데 유용하게 사용되고 있다. 업적관리를 위해서 구체적인 행동항목들이 더 효과적인 평가척도가 되고 있다.

3) 객관적 결과(Objective Results)

결과척도(results criteria)는 어떻게 일이 수행되었는가 보다는 무슨 일을 수행해 냈는가에 초점을 맞춘다. 하지만 이를 통해 사원들 사이에 결과지상주의가 만연할 수도 있는 위험성이 있다.

4) 다척도(Multiple Criteria)

업적평가는 직무의 다양한 요소들을 다 포착할 수 있어야 한다. 어떤 일을 위해서는 특성(traits)이 더 효과적인 평가가 될 수 있지만 또 다른 일을 위해서는 행동(behavior) 혹은 결과(results)에 근거를 둔 평가가 최선일 수가 있기 때문이다.

(1) 타당성(Validity)

정당한 업적평가는 직무의 모든 양상을 정확히 반영해야 하고 나아가 그 외의 관계없는 요소들은 배제되어야 한다.

그림 7-1 | 성과영역의 두 가지 측면

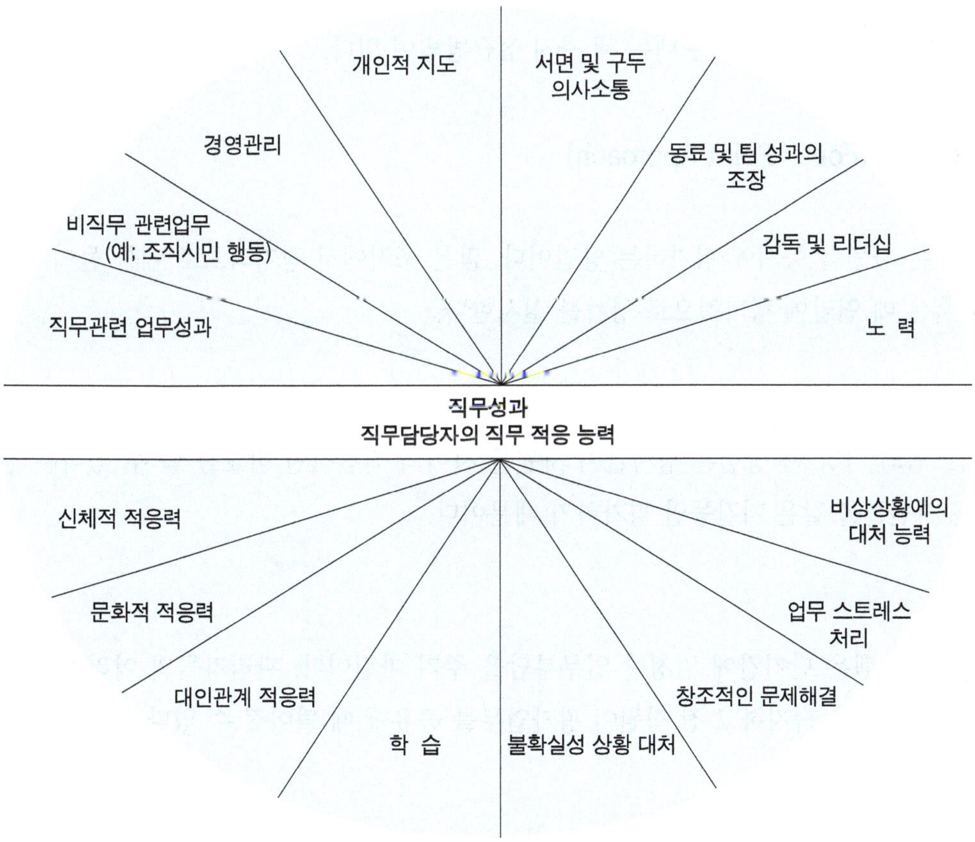

자료 : Jackson and Schuler, *Op. cit.*, p.465.

(2) 업적영역의 분류(Taxonomies of Performance Domains)

업적의 모든 항목이 빠짐없이 평가에 반영되었는가를 고려할 때 [그림 7-1]에서 보는 바와 같이 두 가지 영역이 유용하게 사용될 수 있다.

5) 척도의 가중치평가

평가의 어떤 척도가 다른 항목보다 더 중요하면 가중치가 주어져야 한다. 가중치를 부여할 때는 직무분석을 통해 확보한 정보가 유용하게 활용될 수 있다.

1.3 일정조절

업적평가의 일정을 조정하는 데는 세 가지 접근방법이 있다.

1) 초점접근법(Focal-Point Approach)

이는 모든 사원을 동시에 평가하는 방법이다. 많은 조직에서 정기적으로 예를 들어, 매 분기마다 혹은 매 연말에 정기적으로 평가를 실시한다.

(1) 표준화(Standardization)

이 시스템의 가장 큰 장점은 상사들이 사원들 사이의 직접적인 비교를 할 수 있다는 점이다. 모든 사원들을 같은 기간동안 평가하기 때문이다.

(2) 업무부담(Workload)

이 평가시스템은 단기간에 엄청난 업무부담을 주기 마련이다. 관리자들의 이러한 부담은 정확한 평가기준을 숙지하고 전 직원이 평가업무를 공유할 때 덜어질 수 있다.

(3) 실적주기(Performance Cycles)

이 시스템의 또 하나의 단점은 인위적으로 생산성의 주기가 만들어질 수 있다는 점이다.

평가 전에 업무의 생산성이 급격히 높아졌다가 평가가 끝나면 하락할 가능성이 있다.

2) 년 단위접근법(Anniversary Approach)

이 시스템에 의하면 평가는 1년내내 일어날 수 있다. 종종 어떤 사원의 업적평가가 입사일에 맞추어 이루어질 수 있다.

3) 자연적인 작업기간(Natural Time Span of the Job)

어떤 전문가들의 의견에 의하면 가장 좋은 평가주기는 일의 특성에 맞는 자연적인 주기에 맞추는 것이다. 예를 들어, 광고회사에서는 각각의 광고 후에 평가를 받는 것이다. 어떤 프로젝트를 수행하는 팀의 평가는 그 프로젝트 수행중에 평가와 피드백을 받는 것이 좋을 수도 있을 것이다.

1.4 평가와 피드백 참여자들

1) 전산점검

전산점검을 통하여 고용주는 트럭기사, 배달원, 판매사원과 같은 관찰하기 힘든 사원들의 실적을 체크할 수 있다. 예를 들어, 컴퓨터가 날짜, 시간, 속도, 장소 등을 기록하여 평가의 자료로 삼는 것이다.

2) 상 사

상사는 누구보다도 부하직원의 업적의 여러 요소에 대하여 충분한 지식을 가지고 있으므로 신뢰할 만한 평가를 제공한다고 볼 수 있다.

3) 자기평가

자기평가는 목표에 의한 경영(Management By Objectives, MBO)의 중요한 부분으로서 점점 더 인기를 얻고 있다. 이를 통해 과거의 업적과 미래의 목표설정을 결합할 수 있다.

(1) 자만심(Inflation)

자기평가는 자기개발과 성장 그리고 헌신을 위한 좋은 도구가 될 수 있다. 하지만 동시에 이는 체계적인 편견과 왜곡을 낳을 수 있고 종종 사원들 자신도 모르는 사각지대(blind spots)를 조성할 위험이 있다.

(2) 문화적 차이(Cultural Differences)

문화적 배경이 다른 사원들 사이에 자기평가를 각기 다르게 접근할 가능성이 있다.

4) 동 료

팀위주의 조직에서 동료에 의한 업적평가가 늘고 있다. 연구에 의하면 동료에 의한 업적평가는 미래의 실적을 잘 예측하는 것으로 나타난다.

5) 부하직원

상사의 모든 업무양상을 다 아는 부하직원은 거의 없지만 대부분 상사와 부하직원의 상호관계에 대한 정보를 지니고 있다. 이러한 평가방식을 상향식 평가(upward appraisal)라고 부르는 데 상사의 리더십스타일, 창조성, 업적관리활동 등의 정보를 제공하게 된다.

(1) 익명성(Anonymity)

상향식 평가의 한 가지 단점은 사원들이 항상 객관적으로 정직하게 상사를 평가하지 않는다는 점이다. 익명성을 보호하기 위해 평가는 다수의 부하직원들이 할 필요가 있다.

(2) 유용성(Usefulness)

실적이 별로 좋지 않은 관리자들에게 이러한 상향식 평가는 본인의 리더십에 대한 매우 중요한 정보들을 제공해 줄 수 있으므로 대단히 유용하게 활용될 수 있다.

6) 고 객

고객들이 평가원으로 사용되면 조직은 그 결과를 무시할 수 없다.

왜냐하면 대부분의 경우에 고객의 다수의견이 반영되기 때문이다. 이 경우 어려움은 공정한 고객표본을 추출하는 것이다.

7) 360도 전방위평가

상사, 부하직원, 동료, 사원자신 등 모든 사람들이 평가에 참가했을 때 이를 360도 평가(360-degree appraisal)라고 부른다. 한 사람이 평가하는 전통적인 평가와 달리 이는 한 사원의 주위 전후좌우에 있는 동료와 내부고객들이 평가를 담당한다. 이러한 평가는 단독평가보다 훨씬 더 공정하다고 여겨진다.

1.5 업적평가형식

1) 상대평가

누가 제일 이 일을 잘 할 것인가? 누가 가장 업적이 낮아 해고의 대상이 되고 있는가?

이러한 질문에 대한 대답을 하기 위해서는 상대평가가 적격이다. 평가자는 개인, 팀, 혹은 업무단위를 평가할 때 비슷한 다른 상대들과 비교하여 평가한다.

(1) 일직선 서열매기기(Straight Ranking)

평가대상인 개인이나 팀들을 최고위부터 최하위까지 순서대로 서열을 매긴다. 이 방식의 문제는 동점(tie)이 허용되지 않는다는 점이다.

(2) 강제분포(Forced Distribution)

많은 사원들의 업적이 비슷한 경우의 문제를 해결할 수 있다.

강제로 만들어진 분포도의 범주(보통 최상위에서부터 최하위까지 5등급으로 나뉜다)에 직원들을 분포시키는 방식이다.

예를 들면 다음과 같다.

최하	나쁨	보통	우수	최상
10%	20%	40%	20%	10%

2) 절대평가

(1) 그래프 평가형식(Graphic Rating Scales)

1920년대에 도입되었는 데 직접적인 업적측정이 필요없고 평가자의 자유에 맡기는 것이다. 가장 큰 장점은 평가형식의 단순성이다. 하지만 가장 큰 약점은 평가의 명확성과 정의가 결여되어 있다는 점이다.

(2) 행위기준척도법(Behaviorally Anchored Rating Scales: BARS)

그래프방식의 평가에 만족하지 못해 더 구체적인 행위척도가 개발되기 시작하였다. 행동에 의존한 평가(behaviorally anchored rating)는 사원들이 실적을 향상시키기 위해 쉽게 정보를 구할 수 있다는 장점이 있다. 단점은 평가스케일을 정하기가 쉽지 않고 이를 개발하는 데 시간이 많이 걸린다는 점이다.

(3) 행동관찰평가(Behavioral Observation Scales: BOS)

최근에 개발된 방식으로는 행동관찰스케일이 있다. 평가자는 업적의 수준을 표시할 필요가 없고 평가대상자가 어떤 구체적인 행동을 얼마나 자주하는가를 평가만 하면 된다. BOS 방식도 BARS방식처럼 개발하려면 비용이 많이 들고 많은 시간을 필요로 한다. 하지만 평가자가 사용하기는 더 쉽다.

3) 결과위주의 평가형식

결과위주의 평가의 초점은 일의 성과이다. 가장 많이 사용되는 두 가지 방식이 있다.

(1) 직접 지표방식(Direct Index Approach)

직접 지표방식은 생산성, 결근율, 거래액 등의 객관적인 자료를 사용하여 평가하게 된다. 이 방식의 장점은 사원들에게 기대되는 일의 성과에 대해 명확한 방향을 제시할 수 있다는 점이다. 하지만 중요한 업무의 행동이 무시될 수 있는 위험도 있다.

(2) 목표에 의한 경영(management by objective : MBO)

MBO는 미래의 목표를 설정하는 것으로 시작한다. 실적은 그 설정된 목표에 대하여 평가된다. 상대적으로 객관적인 목표를 설정했을 때 성과가 좋다. 효과를 보려면 설정된 목표가 도전할만한(challengeable) 것이어야 한다. 도전적이면서 성취할 수 있는 목표를 스트레칭 골(stretching goals)이라고 부른다.

어떻게 설정되었든 다음 단계는 목표달성을 위한 전략을 개발하는 것이다. 일정한 기간이 지난 후 실제 일의 성과를 미리 설정된 목표에 대비하여 평가하게 된다. 그리고 측정이 끝나면, 목표를 달성하지 못한 혹은 초과달성하게 된 이유들을 조사해 보아야 할 것이다. 목표에 의한 경영시스템이 효과적이려면 관리자들은 이 과정에 헌신적이어야 한다.

1.6 평가과정

조직은 업적을 평가하기 위해 다양한 방법들을 사용할 수 있다.

이들 방법 중 어떤 것은 객관적이고 또 어떤 것은 보다 주관적일 수 있다. 업적평가의 성패는 부분적으로는 정보처리능력과 평가자의 전략에 달려있다.

1) 평가오류(Rating Errors)

평가척도가 명확히 제시되어 있지 않고 평가의 공정성이나 정확도에 대한 인센티브가 없다면, 후광효과(halo effect), 관대화 경향(leniency effect), 중심화경향(central tendency), 상동효과(stereotyping) 등 여러 가지 평가자에 의한 오류가 평가과정에 나타날 수 있다(평가자의 오류에 관해서는 본장의 2.2 성과관리의 사이클부분 참조).

2) 평가자의 정확도 높이기

평가과정의 오류를 최소화하고 정확성을 높이기 위해서는 다음과 같은 여러 가지 전략이 사용될 수 있다.

(1) 평가척도형식(Rating Scale Format)

업적평가는 평가척도와 스케일이 정밀할 때 더 정확해진다. 정확한 평가요소가 적당한 자리에 위치할 때 평가자의 평가가 더 정확해진다.

(2) 기록의 도움(Memory Aids)

평가에 참여하는 모든 관계당사자는 규칙적으로 행동이나 결과들을 기록해 두어야 한다. 평가전에 행동일지나 중요한 사건에 대한 파일을 찾아보는 것이 오류를 줄일 수 있는 방법이

그림 7-2 | 업적평가자의 평가과정

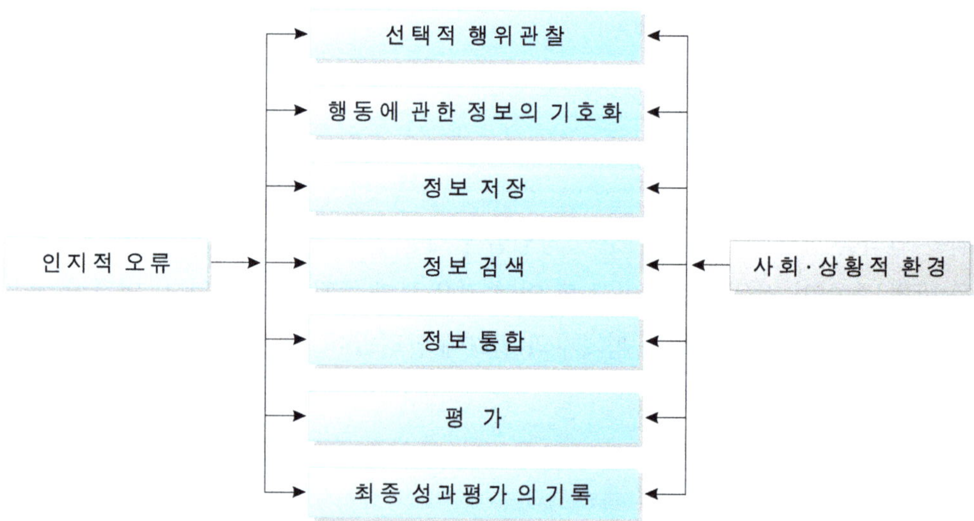

자료 : Jackson and Schuler, *Op. cit.*, p.478.

다.

(3) 평가자 훈련(Rater Training)

평가의 정확도를 향상시킬 수 있는 또 하나의 방법은 평가자의 관찰기술을 향상시키도록 훈련하는 것이다.

(4) 정확한 적시평가에 대한 보상(Rewards for Accurate and Timely Appraisals)

평가의 부정확성의 한 가지 이유는 동기의 결여이다. 보상이 없다면 평가자는 정확한 평가보다는 높은 점수를 주는 경향이 있다. 이를 방지하기 위해 성과달성에 대해 즉각적으로 적시평가가 이루어지도록 동기를 부여함과 동시에 그것이 급여인상, 승진, 인사발령 등에 반영될 수 있도록 평가자의 정확한 적시평가를 장려하는 인센티브제도의 도입이 유용하다.

(5) 다수에 의한 평가(Multiple Raters)

다수의 평가자를 참여시켜 평가의 책임을 분산하면 각 평가자가 더 정확히 평가하는 경향이 있다. 집단으로 묶어 평가하게 하면 효과를 볼 수 있다.

1.7 피드백제공

피드백을 제공하는 단계에서 상사와 부하직원들은 정보를 교환하기 위해 만나게 된다. 여기에서는 업적의 평가결과와 업적향상을 위한 의견이 교환된다.

1) 갈등의 원인

(1) 평가와 개발의 목표

업적평가후 상사는 몇몇 직원들에게 부정적인 피드백을 주게 된다.

이 부정적인 결과를 전달하는 상사와 보상이나 인정을 원하는 직원들 사이에 갈등이 초래될 수 있다. 상사는 솔직하게 향상이 필요한 항목을 전달하면서 동시에 직원들의 자존심을 보호할 수 있어야 한다.

(2) 변 명

부정적인 업적평가의 결과에 대해 사원들은 자기변명을 하게 된다. 예를 들어 자신의 내부적인 문제라기보다는 어려운 업무나 불명확한 지시 등의 외적인 환경에 그 책임을 돌리려 할 수 있다. 이러한 자기변명으로 인해 어떻게 업적을 향상시키는가에 대해 상사와 직원이 동의하지 못하는 일이 생긴다. 이로 인해 긍정적인 평가에 의해 기대할 수 있는 효과가 반감될 수도 있다.

2) 일정조정

업적평가의 피드백은 시기에 잘 맞추어 전달해야 한다. 일반적으로 즉시 전달하는 것이 효과적이다. 또한 지속적으로 피드백을 제공하는 것이 피드백의 가치를 높이는 가장 좋은 방법이다.

3) 준 비

업적이 중요하다는 메시지를 전달하기 위해 피드백미팅의 일정은 미리 준비되어야 한다. 관리자와 사원은 그 토론회의 목적과 내용에 대해 논의하여 합의점을 찾아야 한다. 면담전에 이러한 문제에 대해 논의함으로써 서로 준비할 시간을 갖게 된다.

4) 토론의 내용

효과적인 피드백면담을 위해서는 지도와 자문기술이 필요하다.

상사는 업적의 결과, 원인 등에 대하여 사원들이 하는 말을 들을 수 있어야 한다. 더 효과적인 방법은 이러한 면담을 통해 문제를 해결하고 미래를 준비하는 기회로 삼는 것이다.

(1) 진단(Diagnosis)

진단의 목적은 사원의 업적에 영향을 미치는 요소들을 이해하고자 하는 것이다. 진단은 업적이 좋지 못한 사원들에게 특히 중요하며, 견해들을 나누고 해결책을 찾는 것에 초점을 맞추어야 한다.

(2) 장애물 제거(Removing Roadblocks)

진단과정을 통해 알게 된 것에 근거하여 상사와 부하직원은 구체적인 실천계획에 대해 합의점을 찾는다. 계획의 구체적인 내용은 조직의 필요와 진단의 내용에 따라 다를 수 있다.

(3) 목표수립(Goal Setting)

MBO 방식이 사용될 때, 목표수립은 실천계획의 중요한 부분이다. 목표는 두 가지 방법으로 동기에 영향을 준다. 첫째, 이는 사람들이 쏟는 노력의 양을 늘리게 한다. 둘째, 그 노력의 방향을 제시해 준다.

직속상관이 훈련을 지도하는 데 지대한 영향을 미치기 때문에 인적자원관리를 담당하는 부서에서는 조직의 훈련원칙에 대해 관리자들을 교육시켜야 한다.

(4) 자주관리(Self-Management)

자기관리는 업적의 문제점을 해결하는 새로운 방법이다. 이를 통해 사람들은 자신의 행동을 관리하는 법을 배운다. 자주관리는 사람들이 자신의 문제를 평가하고 이 문제에 대한 구체적인 목표를 수립함으로써 시작된다.

5) 긍정적인 피드백이 아무런 효과가 없을 때

실적이 더 나빠지거나, 문제행동이 별 변화가 없거나 변하지 않을 때 극단적인 조치가 필요할 수 있다.

(1) 전환(Transfer)

때때로 어떤 사원은 자신의 업무와 잘 맞지않는 경우가 있다. 그 사원이 유용한 기술이나 능력을 소유하고 있을 때, 다른 부서로 전환시키는 것이 이로울 수가 있다.

(2) 중화(Neutralize)

어떤 사원의 문제를 중화시키는 것은 그 사원의 업무를 재조정해 주는 것을 의미한다. 이는 그 사원이 생산성을 보일 수 있는 업무를 배정해 주는 것을 의미한다.

(3) 해고(Terminate)

해고는 일반적으로 부정, 습관적 결근, 자산남용, 불복종 등의 행동에 대해 정당화되는 조치이다. 지속적으로 낮은 생산성도 그 이유가 될 수 있다. 실수의 결과를 감안할 때 해고가 효율적인 대처방안이 될 수 있다.

1.8 팀평가와 피드백

1) 팀의 유효성 척도

팀의 유효성을 증진시킬 수 있는 첫 단계는 팀실적을 평가하는 방법을 아는 것이다. 팀의 평가는 개인평가와 마찬가지로 팀실적 평가척도와 척도의 가중치에 달려있다.

그림 7-3 | 팀과 구성원들의 성과기준

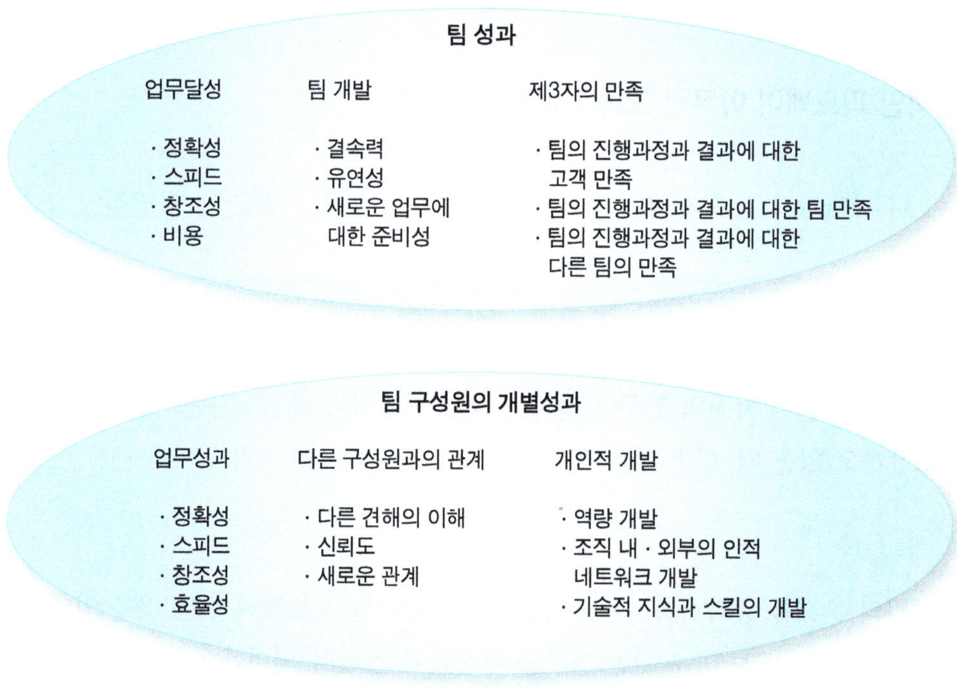

자료 : Jackson and Schuler, Op. cit., p.478.

2) 문제점 진단

팀의 효율성을 결정하는 여러 가지 요소들이 있다. 여기에는 외부적인 환경과 내부적인 환경양자를 포함한다.

(1) 팀내부의 운영과정

여기에는 시간의 경과에 따른 개인적인 느낌이나 행동규범의 발전이 포함되어 있다. 효과적인 팀에서는 이러한 진전이 구성원들 사이의 협력을 증진시킨다. 팀내부에 신뢰와 명확한 행동규범이 세워져야 효과적인 업무완성을 기할 수 있다. 팀에 가해지는 외부의 힘이 팀실적 저하의 원인이 될 수도 있다.

(2) 문 화

사회문화(Culture) 그리고 조직문화 모두 외부환경의 중요한 요소이다.

문화적 차이는 국적이 다르면 당연히 생기지만 한 국가내에서도 팀에 따라 다양하게 나타난다. 국적이 달라도 팀은 조직문화의 지원이 있으면 잘 운영될 수 있다.

그림 7-4 | 성과문제를 진단하는 데 있어서 고려해야 할 팀 유효성 요인

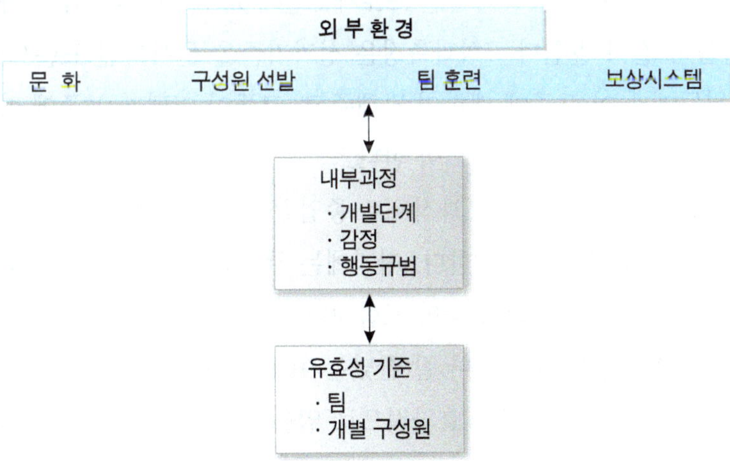

자료 : Jackson and Schuler, Op. cit., p.491.

3) 팀 피드백

팀 구성원 사이에 평가를 하게 되면 여러 가지 질문에 봉착하게 된다.

피드백을 제공하기 위해 정보를 어떻게 사용해야 하는가, 팀외부의 누군가가 평가면담을 수행하여야 하는가, 팀의 리더도 이 평가작업을 해야 하는가 등의 문제이다.

02 · 성과관리

여기서는 성과측정에서 성과관리로의 이동에 관하여 살펴보고자 한다. 오랫 동안 종업원과 관리자들은 사정중심의 성과측정 프로세스에 대하여 불평을 하고는 했다. 이에 대해 조직은 성과측정 프로세스를 수정하는 것에서부터 기존의 성과측정방법을 폐기하고 완전히 새로운 프로세스를 만들곤 했다. 이에 대한 우리의 입장은 성과관리가 뒷받침되는 성과측정만이 구성원들을 이해시킬 수 있을 것이라는 점이다.

비공식적인 성과측정 프로세스는 종업원이 처음으로 일을 시작했을 때부터 조직내에 존재해 왔었다. 평가나 측정에 대한 공식적인 프로세스는 1940년대부터 점차 사용되기 시작했다. Myers는 다음과 같이 말한다. "성과측정은 성과기준을 문서화된 표준으로 만드는 프로세스이며, 종업원들에게 이 표준에 대하여 말해주고, 그들이 어떻게 표준에 따라 성과측정되고 있는지에 관해 알려주는 과정이 되어야 한다."

이에 반해 성과관리는 가능한 한 효과적으로 종업원들의 성과창출을 돕는 데 있어 관리자들에게 허용된 모든 프로세스들을 말한다. 여기에는 책임감, 기대의 설정, 필요자원의 제공, 계속적인 피드백, 주기적인 성과측정 등이 포함된다.

쉽게 말해서 성과측정은 일이 얼마나 잘 끝났는가("How well was the work done?")에 관한 것이며, 성과관리는 종업원이 최대한 효과적으로 일을 할 수 있도록 하기 위해 무엇을 도와주어야 하는가("What can be done to help employees perform as effectively as possible?")에 관한 것이다.

2.1 성과관리의 목표

효과적인 성과관리 프로세스를 개발하고 평가하기 위해서 관리자는 두 가지 문제에 대해 질문과 답을 할 필요가 있다. "우리는 이 프로세스로부터 무엇을 얻기를 원하는가?", "이 프로세스를 사용하려고 의도한 목적은 무엇인가?"

1) 종업원 성과를 향상시켜라

성과관리 프로세스는 종업원들이 현재의 위치에서 그들의 일을 더욱더 효과적으로 실행할 수 있게 하고, 조직적인 목표를 더욱더 성공적으로 이룰 수 있도록 도와줄 수 있다. 전통적인 성과측정방법은 "백미러(rearview mirror)"의 입장을 택하였기 때문에 목표를 위한 수행은 부족했었다. 성과관리 프로세스는 종업원들이 기대하는 것과 함께 어떻게 관리자가 종업원들을 지원해 줄 것인가에 대한 내용들을 포함하고 있다.

2) 승진기회를 위해 사람들을 개발하라

성과관리 프로세스는 새로운 지위와 승진기회에 대하여 사람들의 개발을 도와준다. 만일 회사가 도전을 필요로 하는 곳에 종업원들의 기대수준을 정해 놓는다면, 종업원들은 새로운 위치에서 필요한 역량들을 개발시키기 위해 도움을 받을 수 있다. 유사한 역량이 필요한 곳이라면 피드백을 제공하고, 훈련을 하게 하며, 사람들을 개발시키는 데 필요한 지원을 해야 한다.

3) 종업원들의 욕구충족-피드백

종업원들의 대부분은 자신의 일을 어떻게 해야 하는지에 관해서 알기를 원한다. 그들은 조직으로부터 그들이 어떻게 성과를 향상시킬 수 있는가에 대한 조언과 같은 긍정적인 피드백을 원한다. 그러나 대부분의 종업원들이 그들의 일을 복습하는 것을 별로 기대하지 않고, 대부분의 관리자들도 그들을 지속적으로 지도하는 것을 부담스럽게 생각하는 것이 사실이다.

비록 이러한 잘못된 상황에 대한 이유가 아무리 많더라도 가장 근본적인 답은 바로 종업원들은 그들의 작업에 관해 정기적인 피드백을 원한다는 것이다. 잘 고안된 성과관리 프로세스는 종업원들이 그들 스스로의 성과를 측정할 수 있는 도구를 제공함으로써 문제를 해결 할 수 있다.

4) 종업원들이 조직의 목표를 향하여 일하고 있다는 것을 확신시켜라

과거의 전통적인 성과측정 프로그램은 "당신은 잘하고 있습니까(Are you performing well)?"라고 질문을 하고는 했다. 보다 효과적인 성과관리 접근법은 "당신은 해야 할 일(조직 목표와 연계된)을 잘 하고 있습니까(Are you performing well on the right things)?"라고 질문한다. 성과관리 프로그램은 조직의 전략적 계획 프로세스를 개인들의 노력과 연결시킬 수 있다. 이를 위해 종업원들은 그들에게 할당된 많은 의무와 프로젝트의 상대적인 중요성 또는 우선순위에 대한 감각을 가지고 있어야만 한다.

5) 주관성의 최소화

종업원들의 일에 관해 잘 정의되고, 측정가능한 객관적인 표준은 오해의 가능성을 줄이고 주관성을 최소화시켜 줌으로써 조직과 구성원 간의 갈등을 줄이는 데 도움을 준다.

2.2 성과관리 사이클

[그림 7-5]는 성과관리의 사이클을 보여주고 있다.

1) 직무목표의 확정

조직의 목표, 가치와 고객의 기대를 종업원들에 의해 수행되는 일과 확실하게 연결시키는 것이 성과관리의 출발점이다.

그림 7-5 | 성과관리의 사이클

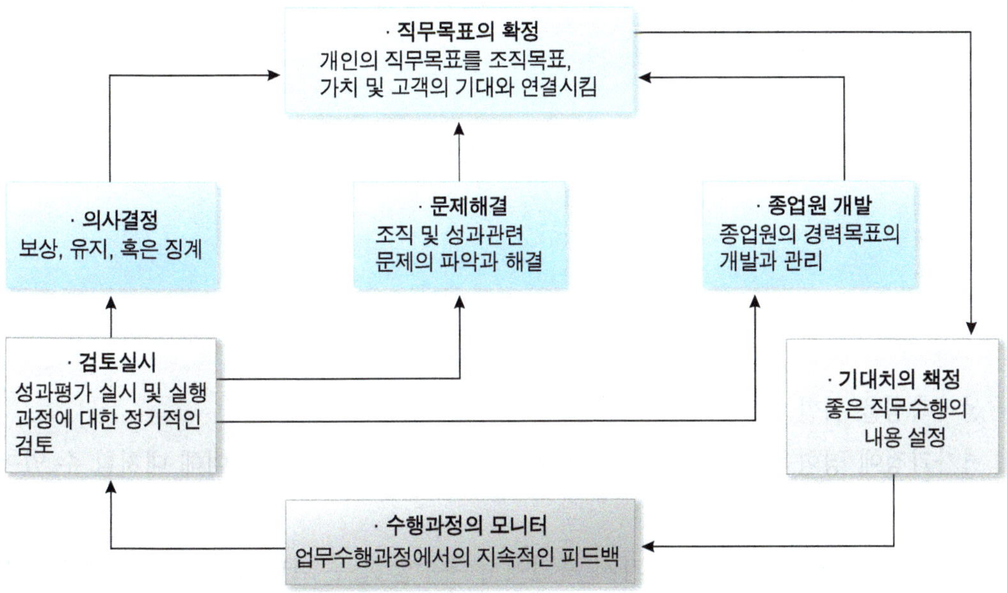

자료 : Jackson and Schuler, Op. cit., p.478.

2) 기대치의 책정

- 조직 및 부문의 목표와 개인적인 성과기대에 관해 검토하라
- 목표, 임무 및 프로젝트를 명확히 규명하라
- 성과측정과 표준에 대해 설명하라

성과측정은 각 직무의 목적, 의무 또는 프로젝트에 관한 "좋은 직무수행의 내용"을 제공한다. 목적과 측정은 조직의 목표를 지원하는 것과 일관성을 이루어야 한다. 좋은 목표는 다음 "SMART"의 특징들을 가진다.

Specific(구체적)

Measurable(측정가능)

Aligned with organizational goals(조직목표와의 일관성)

Realistic and result oriented(현실적, 결과지향적)

Time limited(제한된 시간)

- 성과요인들을 명확히 하라

  성과요인들은 고객서비스, 다양성의 포용, 직업전문화의 유지, 계획과 조직, 팀웍, 열린 커뮤니케이션 등을 포함한다.
- 모니터링계획을 개발하라

  모니터링은 종업원 성과를 추적하기 위한 방법과 도구에 대한 토론과 동의를 필요로 한다.

3) 검토실시

- 성과측정을 위한 인터뷰를 실시한다.
- 평가과정에 영향을 미치는 일반적인 오류에 대해 인지하고 이에 대해 대처할 수 있어야 한다.

  * 후광효과(Halo effect) : 한 가지 측면에서 우수할 경우 나머지 모두를 우수하게 평가하는 경향
  * 상동효과 혹은 동일시 경향(Stereotyping) : 어떤 특정한 속성을 지닌 사람들을 모두 똑같이 평가하는 것
  * 각인효과(Horns) : 한 가지 측면에서 뒤떨어질 경우 나머지 모두를 나쁘게 평가하는 것
  * 중심화 경향(Central Tendency) : 모든 평가항목에 대해 중간부분에 체크하는 것
  * 최근 사건중심 경향(Recency) : 최근의 일들을 중심으로 평가하는 것
  * 관대화 · 가혹화 경향(Leniency/Severity) : 모든 항목에 대해 좋게 평가하거나 반대로 아주 나쁘게만 평가하는 것
  * 유사성(Similarity) : 평가자와 유사한 특징을 가지고 있는 피평가자를 높이 평가하는 것
  * 대조효과(Contrast Effect) : 표준을 사용하는 것이 아니라 다른 종업원과 비교하는 것
  * 선별적 지각(Selective Perception) : 평가자가 원하는 것만을 보고 들어서 평가하는 것

4) 성과측정정보의 사용 : 의사결정, 문제해결, 개발

(1) 의사결정

조직은 역사적으로 인적자원의사결정(임금, 승진, 해고 등)을 위해 성과측정 데이터를 사용해 왔다.

(2) 문제해결

성과측정정보를 바탕으로 업무수행과 관련하여 발생한 문제 혹은 조직적인 문제를 파악하여 해결한다.

(3) 개 발

다른 목표들과 마찬가지로 종업원들의 개발관련 목표가 "SMART"의 특성을 가지고 있는지 측정되어야 한다.

2.3 성과관리의 새로운 동향

조직과 개인의 업적향상을 위한 성과관리의 계획과 피드백의 중요성에 대해 이의를 제기하는 사람은 거의 없다. 그러나 기존의 성과관리 프로그램들은 여러 가지 측면에서 많은 비판을 받으면서 새로운 방향을 모색하고 있다.

(1) 단기실적 및 사정중심 평가의 지양

성과관리의 초점이 지나치게 사정과 단기적 보상에 두어져 있어 종업원의 장기지향성이 소홀히 다루어지는 경우가 많다. 아울러 업무수행이 팀 중심으로 변화되고 성과관리의 초점이 점차 평가를 통한 피드백, 즉 종업원개발과 문제해결로 옮겨가면서 사정중심의 평가는 점점 더 설득력을 잃어가고 있다.

(2) 피평가자 집단의 비대화경향 지양

한 사람이 평기해야 할 피평가자의 숫자가 너무 많나.

다운사이징을 통해 관리와 감독의 통제범위가 증가하게 되었고, 더욱더 다양해진 종업원들로 인해 관리자는 그들이 무엇을 하는지를 파악하고 관리하는 것이 더욱더 어렵게 되었다.

(3) 지나친 하향식 평가방식의 지양

평가시스템이 지나치게 하향식 일변도여서 종업원의 참여가 결여됨으로써 불공정시비가 자주 발생한다.

(4) 팀위주 평가시스템의 확산

종업원들이 좀 더 효과적으로 조직의 목표를 달성할 수 있도록 그들을 팀으로 조직하는 과정에서, 전통적인 평가측정시스템이 잘 맞지 않을 수가 있다. 개개인의 노력이나 보상이 팀구조와는 잘 맞지 않을 수도 있으며, 팀의 관리자가 팀워에 의한 팀의 행동을 정확하게 평가하지 못할 수도 있다.

(5) 전사적 품질관리(Total Quality Management)의 확산에 따른 평가시스템의 도입

TQM의 주창자들은 전통적인 성과측정 프로그램이 개인의 성과측정에 초점을 맞춤으로써 현장 작업자들의 실수를 비난하는 용도로 많이 활용되어 왔다고 비판한다. 따라서 조직은 프로그램의 수정을 통해서 이러한 비판에 대응할 수 있어야 한다.

(6) 종업원 참여의 증대

작업장에서의 전반적인 종업원 참여가 증대되는 추세에 발맞추어 성과관리 프로세스에서도 종업원들의 참여가 증가하고 있다. 이것은 종업원들이 그들의 성과기대와 성과측정의 개발에 참여할 수 있고 더 나아가 활동적인 종업원 모니터링을 통해 자기평가가 가능하도록 바뀌어지고 있다.

(7) 복수평가자(Multirater) 시스템의 확산

성과관리에서 가장 주목할 만한 혁신은 1인 평가로 인한 편향성을 해소하기 위해 복수평가자를 운용하는 경향이 증가하고 있다는 점이다. 예를 들면 부하에 의한 상사평가(bottom-up appraisals), 동료평가, 360도 피드백시스템을 들 수 있다. 그러나 이러한 시스템은 종업원을 지원하는 조직문화, 모든 프로그램 참가자들에 대한 지속적인 개선훈련 등이 뒷받침 될 때 비로소 소기의 성과를 거둘 수 있다.

2.4 성과관리의 전략적 이슈

1) 성과관리시스템의 개발과정에서의 시스템 사용자의 참여

성과관리과정과 기법들을 재점검하고 개발하는 것은 인적자원 전문가들이 리드하는 반면 조직은 시스템사용자를 개발과정에 포함시키는 것이 필요하다. 개발팀 구성원들, 평가대상 집단의 참가자들, 설문조사의 응답자들을 그 예로 들 수 있다.

2) 성과평가로부터 성과관리로의 전환을 위한 대안모델

"어떠한 수정도 필요없는 완전한 시스템을 만들어 낼 수 있다"라고 생각하는 것은 비현실적이다. 따라서 조직은 새로운 시스템을 채택하는 데 있어 대안들을 항상 고려해야 하며 그러한 대안들에는 다음과 같은 것들이 있다.

(1) 실험프로그램(Pilot program)의 시행

새로운 개선이 요구되는 부문에 대해 일정기간 새로운 시스템의 성공여부를 시험적으로 테스트 해보는 방법이다.

(2) 특정 부문에 먼저 시행

전체조직을 대신해서 새로 개선된 평가시스템의 적용성 여부를 가장 잘 파악해볼 수 있는 부문을 골라 먼저 시행해 봄으로써 시스템의 개선사항을 파악할 수 있다.

(3) 시차를 둔 실행(Staggered implementation)

성과관리의 성공적인 실행의 핵심은 최고경영자로부터의 지원이다. 따라서 새로운 프로그램의 도입을 임원진부터 시작하는 방법이다. 그리고 그 다음 해에는 중간관리층, 그리고 그 다음 해에는 하위감독직, 그리고 마지막으로 현장종업원 순으로 연차적으로 그 적용을 확대해 가는 방식이다.

3) 성공적인 실행에 대한 장애물들

성과관리를 성공적으로 수행하기 위해서는 다음과 같은 장애물들에 대해 적절하게 대처할 수 있어야 한다.

- 경영진의 무관심
- 새로운 프로그램에 대한 과신
- 문서위주의 행정편의적인 프로그램의 개발
- 평가자 훈련의 결여
- 성과관리 프로그램의 잦은 교체
- 신프로그램 및 부적응자에 대한 지속적인 모니터링의 실패
- 평가자와 피평가자의 참여의식 부족

연습문제

1. 업적평가의 전략적 중요성에 대해 설명해 보시오.

2. 평가주기의 내용과 각 방법이 지닌 장 · 단점을 비교해 보시오.

3. 부하에 의한 상사평가의 목적과 시행시의 유의사항에 대해 설명해 보시오.

4. 360도 평가의 목적과 장 · 단점에 대해 설명해 보시오.

5. 평가자가 범하기 쉬운 오류의 내용과 개선방안에 대해 토의해 보시오.

6. 팀 평가방법에 대해 설명해 보시오.

7. 성과관리에는 어떤 전략적 이슈가 있는가?

8. 성과관리의 목표와 사이클에 대해 설명하시오.

9. MBO가 과거의 목표관리와 다른 점을 설명하고 그것이 성과관리에서 갖는 의미에 대해 토의하시오.

10 직무목표설정의 요건으로서의 SMART에 대해 설명해 보시오.

제8장

인적자원의 개발

학습목표

인적자원개발의 중요성, 학습복지, 학습조직, 지식경영, 개발의 필요성 분석, 개발 프로그램의 내용, 개발방법(e-learning, OJT, Off-JT), 학습효과증대방안, 팀응집력 형성훈련, 팀웍훈련, 교차문화훈련, 글로벌 매니저의 개발, 훈련 및 개발의 평가, 경력개발

01 · 인적자원관리 시스템과 인재개발

1.1 기본용어

(1) 교육훈련(Education and training)

교육이란 현재나 가까운 장래에 필요한 구성원들의 능력개발을 의미하며 보통 주목적은 직원의 숙련도 및 지식의 증대를 통한 특정 직무상의 업적개선이다.

교육이 수행되는 경우는 아래와 같다.

- 신입직원이 실무배치되기 전에 실무능력이 부족한 경우
- 기술발전이나 직무재편성으로 인해 새로운 직무능력이 요구되는 경우
- 보직변화나 승진으로 인해 새로운 실무능력이나 지식이 필요한 경우

실무능력 및 지식교육은 대부분 수시간 내지 수일 내에 완료된다. 많은 기업에서 실시되고 있는 신입사원 오리엔테이션 교육이나 계층별, 직능별 교육이 전형적인 예이다.

(2) 개발(Development)

개발이란 장기간에 걸친 능력개선을 의미하며 주목적은 해당 인력이 향후에 수행하게 될 역할에 대한 준비를 시키는 것이다. 개발이 개개인의 현재 직무수행에 도움을 줄 수도 있지만 그것이 개발의 전형적인 목적은 아니다.

개발의 일반적인 접근방식은 '도전적 과제'에 대한 해결임무를 부여하는 것이다. 도전적 과제임무를 부여받은 직원은 종종 최적의 실적을 못 낼 수도 있으나 그를 통해 취득한 소중한 학습내용은 장래에 그 효과가 입증될 것이다. 이런 이유에서 개발활동을 직업능력개발 혹은 리더십개발이라 지칭한다.

(3) 사회화(Socialization)

사회화는 훈련 및 개발과 밀접한 연관을 갖고 있는 개념으로서 주목적은 직원에게 해당 조직의 역사, 문화 및 경영관행을 가르치는 것이다. 사회화를 통해서 직원은 새로운 환경이 어떻게 돌아가는지 배우게 되며 그 내용들 중에는 정책이나 절차에 관한 교범에서는 찾아볼 수 없는 내용들도 있다.

직원들을 사회화하고자 하는 국제적인 노력은 신입직원채용시뿐 아니라 국제적인 인수합병과 같은 큰 변화가 있을 때도 수행된다.

1.2 학습조직 및 지식경영

학습을 여러 가지 방식으로 조직의 도처에서 매일 발생하는 활동으로 만들고자 노력하는 조직을 '학습조직(Learning Organization)'이라 한다. 반면에 조직내의 직원팀 및 단위집단에서 얻어지는 지식을 확보, 기억, 저장 및 공유하도록 하는 경영방식을 '지식경영(Knowledge Management)'이라 하며 지식경영은 학습조직의 요체라 할 수 있다.

지식경영기술은 지식을 전자적으로 공유할 수 있는 소프트웨어를 제공한다. 보통 조직의 인트라넷을 기반으로 운영되는 이 시스템은 지식뿐 아니라 정량적인 자료를 확보하고 전파시킬 수 있다. 회사내의 지식경영기술을 전통적인 교육개발 프로그램을 포함하는 기존의 학습활동과 완전히 통합하기 위해 학습조직을 지향하는 기업에서는 최고학습책임자(CLO) 혹은 최고지식책임자(CKO)라는 직책을 마련하고 있다.

지식경영기술이 학습을 촉진시키도록 하기 위해서는 직원들이 기꺼이 지식과 경험을 공유하고 또 다른 사람의 지식 및 경험을 사용하여야 한다. 따라서 이러한 학습과정을 고무 및 지지하고 보상하는 관행이 정착될 수 있도록 학습조활동 등 다양한 제도적 장치가 뒷받침되어야 한다.

1.3 여타 인적자원관리 활동과의 연계

특정 교육개발활동의 목표는 본 장에서 설명하고 있는 바와 같이 매우 다양하다. 그와 동시에 이러한 다양한 목표에 따라 인적자원관리 체계의 다른 부분들이 특정 교육개발활동과 확고하게 통합되어야 한다.

교육개발의 목표가 신입직원교육이라면 해당 교육은 채용활동과 연계되어야 한다. 목표가 업무성과 개선이라면 교육은 해당 업무수행에 있어 무엇이 필요한가에 대한 직무분석정보를 통해 계획되어져야 한다. 장래의 승진이나 발전을 위해 직원을 교육하고자 한다면 해당 활동은 상위직책에 대한 승계원칙과 연계되어야 할 것이다. 반면에 교육의 목표가 조직문화상의 변화라면 실적평가 및 보상을 교육완수와 연결짓는 것이 적절할 것이다.

그림 8-1 | 인사관리시스템 내에서의 교육개발 요소

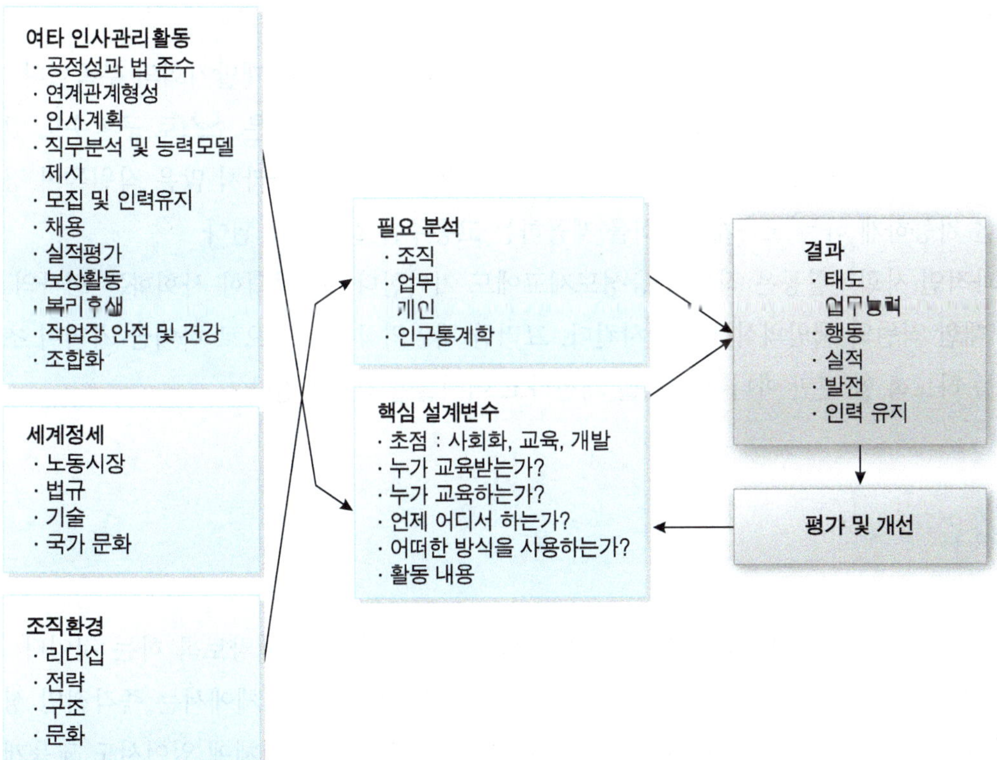

자료 : Jackson and Schuler, *Op. cit.*, p.353.

02 · 교육 및 개발의 전략적 중요성

최고의 경쟁력을 갖춘 기업들은 자사의 전략을 이행하기 위해 직원의 능력을 향상시키는 교육개발활동을 잘 활용하고 있다.

직원의 능력향상은 교육개발이 제공하는 경쟁상의 이점인 반면에 교육개발활동은 간접적인 방식으로 조직의 성공에 기여한다는 점을 기억해야 한다. 나아가 교육개발은 평생고용시대를 맞아 증대되는 종업원들의 학습복지욕구를 충족시켜줄 수 있는 수단이기도 하다.

2.1 인적자원의 채용 및 유지

종업원의 불만요인 중 하나는 일부 고용주가 제공하고 있는 경력개발기회의 부족이다. 대부분의 종업원은 새로운 직무능력을 획득하고자 하고 그러한 능력은 스스로 구할수도 있지만 가능하면 자신의 고용주가 그 기회를 제공해 주기를 바란다. 따라서 많은 직원들이 경력개발을 가능하게 하는 교육개발기회를 제공하는 고용주를 갈구하게 된다.

효과적인 사회화활동은 직원의 충성도제고에도 기여한다. 즉 강력한 사회화는 회사의 성공에 대한 직원의 책임의식을 증대시킨다. 그러한 책임의식은 직원으로 하여금 기꺼이 초과근무를 하도록 할 뿐만 아니라 근태를 개선하고 이직률을 감소시킨다.

2.2 업적 향상

교육의 주목적은 직원들로 하여금 최고수준의 업무수행능력을 배양토록 하는 것이다. 경쟁이 매우 심한 산업에 있어서 생산성과 고객만족도가 떨어지는 업체에서는 즉각적인 성과가 나타나는 교육이 특히 중요하다. 급속도로 신기술을 적용하는 업체에 있어서도 교육개발은 직원의 상대적인 퇴보를 막기 위해 필요하다. 인수합병은 국제화와 마찬가지로 교육개발의 필요성을 증대시키는 또 다른 요인이다.

(1) 서비스 개선

일련의 기업인수를 통해 성장하면서 저가격 고품질의 전략을 따르던 Quebecor World(Box 참조)가 치열한 경쟁으로 인해 그 이상을 요구하는 고객의 요구에 직면하게 되었다. Quebecor World는 교육을 통해 더 나은 서비스와 분산된 기업문화의 통합을 꾀하게 된다.

(2) 고객을 위한 훈련

Siemens USA를 포함한 상당수의 조직은 자사 직원교육은 물론이고 고객사의 직원교육 개발을 돕는다. 고객사를 위한 실무투입교육은 회사가 갖고 있는 선진기술시스템의 기능을 십분 활용하게 함으로써 그 이점을 인식하도록 해 준다.

밀폐기구를 생산하는 Chesterton은 그보다 더 나아가 영업인력을 위해 개발한 교육프로그램을 고객사에게 공급함으로써 추가매출창출을 꾀하고 있다.

(3) 생산성

개발이 장기적인 안목으로 인해 즉각적인 효과가 덜한 것은 사실이지만 그렇다고 그것이 개발의 가치를 떨어뜨리는 것은 아니다.

광업 및 금속재벌인 Finnish가 구리 및 황동압연 공장인 American Brass Factory를 인수했을 때, 회사임원들은 공장직원들에 대한 개발활동이 이루어져야 한다고 생각하고 보기드문 교육프로그램을 시작하게 되었다. 지역대학에서 온 강사들은 국제경쟁의 역학, 성장경제 내에서의 손익계산서 읽는법 및 제품원가에 영향을 미치는 요인들에 대해 교육을 했다. 아울러 경영진은 분기마다 총 850명에 대한 설명회를 개최했다. 회의주제는 공장운영, 시장상황 및 설비투자 등이었다. 결과는 가격, 경쟁 및 고객관련 사안들이 매년 개선된 것으로 나타났다.

(4) 신기술

신기술은 최근 몇 년간 생산성 향상의 원동력이 되었다. 하지만 신기술사용에 대한 교육없이는 신기술적용은 거의 불가능하다. 질레트에서는 신제품인 MACH3를 생산하기 위해 생

Quebecor World의 경쟁력 개선 훈련

몬트리올에 본부를 두고 있는 세계 최대 인쇄회사인 Quebecor World는 세계 40개국에 160개 공장을 갖고 있다. 1998년 이 회사는 빈약한 고객서비스로 인해 매년 수십만 불의 손해를 보고 있었다. 일년간에 걸친 회사차원의 필요성 평가를 통해 서비스 개선이 전략적으로 최우선 과제라는 사실이 확인되었다. 이러한 서비스 등의 문제를 해결하기 위해 Quebecor World 대학이 설립되었다. 우선 회사의 고객서비스 및 회계대표들이 고객의 필요를 더 잘 이해하고 회계경영기술을 활용하며 팀에 기초를 둔 고객중심 문화를 창출하는 방법에 대한 교육을 받았다. 전체 프로그램은 수 주간에 나누어진 3일 과정으로 이루어졌다. 교육프로그램의 중요성을 강조하기 위해 고위간부나 9개 업무부문의 사장이 각 교육기간이 시작될 때마다 교육에 참석하여 회사의 목표 및 기대치를 설명하였다. 교육이 끝날 때, 고위간부들은 다시 교육에 참석하여 학습내용 및 업무활용계획에 대한 교육참석자들의 프레젠테이션을 방청했다.

Quebecor World 대학이 설립된 지 1년 후에 Quebecor World는 World Color Press와 합병되었다. 합병 후에는 지난 수년 간 여러 개의 회사를 인수하면서도 관심을 기울이지 않았던 문화 관련 사안을 다루고 두 문화 간의 조화를 위해 추가적인 교육이 실시되었다. 고객서비스 개선을 위한 교육과 마찬가지로 새로운 프로그램은 사내교육에 대한 세 개의 주요 원칙을 고수했다.

· 독특하고 도전적인 교육으로 사람들이 참석하고 싶게끔 하라
· 교육 목표를 강화하기 위해 고위 경영진을 개입시켜라
· Quebecor World의 경쟁력 제고에 기여하도록 하라

자료 : Jackson and Schuler(2003), *Op. cit.*, p.356.

산뿐 아니라 서비스분야에서도 신기술적용을 위한 교육이 필요했으며 힐튼호텔은 '힐스타'라 불리는 새로운 예약시스템 적용을 위해 전 세계에 퍼져있는 5,000명에 달하는 예약직원을 교육해야 했다.

2.3 개발주체들의 역할과 책임

〈표 8-1〉의 "개발활동의 세 주체:교육개발에서의 역할과 책임"은 개발과정에서의 라인관리자, 인사담당자 및 종업원의 활동에 대한 내용을 보여주고 있다.

표 8-1 | 개발활동의 세 주체 : 교육개발에 있어서의 역할과 책임

라인관리자	교육담당자	종업원
• 인사전문가와 협조하여 교육개발계획을 위한 업무계획의 의미 파악 • 교육개발 프로그램 진행에 참여 • 종업원들과 함께 그들의 개인적 교육개발 필요성 판정 • 직원의 교육개발 참여를 지원하고 새로이 습득된 행동의 실무적용을 강화 • 실무에서의 사회화 및 교육의 상당부분 수행 • 교육개발 활동의 효과를 평가하고자 하는 노력에 참여	• 라인관리자와 협조하여 교육개발계획의 필요성 파악 • 종업원들을 도와 그들이 개인적인 교육개발 필요성을 파악하도록 지원 • 교육개발기회 및 참여결과와 관련하여 종업원들과 의견교환 • 교육개발활동을 개발 및 시행 • 종업원의 교육개발 방법과 관련해서 라인관리자 및 종업원 교육 • 교육개발활동의 효과를 평가	• 교육전문가 및 라인관리자와 함께 자신의 교육개발 필요성 파악 • 교육개발 프로그램에 대한 학습책임의 수용 • 개인적인 학습 및 개발에 대한 잠재력 관점에서 고용기회 고려 • 교육개발기회에 능동적으로 참여 • 교육개발활동의 효과를 평가하고자 하는 노력에 참여

자료 : Jackson and Schuler, *Op. cit.*, p.356.

(1) 라인관리자

교육개발에 필요한 자원과 시간을 제공하는 것 외에도 관리자는 교육자, 감독 및 조언자로 참여함으로써 소속조직의 노력이 효과를 거두는 데 일조할 수 있다. 최고경영진의 개입 및 책임의식 없이는 조직의 관심이 다른 성과지향적 활동에 집중될 가능성이 높다. 단기목표 및 즉각적인 결과에 초점을 맞추는 조직일수록 이러한 경향은 더욱 두드러진다.

(2) 교육담당자

교육전문가는 교육개발시스템 계획 및 공식적인 교육프로그램 제공에 깊이 관여한다. 교육전문가는 교육개발을 통해 달성해야 할 목표를 수립하고 그러한 목표에 따라 적절한 교육개발활동을 선택 및 계획하는 책임을 갖고 있다. 최고의 조직에서는 교육개발에 대한 투자가 원하는 성과를 유발하도록 하는 역할을 교육전문가가 수행한다.

(3) 종업원

종업원이 교육체계의 계획 및 전달에 능동적으로 참여하는 경우는 드물지만 대부분의 조직은 자신에게 도움이 되는 시스템을 활용하고자 하는 직원들의 노력에 크게 의존하고 있다.

예를 들어, 많은 회사가 직원들에게 사내의 다른 사람들을 만나서 인맥을 쌓을 수 있는 기회를 제공하는 비공식적인 행사를 제공하고 있으며 모임을 지원하고 더 나아가 조언자관계

를 만들어 주기도 한다. 뿐만 아니라 자발성에 기초한 공식적인 행사가 제공되기도 한다. 경력계획워크샵, 업무관련과정에 대한 교육비환불 및 직업적인 회의참석지원 등은 자주 볼 수 있는 예이다.

연구결과에 따르면 자기자신의 개발 필요성을 인지하고 명확한 경력계획을 수립해 놓은 사람일수록 이러한 기회를 활용할 가능성이 높아진다. 무엇보다 개별종업원은 자기개발(self development)과 평생학습의 주체로서 지속적인 역량개발을 통한 고용가능성(employalaility)의 증대를 위해 노력하는 존재이다.

03 · 교육 및 개발의 필요성 판정

3.1 조직상 필요분석

조직상의 필요분석은 회사의 장 · 단기전략 및 전략적 목표의 평가로부터 시작된다. 이 과정은 조직평가와 본질적으로 동일한 것으로서 향후 교육개발활동의 성과에 대한 평가분석에 특히 주안점을 둔다. 조직상의 필요분석은 그 결과로서 조직의 교육개발활동으로 인해 달

그림 8-2 | 필요성 평가의 네 가지 요소

성할 목표를 명확하게 제시할 수 있어야 한다.

조직상의 필요분석은 교육에 대한 조직의 현재 분위기의 평가를 포함할 수도 있다.

교육을 지지하는 분위기는 교육프로그램을 통해 습득한 내용을 실무에 활용할 수 있는 가능성을 증대시킨다. 이러한 교육지지 풍토를 조성하는 요소에는 다음과 같은 것들이 있다.

- 교육개발활동을 장려하기 위한 인센티브 지급
- 관리자가 관할 종업원들의 교육개발 프로그램 참여의 편의를 제공해 줌
- 직원들이 새로 배운업무기술을 활용하도록 서로 고무하고 격려함
- 새로운 업무능력을 성공적으로 활용한 직원은 인정을 받고 특별임무 및 승진을 통해 보상을 받음
- 교육개발참여에 대한 암묵적인 징계가 없음(예: 교육개발활동이 다른 주요 행사와 충돌하지 않고, 교육개발참여가 초과근무수당 대상에서 제외되지 않는다)
- 효과적인 교육개발기회를 제공하는 관리자는 인정 및 보상을 받음

이러한 조건들은 대부분 학습조직에서 찾아 볼 수 있다.

마지막으로 조직상의 필요분석은 교육개발 프로그램 및 활동을 계획할 때 고려해야 하는 활용 가능자원 및 제한사항의 확인을 포함하여야 한다.

3.2 직무상 필요분석

직무상 필요분석은 현재 및 향후의 직무에 필요한 특정 업무기술, 지식 및 행동을 판별하는 과정이다. 직무분석과 역량모델링을 통해 이러한 정보를 얻을 수 있다.

질레트는 3중 면도날을 채용한 MACH3 면도기를 생산하기 위한 새로운 생산장비도입을 앞두고 인사, 생산 및 기술부문의 대표로 구성된 범기능적인 팀을 구성했다. 그들의 임무는 정비사 및 조작자의 기술요건을 판별하고 이러한 요건을 기준으로 현재 인력을 분석하는 것이었다. 그러한 활동을 통해서 질레트는 첨단제어시스템, 자동화부품 관리시스템, 공기역학 및 유압시설 등의 조작에 필요한 기술을 구상할 수 있었다.

3.3 개인적 필요분석

개인적 필요분석은 개인의 현재 능력과 필요하거나 바람직하다고 생각되는 능력 간의 격차를 판별하는 과정이다.

넓은 의미의 접근방식은 실제 실적을 최고기준의 실적기준과 비교하여 현재 직무에 대해 교육의 필요성을 판단하는 것이다. 반면에 좁은 의미의 접근방식은 특정 업무기술을 요구하는 향후의 직무에 대한 개발의 필요를 판단하는 것이다.

(1) 성과측정

실적평가등급 뿐 아니라 실적자료(예: 생산성, 사고율, 고객불만 등)를 통해 실적상의 부족한 부분을 확인할 수 있다. 이러한 측정방식의 주요 이점은 다음과 같다.

그림 8-3 | 통합품질 제조공장에서의 팀 구성원의 역량

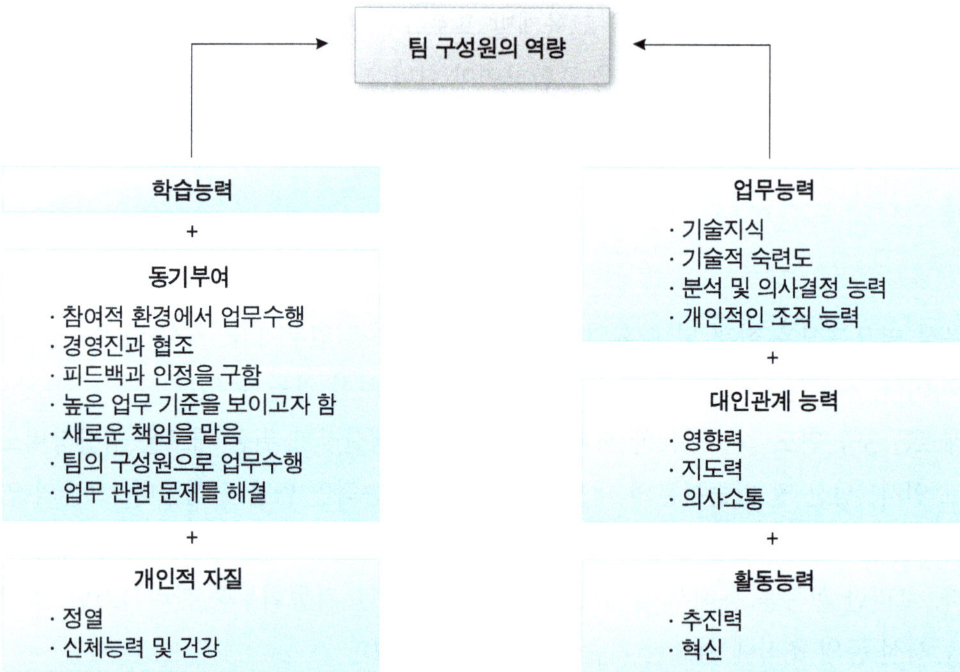

자료 : Jackson and Schuler, *Op. cit*., p.363.

- 전략적 중요도에 따른 선정이 가능하다.
- 쉽게 정량화된다.
- 개선사실이 밝혀지면 교육투자의 가치가 분명해 진다.

반면에 주요 단점은 그러한 척도가 과거를 반영하는 것이기 때문에 향후의 필요를 예상하는 데에는 유용하지 않을 수 있다는 사실이다.

(2) 교육 필요성의 자기평가

미국의 주요 업체들 간에는 교육 필요성의 자기평가가 그 인기를 더해 가고 있다. 자기평가는 사내게시판에 교육지원과정을 공고하고 자신의 이름을 적는 비공식적인 형식일 수도 있고, 반면에 교육의 필요에 대한 설문조사와 같은 공식적인 방식일 수도 있다.

자기평가는 직원자신이 다른 누구보다도 자신의 약점 및 실적의 부족함에 대해 잘 알고 있다는 가정을 전제로 한다. 그러나 개개인은 자신의 약점에 대해 잘 모를 수도 있으며 이러한 경향은 실적을 평가할 때 해당 직원에게 솔직한 피드백을 주지않는 조직일수록 더욱 두드러진다. 뿐만 아니라, 직원들은 자신의 약점이 드러나는 것이 두려워 솔직한 보고를 기피할 수도 있다. 두 가지 경우 모두 해당 직원이 필요한 교육을 받지 못하는 결과를 초래하게 된다.

반면에 자신이 필요하다고 생각하지 않거나 자신의 개인적 필요에 적합하지 않은 프로그램에 참여하는 직원은 교육에 불만족하거나 학습 및 실무적용의 동기부여가 부족하게 된다.

(3) 경력계획논의

직원이 그들의 강점 및 약점을 판별하도록 돕기 위해 일부회사는 관리자들이 직원들과 경력계획에 대한 논의를 하도록 하고 있다.

(4) 의견조사

감독자의 부하직원이나 고객들 혹은 그 둘 모두를 대상으로 행해지는 태도조사는 해당 감독자의 교육필요에 대한 정보를 제공해 줄 수 있다. 부하직원들로부터 공정성 면에서 부족하다는 평가를 받은 감독자는 해당 영역에 대한 교육을 받을 수도 있다. 비슷한 방식으로 특정 부서에 대한 고객의 만족도가 다른 부서보다 낮은 것으로 나타나면 해당 부서에 대한 교육이 필요할 수도 있다. 따라서 고객설문조사는 경영진에게 서비스에 대한 정보제공과 직원의 부족한 부분을 정확하게 지적하는 두 가지 역할을 수행한다.

3.4 인구통계학적 필요분석

인구통계학적 필요의 분석은 특정 부류의 직원에 대한 교육필요성 판단을 목적으로 한다. 뿐만 아니라 이러한 분석은 모든 직원들이 성장 및 개발기회에 대한 평등한 기회를 부여받고 있는지를 평가하는 데에 활용되기도 한다.

만약 회사가 남녀차별과 같은 인구통계학적 차이점을 발견하면 남녀가 가치있는 개발기회를 가질 수 있도록 하기 위한 회사의 개입이 필요하다는 결론을 내릴 수도 있다. 이러한 인구통계학적 차이는 다양성 교육에 대한 필요성을 시사하기도 한다.

04 · 교육 및 개발시스템의 설계

인사컨설팅 분야에서 유명한 PDI(Personnel Decisions International)는 교육개발시스템 설계를 위한 지침으로 다음의 다섯 가지 요소를 제시하고 있다.

① 통찰력 : 사람들은 그들이 배워야 할 것이 무엇인지를 알아야 한다. 직원들은 개인적 필요에 대한 분석에 참여해서 자신의 현재 능력 및 업무숙련도에 대한 피드백을 받음으로써 그러한 통찰력을 얻을 수 있다.

② 동기부여 : 직원들이 필요한 노력을 쏟기 위해서는 동기를 부여하게 할 내 · 외적인 도구가 필요하다. 참여를 위한 동기부여를 증대시키기 위해서는 교육개발활동을 인사관리시스템의 다른 면(실적평가, 승진, 인센티브, 보상 등)과 연계하는 방식을 사용할 수 있다. 동기부여는 조직이 교육개발참여의 중요성을 인정한다는 사실을 명확하게 전달함으로써 증대될 수도 있다. 한 가지 방법으로 최고경영자를 교육개발에 참여시키는 방안을 들 수 있다.

③ 새로운 업무기술 및 지식 : 사람들에게 어떻게 필요한 능력을 얻는지를 보여주어야 한다. 교육개발의 계획 및 내용자체가 그러한 사안을 다루게 된다.

④ 실습 : 참가자들이 현실적인 활동에 참여하도록 하는 프로그램은 참가자들로 하여금

학습내용을 응용할 가능성을 높여준다. 프로그램계획단계에서 교육개발활동이 현실성을 갖도록 할 수 있다. 하지만 이미 논한 바와 같이 사람들이 그들의 새로운 능력을 실무에 적용하도록 하는 것은 관리자 및 동료들의 공동책임이다.

⑤ 책임 : 모든 직원들은 학습내용을 활용해야 한다는 개인적인 책임의식을 가져야 한다. 직원들이 그러한 책임의식을 갖도록 하는 가장 직접적인 방식은 실적 평가과정의 일부로 개선사항 평가를 포함시키는 것이다.

4.1 교육훈련의 담당자

교육개발활동은 아래의 사람들 중 누구라도 교육제공자가 될 수 있다.

- 감독자 및 다른 관리자
- 동료
- 해당 사안에 대한 내 · 외의 전문가
- 종업원

구체적으로 누가 교육을 할 것이냐는 어디서 프로그램이 제공되고 교육내용이 어떤 업무능력 및 기술과 관련되어 있느냐에 따라 결정된다.

(1) 감독자 및 다른 관리자

상당수의 조직에서는 실무중심의 교육만을 제공하는 경우가 많다. 이런 경우에는 감독자가 모든 교육의 제공자가 된다.

지도와 관련된 개발활동에 있어서는 부하직원의 직무상 필요를 평가할 수 있는 감독자 및 관리자가 적절한 교육제공자가 될 수 있다. 또한 감독자 및 관리자는 종업원과 직접 접촉하고 그들의 업무할당에 관여함으로써 그 효과를 높일 수 있다.

실무 외 교육에 있어서도 감독자 및 관리자는 효과적인 교육자일 수 있다. 일부 최고경영자는 교육을 자신의 주요 의무 중 일부로 간주한다. 교육의 중요성을 높게 평가하는 최고경영자는 직원들에게 강력한 메시지로 작용한다.

(2) 동 료

동료는 매우 효과적인 교육자로서의 역할을 할 수 있으며 종종 동료는 다른 누구보다도 업무에 대해 잘 알고 있다. 뿐만 아니라 동료들은 조직내의 여러 부서에서 모인 직원들을 대상으로 하는 수일 간의 교육활동인 경영개발 프로그램에 있어서도 중요한 역할을 담당한다. 그러한 프로그램에 참여하는 직원들은 종종 가장 가치있는 학습활동이 동료들과의 대화에서 얻어졌다고 답변한다. 또한 세계도처에서 근무하는 동료들의 의견을 접하는 것은 더욱 수준 높은 정신적인 지도를 그리는 데 도움이 된다. 동료들보다 먼저 다녀온 교육과정이나 해외연수과정에서 얻은 지식을 동료들에게 전달하는 전파교육 또한 일반종업원이 동료로서 할 수 있는 중요한 역할이다.

동료들이 가치있는 교육의 제공자가 될 수 있다는 사실은 분명하지만 교육자나 조언자로서의 그들의 효과에는 의문의 여지가 다소 있다. 우선 동료는 다른 사람들을 가르치는데 있어 필요한 교사로서의 충분한 자질을 갖추지 못할 수도 있다. 또한 동료는 올바른 절차를 교육하기 보다는 단편적인 요령전달에 그칠 위험도 있을 수 있다. 따라서 동료를 교육자로 활용하고자 할 때는 교육방법에 대한 훈련 및 해당 업무에 대해서 피교육자들과 충분한 기간 동안 함께 업무를 수행할 필요가 있다.

(3) 전문가

해당 사안에 대한 전문가는 특정 조직의 문화에 익숙하지 않을 수도 있다. 따라서 전문성으로 인해 존경을 받을 수도 있지만 반면에 조직의 일원이 아니라는 이유로 불신의 대상이 될 수도 있다. 그럼에도 불구하고 조직내에 필요한 지식을 소유한 사람이 없거나 많은 사람들을 교육해야 할 때 유일한 방법은 전문가를 활용하는 것이다.

(4) 종업원

컴퓨터를 기반으로 하는 교육의 인기가 더해감에 따라, 종업원 스스로에 의한 자율교육 또한 더욱 일반화되어 가고 있다. 웹기반의 자율교육에 참가하는 피교육자는 효과를 극대화하는 학습방식을 통해 이 방식의 이점을 누릴 수 있다. 그러나 특정 기간내 교육을 완료한 것에 대한 인센티브가 주어지지 않으면 교육은 뒷전으로 밀려날 수도 있다.

4.2 프로그램 내용의 개발

조직의 관심대상이 되는 세 가지 유형의 학습목표는 인지적 지식, 숙련도와 관련된 성과 및 정서적인 성과이다.

1) 인지적 지식

인지적 지식(Cognitive Knowledge)이란 스스로 활용할 수 있는 지식(알고 있는 것), 지식을 조직화하는 방식 및 정보를 활용하는 전략을 포함한다. 이들 중에서도 '알고 있는 것'이 대부분의 조직이 교육시스템을 통해 얻고자 하는 인지적인 지식이다.

(1) 회사의 방침 및 관행

오리엔테이션은 인지적 지식을 수립하기 위해 자주 사용된다. 이 프로그램은 신입사원들에게 복리후생 프로그램을 알려주고 규정에 대한 조언을 해 주며 회사의 방침 및 관행에 대해서도 설명해 준다.

(2) 기본지식 및 3Rs

점점 더 많은 조직들이 3Rs(Reading, Writing, Arithmetic: 읽기, 쓰기, 산수)과 같은 더욱 기본적인 지식에 관심을 기울이고 있다. 특히 통합품질관리 시스템은 많은 고졸자들이 습득하지 못한 기본적인 수학 및 통계학적 지식을 필요로 한다.

(3) 경영관련 지식

경영관련 직책을 맡고 있거나 그러한 직책을 얻고자 하는 사원들은 조직구조, 조직의 제품 및 서비스, 조직의 전략 및 변화하는 주변정세에 대한 교육이 필요할 수 있다. 이러한 지식의 상당 부분은 해외파견과 같은 프로젝트 팀에 참여하는 등의 개별적인 학습 경험뿐 아니라 정규업무를 통해 습득될 수 있다.

인지적 지식은 오늘날 강조하고 있는 창의성 및 기업가정신 그리고 조직의 전략, 목표, 비전 및 가치변화의 요체이다.

2) 숙 련

인지적 지식이 본질적으로 머리속에 있는 반면에 숙련(Skills)은 행동으로 나타난다. 인지적인 학습이 종종 학습과 정보에 대한 관심을 통해 이루어지는 반면에 숙련과 관련된 학습은 주로 기술 및 기기작동과 같이 필요한 행위를 실제 해 봄으로써 이루어진다.

기술의 급속한 발전과 사무, 산업 및 경영시스템의 자동화로 인해 기술의 업데이트와 숙련화가 교육의 주된 추진력이 되었다. 아울러 의사소통, 실적평가, 팀의 구성, 리더십 및 협상의 필요성이 증대되고 있다. 대인기술의 개발은 대중과 직접 접촉하는 영업인력뿐 아니라 중하위 관리자에게도 중요한 부분이다.

3) 정서적 성과

사회화, 교육 및 개발을 통해 얻고자 하는 결과가 동기부여, 태도, 가치관 혹은 그 모든 요인들의 변화라면, 그 학습목표는 정서적인 성과이다.

정서적 성과(Affective Outcomes)는 연대감을 형성하고 직원들을 회사문화 속으로 사회화하는 것 이외에 성취감 및 자기 효능감(self efficacy)의 획득을 포함한다. 이러한 목표는 극기훈련을 실시하는 많은 회사들이 얻고자 하는 성과이기도 하다. 증거는 빈약하지만 참가자들의 답변과 일부 연구결과를 보면 야외에서 실시되는 극기훈련은 자신감을 증진시킨다는 사실을 알 수 있다.

직장에서 감정을 제어하는 기술인 정서적 능력을 진작하고자 고안된 교육프로그램은 정서적 성과를 얻고자 하는 또 다른 예이다. 이러한 능력은 자기인식, 자기관리, 사회인식 및 관계관리 등을 포함한다.

4.3 구체적인 개발방법의 선정

교육방법은 일반적으로 현장훈련, 현장에서 수행하는 비현업교육 및 사외교육으로 분류된다. 개발방법의 선정은 학습하고자 하는 대상(인지적 지식, 숙련 혹은 정서적 성과)뿐 아니라 비용 및 시간에 대한 고려를 바탕으로 이루어진다.(그림 8-4 참조)

그림 8-4 | 개발의 3대 기본 축

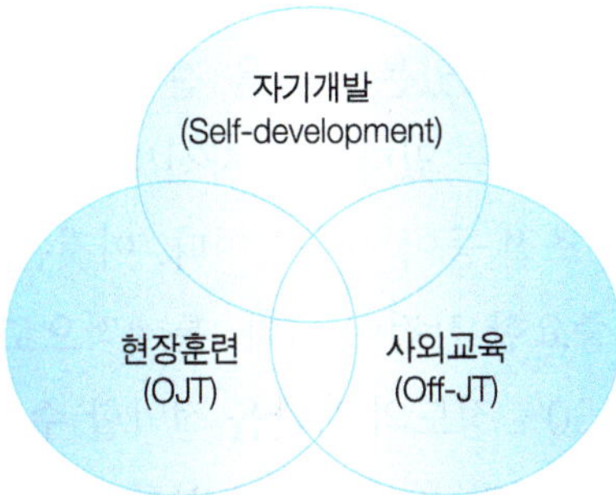

1) e-Learning

정보 및 지식의 급격한 증가와 컴퓨터 및 인터넷과 정보통신기술의 발전은 기업교육에 있어서도 끊임없이 교육환경의 변화를 유도하고 있다. 특히, e-learning과 같은 컴퓨터 및 첨단정보통신을 활용한 교육은 기존의 교육에서 실현할 수 없었던 다양한 교수-학습전략을 제시하고, 보다 폭넓은 학습활동을 가능하게 하고 있다.

(1) 개 념

협의의 e-Learning은 교육과 훈련에 국한하는 것으로서, e-Learning의 테크놀로지를 학습의 증진을 위해서 주로 사용하는 것을 의미한다. 대부분의 기업에서 활용하고 있는 컴퓨터 기반교육, 인터넷교육, 웹교육, 사이버교육, 네트워크 교육 등의 개념이 여기에 해당되며, 현재 e-Learning이라 불려지고 있는 대부분의 인터넷 교육과정들이 이 카테고리 안에 들어간다. 광의의 e-Learning은 협의의 e-Learning 시스템을 조직의 다른 시스템들과 연계하여 단순한 정보제공을 넘어서 학습자들의 지속적인 학습능력향상을 위하여 조직전체 차원에서 접근하는 경우를 말한다.

(2) 필요성

첫째, 집합교육에서 강사위주의 교육내용이 전달하는 내용은 강사에 따라 유동적이어서 언제나 동일하다고 볼 수 없다. 이에 비해, e-Learning은 이러한 단점을 보완할 수 있다. 집합교육에 비해 e-Learning의 실시로 일관된 내용을 전달하는 비율이 50%~60% 정도 증가한다고 한다.

둘째, 기존의 집합교육에서는 학습자의 수준을 고려하지 않은 채 일괄적인 운영방식을 적용하기 때문에 개인차에 따른 융통성 있는 교육을 진행하기 어려웠다. 그러나 e-Learning에서는 이런 면을 상당부분 개선할 수 있다. 즉, 자신의 상황과 학습속도에 맞게 학습시간, 필요한 정보 및 지식의 양과 질 조절 등이 자율적이다. 이것은 시간과 업무에 항상 부담스러운 기업의 구성원들에게 매우 중요한 장점이 된다. 통계적으로 교육장에서 실시하는 집합교육과 비교해 e-Learning은 약 50% 정도의 시간을 절약할 수 있다고 한다.

셋째, 업종에 따른 차이는 있겠지만 기업에서는 시기에 맞추어 실시해야 하는 교육이 있다. 특히, 수명이 짧은 상품에 대한 영업 및 마케팅교육은 시기를 놓치면 영업이익에 손실을 가져올 수 있다. 기존의 집합교육에서는 일시에 많은 수의 학습자들에게 필요한 적시 교육을 제공하기가 어려웠지만, e-Learning은 이런 기회를 충분히 제공할 수 있기 때문에 특히 인터넷 비지니스분야의 기업조직들이 적시 교육을 위해 e-Learning을 선호한다.

넷째, 교육훈련의 비용을 획기적으로 절감할 수 있다. e-Learning 실시 초기에는 하드웨어나 소프트웨어 등 시스템 구축을 위한 고가의 투자비용이 투입되지만, 일반적으로 3~5년이 지나면 손익분기점을 지나 비용효과적인 면이 발생하게 된다고 한다. 집합교육과 비교하여 e-Learning은 20~30%의 비용으로 교육이 가능한 것으로 알려져 있다.

2) 현장훈련

현장훈련(OJT; On the Job Training)은 피교육자가 숙련된 종업원의 작업과정을 직접 보면서 해당 업무와 관련된 실제 재료, 인력 및 기기를 갖고 일을 하면서 학습하는 방식이다. 숙련된 직원은 교육자로서 긍정적인 본보기를 제시하고 정규업무의 일부로서 피교육자에게 업무관련 교육 및 지침을 제공하게 된다. 교육자가 피교육자와 동일한 장소에 있을 경우 피교육자는 실적에 대한 즉각적인 피드백을 받을 수 있다.

현장교육의 이점은 실무활용도가 높다는 점이다. 피교육자는 자신이 실제로 작업할 환경에서 업무기술을 익히므로 즉각적으로 업무에 활용할 수 있기 때문이다.

현장교육의 가장 큰 단점은 교육을 담당하는 상급자나 동료들의 교사로서의 자질이 충분한가 하는 점(예를 들면 일 잘하는 상사가 반드시 훌륭한 교사가 될 수 있는 것은 아니다)과, 교육담당자별 교육방식의 차이로 인한 교육의 질적 균질성을 확보하기가 힘들다는 점이다.

(1) 수련교육, 인턴십 및 보조

현장교육의 단점을 최소화하는 방법은 이를 사외교육과 연계시키는 것이다. 수련교육, 인턴십 및 보조는 이러한 조합에 바탕을 두고 있다.

수련교육(Apprenticeship)은 배관, 전자 및 목수직 등 숙련을 요하는 직무에 입문하는 경우 의무조건이다. 이보다는 덜 공식화되고 적용이 덜 광범위한 방식이 인턴십과 보조 프로그램이다.

인턴십(Internship)은 종종 학교와 그 지역의 조직 간에 맺어지는 계약의 일부로 이루어진다. 인턴십은 수련교육과 마찬가지로 정규직보다 낮은 보수를 받게 된다. 인턴십은 교육뿐 아니라 업무 및 조직상황에 대한 실제적인 경험을 제공한다.

보조(Assistantship)는 전일근무제로서 해당 근무자로 하여금 다양한 직무를 경험하게 한다. 이는 단지 다른 사람을 보조하는 것으로 다분히 관념적일 수 있으나 이러한 단점은 직무 및 직위교대를 적극적인 조언 및 경력계획과 병행함으로써 제거할 수 있다.

(2) 업무경험

개발이 목표인 경우에 고용주는 피고용자를 학습 및 개발촉진을 위한 직무에 배치할 수도 있다.

직무교대 프로그램은 교육자로 하여금 다양한 직무 및 의사결정상황을 경험하도록 하기 위해 사용된다. 그러나 이러한 방식은 피교육자가 많은 양의 업무습득을 할 만큼 한 직책에 오래 머물러 있지 않고, 곧 직책이 바뀔 것이라는 사실로 인한 업무태만으로 인해 장기적인 안목의 이익은 제한될 수도 있다.

(3) 감독자의 보조 및 지원

종종 가장 비형식적인 교육개발 프로그램은 감독자의 보조 및 지원이다.

감독자의 보조는 감독자가 수행해야 하는 정규업무의 일부이다. 이러한 기법의 성공여부는 감독자가 상호 신뢰감을 형성하고 발전의 기회를 제공하며 효과적으로 업무를 할당하는가에 상당히 의존한다.

지원은 숙련된 직원이 덜 숙련된 직원이나 부하직원을 인도해 주는 방식으로 직원의 능력, 성취도 및 조직에 대한 이해도를 높일 수 있다.

(4) 코칭(Coaching)

고위임원이나 다소 중요하고 독특한 직무를 수행하는 종업원들에게 있어서는 전통적인 방식의 현장훈련이 실효를 거두지 못한다. 그래서 최근 수년 간, 점점 더 많은 임원들이 그들의 교육필요를 충족시키기 위해 코칭의 방식에 의존하고 있다. 감독자는 피감독자의 실제회의에 배석하여 회의를 지켜보고 회의직후에 효과적인 의사소통기술에 대한 지침을 제공해 줄 수도 있다. 대부분의 감독자들은 피감독자들로 하여금 어려운 상황에 부딪쳤을 때 해당 사안을 함께 논의할 것을 강조한다.

3) 현장에서 수행하는 비현업교육

현장에서 수행하는 비현업교육(On-Site, but Not On the Job)은 업무시간 외 프로그램 및 업무부서와의 연계가 필요하면서도 현장교육을 수행하기에는 너무 산만하고 교육의 성과를 얻기가 힘든 경우에 적합하다. 또한 자발적인 업무시간 외 프로그램 및 직원들이 정규업무에 집중할 수 있도록 하면서도 업무능력을 업데이트할 수 있도록 하는 프로그램에 적합하다.

(1) 사내대학 및 임원교육 프로그램

최근에는 자사의 필요를 충족시키도록 맞추어진 사내대학의 설립이 늘고있는 추세다. 사내대학은 직원 및 때로는 고객의 교육에 초점을 맞추고 있다. 1961년에 설립된 맥도날드의 햄버거대학 및 수년 간 교육개발의 수호자 역할을 해온 GE의 사내대학이 대표적인 예이다. 연구결과에 따르면 주요 기업의 65%가 모종의 사내교육을 실시하고 있다. 오늘날 많은 사내대학이 학위를 수여하고 있거나 학위와 연계된 교육과정을 실시하고 있다. 항상 그렇지는 않지만 사내교육은 최고학습책임자에 의해 총괄되기도 한다.

(2) 프로그램화된 강좌(Programmed Instruction)

프로그램화된 교육은 오래된 현장교육방식으로서 최근에는 많은 컴퓨터 기반교육의 토대가 되었다. 프로그램화된 교육은 다음과 같은 이점을 갖고 있다.

- 다수의 종업원을 동시에 교육할 수 있다.
- 자신의 진도에 맞추어 자유롭게 자료를 탐색할 수 있다.

- 즉각적이고 개별적인 피드백을 받을 수 있다.

프로그램화된 교육을 1시간 준비하는 데에는 대략 50시간의 기간이 소요되는 것으로 추정된다. 따라서 이러한 접근방식은 규격화된 프로그램(워드프로세서나 데이터베이스 교육 프로그램 등)을 사용하거나 다수의 직원이 교육을 받아서 프로그램 개발비용이 정당화되는 경우에만 사용된다.

(3) 대화식 화상교육

대화식 화상교육(Interactive Video Training)은 프로그램을 통한 교육과 비디오의 장점만을 조합한 형태로서 짤막한 영상과 함께 설명을 해주고 피교육자의 답변을 요구하는 방식이다. 이러한 순서(통합 프로그램, 학습자의 답변 및 추가적으로 제공되는 프로그램을 통한 교육)는 개별화된 학습기회를 제공한다.

FedEx는 지식보상프로그램을 제공하고 있는데 이는 대화식 화상교육을 바탕으로 고객을 직접 접하는 35,000명의 직원들에게 화상교육 및 업무지식을 제공한다.

4) 사외교육

실수로 인한 결과가 클 경우에는 사외교육(Off the Job Training)을 실시하는 것이 적절하다. 항공사의 비행기 조종사나 버스기사를 교육하는 경우가 대표적인 예이다.

복잡한 업무능력을 습득해야 하는 경우나 실무상황에서는 잘 일어나지 않는 특정한 대인관계능력에 초점을 맞추어야 하는 경우에도 사외교육이 적합하다. 팀의 연대감 형성도 팀원들이 인간관계 형성에 초점을 맞출 수 있는 업무 외 시간에 더욱 성공 가능성이 높아진다.

그러나 사외교육은 비용이 많이 드는 단점이 있고 또한 실무외로 습득된 지식이 실무에 연계될 수 있을 것이냐는 우려를 낳을 수 있다. 캡슐효과(capsule effect)로 인한 '일 따로, 교육 따로'와 같은 현상은 사외교육이 지니고 있는 가장 큰 단점이다.

(1) 공식적인 교육과정

공식과정은 프로그램을 통한 교육, 컴퓨터보조교육, 독서 및 통신교육 등을 통해 피교육자가 직접할 수도 있고 혹은 교실수업이나 강연을 통해 타인에 의해 수행될 수도 있다. 다량의 정보를 다수의 사람에게 동시에 전달하나는 이점으로 인해 많은 교육프로그램이 강연의 방법을 활용하지만 이는 몇 가지 약점을 안고 있다. 우선 인지적 지식이나 개념적인 원칙이 아닌 경우 실무활용도가 제한된다. 또한 강연방식은 능력, 흥미, 개성 등의 개인적인 차이를 바탕으로 한 개별적인 교육을 할 수 없다.

(2) 모의훈련

실무환경과 유사한 상황을 제공하는 모의훈련(Simulation)은 관리자 및 비관리자 모두에게 활용된다. 일반적인 모의훈련기술의 하나가 개개인의 실무환경을 가상하는 사전 예비훈련방식(Vestibule Method)이다.

모의훈련은 실무훈련보다 덜 당황스럽고 더 안전하지만 피교육자는 모의훈련을 실무에 접목시키는 데 어려움을 겪을 수도 있다. 모의훈련은 실무투입교육으로 유발될 수도 있는 고객의 불만과 피교육자의 좌절감을 감소시킬 수 있다. 아울러 사고의 위험성을 줄여 회사에는 비용절감의 이점을 제공하기도 한다. 그러나 모의훈련의 활용에 대한 논쟁은 동일산업 내에서도 일부는 실무투입교육을, 또 다른 일부는 모의훈련을 선호하는 경향을 보이고 있을 정도로 일정하지 않다.

(3) 평가센터

경영부서에서 인기가 있는 것처럼 경영자개발을 위한 모의훈련기술로서 평가센터(Assessment Centers)의 인기는 점점 더해 가고 있다. 그러나 경영게임이나 In-Basket과 같은 방식을 교육방법으로 활용할 경우에는 교육담당자가 참가자들로 하여금 어떤 일이 발생했고 어떻게 됐어야 했는지를 판별하도록 돕는 것이 중요하다.

(4) 중역게임(Business Board Games)

기업들은 직원들이 회사가 어떻게 돈을 벌어들이고 있고 매출과 이익의 차이는 무엇이며 제품 하나를 팔 때마다 얼마만큼의 이익이 발생하는지 등에 대해 알고 있는 것이 좋다는 사실을 인지하고 있다. 직원들은 업무회의 게임을 하면서 회사가 어떻게 업무를 수행하며 어떻게 이익이나 손해를 보는지에 대해 학습하게 된다.

(5) 역할연기 및 감수성 훈련

모의훈련이 개념적인 기술 및 문제해결 능력개발에 유용한 반면에 인간관계 및 절차적인 기술의 개발에는 역할연기나 감수성 훈련과 같은 두 가지 방식이 적용된다. 역할연기 및 감수성 훈련은 면접 등의 대인기술습득 및 태도변화를 유발하게 하는 관리자의 인간관계에 대한 통찰력(자신 및 타인에 대한 인식)을 개발시킨다.

역할연기(Role-Playing)는 사실보다는 관계에 대한 이해와 관리에 초점을 맞추고 있다. 피교육자가 해당 역할을 수행하게 되면 결과적으로 그 역할로 제시되는 감정 및 식견에 대한 민감도가 증대하게 된다.

감수성 훈련(Sensitivity Training)에서는 구조화되지 않은 모임내에서 '저기에서 그 때'보다는 '지금 여기에서'를 기준으로 각 개인이 생각과 감정을 교환한다. 이러한 감수성 훈련('상대방 입장 느끼기 훈련')을 통해 각 개인은 상대방이 왜 그렇게 느끼고 행동하는지에 대한 통찰력을 갖게된다. 하지만 일부에서는 이러한 결과가 직접적으로 실무에 활용되지 않는다고 비판하기도 한다.

(6) 극기훈련 및 야외교육(Wilderness Trips and Outdoor Training)

직원들의 지금 여기에서에 대한 감정을 증대시키고 그들의 자긍심을 높이기 위해, 일부조직에서는 신체적인 힘, 극기 및 협동과 관련된 프로그램을 사용하기도 한다.

Siemens, GE, General Foods 등 많은 기업들이 다양한 종류의 야외교육을 실시하고 있고 성과를 거두고 있으나 또 다른 많은 기업들은 그러한 경험의 업무활용도에 대해 의문을 제기하기도 한다.

4.4 학습효과의 극대화

교육방법이 적절했다 할지라도 그러한 경험이 적절히 구조화되지 않으면 학습효과는 나타나지 않을 수도 있다.

1) 학습여건의 마련

교육프로그램을 시작하기 전에 교육담당자 및 관리자는 정보제공방법 및 특정 업무능력에 대한 피교육자의 신념에 대해 고려해 보아야 한다.

표 8-2 | 훈련효과 증대를 위한 학습원칙

학습여건 마련	1. 과업에 대한 명확한 설명 2. 적절한 행동을 모델화
교육 중 학습효과의 극대화	1. 능동적 참여고무 2. 자신감 연대 3. 교육기술을 피교육자의 자신감에 맞춤 4. 숙달기회제공 5. 명확하고, 시의적절하며, 진단적이고 실질적인 피드백 제공 6. 피교육자가 새로이 습득한 행동을 실제 사용할 수 있는 기회제공
교육 후 실적유지	1. 지식보유를 위한 학습 요점 제시 2. 명확한 목표 제시 3. 적절한 강화장치판정 4. 행동강화방법에 대한 교육 5. 피교육자에게 자기관리 기술 교육
교육의 후속조치	1. 효과평가 2. 필요한 경우 개정 수행

자료 : Jackson and Schuler, *Op. cit.*, p.356.

(1) 명확한 안내

명확한 안내(Clear Instructions)는 적절한 기대행위전달의 전제조건이다. 기대되는 실적이 이루어지도록 하는 여건을 마련하기 위해서는 기대실적성취에 대한 보상을 명시적으로 제시하는 것도 좋은 방법이다.

(2) 행동모델

기대행동이 무엇인지 전달되었다 할지라도 피교육자가 행동방법을 모르면 기대행동은 발생하지 않을 수도 있다. 이러한 문제는 기대행동을 눈으로 직접 보여주는 행동모델(Behavioral Modeling)의 제시를 통해 극복될 수 있다. 중요한 것은 직원들에게 행동을 요구하기 전에 먼저 무엇을 해야 하는지 보여주는 것이다. 따라서 행동모델은 기대성과를 수행하는 방법뿐 아니라 장애를 극복하는 방법도 제시할 수 있어야 한다.

2) 훈련 중 학습효과 증대

종업원의 학습은 그들 자신의 몫이지만 기업은 이를 돕기 위해 많은 일을 할 수 있다.

(1) 능동적인 참여(Active Participation)

능동적으로 학습과정에 참여하면 개개인은 성과를 개선할 수 있다. 이 부분에 있어서 조직은 강의실에서 능동적인 참여를 고무할 수도 있고 주요 전략변화에 있어서 관리자를 지원하는 프로그램들을 수립할 수도 있다. 능동적인 참여를 통해 개개인은 훈련에 더욱 집중할 수 있고 자신감도 증대된다.

(2) 자기 효능감(Self-Efficacy)

행동모델을 제시했다 할지라도 개개인의 자기 효능감이 낮으면 학습효과는 나타나지 않을 수 있다. 자기 효능감이란 특정 업무능력에 대한 피교육자의 확신이다. 개개인이 업무와 관련된 개인적인 약점에 치중하게 되면 잠재적인 어려움은 실제보다 더 커 보일 수도 있다. 반면에 자기 효능감에 차있는 피교육자는 장애를 극복할 수 있도록 강하게 동기부여 될 가능성이 높다.

(3) 숙달(Enactive Mastery)

자기 효능감은 경험을 통해 두려움이 실제적인 것이 아님을 확인하게 되었을 때, 획득한 능력을 통해 한 때는 위협적이었던 상황을 극복했을 때 증가한다. 이러한 과정을 숙달이라 한다. 업무숙달을 촉진시키기 위해 교육자는 해당 과제를 정리해야 하는데 이러한 작업을 수행하는 해결책으로는 업무분할, 행위의 형싱화 및 근접목표설정 등이 있다.

업무분할(Task Segmentation)이란 복잡한 업무를 더 작거나 더 단순한 요소로 나누는 것이다.

형상화(Shaping)란 기대행위에 점점 더 근접한 행위에 대한 보상을 포함한다.

근접목표(Proximal Goals) 혹은 중간목표의 설정도 숙달감을 증대시킨다.

(4) 피드백(Feedback)

새로운 개념을 숙지하고 새로운 능력을 획득하는 개인들은 자신의 실적에 대한 정확한 진단적 피드백을 받아야 한다. 이러한 피드백은 명확하고 시의적절해야 하며 실질적이면서도 성격이 아닌 행동에 초점이 맞추어져야 한다. 실적이 목표에 이르지 못할 경우 피드백은 실적향상을 위한 설명이나 행동모델이 포함되어 있어야 한다.

(5) 연습(Practice)

업무능력교육의 목표는 기대행동이 한번뿐 아니라 지속적으로 발생하는 것을 목표로 한다. 이는 피교육자가 실습을 하고 실적기준을 내면화함으로써 더욱 가능해 진다.

일부직무에 대해서는 과도학습의 필요성도 있다. 과도학습은 의식적으로 생각하지 않아도 즉각적인 반응에 의해 위기에 대응할 수 있도록 대처방안을 내재화하는 것을 포함한다. 예를 들어 갑자기 좌표를 잃은 비행기의 조종사는 즉각적으로 반응할 수 있어야 한다.

3) 교육 후 실적유지

교육후에는 교육을 받은 구성원이 새로이 습득된 행위를 실무에 적용할 수 있도록 여건이 조성되어야 한다. 목표 및 강화장치의 사용은 교육후 실적개선에 활용될 수 있다.

(1) 명확한 목표(Specific Goals)

명확하고 측정가능한 목표가 없이는 행동판단의 근거가 부족하다. 특정한 행동계획 및 계약의 수립은 가까운 장래에 습득된 내용의 활용과 관련된 목표를 제시하는 하나의 접근방식이다.

(2) 강화장치(Reinforcers)

피교육자가 습득한 내용을 계속해서 사용하도록 하기 위해서는 해당 행위가 강화되어야 한다. 강화장치란 행동뒤에 따르는 결과이다. 그 결과는 긍정적(칭찬이나 금전적인 보상)일 수도 있고 부정적("내가 원하는 대로 행동하면 너한테 소리지르지 않겠어.")일 수도 있지만 실적을 전제로 이루어져야 한다. 감독자나 동료가 긍정적인 행동변화에 대해 긍정적으로 반응하면 그러한 행동의 빈도는 늘어날 가능성이 높다.

(3) 자기강화(Self-Reinforcement)

장기적인 목표는 스스로 목표를 설정하고 자기자신의 강화장치를 사용하는 것이어야 한다. 자신의 노력에 대해 스스로 보상을 줌으로써 자신의 실적에 대한 자기만족을 얻을 수 있다. 이 경우 개인적인 목표가 조직의 목표와 일맥상통하도록 하는 것이 또 다른 과제이다.

4.5 팀훈련 및 개발

팀교육의 세 가지 주요 목표는 단결력, 효과적인 절차 및 팀리더의 개발이다. 팀교육에 자원을 투자하는 조직은 팀뿐 아니라 조직의 효과를 증대시킬 수 있다.

1) 응집력 형성훈련

응집력 형성을 위해 모험훈련을 활용한다. 다임러크라이슬러의 한 부서인 에바트 유리공장은 250명 전 직원이 참여하는 1일 과정의 모험훈련을 수행했다. 하나의 과제가 끝날때마다 교육자는 해당 과제를 통해 얻은 경험에 대한 토의를 수행했다. 전체적으로 이 교육은 자기주위에 쳐 놓았던 개인적인 장벽을 허물고 팀에 기여하는 팀원이 되는 이점을 알게 하는데 도움이 되었다.

2) 팀업무 수행훈련

업무팀은 보다 공식적인 교육을 통해 이익을 얻을 수도 있다. 업무팀은 그 전에는 직원의 책임이 아니었던 업무를 수행하도록 권한을 부여받는다. 자기관리의 정도가 높아질수록 팀의 권위, 책임 및 의사결정권 등이 증가한다. 자체관리되는 업무팀에 대한 공식적인 훈련은 자원을 획득하는 회사 특유의 절차, 원가회계, 상황보고 및 팀의 평가 등을 포함할 수도 있다.

3) 팀리더 훈련

새로운 팀리더는 종종 자신의 역할을 오해한다. 훌륭한 팀리더는 팀원의 기여에 수용적이고 자신의 개인적인 관점에 따라 아이디어를 반대하거나 지지하지 않는다. 의견차이를 지지하고 회의를 관할하는 방법에 대한 교육은 새로운 업무팀의 리더에게 있어서 유용한 교육이다.

(1) 상이한 의견의 지지(Supporting Disagreement)

리더가 팀내의 차이에 대해 수용적이고, 결정을 뒤로 미루면서 아이디어 제시와 평가를 분리해서 다룬다면 의견차이는 관리될 수 있다. 팀내에서 의견차이가 없는 것은 의견차이가 너

표 8-3 | 에바트 유리공장에서 활용된 팀 교육활동의 예

도전적인 활동	팀웍 학습내용
• 팀단위로 두세 개의 물건(테니스공, 하키공, Koosh 공등)을 이용해 저글링	• 모두 서로 다른 역할을 가지고 있으나 각자가 모두 성과에 영향을 미친다.
• 제한된 시간 동안 카펫에 그려진 미로를 한 사람씩 통과	• 팀은 개개인의 숨어 있는 강점(기억력, 빨리 움직이는 능력 등)을 발견해야 한다. 그렇게 함으로써 팀 전체가 성공하도록 할 수 있다.
• 고정용 나무조각에 박혀져 있는 14개의 못을 이용하여 쓰러지지 않는 구조체 세우기	• 불가능해 보이는 일도 협동하면 이룰 수 있다.
• 팀을 상징하는 차를 그리고 각 구성원을 상징하는 차의 부품 지명하기	• 각 구성원은 서로 다른 강점을 갖고 있으며 이러한 강점들을 통합함으로써 과업을 완수할 수 있다.

자료 : Jackson and Schuler, *Op. cit.*, p.384.

무 많은 것 만큼이나 팀기능에 있어 파괴적으로 작용한다. 브레인스토밍이나 변증법적 질의와 같은 의사결정보조수단은 생산적인 논쟁을 유발하고 더 나아가 모두가 납득할 만한 더 나은 결정을 내릴 수 있도록 한다.

(2) 회의주재(Managing Meetings)

팀리더에게 회의주재에 대한 기술을 교육시키는 것은 회의의 효율을 높일 수 있다. 뿐만 아니라, 교육은 팀리더로 하여금 허용과 억제 간의 적절한 균형을 유지할 수 있도록 한다.

4.6 교차문화훈련

교차문화훈련(Cross-Cutural Training)의 목적은 여러 문화를 배경으로 하는 사람들을 함께 일할 수 있도록 대비시키거나 혹은 어느 한 사람을 다른 문화에 살 수 있도록 대비시키는 것이라 할 수 있다.

1) 자국 내 직원들을 위한 다양성 교육

(1) 문화인식교육(Cultural Awareness Training)

문화인식교육은 참석자들에게 그들의 문화가 함께 일하는 다른 사람들의 문화와 어떻게 다른가를 가르친다. 또한 다양한 부류에 대해 갖고 있는 고정관념이 그들의 행동에 어떤 영향을 미치는가(종종 스스로도 인식하지 못하는 미묘한 방식으로)에 대해 교육한다. 이런 종류의 다양성 교육은 자기자신 및 타인의 문화에 대한 지식을 증대시키는 것을 목표로 한다. 그러나 문화인식 프로그램만으로는 긍정적인 변화를 가져오는 데 한계가 있다.

(2) 능력배양(Building Competencies)

다양성 교육의 또 다른 접근방식은 다양성을 특징으로 하는 조직내에서의 효과적인 업무수행을 위해 필요한 행동능력을 배양하는 데에 보다 명확하게 초점을 맞추고 있다. 이렇게 행동을 변화시키고 대인기술을 개발하는 과정을 통해 다양한 작업장의 업무분위기를 개선해 나갈 수 있다.

(3) 다양성 교육의 보완(Supplementing Diversity Training)

다양성 교육만으로는 어떻게 조직이 다양성을 관리할 것인가에 대한 근본적인 변화를 만들어 낼 수 없다. 여러 보상체계를 다양한 배경을 갖는 사람들의 모집, 채용, 개발, 승진상의 목표달성과 연계시킴으로써 다양성에 대한 교육개발의 성공 가능성을 높일 수 있다.

2) 국제적 환경에서의 교차문화훈련

세계화는 피할 수 없는 과제 중 하나이며 사업은 그 어느 때보다 서로 연결된 세계 속에서 이루어지고 있다. 〈표 8-4〉에서 제시된 바와 같이 세계화 기업은 적어도 5개의 서로 다른 부류의 사람들에게 초점을 맞추어 서로 다른 시점에서 교육개발활동을 수행할 수 있다.

표 8-4 | 글로벌기업의 훈련 · 개발필요

훈련 · 개발활동의 적용 가능시점	해외파견으로부터 돌아온 시점 해외파견 중 해외파견 전
훈련 · 개발활동의 적용 가능대상	해외파견 직원 국내영입 직원 해외파견 및 국내영입 직원의 가족 글로벌 매니저 본부 직원 해외파견 · 국내영입 직원 및 글로벌 매니저와 함께 근무하는 여타 직원

자료 : Jackson and Schuler, *Op. cit.*, p.388.

3) 해외파견 및 국내 영입직원교육

(1) 해외파견직원(Expatriates)

해외파견직원 및 그 가족에 대한 교차문화훈련은 파견국의 가치관, 풍습 및 전통에 대한 3일 내지 5일의 집중교육의 형태를 취한다.

3일로 구성된 전형적인 교차문화훈련은 파견국의 일상생활, 파견국에서 사업수행을 하기 위해 알아야 할 주요 관례, 여성의 역할과 임원 및 그의 가족들이 겪을 수 있는 문화적 충격 및 스트레스 등을 내용으로 하고 있다. 이러한 교육은 파견직원의 실적을 향상시키고 가족들의 문화적 충격을 감소시킬 수 있다.

교차문화훈련을 위해 사용할 수 있는 도구중 하나가 '문화동화훈련(Culture-General Assimilator)'으로서 이는 자기자신의 문화에 대한 인식을 증대시키고 타문화와의 상호작용에 대비시키도록 고안되어 있다.

문화동화훈련은 특정 문화에 대한 교육이 아니므로 해외파견직원에 대한 완벽한 대비가 되지 못할 수도 있다. 그러나 이러한 형태의 일반적인 교육은 피교육자로 하여금 타문화에 대해 깨어있게 함으로써 그 문화를 더 신속하게 배울 수 있도록 한다.

(2) 국내 영입직원(Inpatriates)

국내 영입직원이란 다른 나라로부터 업무수행을 위해 우리나라로 파견된 직원을 의미한다. 해외파견직원과 마찬가지로 국내영입직원과 그 가족들은 (이주절차에 있어서의 일반적인 지원뿐 아니라) 우리 문화에 대한 정확한 정보가 필요하다.

4) 글로벌 매니저의 훈련 및 개발

해외파견직원이 다른 문화에서의 효과적인 업무수행을 배워야 하는 반면에 글로벌 매니저는 서로 다른 여러 국가에서의 업무를 동시에 관장해야 한다. 글로벌 리더십은 지리적인 영역이 아닌 제품위주로 구조화된 조직에서 더욱 중요하다. 많은 기업이 향후의 글로벌 리더개발을 위해 해외파견방식을 사용하지만 성공적인 해외파견직원이 반드시 성공적인 글로벌리더의 역할을 수행하지는 못한다. 추가적인 개발노력이 필요한 것이다.

TRW(미국의 항공기, 자동차 부품제조 글로벌기업)의 글로벌 리더십 프로그램은 전체적인 회사의 현재 업무능력과 세계시장에서의 성공을 위해 필요하다고 생각되어지는 글로벌 리더십 능력 간의 격차에 대한 평가를 통해 개발되었다.

다른 많은 글로벌기업들과 마찬가지로 TRW의 글로벌 리더십 프로그램은 강의, 행동습득 프로젝트 및 습득내용의 프레젠테이션 등으로 구성된다. 이 중 가장 중요한 부분이 행동습득 프로젝트를 위해 피교육자들은 서로 다른 국가에 파견되어 공급기지 구축이나 시장에서의 인지도 진작을 위한 마케팅계획의 수립 등의 임무를 할당받는다. 이러한 파견임무를 통해 임원들은 파견국의 문화뿐 아니라 팀원 국가에 대한 지식, 팀의 다양성을 관리하고 모호함을 인내하는 방법 등을 배운다. 뿐만 아니라 그러한 경험은 장래에 함께 일하게 될 임원들 간의 개인적인 인맥형성에도 기여한다.

05 · 훈련 및 개발의 평가

훈련 및 개발활동의 평가에는 생산성 변화, 태도평가조사(감독자, 다양성 프로그램, 직무, 스트레스, 역할갈등에 대한 만족도 및 업무절차에 대한 지식 등), 원가절감 및 향후 교육에 대한 태도 등을 포함하는 다양한 효과측정기준이 활용된다.

5.1 평가요소

조직은 보통 장기적인 성과를 얻기 위해 교육개발 프로그램을 실시하지만 그러한 노력의 효과를 평가할 때는 보통 단기효과를 평가한다.

직원의 즉각적인 반응은 가장 자주 사용되는 평가방법이다. 긍정적인 반응이 바람직하지만 반응과 다른 주요 성과와의 관련성은 미약하다.

평가목적이 습득내용의 평가에 있다면 필기시험을 활용할 수도 있다. 그러나 시험을 통해 지식습득이 증명된다 할지라도 그러한 지식이 실무에 활용된다는 보장은 없다.

행동이나 실적이 변화하였는지 측정하기 위해서는 실적평가, 성과평가보고 및 직원태도조사 등을 통해 더 나은 정보를 얻어야만 한다.

5.2 평가방식

평가방식은 실험적, 준실험적 및 비실험적 방식 등으로 분류된다.

(1) 실험적 방식(Experiments)

가장 정확한 평가방식으로서 우선 직원을 '실험(Treatment)' 집단과 '통제(Control)'집단으로 구분한다. 아무런 교육도 받지 않은 시점(제1시점)에서 두 그룹을 평가하고 실험집단만을 교육한 뒤(제2시점)에 다시 두 그룹을 평가함으로써 교육으로 인한 성과를 객관적으로 분석하는 방식이다.

(2) 준실험적 방식(Quasi Experiments)

조직은 보통 부서내의 일부가 아닌 부서전체인원이 교육받기를 원한다. 따라서 이러한 조직은 준실험적인 방식을 선호하게 된다.

준실험적 방식의 하나로 시계열방식(Time-Series Design)은 전체적인 교육 전·후에 평가를 실시함으로써 교육의 효과를 평가하는 방식이다.

반면에 비동등 통제집단방식(Non-equivalent Control Group Design)은 같은 부서에서 교육 및 통제집단을 분리하지 않고 서로 다른 두 지역의 두 집단을 각각 교육 및 통제집단으로 선정한다는 사실 이외에는 실험적 방법과 동일하다. 그러나 이러한 방식들은 다른 시간적 및 공간적 외부요인으로 인해 교육자체만의 효과를 평가하는 데 한계가 있다.

(3) 비실험적 방식(Non-experiments)

불행하게도 대부분의 조직에서는 교육개발의 평가에 있어서 실험적 및 준실험적 방식은 거의 활용되지 않고 있다. 시간 및 비용의 이유로 인해 가장 널리 사용되는 평가방식이 단일 시점 단일그룹에 대해 수행하는 비실험적 방식으로서 정확도와 결과의 신뢰성은 다른 방식에 비해 떨어진다. 이는 주로 교육종료 후 참가자들의 반응조사를 통해 이루어지며, 일반대학의 수강생들에 의한 교수강의평가가 그 대표적인 예라 할 수 있다.

연습문제

1. 인적자원개발의 체계에 대해 설명해 보시오.

2. 인적자원개발과 학습조직의 상호 관련성에 대해 설명해 보시오.

3. 인적자원개발과 지식경영의 상호 관련성에 대해 설명해 보시오.

4. 팀웍훈련의 목적과 팀리더의 개발방법에 대해 설명해 보시오.

5. OJT와 Off-JT의 장 · 단점을 비교해 보시오.

6. 훈련 및 개발의 효과를 측정하는 것이 왜 중요한지, 그리고 어떻게 측정하는 것이 바람직한지 토의해 보시오.

7. 경력개발제도(CDP)의 유용성과 그 활용방안에 대해 토의해 보시오.

8. 교차문화훈련의 필요성과 그 내용에 대해 토의해 보시오.

9. e-Learning의 개념과 그 유용성에 대해 토의해 보시오.

10. 학습효과를 증진시킬 수 있는 방안에 대해 설명해 보시오.

제9장

보상관리

학습목표

- 노동의 대가로서의 임금 이외에 임금이 갖는 동기부여적 측면에 대한 이해
- 보상포트폴리오가 보상전략에서 갖는 의미의 이해
- 임금관리의 체계에 대한 이해
- 임금수준의 상하한선 결정과 관련된 주요 개념(기업의 지불능력, 생계비)에 대한 이해
- 업적급의 전략적 중요성과 유형에 대한 이해

01 · 보상활동의 개요

현재 기업들이 직면하고 있는 경쟁환경은 변화의 속도를 따라 잡기 어려울 정도로 급변하고 있다. 이러한 경쟁환경에서 기업이 지속적인 성공과 성장을 영위하기 위해서는 올바른 전략방향을 제시하고, 미래를 위한 정확한 의사결정을 내리는 경영자의 역할이 무엇보다 중요하다. 따라서 우수한 경영자의 확보 및 유지, 기업성장을 동시에 달성하기 위해서는 기업전략과 연계된 경영자 보상 프로그램의 구축이 필요하다. 우리나라의 경우 같은 해에 입사한 동기들은 해가 지나도 같은 보상을 받는 연공급형태로 굳어져 왔다. 이런 보상제도가 과거에 우리경제가 보여주었던 고도성장기에는 문제가 되지 않았다. 그러나, 80년대 초부터 일기 시작한 탈규제와 그로 인한 경쟁이 일고 있는 환경에서는 낙후된 보상시스템을 가진 기업은 퇴출이 거의 확실시된다. 기업은 우수한 인력을 확보하고 이들을 적재적소에 배치하고 동기부여를 하는 데 끊임없는 노력을 기울여야 한다. 기업경영은 개인의 능력이 객관적으로 분석 · 평가되고 보상될 수 있어야 비로소 가능해진다. 그러므로 개인이 갖고 있는 잠재능력을 정확히 파악하지 못한다면 그 능력을 충분히 활용하는 것이 불가능해지며, 합리적인 보상이 이루어지지 않는다면 팀원들에 대한 동기부여가 이루어지지 않아 우수한 인재의 확보 및 양성이 불가능해진다. 따라서 적절한 평가와 보상이 필요하다. 최근 우리사회에 관심을 끌고 있는 성과급, 연봉제, 스톡옵션 등의 제도들은 이러한 현실을 반영하고 있다고 하겠다.

1.1 보상활동의 역사와 정의

B.C 54년 줄리어스 시저는 가장 강한 군대를 만들기 위하여 부대의 보상제도를 혁신적으로 바꾸었다. 그는 뛰어난 병력을 확보하기 위해 봉급을 기존 수준의 3배로 올렸다고 한다. 그리고 3년 후에는 지금의 보너스제와 같이 성공적으로 전투를 수행한 경우 전과에 상응하는 상금을 지급했다. 그 후 각 나라의 왕이나 장군 등 통치자들은 효과적인 통치를 위하여 나름대로의 보상제도를 개발해 왔다. 이제 현대에 이르러 기업, 정부를 포함한 모든 조직에서

는 좀 더 효과적인 성과를 내기 위하여 적절한 보상시스템을 만들기 위해 노력하고 있다.

보상의 정의에는 다양한 의견이 있다. 포터(L.W.Porter)는 종업원의 직무만족요인을 설명함에 있어서 급여, 승진 등은 외재적 보상으로, 성취감, 인정감, 도전감, 자아실현감 등을 내재적 보상으로 구분하여 경제적 대가 이외의 요소들을 보상의 개념에 포함시켰고, 벨헤르(D. W.Belcher)는 "보상이란 고용계약에 있어서 조직과 개인 간의 거래를 나타낸다. 그리고 이러한 거래는 주로 경제적인 것으로 간주되는 것 이외에 심리적 · 사회적 · 정치적 혹은 윤리적인 것이며 이 중 어느 하나 이상인 것이다"라고 설명하기도 했다. 또한 투입과 산출 간의 관계로 나타내는 학자도 있다. 일반적으로 보상은 개인이 조직체에서 수행한 일에 대한 모든(경제적 · 경제외적) 대가를 나타낸다고 할 수 있겠다.

1.2 보상활동의 중요성과 우리나라의 실태

그렇다면 보상제도가 중요한 이유는 무엇이며, 우리 한국의 보상체제는 어떠한가?

시저의 예에서 보듯이 보상제도는 조직의 성패를 좌우하는 가장 중요한 요인이라 할 수 있다. 조직은 사람들의 집합체이며 따라서 각 구성원들이 어떠한 역할을 해 주는가에 따라 그 성패가 좌우된다. 보상제도는 조직구성원의 행동양식에 영향을 미치기 때문에 결국 조직의 성패를 가름하게 된다. 따라서 보상제도의 중요성이 강조되는 것은 지극히 당연한 일이다. 특히, 보상제도는 경쟁이 심하고 따라서 조직효율의 극대화가 긴요한 상황에서는 더욱 그 중요성이 커진다.

또한 지금 이 순간에도 경영환경은 급속하게 변하고 있다. 각종 규제가 완화되고 기업 간 경쟁은 더욱 치열해지고 있다. 세계가 하나로 통하는 글로벌 경제에서 일부 선진국들이 주도하는 세계화와 시장개방으로 국가 간의 경쟁도 치열해지고 있다. 이에 따른 영향으로 우리나라도 1990년대에 들어와서 규제완화정책을 추진하고 있고, 점차 그 속도가 빨라지고 있다. 또한 OECD의 가입과 WTO체제의 출범을 계기로 시장이 빠르게 개방되고 있는 실정이다. 이러한 상황에서 기업이 조직의 효율성을 극대화하기 위해 어떤 보상시스템을 마련해야 하는가 하는 것은 중요한 문제이다.

그러나 불행히도 국내기업들의 보상시스템은 과거 고성장시대의 관행에 젖어 이렇다 할 개선이 되고 있지 않은 실정이다. 과거 IMF 관리체제의 영향으로 연봉제를 도입하는 기업이 늘었으나 이 또한 효율적인 보상체계구축이라는 측면보다는 일단 인건비의 절감차원에서 시행되고 있는 실정이어서 많은 갈등을 겪고 있다.

경영환경뿐만 아니라 경영 패러다임의 변화도 보상시스템의 변화를 촉구하고 있다. 이제 기업들은 외형위주의 양적경영에서 수익위주의 질적경영으로 전환되고 있다. 얼마전까지 정부가 가격과 진입을 규제하는 시대에는 기업들이 외형극대화를 추구하는 경향이 있었다. 그 경향을 살펴보면 이윤의 세분화보다 외형을 세분화하기가 쉽다는 이유도 있었지만 근본적으로는 규제환경에서 외형을 키우면 이윤 또한 증가한다는 것을 이용한 것이라고 할 수 있다. 그래서 정부규제하의 기업은 이윤극대화와 효과는 같으면서 뚜렷하게 성과를 측정할 수 있는 외형상의 매출규모를 극대화하게 된 것이다. 그러나 가격이 자유화되고 진입장벽이 무너지면서 더 이상 외형극대화는 지속 가능한 패러다임이 될 수가 없게 되었다. 가격이 자유화되고 세계화, 개방화, 고객수준의 향상, 기술의 급변 등으로 시장이 복잡해지면서 이제 '외형=이윤'의 등식이 아닌 가치기준경영(Value-Based Management)인 질적경영으로 전환할 수밖에 없는 것이다.

우리나라의 경우 정부가 대기업중심의 경제발전전략을 추구해왔기 때문에 외형이 커야 특혜를 받기도 수월하고 구제금융으로 부도위기를 모면하기도 쉽다는 관념이 오랫동안 지배적이었다. 그래서 기업들은 너나 할 것없이 빚을 지면서까지 규모확대에 투자하는 일이 빈번했다. 그 결과 현재 이러지도 저러지도 못하는 처리불능의 거대한 괴물들을 만들어내고 만 것이다.

이제 새로운 경영 패러다임으로 전환하여 가치기준 경영시스템을 도입하려면 경영혁신을 통해서 내부 통제시스템의 일대개혁이 이루어져야 한다. 개혁의 핵심은 주식지분을 갖고 있지 않은 전문경영자 및 임직원이 '주인의식'을 갖고 경영을 할 수 있도록 보상시스템을 구축하는 것이라고 할 수 있다. 따라서 가치기준경영으로의 발상전환이 현재 우리기업들에게 시급한 과제이며, 그 중에서도 내부시스템인 보상시스템에 일대 개혁이 가해져야 한다. 이하에서 보상시스템 구축에 필요한 여러 가지 보상이론과 보상제도에 대해 알아보기로 하자.

02 · 보상이론 및 여러 가지 보상제도

2.1 보상이론 및 원칙

보상은 일반적으로 계약의 한 당사자가 다른 당사자에게 제공한 노력, 시간, 기술 등에 대해 여러 가지 형태의 반대급부를 지급하는 것이다. 기업과 종업원의 관계에서 보면 일정기간 동안에 종업원이 제공한 투입(input)에 의해 기업의 수익을 창출할 수 있는 산출(output)이 생산되었기 때문에 이에 대한 보상을 하는 것이다. 보상이론은 크게 심리학에 근거를 둔 이론(Psychological Theories)과 경제적인 인간관에 근거를 둔 경제학적 이론(Economic Theories)으로 구분할 수 있다.

1) 심리학적 이론

심리학적 이론(Psychological Theories)에는 Vroom(1964)에 의해 개발된 기대이론과 Skinner에 의해 정립된 강화이론, Adams에 의해 개발된 공정성 이론, Locke에 의한 목표설정이론 등이 있다.

(1) 기대이론(Expectancy Theory)

종업원의 기술과 지식, 조직의 성과측정 및 보상제도, 종업원의 개인적인 가치기준이 어떻게 종합적으로 만족도에 영향을 미치는가 하는 것을 설명한다. 또한 성과측정이 동기부여시스템의 핵심역할을 하고 있다는 관점이다.

(2) 강화이론(Reinforcement Theory)

행위주체가 바람직한 행위를 했을 때 그에 상응하는 보상을 하게 되면 그러한 행위를 하는 빈도가 높아진다는 것이다.

(3) 공정성 이론(Equity Theory)

이 이론에 따르면 임직원들은 자신들의 보상만을 고려하는 것이 아니고 다른 사람들의 보상과 비교를 한다는 데 초점을 둔다. 만일, 자신의 투입에 대한 산출의 비율이 타인의 비율보다 낮다면 그는 과소보상을 받았다고 느낄 것이고 이 비율들 간의 균형을 맞추기 위한 쪽으로 동기부여될 것이다. 예를 들면 본인의 투입노력을 줄이거나, 개수급의 경우 품질에 상관없이 생산량을 늘리는 쪽으로 행동하게 될 가능성이 높다. 반대로, 자신의 비율이 타인의 비율보다 높다면 과대보상을 받았다고 느낄 것이며 심한 경우에는 죄책감을 느낄 수도 있을 것이다.

(4) 목표설정이론(Goal-Setting Theory)

성과급의 증가가 더 많은 목표를 설정하게 하고, 좀 더 어려운 목표를 설정하게 하고, 목표에 대한 집착을 더 강하게 하기 때문에 동기부여효과를 가져 올 수 있다는 것이다.

2) 경제학적 이론

경제학적 이론으로는 클라크(Clark)의 논문에서 시작한 한계 생산성 이론과 사로프(Salop)에 의해 개발된 효율적 임금이론 등이 대표적이다.

(1) 한계 생산성 이론(Marginal Productivity Theory)

경쟁적인 시장에서 기업이 생존하기 위해서는 비용을 최소화하여야 하는데, 그리기 위해서는 기업은 피고용자가 기여한 부분만큼에 해당하는 보상을 지급하여야 한다는 것이다. 즉, 보상액이 한계 생산성과 같아야 한다는 것이다.

(2) 효율적 임금이론(Efficiency Wage Theory)

한 마디로 말해서 임직원이 투입하는 노력은 임금수준에 의해 결정된다는 것이다. 즉, 기업은 임직원이 최대의 노력을 기울이고, 그들의 임무를 잘 수행하도록 임금을 높이 책정하여야 한다.

위의 두 가지 접근방법에서 나온 이론들은 인간의 본성에 대한 가정이 다르기 때문에 이로 인해 성과와 보상을 연결시키는 것이 왜 성과를 향상시키는가에 대한 설명이 다르다. 그러나

한 가지 중요한 공통점은 성과와 보상을 연계시키면 성과를 향상시킬 수 있고 동기부여의 강화여부가 성과와 밀접한 관련이 있다는 점이다. 따라서 이에 대한 적절한 조화로 동기부여 효과를 극대화하는 것이 필요하다.

2.2 보상제도의 유형

1) 직접 보상제도

(1) 단기보상제도

단기보상제도는 기업의 장기적인 전략이나 투자활동보다는 일상적이고 단기적인 성과(통상 1년 이내)에 대해 보상의 초점을 맞춘다. 단기보상제도에는 봉급과 보너스 등이 있다. 봉급 혹은 임금(salary)은 고용자와 피고용자 간의 가시적 또는 묵시적 계약에 의해 노동에 대한 대가로 받는 현금을 말한다. 지급액수는 미리 정해지며, 근무경력, 외부경쟁력 조건, 물가, 성과 등에 의해 정기적으로 조정된다. 보너스(bonus)는 기업과 직원과의 계약에 의해 어떠한 단기성과를 달성했을 때 지급되는 현금으로 변동급의 일종이며 통상 일정기간의 성과에 근거하여 일시에 지급된다.

(2) 장기보상제도

장기보상제도는 기업의 장기적이고 전략적인 측면의 성과에 중점을 둔 보상제도이며 따라서 성과측정이 1년 이상의 기간에 걸치는 것이 보통이다. 이에 해당되는 제도로는 스톡옵션이나 제한주식, 장부가치단위 등이 있다.

스톡옵션(stock option grants)은 주식을 지급하는 것이 아니고 주식을 취득할 수 있는 권리를 제공하는 것이다. 스톡옵션의 경우 최근 들어 많은 관심을 끌며 우리나라의 많은 기업들이 도입하고 있는 제도이다.

제한주식(restricted common stock award)은 매매나 양도에 대한 제한이 가해진 보통주를 증여하는 제도로, 종업원들은 원칙적으로 일정기간 이전에는 주식의 소유권을 이전하거나 매각할 수 없다. 즉, 수혜자는 제한기간 동안 조건부 소유권을 가지게 된다. 그러나 제한기간 동안이라도 의결권을 행사할 수 있고, 배당을 받으며, 주식증서를 소유할 수 있다. 배당은 현금으로 지급되거나 또는 이에 상당하는 액수가 수혜자의 계정에 계상된다.

장부가치단위(book-value units)제도는 주식의 시장가치에 의해 보상을 하는 경우 기업의 성과와는 관계없는 시장전체의 움직임에 의해 주가가 결정될 수도 있다는 단점을 보완하기 위해 주식의 장부가치에 의해 보상을 하는 것이다. 주식의 장부가치는 총자산에서 부채를 뺀 후 발행주식수로 나누어 계산한다. 주식의 시장가치가 기업의 성과뿐만 아니라 거시경제상황에 의해서도 변화하여 등락폭이 심한데 비해 주식의 장부가치는 변화가 적고 부드러운 상승세를 보이며 증가하는 것이 보통이다. 보상기간말에 종업원은 기업의 주식을 시장가치가 아닌 장부가치에 근거하여 구매하거나 또는 기업으로부터 무상으로 주식을 받는다.

2) 간접 보상제도(복리후생)

기업의 보상시스템에 대한 시간 및 돈의 막대한 투자에도 불구하고 바람직한 동기부여 효과가 제대로 나타나지 않는 경우가 많다. 그 이유에 대해 경영 전문가들은 눈에 보이는 물질적, 금전적 보상들에 대한 지나친 강조를 문제점으로 제시하고 해결방안으로 복지후생에 대해 강조하고 있다. 복지후생이란 종업원의 생활수준향상을 위하여 시행하는 임금 이외의 간접적인 여러 급부를 말한다. 원래 기업에 있어서 종업원에 대한 복지후생제도는 온정적 · 은혜적인 의미에서 사용자의 자유의사에 의한 임의적 제도로서의 성격을 가진 것이었으나, 산업사회의 발전과 특히 노사관계의 변화로 말미암아 오늘날에 있어서는 국가의 입법에 의하여 강제되는 법정제도로서의 성격도 함께 가지게 되었다. 복지후생의 유형으로는 대표적으로 국민건강보험이나 의료보험, 각종 공제 및 대부, 급식, 사택, 오락시설, 연금과 재해보험 등이 있다.

3) 각 보상제도의 장 · 단점

(1) 단기보상제도 대 장기보상제도

미국의 경우 단기보상제도는 1920년대부터 유행하기 시작하였다. 그러나 단기보상제도는 빠른 성과를 보인다는 장점이 있지만 경영자로 하여금 단기의 성과에 집착하게 만드는 결과를 초래할 수 있다. 또한, 성과지표인 회계적 측정치가 기업의 가치증가와 연계가 약할 수 있고 성과지표의 조작이 가능하나. 이러한 난섬은 상기보상제도의 도입으로 극복할 수 있을 것이다.

(2) 주식가치기준 보상 대 회계적 성과기준 보상

주가에 근거한 보상의 가장 큰 단점은 임직원의 노력과는 관계없는 시장 전체적인 요인에 의해 과다 또는 과소보상을 받을 수 있다는 것이다. 따라서 정확한 개개인에 대한 평가가 힘들다. 그러나 회계적 성과에 근거한 보상은 주식가치에 근거한 보상과 함께 사용됨으로써 주식가치에 근거한 보상의 단점을 보완할 수 있다.

(3) 주요 보상제도의 비교

우선 경영자와 주주 사이의 이해의 일치측면에서는 스톡옵션이 가장 우수하다. 그 이유는 행사가격을 부여시점의 공정주가 이상으로 할 경우 경영자가 보상을 받기 위해서는 기업의 경영을 잘하여 공정주가 이상으로 주가를 끌어 올려야 하기 때문에 경영자의 이해와 주주들의 이해가 가장 잘 맞기 때문이다. 그러나 제한주식은 처음부터 주식을 부여하는 것이어서 주가가 올라가지 않아도 일정기간이 지나면 보상이 되기 때문에 주주들에게는 좋지 않은 제도이다. 장부가치 단위는 회계적 기준치에 의해 보상의 양이 정해지므로 주주의 이해가 꼭 일치되지는 않는다.

둘째, 경영자의 유치측면에서는 경영자의 입장에서 볼 때 까다롭지 않은 제한주식이 유리할 것이다. 스톡옵션이나 장부가치 단위는 일정한 수준의 성과를 달성하고 그에 대한 주식의 가치에 따라 달라지므로 경영자에게는 덜 매력적인 보상수단이다.

셋째, 장기적인 측면에서는 일정한 주가수준이나 장기적인 회계적 성과를 달성하여야 보상이 되는 스톡옵션이나 장부가치 단위가 우수하다. 제한주식의 경우는 일정수준으로 주가를 올려야 하는 조건이 없기 때문에 기업의 장기성과를 강조하는 측면이 약하다.

표 9-1 | 보상제도의 비교

세 부 내 용	스톡 옵션	제한 주식	장부가치단위, 주식, 장기상여금
경영자와 주주들의 이해를 일치시킨다.	●	◐	◐
우수 경영자를 유치한다.	◐	●	◐
장기성과를 강조하고 장기계획을 수립하는 데 도움을 준다.	●	◐	●
수혜자가 장기적으로 자본을 형성하는 데 도움을 준다.	●	●	◐

(● : 높은 가능성, ◐ : 어느 정도의 가능성)

마지막으로 수혜자의 장기자본형성에 도움을 주는 측면에서는 스톡옵션과 제한주식이 유리하고, 회계적 기준치에 의한 성과급은 덜 우수한 방법이다.

여러 가지 측면에서 볼 때 스톡옵션이 매우 좋은 보상방법의 하나인 것으로 판단되며 이것이 스톡옵션이 여러 가지 보상제도 중 가장 빈번하게 사용되는 이유를 설명해 주는 것이라 볼 수 있다. 우리나라의 경우도 대다수의 기업이 스톡옵션제도의 도입을 고려하고 있다.

03 · 보상전략

개별기업의 보상제도는 각 사가 처해있는 상황에 따라 직접보상과 간접보상의 구성비율을 적절하게 혼합한 전략적 포트폴리오를 구성함으로써 보상을 통한 구성원들에의 동기부여가 보다 효율적으로 전개될 수 있다. [그림 9-1]에서 보는 바와 같이 창업초기의 기업과 안정기의 기업과의 직 · 간접보상 간의 구성비율은 현저하게 달라질 수 있다.

창업초기의 기업은 이제 막 시장에 진입하는 단계이므로 생존을 위해서는 기존의 시장선점자들과의 일대격전을 벌이지 않으면 안 될 상황이다. 따라서 경영전략도 상당히 공격적인 형태를 띠어야 할 것이고 그에 따라 구성원들의 의식이나 태도, 행동도 모두 성과위주로 형성될 필요가 있다. 그러므로 성과연동형 직접 보상의 비율이 90%, 연공을 고려한 간접보상의 비율은 10%의 수준으로 설정할 수 있다.

그림 9-1 | 전략적 보상 포트폴리오

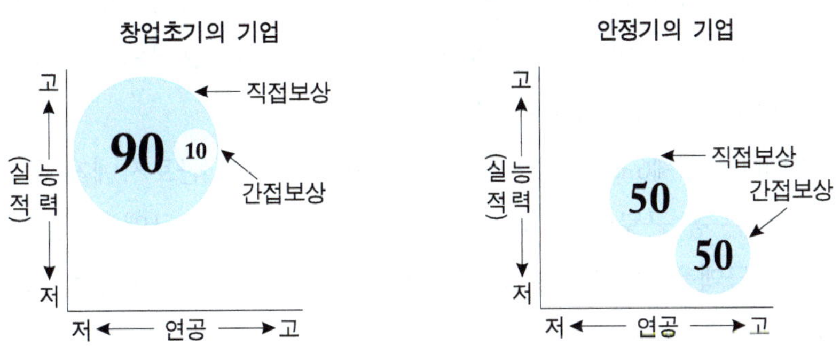

반면에 시장에서 안정적인 지위를 유지하고 있는 기업의 경우에는 기업내 구성원들 간의 인적 질서를 안정시키고 기존 시장을 안정적으로 유지할 수 있도록 기존 구성원들의 조직에 대한 충성심을 키워가는 데 힘쓸 필요가 있을 것이다. 따라서 직간 구성비율도 5:5 정도로 구성하고 직접보상의 설계기준도 능력과 연공을 적절하게 혼합한 체계로 가져갈 수 있다.

보상전략을 구상함에 있어서는 이러한 직 · 간접 보상 간의 적절한 비율설정 뿐만 아니라 임금수준의 결정을 동종 타사와 비교해서 어떤 수준으로 가져가느냐 하는 것도 중요한 과제가 되고 있다.

04 · 임금관리의 체계

직접 보상인 임금은 [그림 9-2]와 같이 기준임금과 기준외 임금, 그리고 인센티브에 속하는 상여금과 퇴직금으로 구성된다.

기준임금은 정규근로시간 내의 근로에 대한 대가로 지급되는 기본급과, 그것과 함께 고정적으로 지급되는 각종 수당이 포함된 급여를 말한다. 기준외 임금에는 초과근로수당, 상여금, 퇴직금 등이 있다. 여기서 우리가 가끔 언론보도를 통해 접하게 되는 용어, 예를 들면 "…사측은 기본급 동결과 통상임금의 300% 성과급지급을 최종 수정안으로 제시…"에서 볼 수 있는 통상임금 등에 대한 이해가 필요하다. 이하에서는 근로기준법에서 말하는 임금, 통상임금, 평균임금 등에 대해서 간략히 정리해 보고자 한다.

먼저 근로기준법(제2조 제1항 5호)에서 말하는 '임금'이란 사용자가 근로의 대가로 근로자에게 임금, 봉급, 그 밖의 어떠한 명칭으로든지 지급하는 일체의 금품을 말한다. 따라서 임금은 사용자에게 지급의무가 있어야 하고, 전체근로자 혹은 일정한 요건의 근로자에게 일률적으로 지급되어야 한다는 요건을 갖추어야 한다.

다음 근로기준법(시행령 제6조 제1항)에서 말하는 '통상임금'은 근로자에게 장기적이고 일률적으로 소정근로 또는 총 근로에 대하여 지급하기로 정한 시간급금액, 일급금액, 주급금액, 월급금액 또는 도급금액을 말한다. 법원판결에서는 이에 대해 보다 구체적으로 그 내용을 다음과 같이 적시하고 있다(대법원 2003다10650 판결).

그림 9-2 | 임금의 구성

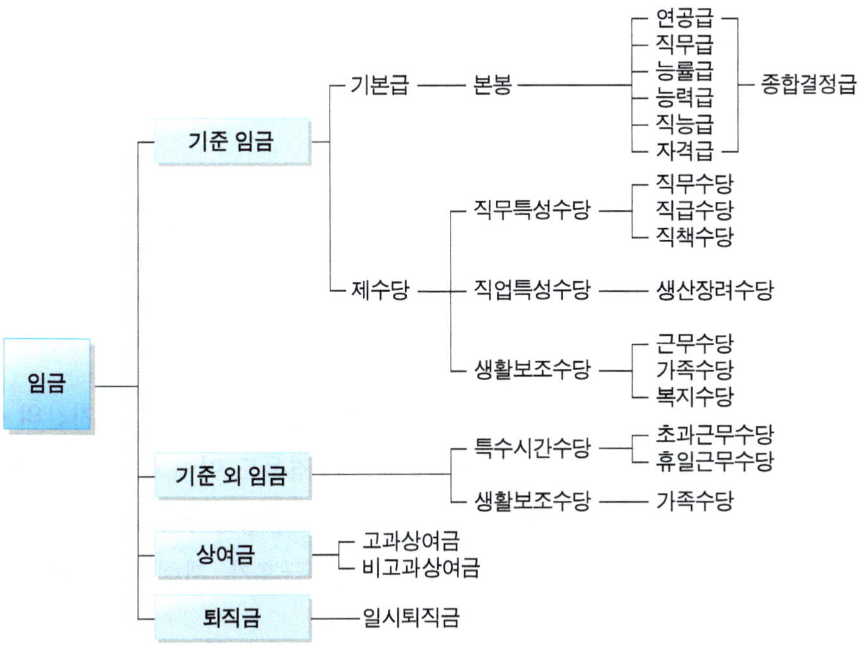

> "소정 근로 또는 총근로의 대상으로 근로자에게 지급되는 금품으로서 그것이 정기적 일률적으로 지급되는 것이면 원칙적으로 모두 통상임금에 속하는 임금이라 할 것이나, 근로기준법의 입법 취지와 통상임금의 기능 및 필요성에 비추어 볼 때 어떤 임금이 통상임금에 해당하려면 그것이 정기적, 일률적으로 지급되는 고정적인 임금에 속하여야 하므로 정기적 일률적으로 지급되는 것이 아니거나 실제의 근무성적에 따라 지급여부 및 지급액이 달라지는 것과 같이 고정적인 임금이 아닌 것은 통상임금에 해당하지 아니한다."

그러므로 근속연수에 따라서 달라지는 급여나 정기보너스가 아닌 특별보너스 같은 비정기적이거나 일률적이지 않은 임금은 통상임금이 아니라는 것이다.

여기서 통상임금에 대한 정의가 중요한 것은 그것이 수행하는 기능이 중요하기 때문이다. 즉 통상임금은 해고예고수당(근로기준법 제26조), 시간외 야간 및 휴일근로시의 가산임금계산(근로기준법 제56조), 연차유급휴가수당(근로기준법 제60조), 휴업수당(근로기준법 제46조) 등을 산정하는 기준이 되고 있다.

한편 평균임금에 대해서는 근로기준법(제2조)에서 "평균임금이란 이를 산정하여야 할 사유

그림 9-3 | 임금관리의 체계(I)

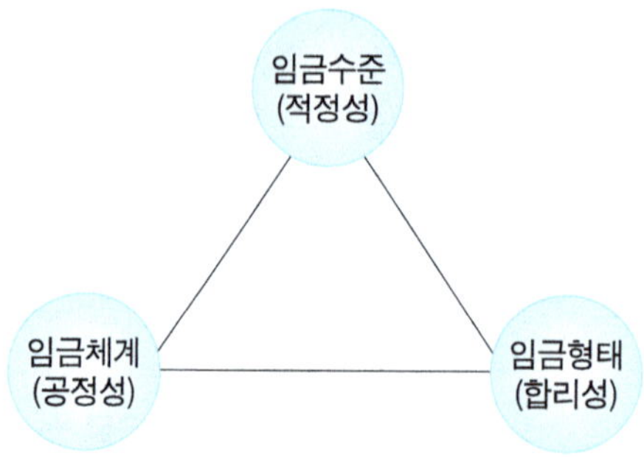

가 발생한 날 이전 3개월 동안에 그 근로자에게 지급된 임금의 총액을 그 기간의 총 일수로 나눈 금액을 말한다. 근로자가 취업한 후 3개월 미만인 경우도 이에 준한다. 제1항 제6호에 따라 산출된 금액이 그 근로자의 통상임금보다 적으면 그 통상임금액을 평균임금으로 한다"고 규정하고 있다. 평균임금은 퇴직금, 휴업수당, 연차유급휴가, 재해보상 등을 산정하는 기준이 되고 있다.

임금관리의 전반적인 체계는 [그림 9-3]과 같이 임금수준, 임금체계, 그리고 임금형태의 세 가지 요소로 구성되어 있다.

4.1 임금수준

임금수준은 해당 기업의 종업원 1인당 평균임금(임금총액/종업원 수)의 크기를 의미하며 이는 적정성을 확보해야 한다. 소위 외적균형(external equity)이 확보되어야 한다는 말이다. 다시 말하면 한 기업의 임금수준은 동종 타사수준이나 동일지역 내 비슷한 규모의 기업의 임금수준과 비교해서 너무 높거나 너무 낮게 설정되어서는 곤란하다는 것이다. 너무 낮으면 유능한 인재를 확보하기가 힘들어지고 너무 높으면 기업의 경쟁력에 해가 될 수 있다. 또한 [그림 9-4]와 같이 임금수준의 상한선은 기업의 지불능력의 범위를 벗어나면 안 되며, 하한선은 최저생계비 수준을 밑돌아서도 곤란하다.

이러한 임금수준을 결정함에 있어 중요하게 고려되는 요인으로는 [그림 9-5]와 같은 환경적 요인, 노동적 요인 및 경영적 요인을 들 수 있다.

그림 9-4 | 임금관리의 체계(II)

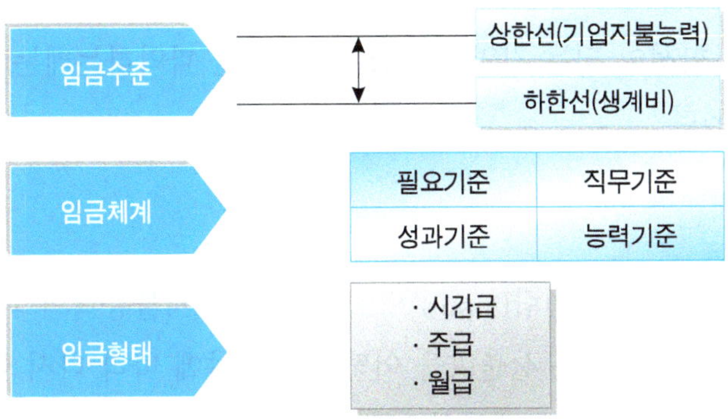

그림 9-5 | 임금수준의 결정요인

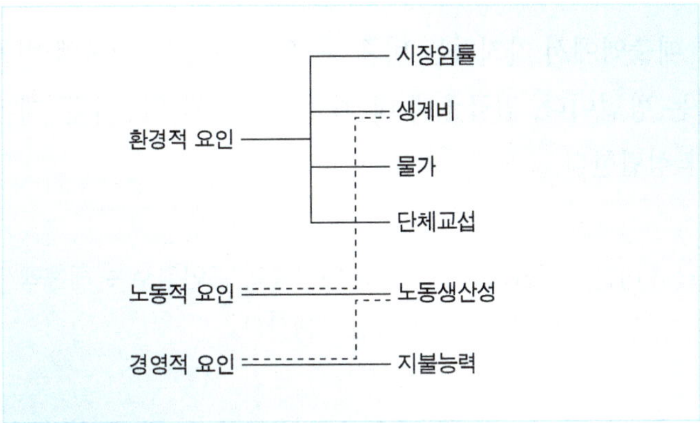

먼저 환경적 요인으로는 시장임률, 사회일반의 생계비 수준 및 물가변동, 단체교섭 등을 들 수 있고, 노동적 요인으로는 노동의 성과로서 나타나는 노동생산성을 들 수 있다. 경영적 요인으로는 기업의 지불능력을 들 수 있다. 이 요인들 간의 관련성을 보면 예를 들어 노동생산성의 상승은 노동의 성과로서 임금을 상승시키는 원인을 이룸과 동시에 경영측의 지불능력을 증가시켜 임금상승을 가능하게 한다. 또한 물가상승은 생계비의 상승을 가져와 임금상승의 압력으로 작용함과 동시에 단체교섭시 노조측 임금인상 요구율의 산정에도 영향을 미치게 된다.

1) 기업의 임금지불능력 파악

임금수준결정의 상한선이 되는 기업의 임금지불능력을 파악하는데는 흔히 생산성 분석과 수익성 분석이 활용된다.

(1) 생산성 분석접근방법

생산성은 '산출량(output)/투입량(input)'으로 표현되며 지불능력의 파악에는 노동생산성이 주로 사용된다. 노동생산성은 산출량을 어떻게 보느냐에 따라 다시 물적 노동생산성, 매출액 노동생산성 및 부가가치 노동생산성으로 세분할 수 있는데, 지불능력의 파악에는 매출액 노동생산성과 부가가치 노동생산성이 많이 활용된다.

① 매출액 분석에 의한 임금지불능력 파악방법

이는 임금총액이 매출액에서 차지하는 비중, 즉 임금총액 대 매출액 비율을 분석하여 임금지불능력을 파악하는 방법이다. 임금총액 대 매출액 비율과 임금수준 대 매출액 노동생산성 간에는 다음 관계가 성립한다.

임금총액 대 매출액 비율 = 임금총액/매출액 = 임금총액/종업원수 ÷ 매출액/종업원수
= 임금수준/매출액 노동생산성

이상의 관계에서 임금총액 대 매출액 비율이 적정하다면 이 적정비율을 유지하면서 임금수준을 상승시킬 수 있는 범위, 즉 임금지불능력은 매출액 노동생산성의 크기에 따라 달라질 수 있다. Scanlon plan은 바로 이 매출액 대비 임금총액의 비율을 기준으로 보너스액을 산출하고 있다.

② 부가가치분석에 의한 임금지불능력 파악방법

부가가치의 산출방식은 국가별, 작성기관별로 차이가 있으나 기업 경영분석에서 부가가치는 통상 경상이익, 인건비, 순금융비용, 임차료, 조세공과, 감가상각비로 구성되며 손익계산서 및 제조원가명세서에 나타난 해당 항목들을 합산하여 산출한다. 여기서 인건비는 부가가치의 중요한 구성부분을 이루고 있는 바 부가가치는 기업의 수익에서 모든 비용을 충당하고 난 후 임금으로 지불할 수 있는 가능액, 즉 임금지불능력을 결정하는 기초가 될 수 있음을 알

수 있다. 임금수준과 부가가치 사이에는 다음과 같은 관계가 형성된다.

임금수준 = 임금총액/종업원수 = 부가가치/종업원수 × 임금총액/부가가치
= 부가가치 노동생산성 × 노동분배율

부가가치 중에서 인건비(임금총액)가 차지하는 비율을 노동분배율이라고 하며 이 노동분배율이 임금지불능력을 결정하는 기준이 된다. 특정 기업의 노동분배율의 적정성 여부를 판단하는데 있어 중요한 참고자료로 활용할 수 있는 것에는 한국은행에서 매년 발행하는 '재무분석'이 있다. 이 자료에는 업종별, 규모별 부가가치 구성비가 제공되고 있어 업종별, 규모별 노동분배율의 평균치와 자사의 것을 비교해 볼 수 있게 해준다. 부가가치 분배율을 임금지불능력의 산출에 적용한 대표적인 예로는 Rucker plan을 들 수 있다.

(2) 수익성 분석접근방법

기업의 수익성을 바탕으로 임금지불능력을 파악하는데는 손익분기점 분석, 원가구성분석, 매출액이익 분석 등이 있다.

① 손익분기점 분석에 의한 임금지불능력 파악방법

손익분기점(BEP)이란 총원가, 즉 변동비와 고정비의 합계가 매출액과 같게 되는 점을 말하

그림 9-6 | 손익분기점 분석에 의한 지불능력의 한도

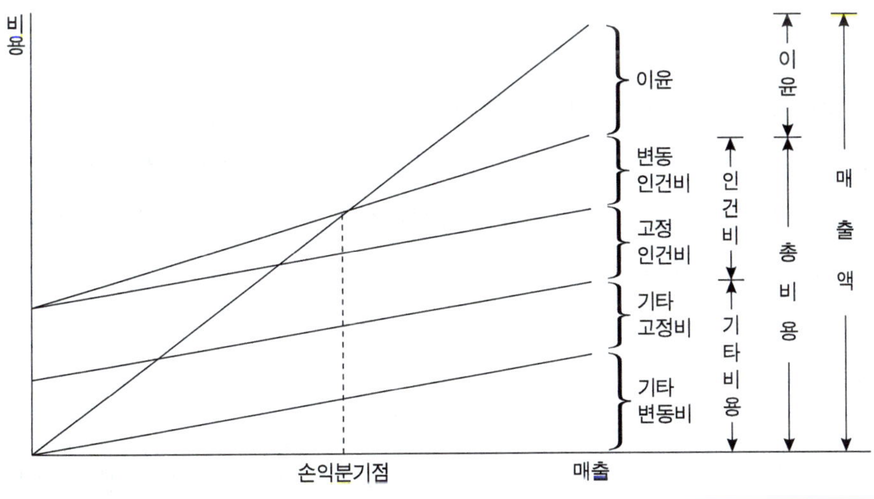

며, 일반적으로 '고정비÷(1-변동비/매출액)'로 산출된다. 여기서 기업의 지불능력을 파악하기 위하여 고정비와 변동비에서 인건비 요인을 분리해내면 '손익분기점=(고정인건비+기타 고정비)÷(1-(변동인건비+기타 변동비)/매출액)'과 같이 된다.

[그림 9-6]과 같이 손익분기점 아래에서는 기업에 손실이 발생하기 때문에 실제로 손실을 보면서 인건비를 지불해야 하고 손익분기점 위에서는 매출액에서 인건비가 차지하는 비율이 감소하기 때문에 손익분기점에서의 인건비 비율이 기업이 손실을 보지 않고 부담할 수 있는 최고의 임금 지불능력의 한계임을 알 수 있다. 즉, '임금지불능력의 최고한도 = 인건비/손익분기점 매출액'으로 산출된다.

② 원가구성 분석에 의한 지불능력 파악방법

원가요소는 크게 재료비, 노무비(임금총액) 및 경비로 구성된다. 원가구성을 분석하여 지불능력을 파악하고자 하는 방법의 근본취지는 제품 한 단위당 임금을 안정시키는 데 있다. 제품단위당 노무비, 즉 임금코스트는 다음과 같이 산출된다.

제품단위당 임금코스트 = (임금총액/종업원수) ÷ (생산량/종업원수) = 임금총액/생산량

이 산식에 의하면 제품단위당 임금코스트의 증감은 생산량 증가율이 임금총액 증가율보다 크거나 작을 때 일어난다. 따라서 임금코스트를 안정시켜 기업의 안정성장을 꾀하기 위해서는 임금총액 증가율의 상한이 생산량 증가율의 범위내에 있어야 안정성장이 가능하다고 볼 수 있다.

③ 매출 총이익에 대한 인건비 비율분석

앞에서는 매출액을 기준으로 지불능력을 산정하는 방식을 살펴보았으나 도·소매업의 경우 매출원가에는 노무비가 전혀 포함되어 있지 않으므로 매출 총이익에 대한 인건비율을 분석하는 것이 타당하다 하겠다. 여기서의 노동분배분(인건비/매출총이익)은 대개 30% 이하인 것이 적정하다고 알려져 있다.

2) 생계비

앞의 [그림 9-4]에서 본 바와 같이 임금수준의 하한선으로 생계비가 설정될 수 있다. 이는

임금수준이 노동자의 생계를 유지하고 생활을 보장할 수 있는 수준이 되어야 한다는 것을 의미한다. 생계비는 생활수준의 가장 중요한 지표로서, 임금산정의 기초자료로 이용되며 소득수준 · 가족구성 · 물가수준 · 사회환경 등의 조건에 따라 달리 나타난다. 생계비는 산출방식이 노동과학이나 생활과학 등에 의해 바람직한 표준에 따른 이론적 방식에 의한 것인가 또는 가계조사에 의한 실제의 가계지출금액에 의한 것인가에 따라 이론생계비와 실태생계비로 나누어진다.

(1) 이론생계비

이론생계비는 실태생계비에 대응하는 개념이다. 먼저 노동자가 생활을 유지하는 데 필요한 소비내용을 이론적으로 그 생계비 산정의 목적에 따라 결정하고 거기에 물량, 즉 각 품목의 적정가격을 곱하여 얻는 금액을 이론생계비라 한다. 이론생계비가 성립하기 위해서는 노동과학이나 생활과학 등의 발달이 전제되어야 하고 이들 과학이 발달됨으로써 이론적 생활내용이 규정되어 이론생계비가 파악된다.

이론생계비에는 최저생계비와 표준생계비가 있다. 인간이 최저생활을 유지하는 데 필요한 생활비를 최저생계비라고 하고, 일정한 시기와 장소에 있어서 표준적인 생활을 하는 데 흡족한 생활비를 표준생계비라고 한다.

최저생계비의 산정과 관련해서는 우리나라의 경우 국민기초생활보장법 제6조 제1항에서 '보건복지부 장관은 국민의 소득 · 지출수준과 수급권자의 가구유형 등 생활실태, 물가상승률 등을 고려하여 최저생계비를 결정하여야 한다.'라고 하고 있으며, 동법 제6조 제2항에서는 '매년 9월 1일까지 중앙생활보장위원회의 심의 · 의결을 거쳐 보건복지부 장관 고시로 최저생계비를 공표'하도록 하고 있다. 그리고 3년마다 최저생계비 결정에 필요한 계측조사를 실시하도록 되어 있으며, 이는 전물량방식에 의한 조사에 근거하고 있다(BOX 2024년, 최저생계비 참조).

표준생계비는 우리 사회의 보편적이고 정상적인 생활수준을 기준으로 산정한 생계비로서 우리나라의 경우 한국노총과 민주노총이 매년 차년도 임금교섭을 위한 준비자료로 작성하여 발표하고 있다. 민주노총에서는 우리 사회의 가장 보편적인 계층을 노동자로 규정하고 노동자가 적절한 문화생활과 건강한 삶을 향유할 수 있는 표준적인 생계비를 마련하기 위해 노동자들의 생활실태와 생활수준, 시장물가 등을 조사하여 이를 토대로 표준생계비를 산출하고 있다고 밝히고 있다('2019년 표준생계비 발표'(한노총) 자료참조). 표준생계비는 각종 경제정책

2024 기준 중위소득(=최저생계비)

보건복지부장관이 기초생활보장 급여의 기준 등에 활용하기 위하여 중앙생활보장위원회의 심의·의결을 거쳐 고시하는 국민 가구소득의 중위값

■ 기준 중위소득결정의 의의

- 그간 수급자 선정 및 급여기준으로 활용되어온 "최저생계비"를 "국민 가구소득의 중위값"으로 개편하여 상대적 빈곤 개념 도입
- 보건복지부 장관은 급여의 기준 등에 활용하기 위하여 중앙생활보장위원회의 심의·의결을 거쳐 기준 중위소득 고시(「국민기초생활 보장법」 제2조제11호)

* 매년 8.1일까지 다음 연도의 급여별 선정기준 및 최저보장수준을 공표(국민기초생활보장법 제6조제2항)하여야 하므로 기준 중위소득도 매년 8.1일까지 공표

- 기준 중위소득은 통계청 통계자료의 가구 경상소득 중간값에 최근 가구소득 평균증가율 등을 반영하여 산정 (법 제6조의2 제1항)
- 기준 중위소득은 급여별 선정기준 및 생계급여 최저보장수준으로 기능

■ 기준 중위소득 결정방식

통계자료

- 농어가를 포함한 가계동향조사 자료를 활용

  * 통계청이 발표하는 가구소득 통계 중 조사의 대표성, 과거 자료활용 가능성('06년~) 등을 고려

증가율

① 소득값으로 사용하는 농어가를 포함한 가계동향조사 자료자체의 과거증가율을 적용

② 급여수준의 안정성 및 최근 중위소득의 반영 필요성을 적절히 고려*하여 3년 평균 증가율을 적용

* 장기 증가율 적용 시 안정성 증가, 단기증가율 적용 시 최근 경향 반영가능

■ 연도별 기준중위소득

(단위: 원)

연도별 기준중위소득-2015년~2024년까지 1인가구에서 8인가구이상까지의 기준중위소득

연도	1인가구	인가구	3인가구	4인가구	5인가구	6인가구	7인가구	8인가구이상
2015	1,562,337	2,660,196	3,441,364	4,222,533	5,003,702	5,784,870	6,566,039	781,169
2016	1,624,831	2,766,603	3,579,019	4,391,434	5,203,849	6,016,265	6,828,680	812,415
2017	1,652,931	2,814,449	3,640,915	4,467,380	5,293,845	6,120,311	6,946,776	826,465
2018	1,672,105	2,847,097	3,683,150	4,519,202	5,355,254	6,191,307	7,027,359	836,052
2019	1,707,008	2,906,528	3,760,032	4,613,536	5,467,040	6,320,544	7,174,048	853,504
2020	1,757,194	2,991,980	3,870,577	4,749,174	5,627,771	6,506,368	7,389,715	883,347

연도별 기준중위소득–2015년~2024년까지 1인가구에서 8인가구이상까지의 기준중위소득								
연도	1인가구	인가구	3인가구	4인가구	5인가구	6인가구	7인가구	8인가구이상
2021	1,827,831	3,088,079	3,983,950	4,876,290	5,757,373	6,628,603	7,497,198	868,595
2022	1,944,812	3,260,085	4,194,701	5,121,080	6,024,515	6,907,004	7,780,592	873,588
2023	2,077,892	3,456,155	4,434,816	5,400,964	6,330,688	7,227,981	8,107,515	879,534
2024	2,228,445	3,682,609	4,714,657	5,729,913	6,695,735	7,618,369	8,514,994	896,625

표 9-2 | 2024년 가구규모별 표준생계비

(단위 : 원)

	단신남성	단신여성	단신가구	2인가구	3인가구	4인가구(I)	4인가구(II)	4인가구(III)
식료품 및 비주류음료비	632,226	555,836	594,031	1,174,937	1,497,347	1,756,989	1,998,892	2,154,119
주류 및 담배비	212,992	145,492	179,242	212,992	212,992	212,992	212,992	212,992
의류 및 신발비	72,308	90,578	81,443	160,625	194,242	231,226	238,257	268,475
주택 · 수도 · 전기 및 연료비	781,245	781,245	781,245	885,092	1,117,532	1,310,814	1,310,814	1,310,814
가정용품 가사서비스비	83,866	88,315	86,091	143,248	194,611	223,688	226,341	227,159
보건비	79,204	85,467	82,336	159,871	239,074	319,741	319,741	319,741
교통비	80,028	80,028	80,028	473,366	483,646	546,256	615,376	643,583
통신비	166,906	166,906	166,906	234,661	234,661	302,416	370,171	370,171
오락 및 문화비	128,439	123,868	126,154	141,834	153,879	134,529	135,254	139,825
교육비	70,697	70,697	70,697	70,697	234,982	724,101	875,305	1,053,163
기타 상품 및 서비스비	81,273	128,005	104,639	226,230	254,407	276,614	314,462	316,569
11개비목 합계	2,389,184	2,316,437	2,352,811	3,883,553	4,817,373	6,039,366	6,617,605	7,016,611
조세공과금	279,008	269,023	274,016	616,947	821,881	1,015,089	1,138,833	1,287,894
총계	2,668,192	2,585,460	2,626,826	4,500,500	5,639,254	7,054,455	7,756,438	8,304,505

자료 : 2024 한국노총 표준생계비 산출결과 발표

과 부문별 소득격차 정도의 평가, 노동자생활과 관련한 각 영역의 균형정도평가 등에 매우 중요한 근거로 활용될 수 있다(표 9-2 참조).

(2) 실태생계비

실태생계비는 이론생계비에 대응하는 개념이며 실제의 생계지출액이다. 이는 생산활동의 경제단위인 기업에 손익계산서가 있는 것처럼 소비활동의 경제단위인 가계가 유지하는 가계부에 의거하여 가계의 수입과 지출의 내용과 그 상호관계의 실태를 파악하게 된다. 이러한 실제의 생계비는 실제의 임금수입과 비교된다. 이를 통해 수입이 생계비 지출 이상인 경우 가계는 흑자가 된다. 흑자를 나타내는 임금은 실제의 생계비를 상회하는 만족스런 임금수준이라 할 수 있다. 그러나 이처럼 실태생계비와 임금수입을 비교하여 임금수준의 적정성 여부를 판단하는 것은 다소 불합리한 측면이 있다 할 것이다. 왜냐하면 실태생계비를 구성하는 가계지출은 해당 가계의 임금수입에 상당한 제약을 받고있기 때문이다. 즉 지출은 이미 수입에 의해 상당한 제약을 받는것이 사실이다. 자신의 수입을 무시한 채 무작정 빚을 늘이면서 가계를 운영할 수는 없기 때문이다. 이런 점에서 가계의 흑자여부 이외에 그 지출의 내용도 살펴보는 것이 필요하다. 이 지출내용을 보는 방법 중의 하나로 엥겔계수가 활용될 수 있다. 총지출에서 식료품비 지출이 차지하는 비율을 계산한 값을 엥겔계수라고 하며, 이 값이 저소득가계에서 높고 고소득가계에서 낮다는 통계적 법칙을 엥겔법칙이라 한다. 식료품은 생존을 위해 필수적이기 때문에 어떤 가정에서든 일정정도는 소비해야 하지만, 또한 무조건 많이 소비해야 만족도가 높은 재화는 아니기 때문에 소득이 증가하더라도 식료품비는 크게 증가하지 않는다. 따라서 소득이 적을수록 식료품비 지출의 비중이 크고, 반대로 소득이 많을수록 식료품비 지출의 비중은 낮은 경향이 있다.

어쨌든 실태생계비는 수입에 규제받는 경향이 있다는 것은 부인할 수 없는 사실이며, 이 점에서 실태생계비를 기준으로 임금수입 혹은 임금수준의 적정성 여부를 판단하는 데는 한계가 있다는 점에 유의해야 한다.

3) 임금수준의 조정

임금수준은 물가인상 등의 요인에 의해 거의 매년 조정과정을 거쳐 인상이 이루어진다. [그림 9-7]은 임금수준의 조정과 관련된 것으로 예를 들어 노조와의 임금교섭이 전년대비

그림 9-7 | 승급과 베이스업의 관계

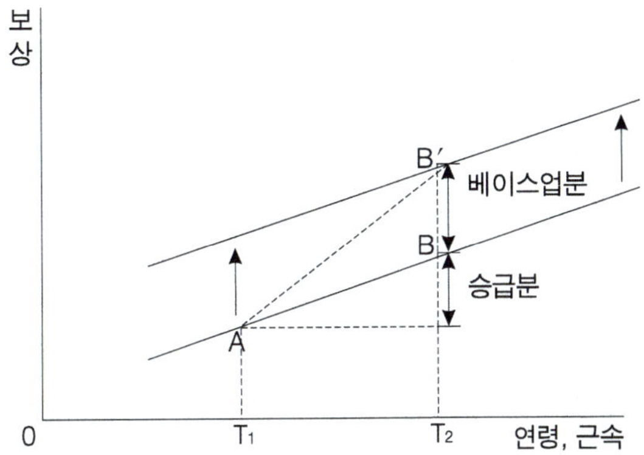

그림 9-8 | 지불능력과 베이스업의 범위

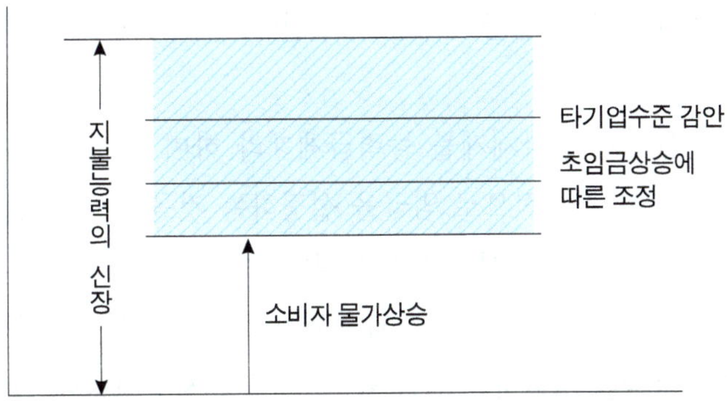

5% 인상으로 마무리 되었다면 임금베이스(기준내 임금)가 5% 인상되어 임금곡선 자체가 상향 이동하게 되며, 만약 특정 기업이 자동호봉승급제도를 가지고 있다면 호봉승급분이 반영되어 임금수준의 상승이 이루어진다는 것을 보여주고 있다. [그림 9-8]은 노사간의 임금교섭시 임금수준의 조정과 관련하여 중요하게 고려되어야 할 요소로서 기업의 지불능력, 물가상승률, 타기업의 임금조정률, 초임금상승률 등이 있음을 보여주는 것이다.

4.2 임금체계

임금체계는 조직내 구성원들 간의 임금격차를 두는 기준을 의미하는 것으로 이는 공정성이 확보되어야 한다. 소위 말하는 내적균형(internal equity)이 확보되어야 한다는 말이다. 구성원들 간의 임금격차(wage dispersion)를 두는 기준이 공정하지 못하면 아무도 본인이 받는 급여에 만족하지 못할 것이다. 격차를 두는 기준에는 크게 필요기준, 직무기준, 능력기준, 성과기준의 네 가지가 주로 활용되고 있다(그림 9-4 참조).

필요기준에 따라서 설정된 임금체계를 연공급체계라 하며, 이는 연령이나 근속년수가 길수록 필요한 생계비수준이 높아진다는 전제하에 연공의 크기에 따라 차등적으로 임금을 책정하는 체계로서 주로 노조측이 선호하는 기준이다.

직무기준에 따라서 설정된 임금체계를 직무급체계라 하며, 이는 직무가 갖는 조직내에서의 상대적 가치의 크기에 따라서 임금격차를 두게 된다. 주로 이민으로 구성된 미국기업에서 많이 볼 수 있다.

능력기준에 따라서 설정된 임금체계를 능력급체계라 하며, 이는 직무담당자가 보유하고 있는 능력의 크기에 따라서 차등적으로 임금을 설정하는 것을 말하며 한국이나 일본기업에서 흔히 볼 수 있는 직능자격제도가 대표적인 유형이다.

성과기준에 따라서 설정된 임금체계를 성과급체계라 하며, 이는 개별구성원이 올린 성과에 따라서 차등적으로 임금을 지불하는 것을 말하며, 주로 사용자들이 선호하는 유형이다.

어떠한 임금체계를 선택할 것인가 하는 문제는 개별기업의 성과창출방식이나 작업의 특성, 구성원들의 선호도, 그리고 조직문화의 특성 등에 따라 결정될 문제다.

4.3 임금형태

임금형태는 임금계산 및 지불방법과 관련된 것으로 문화적 특성이나 구성원들의 선호도를 반영한 합리성이 확보되어야 하며, 주된 형태로는 시급, 주급, 월급, 연봉의 형태가 있다.

05 · 동기부여를 위한 업적급

앞에서 설명한 바와 같이 조직의 전체 보상체계는 기본급여, 인센티브 및 직원의 복리후생 등 세 개의 기본요소로 구성되는 것으로 이해할 수 있다. 직원이 업무수행의 대가로 받는 기본급(임금 및 봉급)은 외부 노동시장의 상황 및 특정 조직내에서의 직무의 상대적 가치를 반영한다. 반면에 업적급 및 인센티브는 종업원의 특정한 업적수준을 반영한다. 업적급은 동일한 업무를 수행하는 직원도 그들이 조직에 공헌하는 가치면에서 큰 차이가 난다는 사실을 인정하고 그들의 기여도를 극대화하기 위해 인센티브를 제공하는 것이다.

그림 9-9 | 업적급제와 인적자원관리 시스템

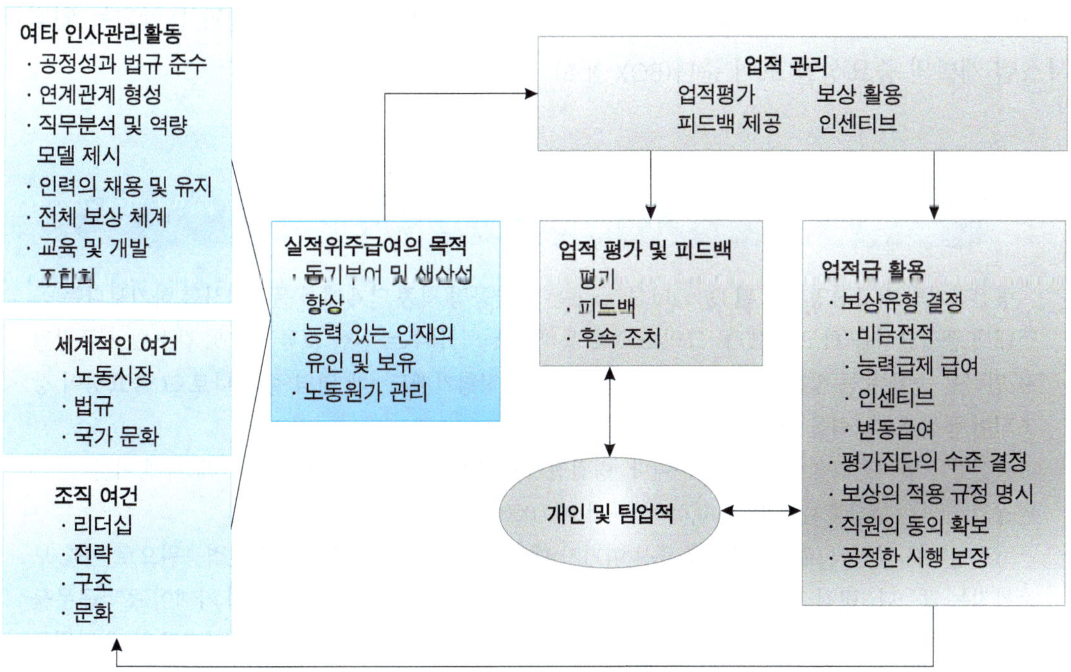

자료 : Jackson and Schuler, *Op. cit.*, p.508.

5.1 업적급의 개요

1) 업적평가 및 피드백과의 연계

업적급의 활용은 조직의 업적관리시스템에 있어서 업적평가 및 피드백과 더불어 두 개의 주요소 중 하나이다(그림 9-9 참조). 업적을 직원이 가치있게 생각하는 결과와 연결짓는 것은 적정한 수준의 직원동기부여와 생산성유지를 위해 중요하다. 업적과 결과(보너스 등)간의 효과적인 연계를 위해서 고용주는 적절하고 유효한 수단을 개발해야 한다. 또한 업적급이 의도한 효과를 얻기 위해서는 직원들에게 그들이 어떻게 하고 있고 또 어떻게 개선될 수 있는지를 피드백해 주어야 한다.

2) 업적급과 여타 인적자원관리 시책과의 통합

위의 링컨전기의 예에서는 조직환경과 조화되고 여타 인사관리 시스템과 통합되는 업적급 시스템 개발의 중요성을 보여 준다(BOX 참조).

Lincoln Electric

링컨전기의 최고경영자가 된 Donald Hatings는 생산공정 최종 단계에서 품질검사를 하기보다는 공정내내 품질달성을 하고자 했다. 그의 노력을 통해 직원의 실수로 인한 오류는 50% 감소했고 품질검사 인력을 줄이는 등 많은 성과를 거두었다. 품질은 업적평가제도 4개 영역 중 하나로 그 중요성이 강조되어 품질개선노력을 한 직원들은 보상을 받았다.

생산량은 업적평가의 또 다른 기준이다. 링컨전기의 생산성은 비슷한 업체의 두 세 배에 이른다. 직원들의 급여는 생산효율에 따라 40,000불에서 100,000불까지 격차가 심하다.

링컨전기는 직원의 고용안정을 중요시 여기기 때문에 수요가 증가해도 대량 인력충원으로 이를 보충하지는 않는다. 링컨전기가 그러한 방침을 고수하기 위해서는 수요가 증가할 때 기꺼이 초과근무를 하는 직원들의 노력이 필요하다. 업무량이 직원 숫자를 초과하면 회사는 인센티브제도를 통해 직원들의 노력을 고무한다.

(1) 조직 내부적인 조화

업적급을 비판하는 사람들은 그러한 시스템을 회사의 이익을 위해 더욱 더 열심히 일하도록 직원을 몰아감으로써 그들을 악용하는 것으로 본다. 링컨전기의 철학은 매우 다른 관점에 기초하고 있는데 그들은 업적급이 고용주 및 피고용인 모두의 필요에 부합한다고 확신한다. 링컨의 급여제도가 직원의 목표에 부합하는 한 가지 방법은 극도로 동기부여도가 높은 직원에게는 높은 금전적 보상(다른 회사에서 유사한 업무로 벌 수 있는 것보다 훨씬 더 많은 금액)을 받을 수 있도록 하는 것이다. 물론 높은 급여는 거저 주어지는 것이 아니다. 직원의 생산성이 그런 높은 급여를 받을 만한 가치가 있지 않으면 회사는 그런 급여를 지급할 여력이 없다. 이 회사가 직원의 개인적 목표수립을 돕기 위해 사용한 또 다른 방법이 우리사주의 제공이다. 하지만 우리사주는 직원이 경기둔화시기에는 업무시간을 줄이고 다양한 업무배치에 유연하게 대처할 것에 동의하지 않으면 제공되지 않는다.

(2) 통합된 인적자원관리 시스템

어느 하나의 관행으로 링컨전기의 높은 동기부여 수준과 생산성을 설명할 수는 없다. 희망했던 결과를 만든 것은 전체적인 시스템이다. 링컨은 잘 정의된 인센티브를 활용하여 개인의 독창력과 책임감을 고무 및 보상한다. 함께 일하면서 직원들은 끊임없이 원가를 절감하고 품질을 개선하면서 더욱 수익성이 높은 회사를 이루어 낸다. 그리고 직원들은 회사의 성공속에서 자신의 기여도에 따라 이익을 공유한다.

(3) 외부환경의 역할

지난 한 세기 동안 업적급에 대한 서로 다른 접근방식의 채택여부는 경제상황의 변화, 노동조합 활동의 증감 및 다양한 신규의 입법을 반영해오고 있다. 물론 글로벌기업에 있어서는 일반적인 문화차이 뿐 아니라 이 모든 외부요인의 국가적인 차이 또한 업적급방식에 영향을 미친다. 이 모든 외부요인이 고용주가 업적급을 사용하는 방법형성에 영향을 미치기는 하지만, 특정 조직에 적합한 시스템을 계획하는 데 있어서 고용주는 대단히 큰 재량권을 갖고 있다.

3) 업적급의 설계요인

링컨전기가 사용한 업적급 방식은 여러 방식 중 하나일 뿐이다. 업적급 활용에는 여러 가지 방식의 적용이 가능하다.

(1) 금전 및 비금전적 보상

금전적인 보상을 제공하기로 결정하는 데 있어서, 조직은 비금전적인 보상을 제외시키지 않는다. 경력개발기회, 특수보직 혹은 성공적인 임무완수에 대한 칭찬 등 가치있게 여겨지는 그 외의 결과를 직원의 실적에 따라 제공할 수 있다. 본 장에서 설명된 업적급방식의 대안에 대해 읽으면서 독자들은 금전적인 보상은 직원이 가치있게 생각하는 여러 형태의 보상 중 하나일 뿐이라는 사실을 명심해야 한다.

(2) 업적급의 형태

금전적인 업적급을 결정했다면 다음 단계는 금전적 보상을 배분하는 기본방식의 선정이다. 이러한 방식에는 능력급, 인센티브(장려금) 그리고 변동급(Earnings-at-Risk) 등이 있다.

능력급(Merit Pay Plans)이 적용되는 경우 기본급(실적과 관계없이 지급되는 급여)이 시장의 급여수준에 따라 결정되고 각 직원의 지난 한 해의 업적을 반영하는 연간 임금인상분을 분배하기 위한 소량의 금전이 배정된다. 동일직무에서 동일기간 재직한 직원이 받는 업적급의 차이는 매우 작다. 예를 들면 5%정도이다.

인센티브제도(Incentive Pay Plans)도 능력급과 마찬가지로 기본급을 고정시키고 높은 업적에 대해서는 보너스 등 다른 형태의 보상을 제공한다. 탁월한 실적의 직원이 받게되는 인센티브 금액은 능력급보다 훨씬 많다(10 내지 20% 정도). 인센티브제도에서는 과거의 업적으로 직원의 기본급이 조정되는 일은 없다. 이 제도에 따르면 지난 5년 간 탁월한 업적을 보인 직원도 기본급은 다른 평범한 직원과 동일하게 받는다. 하지만 탁월한 업적의 직원은 그 5년간 훨씬 더 많은 인센티브를 받게 된다. 따라서 인센티브 제도를 사용하면 직원의 급여하향 조정위험은 줄고 인상잠재력은 늘게 된다.

변동급제도(Earnings-at-Risk Plans)는 급여가 시장수준 이하로 떨어질 수 있는 위험성을 내재하고 있다. 전통적인 급여제도나 인센티브제도에서는 보장받을 수 있었던 수준의 보수를 회복하는 것은 본질적으로 직원자신의 몫이다. 이러한 위험성을 상쇄시키는 것은 시장수준

보다 높은 급여를 받을 수도 있다는 가능성이다.

이러한 급여제도는 전통적인 급여체계에 익숙해 있는 직원들에게는 용납하기 힘든 것일 수도 있다. 하지만 명확한 수수료 비율에 따라 급여를 받는 영업 · 판매종사자들에게 있어서는 급여가 시장수준 이하로 떨어질 위험성은 당연한 것으로 여겨진다. 점점 더 많은 고위 경영진들이 급여중 더욱 많은 부분에 대해 변동급제도를 적용할 것을 요구받고 있다. 이러한 변동급의 적용을 통해 고용주는 회사의 업적이 급격히 감소할 경우를 대비해 회사를 보호할 수 있는 보험에 가입하는 것과 같은 효과를 얻게 된다.

종업원의 입장에서는 급여인상의 가능성이나 급여감소의 위험성이 이러한 세 가지 방식을 구분 짓는 주요 인자가 될 것이다. 반면에 고용주의 입장에서는 생산성 변화에 따른 노동원가의 변화정도이다.

4) 종합평가(Aggregation)

급여가 업적에 어느 정도 의존하는지의 정도문제와는 별도로 그러한 업적평가가 개인, 업무팀 혹은 회사전체 중에서 어느 부문의 업적을 반영할 것인지는 별도의 문제이다. 업적급제나 대부분의 수수료제도에서는 급여결정에 있어서 개인업적의 평가가 주로 사용된다. 반면에, 보너스는 목표를 달성한 팀의 보상에 활용된다. 이윤분배제도에 있어서 직원이 받는 보상은 회사전체의 업적에 의존한다.

급여를 개인, 팀 혹은 회사차원의 업적 중 어느 것에 연결시킬 것이냐는 분명히 회사의 전략적 목표와 조직내의 업무구조에 달려 있다. 개인적인 노력이 업적을 좌우하는 업무에 종사하는 직원에게는 개인업적위주의 보상이 적절할 것이다. 반면에 자체운영되는 팀에서 근무하는 직원들에게는 팀위주의 업적평가 및 보상이 더 적절할 것이다. 전체회사의 업적을 책임지고 있는 임원들에게는 회사차원의 평가가 적절할 것이다. 실질적으로 많은 기업에서는 개인, 팀 및 회사차원의 업적평가를 조합하여 금전적인 보상배분에 활용하고 있다.

5.2 동기부여를 위한 업적급의 전략적 중요성

업적급의 인기가 증가하는 가장 중요한 이유는 이러한 제도가 조직의 전략적 목표달성능력을 증대시키기 때문일 것이다. 전략적 목표는 회사마다 다르지만 그러한 목표달성을 위해 급여를 통한 실적향상을 활용하는 것은 많은 조직에서 확인할 수 있다.

1) 종업원의 만족

전통적인 급여제도에서는 최고의 업적을 내는 종업원과 최악의 업적을 내는 종업원 간의 급여차이가 매우 적다. 이러한 사실은 그러한 근소한 차이가 불공평하다고 생각하는 고업적 종업원의 동기부여를 감소시킨다. 이로 인한 불만족은 결국 종업원으로 하여금 조직을 떠나고자 하는 결정을 내리도록 하거나 노력을 덜 하도록 하는 결과를 초래한다. 어떤 경우에든 조직은 해당 종업원으로부터 얻을 수 있는 잠재적인 이익을 잃게되는 것이다.

인센티브제도는 현직 종사자의 만족뿐 아니라 구직자의 입사희망여부나 고용기회 수락여부에도 영향을 미친다. 잠재종업원에게 있어서 그들이 회사의 성장 및 성공에 따라 부유해질 수 있다는 가능성은 큰 매력이다. 이러한 매력적인 시나리오는 하이테크 붐이 일었던 1990년대에 실리콘밸리의 신흥기업에 종사하는 많은 종업원들에게 실현되었다. 하지만 완전히 성장한 기업의 경우는 성장단계상 성장이 느릴 가능성이 높으므로 회사성장과 연계된 업적급이 탁월한 인재를 유인할 가능성이 훨씬 낮다.

2) 내부적인 연계형성

조직의 전략적 목표를 달성하고자 한다면 조직의 목표와 개인의 목표를 연계시키는 방향으로 급여체계가 수립되어야 한다.

산업계가 변화하고 새로운 사업기회가 출현하면서 많은 회사들이 새로운 사업에의 참여 및 점진적인 다양화를 통해 성장을 계속하고 있다. 예를 들어 화학회사는 생명공학회사에 투자하거나 생명공학회사를 인수하고 소매점은 전자상거래 사이트를 개설한다. 종업원의 행동 및 노력을 유도하기 위하여 새로운 사업에 적합한 목표가 제시되고 그러한 목표달성에 대해서는 보너스가 지급된다. 독립적인 부서가 설립되면 업적급은 해당 부서의 업적과 연계될 수도 있다. 혹은 신제품개발 및 마케팅과 같은 주요 프로젝트를 수행하는 팀에게 업적급이 제공될 수도 있다. 신중하게 계획된 인센티브 프로그램을 통해 고용주는 일부 종업원의 행동을 한 방향(예: 혁신)으로 조종할 수 있으며 동시에 다른 영역에서 다른 전략적 우선 과제(예: 원가절감 및 신뢰할 만한 서비스제공)를 갖고 일하는 종업원들에 대해서 보상을 제공할 수도 있다.

3) 노동비용관리

직원의 업적개선과 무관한 급여비용의 증가문제에 대처하기 위해 많은 회사들이 급여의 영구인상을 초래하는 능력제 급여인상방식을 다른 업적급 방식으로 교체하고 있다. 이러한 노력의 주요 목표는 모든 급여비용의 인상이 생산성 및 수익성 향상과 연결되도록 하고자 하는 것이다.

급여가 예산에서 더욱 더 많은 부분을 차지하게 되면서 급여비용문제는 더욱 두드러졌다. 서비스업체에서는 급여비용이 예산의 80%를 차지하는 경우도 있다. 따라서 은행, 병원 및 다른 노동집약 서비스제공 업체들은 급여비용의 관리 및 급여의 현명한 활용에 높은 우선권을 두고 있다.

주주 및 외부투자 자들은 임원의 업적과 그들의 보상 간에 강한 연계성이 있어야 한다는 사안에 대해 무엇보다도 민감하게 반응한다. 이는 어느 정도는 높은 수준의 임원급여때문이기도 하다.

5.3 업적급시스템의 계획

효과적인 업적급제가 되기 위해서는 다음의 여섯 가지 주요 사안이 다루어져야 한다.

1. 업적의 명시 및 평가
2. 업적에 급여를 연계시키는 방식 명시
3. 보상분배를 위한 평가집단의 수준 명시
4. 보상유형의 명시
5. 업적급의 자격 명시
6. 직원의 동의 확보

1) 업적의 명시 및 평가

효과적이고 투명한 업적평가시스템은 급여를 업적과 연계시키는 다른 어떤 시스템보다 중요성이 크다. 급여를 업적에 연계시키는 관행을 통해 업적평가시스템의 잘못된 부분을 즉시 조명해 볼 수 있다.

(1) 평가대상에 대해 보상한다.

회사는 종업원들에게 속도, 효율, 품질 및 고객만족도에 대해 동일하게 주의를 기울인다고 말할 수도 있다. 그리고 실제로 그러고자 했을 수도 있다. 그러나 속도 및 효율이 품질 및 고객만족도보다 평가하기 쉽다면, 급여정책도 속도 및 효율에 더욱 비중을 둘 가능성이 높아지고, 따라서 품질 및 고객만족도는 보상대상에서 뒷전으로 밀려 결국 종업원에 대한 동기부여도 속도와 효율중심으로 옮겨갈 가능성이 높아지게 될 것이다. 만약 평가는 'A'라는 요소에 초점이 맞추어져 있고 보상은 'B'라는 요소에 초점이 맞추어져 있다면 종업원들은 혼란스러울 것이며 관리자는 왜 보상이 제 역할을 하지 못하나 의아해 할 것이다. 최근 몇 년간, 조직의 업적을 평가하는 균형성과표(BSC : Balanced Score Card) 활용방법은 바로 이런 사안에 초점을 맞춘 것이다. 업적에 대한 상여금 지급에 있어서 많은 기업들이 종업원, 고객 및 제휴사의 관점을 반영하는 다른 업적요인들은 무시한 채 계량적인 업적에만 크게 의존해 왔다. 결과적으로 인센티브시스템과 장기적인 안목에서 효과를 거두기 위해 무엇이 필요한가에 대한 회사의 완전한 이해 간에 불일치가 일어났다.

(2) 결과평가 대 행동평가

듀퐁의 경험이 보여주는 것과 같이, 인센티브 급여의 전략적 가치는 급여계획이 회사의 성공에 가장 중요한 행동을 지지하느냐 하는 데에 달려 있다. 불경기동안에 듀퐁은 그러한 노력이 즉시 수익성 증가로 이어지지 못한다 할지라도 최선의 노력을 다할 직원이 필요했다. 작은 업무부서의 전략적 목표를 정의하고 급여를 직원들이 실제 제어할 수 있는 성과와 연계시키는 인센티브계획이 듀퐁에게는 더 효과적이었을 것이다.

TRW는 결과위주의 목표보다는 행동위주의 목표를 활용함으로써 직원이 자신의 보상기준이 되는 결과를 제어할 수 있도록 한다. 클리버랜드에 본부를 두고 있는 자동차 부품공장에서는 프로젝트 팀이 프로젝트의 필요에 따라 활동했다가 해산하곤 한다. 팀의 노력을 지원하기 위해 팀 구성원들은 팀의 목표와 밀접한 연관이 있는 명확한 행동목표를 수립하고 기본급의 10 내지 25%에 달하는 인센티브가 팀이 제시한 개인목표에 주어진다.

(3) 단기관점 대 장기관점

현재의 업적에 대한 보상과 장기업적에 대한 보상의 적절한 균형을 찾는것은 어려운 일이다. 업적위주 인센티브제도를 비판하는 많은 사람들은 이를 일반적인 문제점으로 지적한다. 예를 들어 회사의 주가변동에 초점을 맞춘 임원의 급여계획은 관리자들로 하여금 단기적으로는 주가를 보호하지만 장기적으로 부정적인 결과를 가져오는 결정을 하도록 유도할 수도 있다. 영업직의 경우에도 단기 및 장기업적의 균형을 유지하는 일은 어려운 과제이다. 전통적인 수수료제도는 영업직원이 관심을 단기적인 제품 및 서비스 판매목적에만 두도록하고 그러한 구매로 인한 고객의 만족보장을 위해서는 아무런 역할도 하지 못한다. 그러나 충성스런 고객을 만들고 재구매를 유도하는 것은 대부분조직의 전략목표이다. 그런 이유에서 영업 · 판매조직의 급여계획은 고객만족도를 위한 기준을 점점 더 많이 포함시켜 가고 있다.

2) 급여를 업적에 연계시키는 방식의 명시

앞에서 설명한 바와 같이 급여를 실적에 연계시키는 세 가지 기본방식으로는 업적급, 인센티브 및 변동급여가 있다.

그러나 실제로는 급여계획 간의 차이는 정도의 문제이다. 예를 들어 급증하는 급여문제를 해결하기 위해 일부조직은 업적이 저조한 종업원들에게 0%의 급여인상을 제공하는 업적급제도를 도입하고는 관리자들로 하여금 실적이 저조한 종업원들의 수를 특정비율로 제시하라고 강요할 수도 있다. 이러한 업적급계획의 기능은 인센티브제도와 매우 유사하다.

링컨전기직원들은 분명히 변동급여제도(보통은 인센티브제도라고 부르지만) 하에서 일한다. 그러나 해가 거듭될수록 대부분의 직원들은 시장수준보다 높은 수준의 급여를 받을 수 있다는 사실을 알게 된다. 종업원의 관점에서 보면 '변동'이란 공식적인 제도일뿐 아니라 그들이 시장수준 혹은 그 이상의 보상을 받기 위해 필요한 수준의 실적을 낼 수 있는 가능성을 반영한 것이다.

3) 보상분배를 위한 평가집단의 수준명시

업적은 개인, 팀, 부서, 공장, 전략사업단위 및 회사차원에서 평가될 수 있다. 따라서 보상도 그런 다양한 관점에서의 평가와 연계될 수 있다. 이러한 선택에 영향을 미치는 두 가지 요소가 평가수단의 객관성과 전략목표달성을 위해 종업원이 수행해야 할 행동유형이다.

(1) 객관성

만약 주관적인 평가가 개인업적평가의 유일한 수단이라면, 업적급을 개인실적과 연계시키는 것은 적절하지 않을 것이다. 평가수단이 주관적일수록 낮은 평가를 받는 종업원이 평가를 수용하지 않을 가능성이 높아진다. 급여를 주관적인 평가수단에 연계시키는 것은 그 종업원과 관련된 부분이 더 많아지기 때문에 문제를 더욱 심각하게 한다.

(2) 행 동

종업원들 간의 경쟁을 피하는 하나의 방법은 종업원들로 하여금 객관적인 업적목표에 대해 경쟁하게하고 그 목표를 달성한 모든 종업원에게 보상을 하는 것이다. 이러한 방식은 팀, 부서, 전략사업단위 등을 대상으로 목표를 제시할 경우 쉽게 시행된다. 더 큰 집단의 실적에 대해 종업원에게 보상하는 인센티브제도는 집단적인 성공을 촉진시키는 행동을 강화시킨다.

4) 보상유형의 명시

(1) 급여형식

현금이외에도 조직은 종업원에게 큰 상(예: 회사가 전적으로 비용을 부담하는 휴가), 주식증여, 스톡옵션 등을 제공할 수 있으며 이 모든 형식을 금전적인 보상으로 간주한다. 업적급 및 인센티브는 일반적으로 사회적 인정으로 이루어진 보상을 의미하지는 않는다. 하지만 실제로는 사회적 보상과 금전적 보상을 구분짓는 명확한 선이 있는 것은 아니다. 대부분의 사람들은 금전을 선호하지만 반면에 칭찬이나 인정 등에 더 많은 가치를 두는 사람들도 있다.

(2) 보상의 크기

보상의 형식이 명확하게 결정되었다 할지라도 보상이 효과를 보기 위해서는 종업원들이 그러한 보상을 가치있게 여겨야 한다. 보상의 가치는 금전적 가치에 부분적으로만 의존하기 때문에 "어느 정도가 충분한가?"는 주로 견해나 시행착오의 문제이다. 회사들은 그들이 제공하는 보상의 크기에 있어서 분명히 저마다 다른 선택을 한다. 같은 조직내에서도 서로 다른 업무에 종사하는 종업원들은 '변동가능한' 급여에 대해 서로 다른 비율의 보상을 받는다. 일반적으로 직책이 올라갈수록 종업원의 전체급여 중 변동되는 비중이 커진다.

(3) 보상시점

일반적으로 바람직한 행위에 대한 보상이 빨리 이루어질수록, 그러한 보상이 후속적으로 바람직한 행위를 유발할 가능성은 높아진다. 보상을 지연시키면 종업원이 즉각적인 결과를 보지 못하기 때문에 바람직한 행위의 빈도가 줄 수도 있다. 또한 실적이 높은 종업원들 간에는 불만이나 좌절감을 유발시킬 수도 있다. 반면에 보상급여를 지연시킴으로써 회사는 인센티브 제도의 비용을 절감할 수 있다. 회사가 인센티브 지급을 지연할수록 회사는 그 금액을 활용할 수 있는 것이다. 또한 곧 조직을 떠날 종업원에게 보상을 지급하는 위험성도 줄어든다.

(4) 국제적 고려사항

서로 다른 국가의 구성원들이 서로 다른 급여계획에 대해 어떻게 반응할지를 미리 예상하는 일은 쉽지않은 일이다. 오늘날까지 업적급의 도입에 대해 구성원들이 어떻게 반응하는지에 대한 문화적 차이를 다룬 체계적인 연구는 상대적으로 거의 이루어지지 않았다. 그런 이유로 이 사안에 대해 기업들은 스스로 학습을 하고 있다. 모토롤라가 변동급여에 대한 구성원들의 태도를 자체연구한 결과, 그러한 급여체계가 많은 나라에서 수용가능한 것으로 밝혀졌고 밝혀진 양상은 그들이 예상했던 것과 항상 같지는 않았다.

5) 업적급의 자격명시

다른 인사관행과 마찬가지로 조직의 각 부문은 서로 다른 업적급제의 지배를 받는다. 예를 들어 일반적으로 직위가 올라갈수록 기본급의 비율은 줄고 업적급의 비율은 늘어난다.

특정 구성원이 전체 급여제도의 다양한 요소 중 어떤 부분의 지배를 받을까를 결정하는 규정을 자격규정이라 한다. 업적급제의 활용에 있어서 진행되고 있는 변화의 상당부분은 새로운 형태의 급여라기보다는 자격규정상의 변화이다. 예를 들어 회사차원의 이윤분배가 도입되었다면 그러한 변화는 일반적으로 일부구성원(보통 고위임원)들만이 이익을 공유하던 상황에서 모든 구성원들이 이익을 공유하는 상황으로의 변화를 의미한다.

6) 구성원의 동의확보

구성원의 반대는 업적급제, 특히 인센티브 제도의 성공적인 시행에 주된 장애물이다. 구성원의 수용을 유도하고 인센티브의 효과를 증대시키는 몇 가지 조건이 〈표 9-3〉에 제시되어 있다. 특히 중요한 요소는 효과적인 의사소통으로서 이를 통해 구성원의 두려움을 해소하고, 신뢰를 진작시킬 수 있으며 아울러 실적위주 급여가 그들의 장래소득에 어떤 영향을 미칠 수 있는지에 대한 그들의 이해를 높일 수 있다.

(1) 두려움

구성원들은 업적급제로 인해 업무강도가 증가하거나 일부 구성원이 직업을 잃게 될지도 모른다는 걱정을 한다. 또 다른 당연한 우려는 실적목표가 너무 어렵거나 구성원들의 힘으로 어찌할 수 없을 것이라는 생각이다. 인센티브 기준이 집단의 실적이라면 개인주의적인 미국인의 경우에는 자신의 보상에 대해 타인에게 의존해야 한다는 두려움을 가질 수도 있다.

(2) 불 신

일부 업적급제방식은 구성원이 받는 보상의 크기를 당해 연도에 기업이 제공할 수 있는 양에 대한 경영진의 결정에 의존한다. 만약 경영진에 대한 신뢰도가 낮으면 구성원들은 경영진이 제시하는 숫자를 믿지 않을 수도 있다. 기업실적에 대한 상세한 정보를 정기적으로 제공

표 9-3 | 업적위주 급여에 대한 구성원의 동의를 형성하는 조건

이해 형성	공정성 확보
· 제도가 명확하게 전달되었다. · 제도가 이해되었고 보너스는 계산이 용이하다. · 직원들이 제도의 수립 및 시행에 참여하고 있다.	· 직원들은 자신이 공정하게 대우 받고있다고 생각한다. · 희망했던 실적이 나오면 가능한 한 빨리 보너스가 지급된다. · 직원들은 부당하게 대우받고 있다고 생각될 때는 항의할 수 있는 방법이 있다.

자료 : Jackson and Schuler, *Op. cit.*, p.524.

하는 것은 이러한 우려를 해소하는 하나의 방법이다. 또 다른 방법은 관리자가 받는 보상과 종업원들의 보상을 동일한 기금에서 지급하는 것이다. 경영진 및 비경영진 종업원들의 보상을 별도의 기금에서 지급할 경우 불신의 가능성은 높아진다.

(3) 오 해

인트라넷을 통해 보상 및 복리후생에 대해 종업원들과 의견교환을 하는 고용주의 경우에는, 여러 가지 편리한 소프트웨어를 활용하여 업적급 및 그로 인한 종업원 자신의 소득흐름에 대한 종업원의 이해를 도울 수 있다. 적절한 소프트웨어를 사용하는 정교한 인사정보시스템은 '만약'이라는 시나리오에 따라 종업원의 보너스를 계산할 수 있는 기능을 제공한다.

5.4 업적급으로서의 성과배분제도(Gainsharing)

성과배분제는 물자 및 노동의 낭비근절과 더 나은 제품 및 서비스개발을 통해 원가를 절감할 수 있다는 가정에 근거를 두고 있다. 일반적으로 성과배분제는 사업단위나 회사전체 직원들과 관련되어 있다. 보통수준의 성과배분제 비율은 3%선으로 능력급제하의 급여인상의 5%보다는 현저히 낮다.

이러한 방식은 보상의 동기부여적 가치 및 직원들의 적극적인 제안을 유도한다는 점에서 효과적인 실적위주급여가 될 것으로 생각된다. 1889년 최초로 적용된 이 제도는 3세대의 성과배분제제도로 발전되어 왔다.

(1) 제 1세대 방식(First-Generation Plans)

경제대공황 때 개발된 Scanlon 및 Rucker 방식은 다음의 네 가지 원칙에 기초를 두고 있다.

- 직원의 참여를 강조하는 경영진
- 생산성 향상으로 발생한 원가절감을 고용주 및 피고용자가 공유하는 방식
- 아이디어를 평가하는 직원위원회
- 생산성 향상 및 원가절감을 위한 직원의 제안을 수집 · 시행하는 공식적인 제도

Scanlon 방식은 노동원가절감에 초점을 두었고 Rucker방식은 보다 다양한 인자에 관심을 두었다는 점에서 두 방식이 차이가 난다.

두 방식은 500명 이하의 직원을 둔 소규모의 성숙한 업체에 적절하다. 과거의 실적에 기준을 두고 있으므로 간단하고 정확한 실적평가수단이 필요하다. 전 직원이 깊이 관여하기 때문에 개방적 · 참여적이며 서로 신뢰하는 문화가 필요하다. 성과배분과 관련된 보너스 산정의 기준으로 Scanlon방식에서는 매출액대비, Rucker방식에서는 부가가치 대비 인건비율을 활용하고 있다.

(2) 제 2세대 방식(2nd Generation Plans)

1960년대부터 등장하기 시작한 2세대 성과배분제 방식은 1세대 방식과 크게 두 가지 점에서 다르다. 첫째는 2세대 방식은 노동원가보다는 노동시간절감에 초점을 맞추고 있다. 둘째로 비 생산근로자를 조직의 생산성 평가시 포함시키고 원가절감으로 인한 변동급여지급대상에도 포함시킨다. Improshare방식(Improved Production through Sharing)은 전형적인 2세대 방식이다.

(3) 제 3세대 방식(3rd Generation Plans)

1980년대에 출현하기 시작한 3세대 성과배분제 방식은 더욱 더 광범위한 조직의 목표를 포괄하는 완전히 새로운 개념이다.

미국과 일본의 합자회사인 L-SE는 주요 동기부여수단으로 노사위원회가 운영하고 전 직원에게 적용되는 성과배분제를 활용하였다. 일년에 두 번 정의되고 필요한 경우 수정되는 목표는 경영진이 중요시 여기고 직원들이 합리적이라고 생각하는 내용을 반영했다. 성과배분제 급여는 주로 생산수준에 기준을 두었다. 시간이 흐르고 생산수준이 개선되면서 그 방식은 서서히 변형되었다.

이와 같이 새로이 변형된 성과배분제는 그 뿌리를 Scanlon, Rucker 및 Improshare에 두고 있지만 새로운 접근방식이 매우 다양하게 적용되었다.

성과배분제가 성공적으로 활용되기 위해서는 팀위주의 업무, 광범위하게 정의된 업무책임 및 직원의 참여를 중시하는 경영철학 등이 필요하다.

5.5 업적급으로서의 주식매수 선택권(Stock Ownership)제도

기업은 다양한 방법을 통해서 직원들로 하여금 회사주식을 소유하게 함으로써 회사소유주의 일부가 되기를 장려한다. 여러 가지 방식으로 주식을 직접 증여하기도 하고 다양한 조건에 따라 주식을 매입할 수 있는 권한인 스톡옵션을 부여하기도 한다.

(1) 광의의 제도(Broad-Based Plans)

광의의 주식소유 제도는 전 직원의 주식소유를 유도하는 방식으로 보통 50% 이상의 직원에게 회사주식이 지급된 형태를 말한다. UPS, 펩시, 스타벅스 및 월풀 등이 이런 업체에 포함된다.

종업원 지주제도(Employee Stock Ownership Plans)는 광범위 주식소유제도의 한 유형이다. 이 제도는 종업원들에게 저축수단이나 퇴직대비책으로 지분을 수여한다. 보통 주식의 양이나 가격이 개인 및 그룹의 실적과 연계되지는 않는다. 따라서 이 제도는 실적위주 보상이라기보다는 종업원의 복리를 위한 수단으로 간주된다.

이와는 대조적으로 스톡옵션은 종업원에게 주식수여 시 가격으로 향후에 주식을 구입할 수 있는 권한(주식매수 선택권)을 부여한다.

(2) 임원을 위한 스톡옵션(Stock Options for Executives)

임원보상제도의 중추를 이루고 있는 스톡옵션은 이 제도가 임원으로 하여금 내회사같이 생각하도록 한다는 가정에 근거한 것이다. 최근 수년 간 스톡옵션의 규모는 폭발적으로 증가했으며 조직의 보다 낮은 직책으로 적용이 확대되었다. 〈표 9-4〉는 몇 가지 유형의 주식위주급여유형을 보여 주고 있다.

(3) 시간제한 스톡옵션(Time-Restricted Stock Options)

기업은 스톡옵션이 실제 시행되는 다양한 조건을 두고 있다. 시간제한 스톡옵션은 스톡옵션이 수여되고 실제로 주식이 취득되기까지 일반적으로 3내지 5년의 유예기간을 두는 제도로서 보통 이직방지를 위함이다.

표 9-4 | 주식위주 급여에 대한 설명

제도 유형	운용 방식
시간제한 스톡옵션	'군더더기 없는' 기본적인 제도: 주어진 기간이 지나면 직원은 명시된 가격에 주식을 살 수 있음
시간위주 제한주식	주식이 실제 지급되기 전에 완수해야 하는 재직기간을 정해야 하는 제한사항을 동반한 주식수여. 직원이 퇴사하면 주식은 회사로 귀속된다.
실적지급 스톡옵션	특정 목표달성 시 지급되는 스톡옵션
실적지급 제한주식	사전에 명시된 목표달성을 전제로 하는 제한사항을 동반한 주식 수여. 목표달성을 하지 못하면 권한 상실
실적위주 기한단축 스톡옵션	주식 지급 일정이 정해져 있으나 정해진 목표를 수행하면 지급시점이 앞당겨질 수 있는 주식수여 방식. 목표를 달성하지 않아도 주식 지급여부에는 변함이 없음
연동식 스톡옵션	직원은 특정 지수나 다른 업체들을 기준으로 연동하는 가격에 주식을 구매할 수 있는 선택권이 있다.
할증가격 스톡옵션	수여 당시 옵션 행사가격이 시장가격보다 높은 스톡옵션

자료 : Jackson and Schuler, *Op. cit.*, p.544..

(4) 실적위주제도(Performance-Based Plans)

주식취득은 실적에 따라 제한되기도 하는데 일반적인 세 가지 방법으로 실적지급, 할증가격옵션 및 연동식옵션이 있다.

실적지급 스톡옵션(Performance-Vested Stock-Options)에서는 지급이 특정 목표달성시점에 이루어진다. 보통목표는 회사의 주식가격변화로 정의된다. 지급일정을 주식당 순이익증가에 따라 결정하는 방식도 있다.

세제혜택과 함께 재직기간보다는 실적위주의 보상을 위해 실적위주기한단축 스톡옵션(Performance-Accelerated Stock Options)을 적용하는 기업도 있다. 이 제도에서도 지급기준은 재직기간으로 명시되지만 이 기간은 실적목표가 달성되면 단축될 수 있다.

할증가격 스톡옵션(Premium-Priced Stock Options)의 원칙은 실적지급방식과 유사하지만 적용방식이 약간 다르다. 이 방식에 따르면 직원은 시장가격보다 높은 가격에 회사의 주식을 구매할 수 있다. 따라서 직원은 가격이 일정가격까지 오르기 전에는 주식구매를 통한 보상실현을 할 수 없다. 일부기업에서는 추가적인 동기부여를 위해 스톡옵션행사에 시한을 두는 경우도 있다.

연동식 스톡옵션(Indexed Stock Options)은 단순한 경기후퇴나 호조에 따라 직원이 보상받는 것을 막기위해 고안되었다. 이 방식에서는 스톡옵션행사 가격을 Russell 2000, S&P

500 등의 외부기준에 따라 연동시킨다. 이 방식은 주주들에게 가능한 가장 최선의 수익을 보장할 것으로 생각되지만 면세대상제외 등의 이유로 실제로는 널리 사용되지 않는다.

(5) 손실스톡옵션

스톡옵션은 회사가 성장하는 동안은 매력적이지만 주가가 급속히 떨어질 때는 큰 문제가 아닐 수 없다. 손실스톡옵션(Underwater Stock Options)의 행사가격은 시장가격보다 높다. 손실스톡옵션은 고용주가 피고용자를 계속 데리고 있고자 하는 경우에는 더욱 더 문제이다. 그래서 주가하락으로 인한 직원의 이직을 막기위해 많은 기업이 초기가격보다 훨씬 낮은 가격으로 스톡옵션을 다시 제공하기도 했다.

연습문제

1. 허쯔버그의 2요인이론에서는 금전적 보상은 동기부여요인이 아닌 위생요인으로 분류되고 있다. 이 주장에 동의하는가? 동의 혹은 동의하지 않는다면 그 이유는?

2. 직 · 간접보상의 포트폴리오구성과 관련된 전략적 유형을 구상해 보시오.

3. 임금관리의 체계에 대해 설명해 보시오.

4. 업적급이란 무엇이며, 그것이 지니고 있는 전략적 중요성에 대해 설명해 보시오.

5. 업적급의 유형에는 어떤 것이 있으며, 각각의 특징은 무엇인가?

6. 스톡옵션제도란 무엇이며, 다양한 스톡옵션제도의 장 · 단점에 대해 토의해 보시오.

7. 한국기업의 임금관리의 특성과 문제점, 그리고 그 개선방안에 대해 토의해 보시오.

8. 임금체계의 유형별 특성에 대해 설명해 보시오.

9. 최저임금수준의 결정이 기업의 임금관리에 미치는 영향과 대응방안을 대기업과 중소기업으로 나누어 설명해 보시오.

제10장

복리후생관리

학습목표

복리후생이 구성원의 조직몰입에 미치는 영향, 법정 복리후생과 법정 외 복리후생의 차이와 유형, 복리후생관리의 유의사항, 전통적인 복리후생제도와 선택적 복리후생제도의 차이, 선택적 복리후생제도와 EAP의 비교, EAP의 도입배경과 제도의 장단점

01 · 복리후생제도

1.1 복리후생의 의의

복리후생은 전통적으로는 인적자원관리의 핵심요소로 간주되어 왔지만, 최근에는 비용의 증가와 다양한 노동력, 임시직 종업원의 증가 등으로 효율적인 복리후생제도의 운영에 대한 관심이 고조되고 있다.

격화되는 경쟁환경 속에서 사용자들은 복리후생에 관한 투자를 줄여야 한다는 압력과 가치있는 종업원을 획득해야 한다는 현실에 직면해 있다. 이는 기존 복리후생제도에 대해 재검토를 요구하는 강력한 압력으로 작용하고 있다. 사용자들은 기술개선과 아웃소싱 등의 증가로 인하여 관리비용을 최소화하면서 복리후생에 대한 투자를 극대화시킬 수 있게 되었다. 기업의 복리후생정책이 외주화를 택하든 사내에서 직접 관리를 하든 인사담당자는 복리후생의 계획과 관리가 종업원과 조직에게 어떠한 가치를 부여할 것인가를 이해하는 것이 중요하다.

복리후생을 정의하는 데 있어 협의의 측면은 사용자가 제공하는 퇴직, 건강, 복지, 기타 다양한 형태의 복지제도를 포함한다. 반면에 광의의 측면은 전체보상의 일부분으로서 사회적 보험프로그램에 의해 제공되어지는 것뿐만 아니라 사용자의 기여에 의한 복리후생을 포함한다. 복리후생을 전체보상의 측면에서 보면 다음 등식과 같이 이해할 수 있다.

전체보상 = 직접보상(임금) + 간접보상(복리후생)

사용자의 입장에서 총 보상의 수준은 종업원의 욕구를 최대한으로 충족시킬 수 있는 직접보상과 복리후생 등의 다양한 혼합이다. 종업원의 입장에서 이러한 방정식은 복리후생의 가치가 전체보상에서 차지하는 부분이 클 경우에 오히려 고임금의 직무보다 저임금의 직무가 더 인정을 받을 수 있다는 것을 보여준다.

사용자가 왜 종업원에게 복리후생을 제공해야 하는가에 대한 이유는 경제적 원인에서 사회적 책임에 이르기까지 다양하다.

- 복리후생은 종업원을 유인 · 유지하기 위한 도구이다.
- 복리후생에 대한 사용자의 기여는 사용자에게 세금공제혜택을 주며, 종업원에게 과세소득으로 간주되지 않는다.
- 법정복리후생 항목(4대 보험: 건강보험, 산재보험, 고용보험, 연금보험)은 사용자의 의무사항이다.
- 사용자들은 퇴직 · 건강과 관련한 복리후생을 수반하는 임금, 시간, 고용조건에 대해 노조와의 단체교섭을 통해서 복리후생제도에 관한 협약을 체결한다.
- 사용자들은 윤리적인 측면에서 복리후생의 제공을 고려한다.

1) 복리후생에 대한 새로운 시각

기업경쟁력 제고의 핵심요인이 사람이라는 인식이 확산되면서, 많은 기업들이 사원들의 열정을 고취하고 회사에 대한 만족도를 높이기 위해 다양한 노력을 전개하고 있다. 이와 관련하여 최근 부각되고 있는 방안이 구성원들로 하여금 일과 삶의 균형을 추구할 수 있도록 시간적인 배려와 물질적 · 정서적 지원을 제공해 주는 복리후생제도로, 선택적 복지제도의

표 11-1 | 기업복지 현황

종류(시행시기)	현 황	주요내용
퇴직연금 (2023년 퇴직연금)	· 사업장수 : 354,000개 · 가입자수 : 5,797,000명 · 적립금 : 167조 1천억	· 2층 노후보장수단 · 미국 1경 5천조, 일본 3천조 · OECD 국가 연간 GDP 112% 수준 보유
우리사주조합 (2023년)	· 예탁조합수 : 1,247개 · 조합원수 : 1,377,164명 · 취득가액 : 7.1조	· 근로자 재산형성 및 기업생산성 재고 수단 · 신우리사주제 도입(무상출연형, 차입형, 근로자 스톡옵션)
사내근로복지기금 (2023년)	· 기금수 : 1,672개 · 기금액 : 8조 3천억	· 성과배분형 복리후생제도 · 다양한 복지제도의 재원기능
선택적복지 (2023년)	· 시장규모 2.4조	· 근로자 욕구 맞춤형 복리후생 · 건전한 여가 · 문화 · 가족활동촉진
근로자지원 프로그램(EAP)	· 일부 자율 도입 · 근로복지넷	· 직무수행에 지장을 주는 근로자 개인 문제 (알콜, 약물남용 등 업무성과에 영향을 미치는 모든 문제) 해결지원

확산에 기반한 소위 일과 삶의 조화(work and life balance; 워라밸)를 추구하는 방향으로의 제도변화라는 것이다(표 11-1 참조).

2) 사원복리후생의 활용 이유

이처럼 서구기업들을 중심으로 사원복리후생이 활성화되고 있는 주된 이유로는 크게 두 가지 요인을 들 수 있다.

첫째, 사회 및 개인가치관의 변화에 대응하기 위해서다. 직장인들의 가치관이 과거와는 달리 직장에서의 업무와 일상의 삶을 균형적으로 조화시키려는 방향으로 변화하고 있다. 예컨대, 컴퓨터 소프트웨어 업체인 SAS Institute사 HR 담당 부사장의 다음과 같은 말은 이를 잘 대변해 준다. '얼마 전까지만 해도 직장인들은 높은 임금을 주는 멋진직장에서의 근무를 제일 우선시 했지요. 그렇지만, 요즘 사람들은 다릅니다. 균형잡힌 멋진 삶을 추구하지요…' 이처럼 가정생활과 개인의 취미, 여가를 중시하는 구성원들의 가치관 변화에 효과적으로 대응하는 방법으로써 복리후생제도의 중요성이 부각되고 있다고 볼 수 있다.

둘째, 핵심인재의 확보와 유지를 위해서다. 일반적으로 기업들은 우수인재들을 유인하기 위해 고액연봉 등 높은 금전적 보상을 많이 활용하지만, 성장기회나 즐거운 업무환경 등과 같은 내재적 보상을 균형있게 제공하지 않으면 한계가 있을 수밖에 없다. 예를 들어, 일터에서의 '재미'를 추구하는 등 자유롭고 즐거운 업무환경을 조성하는 것으로 유명한 Southwest 항공에 대한 타 공항사 HR 담당자의 말을 들어보자. 'Southwest 항공에서 새로운 기장을 모집한다는 공고를 내면, 주변항공사들은 모두 긴장하게 된다. 상당한 보상을 받고있는 업무경험이 풍부한 고참기장들까지도 빠져 나가곤 하니깐...' 유연근무제 실시, 자기계발지원, 편의시설구축, 구성원들간 커뮤니티 활동지원 등 구성원들의 업무환경의 질을 높이기 위한 복리후생제도가 확장되는 중요한 배경이 여기에 있다 하겠다.

특히, 과거와는 달리 경제활동에 참여하는 여성인력이 증가하면서, 육아관련정보나 보호시설제공, 파트타임 근무 등의 출산 및 육아관련 복리후생 프로그램을 활용하여 다년간의 업무경험과 지식을 보유한 우수 여성인력을 확보 · 유지하려는 기업들의 노력도 활발해 지고 있다. 예컨대, 세계적인 카드업체인 Hallmark사는 여성인력에게 자녀들이 학교에 입학하기 전까지 파트타임으로 근무할 수 있도록 배려하여 업무경험이 풍부한 여성인력을 계속 유지 · 활용하는 방안을 마련하고 있다.

국내기업들의 경영환경도 해외기업들이 직면하고 있는 상황과 크게 다르지 않다. 여성의 경제활동 참여가 증가하고 있으며, 이에 따라 여성인력 활성화에 대한 논의도 사회전역에서 활발히 이루어지고 있다. 또한, 기성세대와는 달리 자율성과 개인생활을 중시하는 N세대가 경제활동의 주역으로 등장하면서, 이들의 니즈를 충족시키고 관리할 수 있는 방안에 대한 기업들의 고민도 증가하고 있다. 이러한 변화에 대응하는 한 방안으로써, 국내기업들도 구성원들이 일과 생활의 균형을 추구할 수 있도록 조직적 지원환경을 조성하는 데 주의를 기울일 필요가 있다.

1.2 법정 외 복리후생의 유형

건강보험을 비롯한 산재보험, 고용보험, 연금보험 등 4대 법정 복리후생항목을 제외한 법정 외 복리후생의 내용을 구체적으로 살펴보면, 육아 및 노인부양을 중심으로 한 자녀 및 노부모보호(Child & Elder Care), 시간과 장소 등에 크게 구애받지 않고 일할 수 있도록 배려하는 유연근무제(Alternative Work Arrangement), 구성원들 개개인의 여가와 자기개발지원, 재테크교육 등을 중심으로 한 개인생활지원(Personal Life Assistance)이라는 세 범주로 나누어 볼 수 있다.

1) 자녀 및 노부모보호 프로그램

자녀 및 노부모보호는 기업이 직 · 간접적으로 구성원들의 어린자녀나 노부모를 돌보아 주는 프로그램이다. 대다수 직장인들은 가정보다 회사에서 더 많은 시간을 보낼 수밖에 없는 상황이므로 노부모는 물론이고 어린 자녀를 돌보기가 어려운 현실이다. 육아를 비롯한 가사문제는 개인의 업무생산성을 저하시킬 수 있는 스트레스요인이 될 수도 있다. 이에 대해 회사가 자녀와 노부모보호 관련 프로그램들을 지원함으로써, 구성원들이 업무에 보다 매진할 수 있도록 배려할 필요가 있다. 구체적으로 살펴보면 기업들은 이를 위해 금전적 지원정도만으로 그칠 수도 있고, 사내에 탁아 및 보건시설 등을 통합운영하는 포괄적 지원을 제공할 수도 있다. 일반적으로 자금사정이 양호한 대기업인 경우, 또 여성인력의 수가 많은 경우에는 포괄적 지원을 행하는 경우가 많다. 예를 들어 생활용품 업체로 유명한 Johnson & Johnson사는 탁아시설을 회사내에 직접 운영하고 있을 뿐만 아니라, 학교에 다니는 아이들을 방과 후 부모가 퇴근할 때까지 보살펴 주고 있다. 또한 방학이나 휴일에는 아이들에게 책이나 장난감을 대여하기도 하고 캠프, 박물관투어 등을 실시하여 자녀교육을 지원하고 있다.

2) 유연근무 프로그램

유연근무제란 구성원들에게 업무시간과 공간을 융통성 있게 조정할 수 있는 프로그램을 제공하는 것이다. 구성원들이 원하는 시간대에 업무를 수행할 수 있도록 배려하는 유연시간제(Flexible Time), 정보통신망을 활용하여 회사외부의 장소에서 일할 수 있도록 하는 재택근무(Telecommuting), 두 사람 이상이 하나의 업무를 교대로 수행하는 업무공유(Job Sharing), 하루 8시간 5일 근무가 아닌 10시간 4일 근무를 하는 집중근무(Compressed Weeks), 육아 등의 문제로 정상적인 근무가 어려울 때 복직을 전제로 일정기간 파트타임으로 일하는 단축근무(Part-time for return) 등이 유연근무 프로그램의 대표적인 예이다. 특히 단축근무는 여성인력의 경력보장과 능력개발을 위해 기업들이 많이 활용하는 제도 중의 하나이다. 컨설팅 업체인 Price Waterhouse사에서는 구성원들이 개인사정에 따라 정규 근무시간의 80% 또는 60% 정도 단축근무를 할 수 있다. 승진이 늦어지거나 임금저하 등의 일부 불이익이 발생할 수도 있으나, 상당수의 여성들이 단축근무를 적극 활용하고 있으며, 회사 자체적으로도 우수 여성인력 유지 등 긍정적 효과가 있는 것으로 평가하고 있다.

3) 개인생활 지원프로그램

개인생활 지원프로그램들은 카페테리아, ATM기, 간편 드라이클리닝 등 각종 편의시설을 사내에 구비하는 한편, 재테크정보제공, 사회봉사활동지원 등 구성원들의 여가생활전반에 대한 지원활동을 수행하는 것이다. 이는 가족 및 가정문제지원에 국한되지 않고 개인생활 전반에까지 배려하는 차원이다. 미국 워싱턴에 위치한 주택보증기관인 Fannie Mae사의 경우, 1990년 'WAVE'라는 프로그램을 도입하여 구성원들의 사회봉사활동을 적극 지원하고 있다. '부랑자 돕기' 캠페인을 통해 전사적으로 기금을 조성하기도 하고, 구성원들에게 매달 10시간씩 유급봉사휴가를 주기도 한다. 또한 에이즈퇴치, 동물보호, 어린이 보호 등 구성원들이 소규모그룹을 형성하여 봉사활동을 할 수 있도록 지원하고 있다. 한편 SAS Institute사의 경우, 피아노가 연주되는 카페테리아를 비롯하여 36,000평방 미터의 체육관, 댄스실, 수영장, 건강상담실 등을 사내에 마련하여 임직원들의 휴식과 편의를 위해 다각도로 노력을 기울이고 있다. 이러한 개인생활지원 프로그램들은 구성원의 사기를 고양시킬 뿐 아니라, 조직에 대한 충성심을 높이고 우수인재를 유지하는 데 긍정적인 역할을 하는 것으로 평가되고 있다.

1.3 복리후생관리의 유의사항

일과 삶의 균형을 추구하는 복리후생은 단순히 관련정책이나 제도를 구축하는 것만으로는 소기의 성과를 달성하기 어렵다. 복리후생이 기업에서 진정한 제도로 자리잡고 효과적으로 활용되기 위해서는 제도나 시스템같은 하드한 측면만이 아니라, 조직문화와 관리자 변화 등 소프트한 측면에서의 보완도 뒤따라야 한다. 이러한 측면에서 기업들이 유의해야 할 점들에 대해 살펴보자.

1) 신뢰가 필수

신뢰가 부족한 조직문화 속에서는 복리후생 프로그램이 효과적으로 운영되기 어렵다. 회사와 구성원 간에 신뢰가 부족하면, 구성원들은 좋은 복리후생 프로그램이 있더라도 적극적으로 활용하지 않는 경우가 발생할 수 있다. 예를 들어 상사가 자신을 업무보다 개인 및 가정생활을 중시하는 사람으로 인식하여 인사고과 등에서 불이익을 줄 수도 있다는 생각으로 복지후생 프로그램을 꺼려할 수도 있다. 이러한 부정적인 인식을 넘어 복리후생 프로그램의 효용성을 높이기 위해서는 단순히 관련 프로그램들을 제공하기에 앞서, 상하 간의 원활한 커뮤니케이션을 바탕으로 조직내에 상호존중과 신뢰의 문화를 구축해 나가는 것이 우선될 필요가 있다. 실제로 복리후생 프로그램들을 성공적으로 활용하고 있는 기업들을 보면, 조직내 개방적인 커뮤니케이션 문화가 정착되어 있음을 알 수 있다. 예컨대, Starbucks사의 경우, 상하 간 커뮤니케이션을 원활히 하기 위해 사명 리뷰(Mission Review)라는 포럼을 운영하고 있다. 경영진들이 구성원들과 직접 만나 대화하는 시간을 갖는데, 특히 이 때 구성원들이 제기한 질문은 2주 이내에 반드시 답변하도록 함으로써 구성원들이 회사로부터 존중받는다는 느낌을 갖도록 배려하고 있다. Hallmark사도 경영진이 50여명의 구성원들과 직접 만나서 대화하는 'CEO 포럼'을 1년에 10여 차례 개최하고 있다.

2) 구성원의 욕구반영

복리후생 프로그램에 대한 구성원들의 참여도와 그 효과를 높이기 위해서는 구성원들의 니즈를 반영한 프로그램을 제공할 필요가 있다. 구성원들을 대상으로 한 서베이, 포커스집단 인터뷰, 관리자들과의 인터뷰 등을 통해 구성원들이 원하는 바가 무엇인지 심층적으로 분석한 후에 프로그램을 설계해야 한다. 예컨대, 미국의 제약업체인 Baxter Healthcare사는 18개월에 걸친 임직원 서베이를 실시하여 복리후생에 대한 구성원들의 니즈를 심층조사하고, 이를 유연근무 프로그램에 적극 반영하였다. 그 결과 7% 정도에 불과하던 구성원들의 유연근무 프로그램 활용도를 10~15% 정도까지 높일 수 있었다.

Fannie Mae사도 1,300여 명의 직원들을 대상으로 포커스집단 인터뷰와 서베이를 실시한 후, 이를 바탕으로 업무공유, 유연시간제, 집중근무 등 구성원들이 원하는 프로그램을 제공함으로써 효과를 거둘 수 있었다.

3) 관리자의 변화필요

일선 관리자의 변화가 필요하다. 보다 선진적인 복리후생제도가 실행으로 옮겨지려면 특히 관리자들의 지원적인 마인드가 필수적이다. 예컨대, Johnson & Johnson의 HR 담당자는 80년대 후반 복리후생 프로그램을 재설계하여 운영해 가는 단계에서 가장 큰 걸림돌이 되었던 것이 관리자들의 비협조적인 태도였다고 지적한 바 있다. 하향적인 지시, 통제에 익숙한 관리자들이 구성원들의 니즈에 귀를 기울이려 하지 않았기 때문이었다. 이런 이유로 복리후생의 실행측면에서 가장 주력해야 할 부분이 관리자들에 대한 교육이라 할 수 있다. 공학연구용 기구의 필터 등을 제조판매하는 Millpore사의 경우, 복리후생과 관련하여 자체 관리자 교육을 실시하고 있는데, 주요 교육내용은 세 가지 정도로 구분할 수 있다. 먼저 관리자들은 구성원들을 대상으로 한 서베이 및 인터뷰 결과를 분석하여 구성원들의 니즈와 동향을 파악하는 과정을 거친다. 이를 통해 관리자들이 현재 자신의 모습과 구성원이 바라는 모습 간의 차이를 분명히 식별할 수 있도록 한다. 둘째, 전문가나 상위 관리자들이 강의 및 포럼을 통해 관리자들의 바람직한 모습에 대해 구체적으로 설명하고 케이스 스터디를 실시함으로써, 관리자들 각자가 보다 구체적인 변화모습을 자신에게 적용해 볼 수 있게 돕는다. 마지막으로 커뮤니케이션 교육을 실시하여 관리자들이 보다 적극적인 마인드를 가지고 구성원들에게 먼저 접근하여 니즈를 파악하고 지원할 수 있도록 하고 있다.

국내의 경우, 최근 LG 오티스, 한국 MSD, 한국 IBM 등 외국계 기업들을 중심으로 종업원 중심형 복리후생제도의 활용이 점차 확산되어 가는 추세이다. 구성원들의 업무에 대한 열정과 충성심을 제고하기 위해서는 복리후생 외에도 높은 금전적 보상 등 다양한 방법이 있을 것이다. 그러나 일과 삶의 균형을 추구할 수 있게 배려하는 복리후생 프로그램은 구성원들의 삶의 질을 높이고 동시에 조직의 성과도 향상시킬 수 있는 제도라는 점에서 기업들에 시사하는 바가 크다고 하겠다.

1.4 새로운 복지제도의 모색 - 선택적 복리후생제도

1) 기존 복지제도의 문제점

우선 생각해볼 것이 기업 간에 경쟁적으로 복지를 제공함에 따라 나타나는 과중한 비용부담이다. 실제 국내 유명대기업들의 경우 1인당 500만원이 넘는 복지비를 지출하고 있다고 하니, 지금처럼 어려운 경제상황에서 큰 부담이 아닐 수 없다.

이러한 상황임에도 불구하고 복지혜택을 받고있는 상당수 임직원들이 자신이 받고 있는 복지혜택에 대해 제대로 알고 있지 못하거나, 늘상 부족하다고 인식하고 있다. 이것은 복지수혜상의 불균형에 일부 기인한다. 삶의 질 제고에 따라 복지항목은 계속해서 추가되고, 그 양 역시 증가되기는 하는데, 이것을 모든 임직원들이 균등하게 다 받을 수 있는 것은 아니기 때문이다. 즉 기회는 균등하게 제공되는 것처럼 보여도 실제 받는 것이 균등하지는 않다는 것이다.

예를 들어 이미 스스로 어렵게 주택을 마련한 사람은 회사에서 마련한 주택자금융자혜택을 받을 수 없는 것이 일반적이다. 우리나라 실정에서 유치원비 보조, 자녀학자금지원이 사실상 여직원들에게는 무용지물이다. 몸이 건강한 사람은 의료비지원혜택에 대해 흥미를 갖지 못한다. 결국 소득수준이 향상되어감에 따라 나타나는 임직원들의 다양한 복지니즈와 삶의 질 제고에 대한 욕망으로 인해 복지항목은 계속 추가되어 기업의 복지비용부담을 가중시킬 수밖에 없는 것이 피할 수 없는 현실이 되어 버렸다. 그럼에도 불구하고 마련된 복지가 실제 수혜자인 임직원들에게 골고루 제공되지 못하고, 그 결과 임직원들의 불만마저 초래하고 있다면 이러한 현행 복지제도는 이미 그 기능을 상실하고 있다고 보아야할 것이다. 그렇다면 이를 동시에 해결할 수 있는 복지제도는 무엇일까? 그것이 바로 지금부터 소개하고자 하는 '선택적 복리후생제도 = 카페테리아식 복지제도'이다.

2) 맞춤식 복지제도

선택적 복리후생제도란, 사전에 설계된 다양한 복지메뉴 중 일정금액 한도내에서 개인니즈에 맞추어 복지항목 및 수혜수준을 선택할 수 있게 한 제도이다. 일반적으로 카페테리아식 복지제도라고 하지만 그밖에 'Tailored Benefit Plan', 'Flex Benefit Plan'이라고도 불리운다. 이 제도의 기본골격을 쉽게 이해하기 위해서는 명칭자체에도 담겨져 있는 '카페테리아'라는 곳에서의 식사를 연상하면 된다. 즉 카페테리아에서 메뉴를 보고 사용금액 한도내에서 자기가 원하는 음식을 선택하는 것과 같이, 각 임직원들은 개인에게 할당된 일정 복지금액 한도내에서 제공된 여러 가지 복지메뉴 중 필요한 것을 필요한 만큼 선택하는 것이다. [그림 11-1]은 카페테리아식 복지제도상의 복지메뉴를 보여주는 그림인데, 전 사원 공통메뉴

그림 11-1 | 카페테리아식 복지메뉴의 개념도

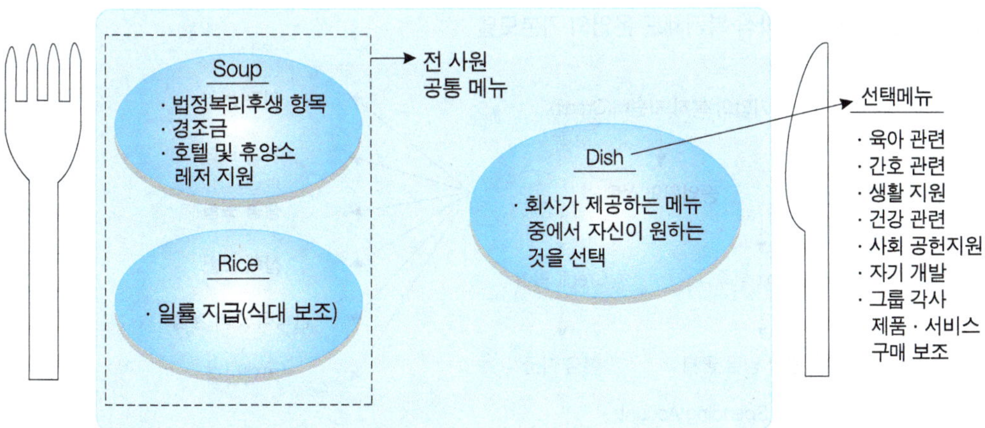

자료 : 勞政時報, カフェテリアプランの先進事例, 1996. 3.

인 일률지급항목과 한정선택항목(Soup)과 함께 임직원의 입맛과 기호에 따라 선택할 수 있는 주 메뉴가 있다는 것을 보여주고 있다. [그림 11-2]는 카페테리아식 복지제도운영의 기본모델이다.

카페테리아식 복지제도와 기존 복지제도와의 차이를 보면 다음 세 가지 정도를 들 수 있다.

첫째, 기존 복지제도가 기업의 지불능력범위 내에서 일방적으로 제공하는 방식이라면, 카페테리아식 복지제도는 임직원자신의 책임하에서 사전적으로 설계하는 방식이다. 그러므로 카페테리아식 복지제도에서 임직원들은 자신의 생활패턴을 고려, 스스로 자신의 생애를 설계하여 자신이 기업으로부터 제공받을 복지항목을 스스로 결정한다. 이것은 기존 복지제도가 집단주의적 배경하에 모두에게 수혜기회를 주면 기업은 책임을 다한 것이라는 입장을 취하고 있는 것과는 근본적인 차이가 있다.

둘째, 기존 복지제도에서는 복지항목을 경쟁사 실태조사 혹은 노조의 요구, 경영층의 수혜 등에 따라 제공할 복지지원 항목을 계속 추가하는 방식이다. 여기서 복지항목의 추가는 곧 복지비의 증가를 의미한다. 그러므로 새로운 복지제도의 추가는 상당히 신중하게 검토되어야 할 사안이 되어, 노사 간의 마찰이 종종 발생하게 된다.

그러나 카페테리아식 복지제도는 종합적인 임직원의 복지니즈 조사를 실시, 제공 가능한 복지지원 항목을 종합적으로 사전결정하여 제공하는 방식이다. 여기서 복지항목의 추가가 곧 복지비의 증가로 이어지는 것은 아니다. 아무리 많은 복지항목이 있더라도 개인별로 총 복지한도가 정해져 있어 그 범위내에서 자기가 필요로 하는 복지항목의 지원을 받기 때문이

그림 11-2 | 카페테리아식 복지제도 운영의 기본모델

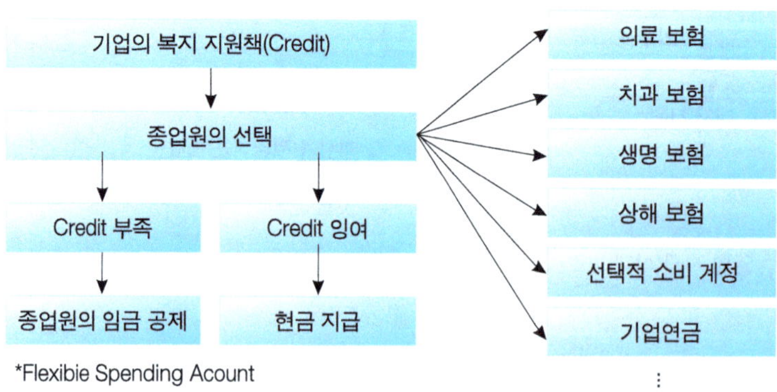

자료 : 勞政時報, カフェテリアプランの先進事例, 1996. 3.

다. 그러므로 획일적인 복지프로그램을 제공하는 기존의 방식보다 카페테리아식 복지제도가 임직원의 개별적인 니즈를 훨씬 잘 충족시킬 수 있다.

셋째, 복지를 제공하는 방식에서도 차이가 있다. 기존 복지제도는 이미 결정된 복지항목 및 확정된 지원금액에 따라 자격조건을 갖춘 사람이 사전지정된 사유가 발생할 경우 요청하면 처리되는 방식이다. 즉, 해당 사유의 발생유무가 복지지원 여부를 결정하게 되는 주요 결정변수가 된다. 그 결과 비슷한 수준에 있는 임직원들 간에도 복지수혜상의 불균형이 초래될 수 있다.

그러나 카페테리아식 복지제도는 기업 내 비슷한 수준에 있는 임직원들이 주어진 균등금액을 활용, 다양한 복지항목 중에서 자기상황에 맞게 선택하는 방식이므로 금전적으로 동일한 복지혜택을 제공받게 된다. 즉, 기존의 복지제도는 기회만 동등할 뿐 실질수혜는 불균형을 초래하지만, 카페테리아식 복지제도는 금전적으로 균등한 혜택을 받을 수 있게 하는 것이다.

3) 카페테리아식 복지제도의 평가

(1) 높은 만족도

카페테리아식 복지제도의 실시에 따라 복지수혜자인 임직원이 얻을 수 있는 가장 큰 장점은 다양한 개인의 가치관이나 생활패턴에 따른 개개인의 니즈를 보다 적절하게 충족시킬 수 있다는 점이다. Barber, Dunham & Formisano는 이를 실증적으로 증명하였다. 이들은 카페테리아식 복지제도를 도입한 미국의 한 금융서비스 기업의 임직원 110명을 대상으로 하여 복지에 대한 만족도를 조사하였다. 그 결과, 카페테리아식 복지제도를 도입한 이후 복지에 대한 만족도가 상당히 개선된 것으로 나타났다. B.R. Rabin 역시 카페테리아식 복지제도를 도입하고 있는 한 미국기업의 임직원 566명을 대상으로 하여 복지만족도를 조사하였다. 결과는 전체 임직원 중 약 90%의 임직원이 카페테리아식 복지제도에 만족하는 것으로 나타났다. 그밖에 복지에 대한 임직원들의 합리적인 설계능력을 향상시킬 수 있다. 카페테리아식 복지제도를 통해 임직원들은 기업이 제공하는 복지중에서 자신의 생애계획과 생활패턴에 맞추어 자신에게 필요한 복지를 선택해야 하기 때문이다.

(2) 비용절감 등 합리적 복지관리가능

한편 복지의 제공자인 기업측도 카페테리아식 복지제도를 도입함으로써 여러 가지 이점을 얻을 수 있다.

첫째, 이 제도는 복지비용의 사전예측을 가능하게 하여 합리적인 복지비용관리를 가능하게 한다. 즉 이 제도를 통해 적정한 가격을 가진, 그리고 임직원들에게 더욱 가치있게 느껴지는 복지항목을 제공할 수 있다. 또는 세제혜택 등을 활용하여 임금보다는 복지비로 지급하는 형식을 취함으로써 비용절감 효과를 얻을 수도 있다. 전문연구기관인 美 Wyatt사의 최근 연구결과에 따르면, 이 제도를 도입한 미국기업의 50% 이상이 도입이전과 비교했을 때 전체 복지비용의 10% 이상을 절감한 것으로 나타났다.

둘째, 임직원들에게 기업측이 부담하는 복지비용에 대한 정보를 정확히 전달할 수 있다. 기존 복지제도에서는 실제 임직원들이 받는 복지혜택의 정도가 제각기 틀리고, 또한 일정 기간 동안 자신이 제공받은 여러 가지 복지항목들에 대해서도 잘 모르는 경우가 많았다. 그러나 카테페리아 복지제도에서는 임직원들이 어떠한 항목의 복지혜택을 선택할 것인가를 스스로 결정하기 때문에 복지에 대해 더 많은 관심과 정보를 갖게 된다. 또한 자신이 사용할 수 있는 복지금액을 점수(또는 Credit, Point)라는 형식을 통해 수령하기 때문에 자신이 얼마나 복지혜택을 보고 있는지를 정확히 알 수 있는 것이다.

그밖에 경쟁력 있는 선진복지제도를 구축함으로써 우수인재를 확보 · 유지할 수 있다. 또한 노조의 불합리한 정치적 영향력을 축소하고 노조의 전문성을 육성할 수 있는 효과가 있다. 기존의 복지제도는 대체로 노조의 복지항목 추가요구에 기업이 수용하는 수동적인 방식이었다. 그러나 카페테리아식 복지제도로의 전환이 이루어지면 실제 복지선택이 임직원 개개인들에게 부여되기 때문에 불합리한 노조의 정치적 영향력을 축소시킬 수 있다. 또한 카페테리아식 복지제도의 설계와 관련하여 계획에서부터 실행 및 사후평가의 전 과정에 노사가 공동으로 참여하는 것이 원칙이다. 이때 노조는 조합원의 니즈조사, 상세설계, 커뮤니케이션 활동 등 과거보다는 훨씬 전문적인 역할을 담당하여야 한다. 이를 통해 노조의 전문성을 배양할 수 있다.

(3) 서구에서는 이미 정착

카페테리아식 복지제도는 1970년대에 미국에서 최초로 실시된 이후, 이 제도를 도입하고 있는 기업의 수는 급격하게 증가하고 있다. 1974년 TRW사(95년 포춘지 121위 기업)와 ETS사(토익, 토플, SAT 등의 시험출제관리 기업)에서 처음 실시된 카페테리아식 복지제도는 현재 포춘지 선정 500대 기업 중 3/4 이상이 이 제도를 실시하고 있을 만큼 이미 널리 보급되어 있다. 이렇듯 카페테리아식 복지제도가 급격히 확산된 이유는 의료비급증, 노조의 개입, 법제상의 강화 등으로 인해 복지비용이 직접 임금의 40% 정도까지 급증했기 때문이다. 특히 80년대 이후에 의료비는 연평균 12%로 가장 높은 상승률을 보이고 있다. 그 결과 미국의 카페테리아식 복지제도는 세제혜택과 관련하여 의료복지선택 메뉴를 다양하게 구성하고 있다는 점이 특징이다. 최근에는 Ford사를 비롯한 일부 기업들이 복지제도에 동기부여적 성격을 가미하여 복지수혜금액과 성과를 연계시키는 제도를 운영하는 모습이 나타나고 있는 것도 특징이다.

(4) 국내에서는 한국 IBM이 처음 도입

국내기업 중에서는 최근 혁신적인 비용절감을 추진하고 있는 IBM의 국내투자기업인 한국 IBM에서 96년 제도설계를 완성하여 실시하고 있다. 한국 IBM은 임직원 니즈조사, 싱가폴 IBM의 벤치마킹을 통해 1년 이상 준비한 것으로 알려지고 있으며, 전문컨설턴트의 지원도 있었다고 한다. 비록 외국인 투자기업이지만 한국 IBM의 카페테리아식 복지제도의 도입은 국내기업들에게 상당한 영향을 주었다.

(5) 카페테리아식 복지제도의 설계

실제 카페테리아식 복지제도는 하나의 기본유형을 정하기 어려울 만큼 다양한 형태로 운영되고 있다. 카페테리아식 복지제도를 소개하는 글들도 저마다의 기준에 따라 유형을 제시하고 있다. 그 이유는 카페테리아식 복지제도는 크게 보면 기업이 속한 국가의 사회보장제도의 수준이나 세제와 같은 기업외부상황으로부터, 작게는 기업의 재무, 관리능력과 규모 등 기업상황에 의해서 영향을 받기 때문이다. 그러므로 이같은 상황을 적절히 고려하여 자기 기업에 맞는 제도를 설계할 필요가 있다. 기본적으로 고려해야 할 것들을 정리하면 다음과 같다.

우선 메뉴구성에 있어서 전체 지원복지를 어떻게 구성할 것인가와 이에 따라 지원할 전체

그림 11-3 | 카페테리아식 복지제도의 설계절차

기본 설계	니즈 조사	상세 설계	실시 준비
▸ 추진 체제의 구축 · 프로젝트팀 · 실무 자문위원회 ▸ 상세 설계 일정의 확정 및 선진 기업 벤치마킹 ▸ 니즈 조사 준비 · 기존 요구 사항 검토 · 현장 인터뷰 · 설문 대상 선정 및 설문서 디자인	▸ 설문서 배포 · 회수 ▸ 니즈 내용 분석 · 니즈의 중요도 평가 · 연령대별, 지역별, 성별 특성 파악 등	▸ 내용 설계 · 메뉴의 구성 · 점수 운영 방식 선정 · 법적 · 제도적 제약 확인 등 ▸ 절차 설계 · 등록 및 클레임 제기 절차 등 ▸ 복지 정보 시스템 설계 · 운영 시스템 · 의사결정 지원 시스템	▸ 커뮤니케이션 실시 · 제도의 취지, 기대 효과, 운영 절차, 유의점 등 · 커뮤니케이션 방식의 선택 ▸ Pilot Test 대상 선정 · 성공 가능성의 고려 · 임직원의 다양성 고려

복지항목의 제시 및 각 복지지원항목별 메뉴의 제공형태에 대해 검토해야 한다. 그리고 메뉴 선택에 따른 점수운영방식에서는 항목 또는 메뉴별로 점수를 어떠한 형태로 얼마나 부여할 것인가와 선택에 따라 발생하는 점수소진을 어떻게 처리할 것인가에 대해 검토해야 한다.

설계절차는 [그림 11-3]과 같이 기본설계, 니즈조사, 상세설계, 실시준비의 네 단계로 구성된다. 카페테리아식 복지제도 설계에 앞서 다짐해야 할 설계원칙을 정리하면 다음과 같다.

첫째, 제도도입의 목적에 충실해야 한다. 즉 인사철학 및 제도, 더 나아가 기업의 경영철학 및 방침과의 정합성을 확보하도록 한다.

둘째, 가능한 한 제도를 단순화해야 한다.

카페테리아식 복지제도는 기존 복지제도보다 무척 복잡하게 느껴진다. 이런 상태에서 애써 정교하게 한다는 것이 오히려 관리를 복잡하게 하거나 임직원들에게 혼선을 초래할 수 있다. 마지막으로 복지설계에 있어서의 임직원의 주체적 역할을 강조해야 한다. 카페테리아식 복지제도가 담고 있는 기본사상은 개인주의적 자율선택이다. 카페테리아식 복지제도에 있어서 기업은 전체 임직원의 총 복지수준(양)에 대해서는 책임져야 할 지 모르지만, 임직원들의 다양한 복지를 책임지는 주체는 아니다. 복지설계의 주체는 이제 임직원 스스로가 되는 것이다. 그러므로 그 어느 때보다 임직원들의 자기 삶에 대한 복지설계능력이 필요한 것이며, 기업은 이를 지원, 촉진하기 위한 지원자의 입장에서 최선을 다해야 한다.

02 · 안전과 건강관리

2.1 안전과 건강관리의 의의

1) 직장의 안전과 건강의 요소

'직장의 안전과 건강'(workplace safety and health)문제는 조직이 제공한 업무환경의 결과로 일어나는 육체적 그리고 심리적 이상과 관련이 있다.

육체적 이상(physical conditions)이란 직업병(occupational diseases)이나 사망, 요통, 사지 손실 등의 사고(accidents), 그리고 폐암(lung cancer), 백혈병(leukemia) 등의 여러 가지 암들을 포함한다. 비위생적인 업무환경으로부터 오는 다른 병으로는 신경조직 손상이나 만성적 기관지염(chronic bronchitis) 등을 들 수 있다.

심리적 이상은 조직생활에서 오는 스트레스와 질 낮은 직장생활에서 온다. 주요 예로는 불만(dissatisfaction), 시각협착(tunnel vision), 망각(forgetfulness), 역할과 의무에 대한 내적 혼돈, 불신감, 태만, 미루는 버릇 등을 들 수 있다.

2) 기타 인적자원관리 활동의 중요성

직장에서의 안전과 건강을 향상시키는 과업은 많은 인적자원관리 활동을 포함하게 된다.

예를 들어 직무분석(job analysis)을 통해 작업상 부상을 야기할 만한 업무를 확인하게 되고, 어떤 고용주들은 선발과정을 통해 안전하고 건강한 직장에 반하는 경향을 가진 지원자를 골라내기도 한다. 또 한편으로는 훈련과 교육을 통해서 작업장에서의 사고를 줄일 수 있는 행동에 대해 가르치기도 한다. 하지만 이런 모든 노력에도 불구하고 어떤 사원들은 사고(accidents), 부상(injuries), 질병(illness)의 희생자가 될 수밖에 없다. 그래서 조직은 이러한 희생자를 지원하기 위한 서비스를 제공하게 된다. 나아가 조직의 안전과 건강을 위한 여러 정책과 목표들이 효과를 얻으려면 조직 내의 모든 구성원들이 안전의 가치를 중시하는 문화를 창조해내는 데 일조를 해야 한다.

이러한 문화를 창조하기 위해서는 최고경영진의 리더십도 필요하지만 여러 직급의 관리자들이 자신의 일상업무현장에서 안전과 건강을 향상시키는 노력을 경주하여야 한다.

2.2 직장의 안전과 건강의 전략적 중요성

많은 기업들이 안전과 건강문제에 충분한 관심을 보이지 못하고 있다고 보는 이들이 많다. 직장의 위험에 노출된 근로자와 육체노동자 뿐만이 아니고 사무직 사원들도 예외는 아니다. 사무직 사원과 관련된 전통적인 위험들은 주로 심리적인 것이다. 하지만 최근에는 컴퓨터업무와 관련된 예측하지 못한 질병들이 나타나고 있다. 예를 들면, 눈의 피로(eyestrain), 요통(back strain), 유산(miscarriage) 등이다.

1) 안전하고 건강한 작업환경의 이점

안전하고 건강한 작업환경의 결과로 다음과 같은 이점을 누릴 수 있다.

- 생산성 향상
- 효율성과 품질의 향상
- 의료비와 보험료의 감소
- 근로자에 대한 재해보상의 감소
- 직장에서의 유연성과 적응성 향상
- 선발률의 증가

2) 불안전하고 건강하지 못한 작업환경의 비용

(1) 부 상

허리부상(back injury)은 가장 흔한 산업재해다. 매년 1천만 명이 허리부상을 당하고 대략

1백만 명이 보상을 청구한다. 또 하나의 흔한 부상은 눈부상이다. 미국의 경우 매년 눈부상으로 인해 40억 달러의 경비를 지출한다.

(2) 정신적 건강

정신적 건강 역시 육체적 건강만큼 중요하다. 어떤 사원들에게는 직장이 정신적 긴장의 원인이 되기도 한다. 예를 들어 희롱의 대상이 되거나 과중한 업무를 맡게 될 때 정신적 건강은 위협을 받게 마련이다.

(3) 사 망

산업재해로 인한 사망자 숫자는 598명(2021년~2023년)에 육박하고 있으며, 업무상 사고로 인한 사망자 수보다 업무상 질병으로 인한 사망자 수가 증가하고 있는 점이 주목된다.

(4) 경제적 비용

직장에서의 사망과 부상으로 인한 경제적 비용은 500억 달러 이상이 될 것이라고 추정된다. 또 비슷한 규모의 경비가 직업병으로 인한 비용으로 지출되고 있다. 심리적 이상과 관련된 비용도 천문학적 규모이다. 예를 들어 미국의 경우 알콜중독으로 인한 지출은 매년 650억 달러 이상이다.

2.3 작업안전과 건강에 있어서의 위험

1) 산업재해(Occupational Accidents)

(1) 조직의 체계적 대응

사고율은 산업마다 다르다. 예를 들어, 건설업과 제조업은 서비스나 금융업보다 사고율이 높게 나타난다. 하지만 사고율이 높은 산업분야의 회사라도 안전을 위한 조치를 취해 사고율을 낮추는 곳이 있다. 예를 들어, Barden Bearing사에서는 안전건강위원회(Safety and Health Committee)같은 기구를 만들어 사고율을 낮추는 데 성공하였다.

일반적으로 사고율은 작업조건, 직업을 하는 도구와 기술, 사원들의 안전의식수준 등에 의해 가장 큰 영향을 받는다.

(2) 위험한 사원

어떤 전문가들은 사고의 핵심요인으로 '사원'을 꼽는다. 사고는 근로자의 행동, 작업환경의 위험도 그리고 우연에 의해 일어난다는 것이다.

사고를 일으킬 가능성이 많은 특징을 들자면, 감수성이 낮은(emotionally low) 사람, 스트레스가 많은 사람, 연령이 높은 사람들을 들기도 한다. 일시적으로 위험한 심리적 요인으로는 적대심(hostility)과 감성적 미성숙(emotional immaturity) 등을 들 수 있다.

(3) 폭력적인 사원

직장에서의 폭력은 점차 증가하고 있다. 자살은 오늘날 직장에서의 사망의 주요한 원인이 되고 있다. 폭력적인 사원을 찾는 일은 쉬운 일은 아니지만 다음과 같은 징후들을 주의깊게 지켜보아야 한다.

- 언어를 통한 협박
- 물리적 행동
- 좌절감
- 집착

2) 직업병

직업병(Occupational Diseases)의 원인은 병의 증상만큼 다양하다. 여러 기관에서 비소(arsenic), 석면(asbestos), 벤젠(benzene), 납(lead), 방사선(radiation) 등과 같은 직업병을 유발하는 위험요소들을 찾아내기도 했다. 산업별로는 화학, 정유업, 광업, 섬유업, 철강업, 제화업, 플라스틱 산업의 근로자들이 더 위험에 많이 노출되어 있다.

(1) 직업병의 범주

장기적인 면에서 작업장에서의 환경적 위험과 직업병은 연관성이 있다. 이 병의 예로는, 갑상선(thyroid), 간장(liver), 폐(lung), 뇌(brain), 신장(kidney) 등의 암을 포함하여 백혈병

(leukemia), 중추신경손상(central nervous system damage), 유산(miscarriage) 등 생식에 관계된 여러 병 등 다양하다.

(2) 위험에 노출된 직업군

광부, 소방수, 건설업 · 교통산업 종사자들, 육체노동자, 제조업의 하위직 종사자들이 직업병과 부상의 대부분을 차지하고 있다. 하지만 직업병이 육체노동자에게 국한된 것은 아니다. 팽창하고 있는 서비스업의 사무직원들의 육체적 · 심리적 질병에도 유의해야 한다.

이들의 흔한 병으로는 요통, 시력약화, 편두통(migraine headaches), 고혈압(hypertension), 호흡기질환(respiratory problems), 소화불량(digestive problems) 등이 있다.

3) 낮은 수준의 노동생활의 질

많은 사원들에게 있어, 낮은 노동생활의 질(A Low Quality of Working Life)은 업무환경의 조건이 자신들의 중요성 선호도나 관심에 맞지 않기 때문이다. 주요 원인으로는 다음과 같은 예를 들 수 있다.

- 직무의 중요성, 다양성, 자율성 수준이 낮을 때
- 의사결정에 참여할 수 있는 정도가 최소수준일 때
- 급여가 업적에 근거를 두지 않을 때
- 업무내용이나 조직정책이 기대치에 미치지 못할 때
- 불공정한 대우와 공정한 절차가 없을 때
- 인적자원정책이 차별적일 때
- 근로자의 권리가 없는 임시고용의 조건을 접할 때

4) 조직에서 오는 스트레스(Organizational Stress)

(1) 4S

많은 직원들에게 스트레스의 근원은 S로 시작하는 네 단어, 즉 ㉠ supervisor(상사), ㉡ salary(임금), ㉢ security(직업의 인정성), ㉣ safety(안전)으로 요약할 수 있다.

상사와 관련된 스트레스의 원인은 지나치게 사소한 업무의 규칙과 더 많은 생산을 요구하는 부담이다. 임금이 공정하게 지급되지 않는다고 판단되면 이것도 스트레스의 원인이 된다. 많은 사람들이 직업의 안정성이 없으면 안전의 부재보다 더 큰 스트레스를 느낀다. 사고나 부상, 사망에 대한 두려움도 역시 스트레스의 원인이 된다.

(2) 조직의 변화

조직의 변화는 일반적으로 어떤 중요한 일을 포함하고 있고 정리해고나 규모감축같은 불확실성을 의미한다. 많은 변화가 공식적인 경고절차없이 진행된다. 사원들은 이러한 변화가 자신에게 어떤 영향을 미치지 않을까 두려워하게 된다.

(3) 일의 속도

일의 속도는 기계가 결정할 수도 있고 사람이 결정할 수도 있다. 기계가 속도를 결정하는 업무를 하는 근로자는 일이 끝났을 때 지치게 되고 아드레날린의 증가로 업무후 바로 긴장을 풀기가 어렵다.

(4) 물리적 환경

사무자동화는 생산성을 증가시키는 방법이기는 하지만 스트레스와 관련한 단점도 있다. 사무자동화의 한 요소는 바로 컴퓨터키보드이다. 다른 요소로는 좁은 공간에 밀집되어 있거나, 소음(noise), 프라이버시 부재(lack of privacy), 통제부재(lack of control) 등을 들 수 있다.

(5) 스트레스 받기 쉬운 사원(Stress-Prone Employees)

사람들마다 스트레스에 반응하는 방법이 다르다. 고전적인 분류는 A 타입과 B 타입의 사람으로 나누는 것이다. A 타입의 사람은 일을 자신의 방식대로 하고 불복종하는 데 많은 시간과 에너지를 쓴다. 하지만 이들은 적극적으로 일하고 다른 사람의 행동을 수정하는 것을 좋아한다.

반면에 B 타입의 사람들은 일반적으로 더 인내심이 강하고 쉽게 좌절하거나 쉽게 화내지 않는다. 상사로 모시기에 좋은 사람들이다. 이들은 부하들에게 많은 자유를 허용하지만 고위층을 향한 필요한 리더십을 발휘하지는 못한다.

5) 신경쇠약

신경쇠약(Job Burnout)은 의료업, 교육, 경찰, 소비자 상담센터, 항공업 등에 종사하는 근로자들이 주로 겪는 스트레스의 한 종류이다.

(1) 감성적 쇠진(Emotional Exhaustion)

과로의 첫 번째 신호는 감성적으로 기진맥진하는 느낌이다. 다 소모한 느낌(burn-out)이나 육체적으로 지친 느낌을 받는다.

(2) 비개인화 · 객관화(Depersonalization)

감성적으로 기진맥진함을 느낄 때 흔히 보이는 반응은 자신과 고객 간의 심리적 거리를 두어 그들과의 개인적 관계를 줄이는 것이다.

(3) 저성과의 느낌(Feelings of Low Accomplishment)

신경쇠약의 세 번째 양상은 개인적 업적이 낮다는 느낌을 갖는 것이다. 많은 사원들이 큰 기대를 가지고 일을 시작하지만 일 이년이 지나면 자신의 기대치에 못 미치고 있다는 느낌을 받는다. 자신의 목표와 실제의 업적 간의 차이에는 여러 가지 이유가 있을 수 있다.

비현실적인 높은 기대치, 일에 부과된 여러 가지 제약들, 일을 수행하기에 부적합한 자원들, 비협조적인 고객들 등을 이유로 지적할 수 있다. 이로 인해 일에 대한 동기가 줄어들어 미래의 실패로 이어지기도 한다.

(4) 악화된 업적(Deteriorated Performance)

신경쇠약에 걸린 사원들은 기가 살아있는 동료들에 비해 업무를 잘 수행하지 못하게 된다.

(5) 악화된 동료관계(Deteriorated Coworker Relations)

신경쇠약의 또 하나의 불행한 결과는 동료들과의 관계가 악화될 수 있다는 점이다. 고객에 대한 무감각증을 겪는 사원들은 동료들에게 고객에 대한 불평을 늘어 놓게 되어 결과적으로 동료들 사이에 부정적인 분위기를 만들어낸다는 연구결과가 있다. 이러한 쇠약증세를 보이는 사원은 결근율이나 조퇴율도 높다.

2.4 개선을 위한 전략

〈표 11-2〉에 여러 가지 대안들이 요약되어 있다. 어떤 전략이 효과적인지 결정하기 위해 조직은 발생율, 심각성, 질병과 사고의 빈도 등을 실시전과 후에 비교한다.

1) 사고예방조치

사고를 제어하기 위한 여러 가지 물리적 장치들을 도입할 수 있다. 예를 들어, 계단의 난간, 안전안경, 안전모, 경고등 등을 들 수 있다. 하지만 효과는 사원들이 얼마나 이들을 수용하고 회사안전정책을 사용하는가에 달려 있다.

(1) 인체공학

작업의 안전도를 높이는 한 가지 방법으로 인체공학(Ergonomics)을 통해 작업자체를 더 편하고 피곤함을 줄이도록 고안할 수 있다. 예를 들어, Ford사는 들어 올리는 기중시설을 도입하여 허리부담을 줄이도록 했고 FedEx사는 허리부상을 감소하기 위해 허리부상방지 프로

표 11-2 | 직장의 안전과 건강을 증진시키는 원천과 전략

원 천		전 략
물리적 작업환경	산업 재해	사고를 기록 작업환경을 재도안 목적과 목표수립 안전위원회 설립 훈련과 경제적 인센티브제공
	직업병	질병 기록 작업 환경 평가 정보 교환 목적과 목표 수립
심리적 작업환경	스트레스와 신경쇠약	조직의 스트레스 프로그램 수립 의사결정에의 사원의 참여 개인적 스트레스 프로그램 수립 적당한 휴가 혜택 제공 건강한 생활습관 장려

그램을 고안하여 교육, 운동, 허리벨트 사용을 강조하기도 했다.

(2) 안전위원회

사고를 방지하기 위한 또 하나의 전략은 Barden Bearing사의 경우처럼 안전위원회(Safety Committees)를 활용하는 것이다. 노동조합이 있는 곳에서는 노조대표를 위원회에 참여시키는 것이 필요하다.

(3) 행동수정(Behavior Modification)

많은 회사에서 인센티브를 제공하는 건강관리 프로그램을 시행하고 있다. 보상의 종류로는 비금전적인 보상(nonmonetary rewards, 예, 긍정적인 피드백), 행동보상(activity awards, 예, 휴가), 물질적 보상(material rewards, 예, 도너츠), 그리고 금전적 보상(financial rewards, 예, 보너스) 등을 들 수 있다.

2) 질병발생의 예방 및 감소

(1) 기록보존

산업안전보건법의 의무사항으로 조직은 작업장에서의 화학물질을 측정하고 기록하게 되어 있다. 이로 인한 질병과 노출 등에 관한 정확한 데이터를 기록하게 된다.

(2) 노출조사(Monitoring Exposure)

직업병을 줄이기 위한 가장 확실한 방법은 화학물질 등을 작업장에서 제거하는 것일 것이다. 대안으로는 위험한 물질의 노출을 조사하고 제한하는 것이다. 사원들의 혈액을 정기적으로 검사하여 조사하기도 한다.

(3) 유전적 검사

유전자 검사(Genetic Screening)는 가장 극단적이고 논란의 여지가 많은 방법이다. 이를 통해 특정한 질병에 걸리기 쉬운 근로자를 가려내려는 의도가 있다. 이를 통해 회사는 보상청구나 문제들로부터 더 자유로워질 수 있다.

3) 스트레스와 과로관리

훈련 프로그램을 제공하여 사원들이 각자 직무와 관련된 스트레스를 관리하는 데에 도움을 준다. 이러한 교육코스를 통해 관리자들에게 감독 · 관리자료, 정보기술과 역할의 정의에 대해 교육한다.

(1) 의사결정 참여증가

대부분의 조직에서 사원들은 조직의 규칙, 정책과 절차의 규제를 받는다. 새로운 규칙 등이 만들어지면 이는 스스로 제어할 수 없는 또 하나의 결과로 느끼게 된다. 의사결정에 참여시키면 이로 인해 사원들은 통제력을 갖는 느낌도 갖게 될 뿐 아니라 효과적인 업무수행의 장애물을 제거할 수 있는 능력을 갖게 되어 좌절감을 줄일 수 있는 효과가 생긴다. 동시에 스트레스와 신경쇠약을 방지할 수도 있다.

(2) 개인적인 스트레스관리 전략

시간관리가 스트레스를 대처하는 효과적인 방법이 될 수 있다. 또 다른 방법으로는 좋은 식사습관, 규칙적인 운동, 건강상태검진, 지지자그룹형성 등을 들 수 있다.

03 · 복지관리의 신경향; 근로자지원 프로그램(EAP)

오늘날 다수의 종업원들은 저비용 고효율을 기대하는 사용주로부터 최대의 생산성을 올려야 한다는 압력을 받고 있다. 이처럼 제한된 지원에도 불구하고 생산성을 증대시켜야 한다는 압력으로 인한 긴장은 종업원들에게 여러 가지 문제를 야기시키고 있다. 이러한 문제는 일과 건강 및 가정생활을 양립시키고자 하는 종업원들의 욕구와도 상충되고 있다. 이런 여건 속에서 EAPs는 종업원들이 추구하는 일과 삶의 조화, 그리고 고생산성의 실현과 유지라는 사용자측의 목표를 동시에 지원하는 중요한 역할을 수행할 수 있을 것으로 기대되고 있다. 이하에서는 이 분야에서 선구적인 위치를 차지하고 있는 미국의 동향을 중심으로 EAP의 개념과

정의, 그리고 최근의 흐름을 정리해 보고자 한다.

3.1 EAP의 개념과 정의

1940년대 도입 초기의 EAPs(Employee Assistance Programs)는 주로 알콜중독문제와 관련된 예방과 조기발견 및 치료에 초점이 두어졌다. 그 이후 수 십년을 거치면서 EA분야는 보다 다양한 종업원 건강과 태도문제(behavioral health), 그리고 일과 삶의 균형문제 등으로 확산되어 왔다.

오늘날 대부분의 EAPs는 폭넓은 전방위 프로그램("broad-brush" program)으로 간주되고 있다. 즉 종업원과 그 가족들이 당면한 다양한 문제들과 노동자의 성과관련 이슈들(workforce performance issues)의 해결을 지원하는 방향으로 설계되고 있다.

사용주들은 건강한 종업원이 보다 높은 생산성을 올릴 수 있다는 가정을 전제로 종업원과 그 가족들을 지원하는 것으로부터 자신들의 의무감과 법적분쟁을 회피하기 위해, 혹은 단순히 해야할 일을 한다는 믿음에 이르기까지 여러 가지 이유로 EAPs를 제공하고 있다.

미국 대규모 사업장에서는 대부분 종업원과 그 가족을 위한 EA 부가급부(benefits)를 제공하고 있다(Mercer 2008). 연방 및 주 정부 공무원의 75% 이상이 EA 서비스를 받고 있으며, 민간부문 종사자의 40% 이상이 EA 서비스를 받고 있다(US Dept. of Labor, Bureau of Labor Statistics, 2008). 40%라는 수치는 낮은 것으로 생각될 수도 있으나 미국기업의 90% 이상이 50명 미만의 중소기업이라는 것과, 중소기업일수록 EA 서비스의 제공에 인색하다는 점을 감안한다면 결코 낮은 수치가 아니다. 이러한 사실은 2008년에 실시된 전국 부가급부조사에 따르면 100인 이상 500인 미만 기업의 76%, 500명 이상 대기업의 89%가 EAP를 제공하고 있는데 비해 100명 미만의 중소기업은 52%만이 EAP를 제공하고 있는 것에서도(SHRM, 2009a) 확인되고 있다.

◈ 정 의

EAPA(Employee Assistance Professional Association: EAPs에 대한 가장 규모가 크고 국제적인 전문가 조직)는 근로자지원프로그램에 대해 'EA는 개인적 이슈와 생산성 이슈의 예방, 파악 및 해결을 통한 종업원과 작업장의 유효성 증대를 꾀할 수 있는 특정의 핵심기술을 활용하는 기업(노동조직)의 자원'(EAPA, 2010c)이라고 정의하고 있다.

나아가 EAP를 ① 생산성 이슈를 겨냥한 기업(작업조직)에 대한 지원, ② 건강, 결혼, 가족, 재정, 알콜, 마약, 법률, 감정, 스트레스 등을 비롯해 직무성과에 영향을 미칠 수 있는 각종 이슈를 포함한 개인적 문제(걱정거리) 등을 파악하고 해결해 주는 내부고객(종업원; employee clients)에 대한 지원을 담당하는 작업장 기준 프로그램으로 규정하고 있다.

EASNA(Employee Assistance Society of North America: 건강하고 생산적인 작업장수립을 위한 지식, 연구, 베스트 프랙티스의 발전을 꾀하는 전문가 조직)는 EAP를 '정신건강, 약물남용, 각종 중독 증상, 결혼문제, 육아문제, 정서문제, 재정 및 법적소송문제 등을 포함한 종업원의 개인적 혹은 가족문제의 해결을 돕기 위해 사용자측에 의해 설계되고 지원되는 서비스'라고 정의하고 있다. 이는 종업원들이 당면한 문제들을 해결하여 계속 효과적으로 직무를 수행할 수 있도록 도움을 주기 위해 주로 사용자들에 의해 제공되는 서비스로 규정하고 있다.

EAP는 처음에는 주로 알콜 혹은 마약중독자에 대해 약물남용 등으로 그들을 해고하기 보다 그들을 가치있는 종업원으로 재활시키는데 초점을 두고 있었다. 이는 때로는 징계프로그램과 함께 실시되어 문제있는 종업원들로 하여금 EAP에 참가하도록 강력하게 요구하거나 촉구하기도 하였으나 해를 거듭하면서 EAP는 정신건강과 약물남용같은 이슈뿐만 아니라 건강과 복지, 일과 삶의 조화같은 이슈들을 포함하는 방향으로 확대되었다. EAP 서비스의 한 측면이 개별 종업원이나 그 가족들의 문제에 초점을 두지만 또 다른 한편으로는 조직에 제공하는 서비스도 있는 바, 여기에는 산재예방, 훈련, 상담, 조직개발, 위기대응 등의 서비스가 포함되어 있다(EASNA, 2010).

EASNA는 EA서비스의 표준화된 프로그램을 위해 인정위원회(Council on Accreditation/COA)와 파트너십을 갖고 있다.

COA가 제시한 EAP의 인정표준에 의하면 EAPs는 EAP 핵심기술(core technology)에 따라 규정되어 있다. EAP 핵심기술은 425개 이상의 EAPs에 대한 현장방문과 관찰을 통해 Roman and Blum(1985; 1988)에 수행된 연구결과 얻어진 여섯 개의 EA 핵심기능을 의미한다. 이후 수년 간에 걸쳐 EAPA는 핵심기술을 더욱 확장하고 개선하여 EAPs의 내용을 다음과 같은 8가지로 정리하고 있다.

① 문제있는 종업원, 작업환경의 개선과 종업원의 직무성과 개선을 추구하는 작업조직의

리더십 개선(관리자, 감독자, 노조간부)을 위한 상담, 훈련, 지원.

② 종업원과 그 가족, 그리고 작업조직에 대한 EA 서비스 도입을 위한 적극적 촉진 활동.

③ 내부(종업원)고객의 직무성과에 영향을 미칠 수 있는 개인적인 근심을 비공개적으로 적기에 파악하고 평가하는 서비스.

④ 직무성과에 영향을 미치는 종업원의 문제를 해결하기 위한 건설적인 대응, 동기부여, 그리고 단기적 개입 등의 활용.

⑤ 사례관찰과 추적서비스 뿐만 아니라 진단과 처치 및 지원을 위해 종업원을 EAPs에 추천.

⑥ 문제처리를 위한 (EA)서비스 제공자와의 효율적인 관계의 수립 및 유지와 서비스제공 관련 계약의 관리를 위한 작업조직 지원.

⑦ 알콜중독, 약물남용, 정신적 혹은 정서적 불안 등을 포함한 의학적, 태도적 문제를 처리할 수 있는 건강부가급부(health benefits)에 대한 종업원들의 쉬운접근을 장려하도록 작업조직에 상담(조언).

⑧ 작업조직과 개별 직무성과에 대한 EA 서비스의 효과평가.

EA의 핵심기능을 규명하기 위한 원래의 연구는 이미 20여년이 지났지만 EAP의 핵심기술(EAP Core Technology)은 여전히 이 프로그램의 수립과 평가를 위한 지침으로 높은 가치를 지니고 있는 것으로 평가받고 있다.

3.2 일과 가정의 양립과 EAP

EAP와 일-가정 양립(Work-Family Balance/Work-Life Balance) 분야는 종업원과 사용자를 지원함에 있어 유사한 목표를 공유하고 있다. 다수의 기업현장에서 일괄구매(one-stop shopping)가 가능하도록 EAP와 W-L 프로그램을 동일부서에서 취급하거나 혹은 외부위탁을 할 경우 단일계약자나 공급자(single contractor or vendor)가 활용되고 있다.

이외에도 EAPs는 Occupational Health and Medicine Programs/Occupational Medical Programs와 파트너십을 갖고 있다. 미국의 경우 종업원의 생산성을 증대시키고 의료보조와 장애인지원 등의 비용을 삭감하고자 하는 사용자들의 노력으로 인해 나른 부가

급부 프로그램과 EAP의 협력내지 통합활동이 증가하는 추세에 있다(1994년 4건중 1건 → 2002년 3건중 1건/ 현재는 오히려 다수). 이는 W-L 프로그램의 유행과 함께 이 프로그램과 EAP의 협력을 선호하는 기업측의 욕구 등으로 인한 자연스런 업계의 대응에 기인한 것으로 보인다.

3.3 현재의 발전단계

미국의 EAPs는 1940년대 사용자들의 기업내 알콜문제에 대한 대응방안의 하나로 도입되기 시작되었으며 2차대전 기간에는 알콜과용으로 인한 숙련공 공급상의 문제를 해소하는 수단으로 활용되었다. 이 때 알콜중독방지회(AA/Alcoholics Anonymous)가 알콜피해 종업원들의 재활을 돕기 위해 노조간부와 사내의사들에게 소개되었으며 이는 이후 OAP(Occupational Alcoholism Programs; 사용자로 하여금 보다 적극적으로 사내 알콜중독자의 파악과 재활에 노력하도록 저비용 고효율 방안을 제공; cost-effective support)의 설립을 가져오게 되었다. 이후 OAPs를 수행하는 업계를 지원하기 위해 Yale Center of Alcohol Studies와 National Committee on Education and Alcoholism에서 연구보고서들이 발간되었다.

1950-1960년대 OAPs는 연방정부와 Hughes 법(1970/Federal Comprehensive Alcohol Abuse and Alcoholism Treatment and Rehabilitation Act; 포괄적인 알콜남용과 알콜중독의 처치와 재활에 관한 연방법)의 지원을 받아 수적으로 크게 증가하게 되었으며 특히 휴즈법은 Federal Civil Service Commission(후에 OPM(US Office of Personnel Management)으로 개칭)으로 하여금 모든 연방정부 공무원들을 대상으로 한 알콜예방 프로그램(후에 약물남용을 포함)을 개발하도록 하였다. 휴즈법은 NIAAA(National Institute on Alcohol Abuse and Alcoholism)를 설립하고 이 기구의 역할의 하나로 전국적으로 EAPs의 육성과 보급에 힘쓰도록 하였으며, NIAAA는 주별로 두 개의 OPCs (Occupational Program Consultants)에 대해 재정지원을 하였다. 이들의 주된 역할은 민간산업분야에서 OAPs의 도입을 촉진하는 것이었으며, OPCs는 노동자 대표들과 함께 EAPA의 전신격인 ALMACA(Association of Labor Management Administratiors and Consultants on Alcoholism)를 조직하였다.

1973년에 제정된 재활법(Rehabilitation Act)은 신체적 혹은 정서적 문제사원이나 장애인을 차별하는 사업장에 대해서는 연방정부조달계약이나 2500불 이상의 지원을 금지함으로써 OAPs(후에 EAPs로 개칭)의 도입을 촉진하는데 기여하였다. 1980년대에 OAPs는 광범위한 범위에 걸친 개인과 사업장의 문제들을 취급하게 되면서 EAPs로 개칭되었으며, 1988년의 사업장 약물금지법(The Drug-Free Workplace Act)과 그 이후의 수정법은 EAPs가 종업원들의 실질적인 약물남용문제에 대응함에 있어 전문성과 지침을 제공함으로써 EAPs의 더 큰 성장을 촉진시키게 되었다.

미국내에서 EAPs가 지속적으로 확산되면서 행동건강문제(behavioral health problems)를 다루는 관리간병(managed care)제도가 출현되었고, 1990년대 초 MBC(managed behavioral care)관련 기업들이 보다 지속적인 간병을 제공할 수 있도록 EAPs와 파트너십을 가지게 되었다. EAPs가 공기업과 사기업 모두에 확산되면서 노사 모두의 변화하는 욕구를 충족하기 위해 지속적으로 서비스의 범위를 확대하고 있는 바, 이들 서비스는 일-가정양립(work-life balance), 연로자간병(elder care), 직장폭력(workplace violence)을 비롯해서 합병과 구조조정(Mergers and downsizing)같은 회사의 전반적인 변화를 지원하는 분야를 포함하는 쪽으로 확산되고 있다.

3.4 한국의 현황

오늘날 다수의 종업원들은 대기업, 중소기업을 가리지 않고 점점 더 격화되는 경쟁환경 속에서 성과증대를 위한 압박감과 스트레스에 시달리고 있다. 무엇보다 우울증 늪에 빠진 직장인들의 수가 점점 증가하고 있다. 취업포탈 잡코리아에 따르면 남 · 여 직장인 601명을 대상으로 '직장인 회사 우울증'에 대해 조사한 결과 응답자 중 68.8%가 이에 시달린 경험이 있다고 답했다. 결국 10명 중 8명이 일을 하면서 울적한 기분을 느껴본 것이다(머니투데이, 2024). OECD국가 중 최장 근로시간(2285시간/OECD 평균 1770시간/2024년 기준)을 근로하며, 자살률은 인구 10만명당 25.7(2024년)으로 OECD회원국 중 헝가리 다음으로 높아 한국의 근로자들은 경쟁격화로 인한 최악의 스트레스경험 등 우울증 유발의 늪을 거쳐 최고수준의 자살률을 보여줄 지경에 이르렀다. 이에 대한 대응방안으로 많은 전문가들이 EAP의 도입을 권장하고 있다.

우리나라의 경우 이미 이 제도의 도입을 통해 생산성 등의 측면에서 실질적인 효과를 얻은 소수의 외국계 기업의 자회사(듀폰코리아)나 합작법인(유한킴벌리)의 경우를 제외하면 대기업과 중소기업을 가리지 않고 매우 형식적인 구두선에 그치거나(예를 들면 대기업의 내부 상담센터운영) 아예 관심조차 없는 경우(대부분의 중소기업)가 대부분이다. 문제는 대기업은 요식행위일지라도 인적자원관리차원에서 직원의 정신건강관리에 신경을 쓰지만 중소기업들은 아예 그런 인식조차없다는 것이다. 다행히 문제의 심각성을 인지한 정부가 2007년부터 노동부를 통해 중소기업을 대상으로 한 정부지원형 EAP도입을 추진하고 있고 현재는 근로복지기본법 제83조에서 모든 기업이 도입실시하도록 권장하고 있다.

국내에 EAP와 유사한 기능을 하는 서비스[1]의 도입은 그 역사를 따지기 어려우나 EAP라고 명명된 서비스가 도입된 것은 1999년 듀폰코리아에서 도입한 것을 시초로 보는 것이 타당할 것이다. 한편 EAP 중 심리상담 부문이 특화되어 운영되고 있는 기업상담은 삼성의 생활문화센터를 중심으로 1994년부터 시작되었고, EAP전문기업이 활동하기 시작한 2004년부터는 외부 전문기관에 의뢰하는 외부형 EAP가 본격적으로 발전하였다.

기업 경쟁력의 원천이 사람이라는 점에 동의한다면 이들의 직장 및 가정생활에 대한 지원은 정부나 외부의 지원이 있기전에 해당 조직의 경영자가 그 지원의 중요성을 인식하고 자기 조직의 형편에 맞는 EAP를 파악하여 단계적으로 도입하고자 하는 자세가 무엇보다 중요하다.

이와 관련하여 EAP와 단순한 사내상담센터나 고충처리 프로그램을 혼동해서는 안될 것이다. EAP와 개인상담의 다른 점은 문제해결의 접근방법에 있다. 예를 들면 조직 내 상담센터의 경우 알콜중독이거나 성폭행을 당한 직장인이 자기 직장내 상담자에게 자기고민을 털어놓는다는 것은 인사상의 불이익 등을 고려할 때 거의 불가능하다. 또는 외부의 심리상담가나 정신과 의사가 제공하는 개인상담은 문제의 근원을 개인에 두고 개인을 변화시키고자 하는데 초점을 두는 경우가 많다. 따라서 개인과 조직의 역동관계에서 일어나는 문제에 대해선 해법을 주기 어렵다. EAP의 장점은 사무실과 별개장소에서, 자기 직장과는 별개의 사람과 상담을 하고 전문가와 함께 개인과 조직에 유용한 해법을 찾는다는 데에 있다. 이를 위해서는 개인과 조직의 양 측면에 걸쳐 일정한 전문성을 갖춘 인사조직분야 전문가의 참여가 절실

---

1) EAP와 유사 서비스의 차이는 근로자에 대한 시스템적 접근여부에 따라 구분하는 것이 적절할 것이다. 기존 서비스는 근로자 개인 차원의 정보제공이나 상담에만 국한되는 경우가 대부분이었다. 그러나 점차 복잡하고 다양해지는 개인과 기업의 욕구에 대응하기 위해 종합적인 접근방법과 지원스킬이 필요하게 되었으며 EAP는 조직의 필요에 맞게 시스템 차원에서 발전한 근로자 종합지원체계라 하겠다. 따라서 상담, 코칭 등 개인 단위 중심의 기존 서비스의 스킬과 컨설팅, 교육 등 조직단위 중심의 기존 서비스 스킬을 모두 공유하고 지역사회자원을 개인과 조직에 맞게 특성화하여 체계적으로 연계한다는 점에 대응전략의 차이가 있다.

표 11-3 | 국내 EAP의 도입현황

내부모형 (1994~)	사내상담실 등 EAP 초기 모델인 기업 상담 출현	삼성그룹	상담실을 비롯한 복지문화센터 설립
		포항제철	서울, 광양에 대규모로 도입
		삼성전자	열린상담센터(서울, 수원, 구미 등 총 9곳)
		LG전자	MC연구소, R&D캠퍼스, LG CNS 등 총 3곳
		SK	하모니아 직원 상담 프로그램 운영
외부모형 (2004~)	EAP전문기업 출현	EAP 전문기업	GS 칼텍스, KTF, 유한 킴벌리, 하이마트, 현대 하이스코, 듀폰 코리아, 한국 P&G, 구글 코리아, 한국 Microsoft, 엘카코리아, 능률교육, 한국전력기술, 한국수자원공사, 한국수력원자력, 한국화학연구원, 한국 전자통신연구원
정부 지원형 (2007~)	정부 지원 사업 개시	노동부 (사회적일자리사업)	근로자 심리상담 지원 프로그램, 한국EAP협회를 중심으로 서울, 인천, 구미 등 전국 주요 산업단지 11곳에 센터 개소
		서울시	직원대상 스트레스 관리 프로그램 및 자녀의 정서관리 프로그램 운영
		보건복지가족부 (지역사회서비스 혁신 사업)	부산광역시를 선두로 대구, 광주광역시가 동참, 근로자들의 근로의욕 향상과 가족문제 예방을 위한 근로자 지원 프로그램, 제조업 종사 근로자 대상으로 직장생활 적응 및 업무 효율성 향상 프로그램 운영

출처 : (사)한국EAP협회, 근로자 지원프로그램(EAP)의 합리적 도입운영모델 연구, p.38.

한 형편이지만 현재까지는 주로 정신신경과 전문의나 상담심리 전문가들에 의해 주로 개인에게 초점을 맞춘 접근이 대세를 이루고 있는 상황이다.

연습문제

1. 복리후생제도의 전략적 활용방안에 대해 논하시오.

2. 기업이 법정 복리후생 외에 법정 외 복리후생제도에 대해 많은 관심을 기울여야 할 이유는 무엇인가?

3. 선택적 복리후생제도가 기존의 복리후생제도와 다른 점은 무엇인가, 그리고 장 · 단점은?

4. 특수고용형태 근로자(예를 들면 간병인, 택배기사 등)에 대한 산재보험적용방안에 대해 논의해 보시오.

5. 선택적 복리후생제도와 EAP의 차이에 대해 설명해 보시오.

6. EAP프로그램 중 최근에 특히 명상 프로그램에 대한 수요가 증가하는 이유는 무엇인가?

7. 기존의 퇴직일시금제도와 퇴직연금제도의 차이를 설명하고 퇴직연금제도의 장 · 단점에 대해 설명해 보시오.

8. Outplacement 제도의 현황을 평가하고 그 개선방안에 대해 논의해 보시오.

9. 가족친화기업이 실제로 기업실적이 좋은가? 그것이 단순히 여성복지증진을 위한 것이라면 다른 어떤 대안을 제시할 수 있는가?

제11장

집단적 고용관계관리

학습목표

집단으로서의 종업원의 의미, 노사관계 안정화의 틀, 종업원들의 집단화 혹은 집단 참여이유, 종업원 심리적 에너지의 동태성, 종업원들의 욕구불만표출형태, 노사 간의 의사소통 경로, 경영권의 개념, 경영조직권, 의사결정권, 경영집행권, 노무지휘권, 시설관리권, 경영입법권, 경영사법권, 부당노동행위의 유형

지금까지 우리가 보아온 인적자원관리의 거의 모든 내용이 고용주와 종업원 간의 개별적 고용관계를 중심으로 전개되어왔다면 이번 장은 고용주와 집단으로서의 종업원과의 관계에 대한 것이다. 근로기준법이 주로 개별적 고용관계를 다룬 것이라면 노동조합 및 노동관계조정법과 근로자 참여와 협력증진에 관한 법률은 주로 집단적 고용관계와 관련된 것이다. 개별적 고용관계를 주된 관리영역으로 삼는 것이 인적자원관리라면 집단적 고용관계는 노사관계관리의 대상이 된다.

그러면 집단으로서의 종업원이 인적자원관리에서 갖는 의미는 무엇이며, 종업원은 왜 집단화하는가? 이러한 집단적 관계는 기업성과에 어떤 영향을 미치는가? 기업은 이 관계를 어떻게 관리해야 하는가? 이 장은 바로 이러한 물음에 답하는 내용으로 구성되어 있다.

01 · 집단으로서의 종업원이 갖는 의미

개별노동자와 개별사용자 간의 관계는 계약에 의해 맺어진 고용관계가 없다면 평등한 자연인 간의 관계라고 볼 수 있다. 그러나 일단 양자 간에 고용계약에 의한 고용관계가 형성되면 이 관계는 더 이상 대등한 관계가 아닌 수직적, 지배 · 종속적 관계로 바뀌게 된다. 즉 법 앞에 평등한 노동자는 자신의 필요에 따라 고용주와 고용계약을 통해서 고용조직의 종업원의 지위를 갖게 된다. 이 계약은 노동자가 보유하고 있는 정신적 · 육체적 노동력이라는 상품의 사용권을 대개 시간단위로 고용주에게 파는 거래행위이다. 따라서 비록 노동자에게 속해 있는 노동력이지만 그 사용권을 고용주에게 판매한 이상 적어도 상호계약된 시간동안에는 노동력의 소유자인 노동자는 고용주의 지시나 명령에 복종할 의무가 생기는 것이다. 물론 이런 지배 · 종속관계는 양자 간의 자유로운 의지에 의해서 계약이 해지되면 바로 해소된다. 이러한 고용계약에 의해서 성립된 개별적 고용관계를 우리는 수직적 혹은 종속적 관계라 부르고, 이 관계를 주된 관리대상으로 삼고있는 영역을 인적자원관리라고 부른다. 이런 인적자원관리를 지배하는 원리는 효율성의 논리(logic of efficiency)이다. 즉 노동력이라는 상품을 시간단위로 매입한 고용주는 가급적이면 주어진 시간 동안 종업원들이 보유한 노동력을 최대한 효율적으로 활용하여 높은 성과를 올리고 싶어할 것이기 때문이다.

개별 노동자와 고용주 간에 체결된 고용계약을 중심으로 한 고용관계(employment relationship)에는 '경제적 관계' '법적관계' '사회적관계' '심리적 관계' 등의 다양한 측면이 내재되어 있다.

우선 가장 기본적으로 고용관계는 '임금과 노동의 교환'이라는 경제적 관계로서 파악된다. 노동현장에서 고용주와 피고용인은 쌍방의 의무를 부과한 '지불-노력'계약(pay-effort bargain)을 체결한다. 즉 종업원은 고용주에 의해 지불되는 임금이나 급여와 교환으로 육체적 내지 정신적 노동을 수행하는 의무를 지고 있다. 이 지불-노력계약은 고용관계에 내포되어 있는 대립과 합의의 성격을 이해하는데 유용하다.

자본주의 노동시장에서 사람들은 자신의 노동력을 가장 높은 임금으로 팔고자 한다. 반면 고용주의 입장에서 보면 임금은 비용이며 다른 조건이 일정하다고 한다면 임금은 기업의 이윤을 감소시키는 쪽으로 작용하게 되므로 최소화할 필요가 있다. 따라서 논리적으로 일방(노동자)의 수입이 다른 쪽(고용주)에게는 비용이 되기 때문에 브라운(Brown, 1988, p.57)은 '고용관계에는 원래 대립관계가 구조화되어 있다'고 지적하고 있다.

고용관계에서 나타나는 두 번째 측면은 법률관계로서 계약의 당사자에게 영향을 미치는 법적 측면에서의 권리의무체계이다. 우리 나라에서 고용관계를 규율하는 것에는 민법상의 고용계약과 근로자의 보호를 목적으로 한 근로기준법 상의 근로계약이 존재한다.

민법상 고용계약은 당사자의 일방이 「노무의 제공」을 약정하고 상대방이 이에 대하여 「보수의 지급」을 약정함으로써 성립하는 채권적 쌍무계약으로서 당사자의 자유로운 의사에 의하여 체결되는 평등한 인격자 간의 권리/의무관계의 성격을 갖는 반면 근로기준법상 근로계약은 근로자와 사용자 간의 사용종속적인 관계를 전제한다는 점에서 구분된다.

근로계약과 고용계약과의 관계를 보면 근로기준법이 적용되는 사업장에 채용되는 경우에는 모두 사용자의 지휘명령을 받고 일하는 관계에 들어가므로, 그 고용계약은 모두 근로기준법상의 근로계약이 된다. 따라서 근로기준법의 적용을 받는 근로자의 고용은 모두 '근로계약'을 체결한 근로관계에 해당한다고 해석하여도 무방하다. 근로관계라 함은 근로자는 사용자에게 근로를 제공하고 그 대가로 사용자는 근로자에게 임금의 지급을 목적으로 하여 체결된 계약에 의하여 성립하는 사용자와 근로자 간의 법률관계를 말한다. 근로기준법의 적용을 받지 않는 가사사용인, 가족종업원인 친족 등은 민법상의 고용계약만이 성립한다. 이런 점에서 근로관계는 민법의 고용관계에 속하지만, 근로자보호를 위한 근로기준법과 기타 계약의 자유를 제약하는 제반법령의 적용을 받는다는 의미에서 특수한 법률관계라 할 수 있다.

따라서 모든 근로관계는 개념상 고용관계에 속하지만 모든 고용관계가 다 근로관계인 것은 아니다. 또한, 형식상으로는 민법상의 도급계약 또는 위임계약의 형식을 띠었다 하더라도 그 노무공급의 형태가 실질적으로 사용자의 지휘명령 하에 행하여지는 경우에는 그 한도에서 근로관계로서의 성질을 인정해야 한다.

고용관계에서 세 번째 구성요소는 사회적 관계에 관한 사항이다. 종업원은 관리자든 비관리자든 모두가 개별적으로 존재하는 것이 아니라 사회집단의 한 구성원으로서 직장행동에 영향을 미치는 '사회규범'하에서 노동하고 있다. 호손리서치를 필두로 한 조직내 인간행동에 관한 연구는 고용관계가 단순한 경제적 관계뿐만 아니라 조직내 사회적 관계로서의 인간관계의 중요성을 제시한 바 있다. 세계적으로 유명한 축구선수나 야구선수를 제외하면 고용관계에는 통상 종업원과 고용주 간에 사회적 권력의 불균형이 존재한다. 고용계약이 자유로운 교섭에 기초한 개별 교섭에 의해 체결된다는 인식은 현실과는 동떨어진 것이다. 실제로는 (노동조합에 의한) 집단적 개입이나 법적차원의 개입(근로기준법)이 없는 경우 보다 큰 권력을 가진 집단(고용주)의 자의적인 권력의 행사에 의해 그들의 의도대로 합의가 만들어지기 마련이다. 따라서 고용관계에 관한 사회적 차원은 직장에서의 권력문제와 관련이 있다고 할 수 있다.

고용관계의 네 번째 요소는 종업원과 조직 간에 교환되는 약속과 의무의 인지에 관한 쌍방향적이고 동태적인 교환관계로서 이를 '심리적 계약'(psychological contract)이라 부른다(Guest & Cornway, 2002; Herriot, 1998; Kramer & Tyler, 1996; Rousseau, 1995). 심리적 계약은 1960년대 초에 처음으로 문헌에 나타난 개념인데 근래 고용관계의 여러 측면을 연구함에 있어 시의적절한 개념으로 받아들여지고 있다(Guest & Cornway, 2002; Sisson & Storey, 2000). 고용관계에 있어 심리적 계약이라는 보다 인지적인 측면에 대한 관심이 높아진 이유 중의 하나는 기업의 구조조정의 증가를 들 수 있다. 조직은 유연성과 종업원의 커미트먼트의 양쪽을 동시에 추구하는 주체이다. 많은 기업에서의 구조조정은 '비정규'직(임시직, 파트타임노동, 계약노동 등)의 증대를 가져왔고, 이것이 많은 조직을 '보증없는'(no-guarantees') 경영을 하도록 이끌었다(Rousseau, 1995). 그러나 기업의 경쟁력은 기본적으로 매니저나 지식노동자의 지적자산에의 투자를 바탕으로 높아지는 것이며, 나아가 이들 인적자산은 특정 기업을 사직하고 경쟁회사로 옮겨갈 수도 있다. 바로 이런 점이 종업원의 커미트먼트의 확보라는 측면에서 심리적 계약의 적절한 관리가 중요하다는 것을 강조하게 되었다(Rousseau, 1995).

루소(Rousseau, 1998)[1]는 심리적 계약을 '구성원과 조직 간의 상호의무에 대한 개인의 믿음'으로 정의하고 심리적 계약은 법적계약과 달리 명시적이지 않고 묵시적이라고 하였다. 문서화된 고용계약으로 계약당사자의 모든 상호의무를 기술하는 것은 불가능하기 때문에 계약당사자들은 심리적 계약을 통하여 상호의무를 정의한다. 또한 균형적인 심리적 계약형성을 위해서는 조직과 구성원은 상호 기대감내지 상호 의무감에 대한 동의내지 일치가 필요하다고 하였다.

그런데 어떤 이유에 의해서든 지배종속관계에 있던 개별 노동자들이 합법적인 집단의 형태(근로자 참여와 협력증진에 관한 법률[이후 근참협법]에 의해 뒷받침되는 노사협의회의 종업원 집단 혹은 노동조합법에 의해 뒷받침되는 노동조합 등)를 띠게 되면 이제는 상황이 달라진다.

그림 12-1 | 노사관계의 안정화, 협력화의 틀

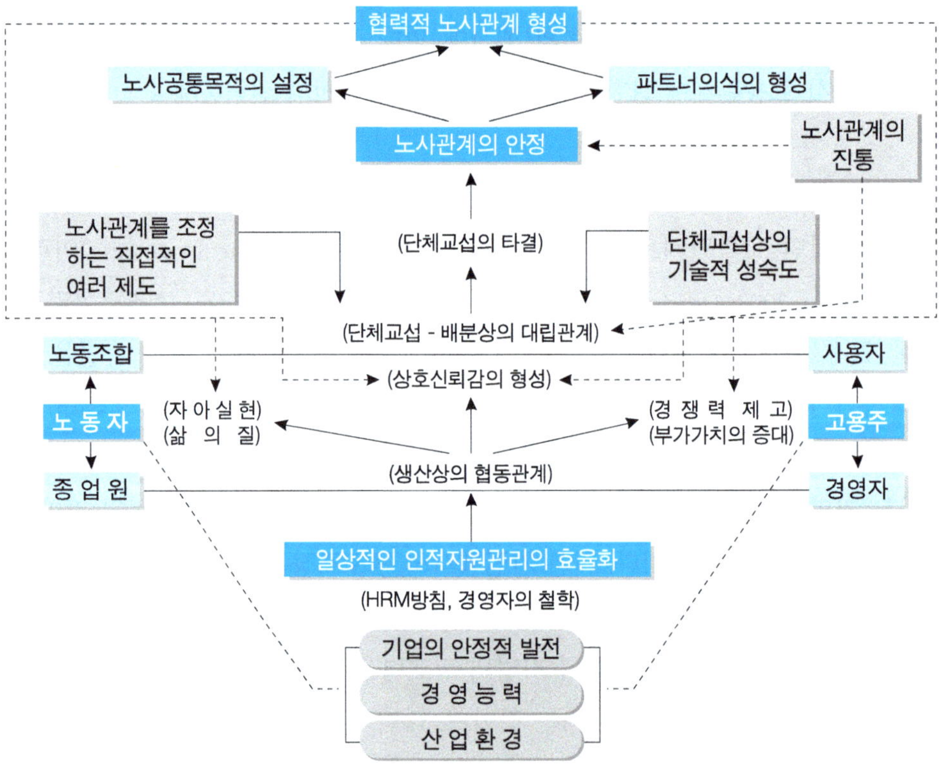

1) Rousseau, D. M. (1998). The Problem of the Psychological Contract Considered, Journal of Organizational Behavior, 19: 665-671.

법률에 의해서 그 활동이 보장된 종업원 집단과 고용주와의 관계는 더 이상 지배종속관계가 아닌 수평적 대등한 관계로 전환된다. 이 집단적 관계를 지배하는 논리는 힘의 논리(logic of power)이다. 즉 분배문제를 포함한 근로조건, 작업장에서의 종업원 참여범위 등을 두고 양자 간에 대등한 관계에서 벌어지는 교섭의 결과는 교섭력(bargaining power)의 크기에 따라서 달라지기 때문이다. 당연히 자신에게 유리한 결과를 얻어내기 위해서는 일상적으로 교섭력의 증대에 힘을 기울여야 한다.

이러한 집단적 · 수평적 관계는 개별적 고용관계를 다루는 인적자원관리와 매우 밀접하게 관련되어 있다. [그림 12-1]에 양자의 관련성이 잘 정리되어 있다. 인적자원관리의 주체로서의 고용주는 종업원측과의 집단적 관계에서도 그 관계를 관리해 나가는 주체로서 교섭력의 증대를 위해 노력해야 할 뿐만 아니라 이 집단적 관계의 안정화 · 협력화를 통해 종업원측의 욕구와 고용주측의 욕구가 모두 충족될 수 있도록 힘써야 한다. [그림 12-2]에서 보는 바와 같이 집단적 관계의 안정화, 협력화는 일상적인 인적자원관리가 효율적으로 전개되지 못하면 기대할 수 없게 된다. 반면에 개별적 고용관계가 상정하고 있는 생산상의 협동관계도 부가가치에 대한 합리적인 분배약속이 전제되지 않으면 기대할 수 없다.

그림 12-2 | 노사관계관리의 중요성

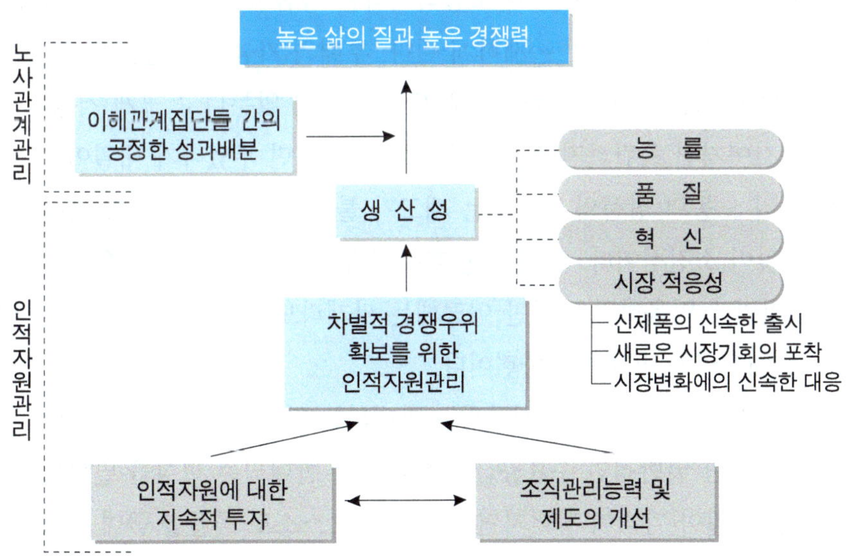

02 · 종업원들은 왜 집단화, 혹은 집단에 참여하는가?

그러면 종업원들은 왜 노조를 만들거나 노조에 가입하는가? 여기에는 세 가지 정도의 원인을 들 수 있다.

첫 번째는 노동력이라는 상품이 지니고 있는 치명적인 약점때문이다.

노동력상품이 거래되는 노동시장은 그 상품이 지니고 있는 특성 때문에 일반상품과는 달리 상품을 팔고자 하는 공급자에게 일방적으로 불리한 시장이다. 먼저 노동력이라는 상품의 특성을 보자.

우선 긴급성이 존재한다. 노동력이라는 상품을 팔려고 하는 노동자는 흔히들 말하는 임금노동자이다(물론 극히 소수의 그렇지 않은 사람도 있지만). 임금노동자란 가진 것이라고는 자신의 신체하나 뿐 다른 어떤 생산수단(자본, 토지, 설비 등)도 보유하지 못했기 때문에 본인이 소유하고 있는 정신적 · 육체적 노동력을 팔아서 그 대가로 임금을 받아야만 생계를 유지할 수 있는 사람이다. 따라서 임금노동자에게는 이 노동력이라는 상품을 어떻게든 적시에 팔아서 생계를 유지하지 않으면 안될 긴급성이 존재하게 된다. 투매의 가능성이 상존하는 대목이다.

다음에는 소진성이 있다. 일반상품의 경우 오늘 팔리지 않는다고 크게 걱정할 것은 없다. 물론 그 기간이 길어지면 곤란하지만 어쨌든 팔리지 않으면 두었다가 내일이고 모레고 팔면 된다. 이와는 달리 노동력 상품의 경우에는 재고가 불가능하여 오늘 팔지 못하면 그걸로 없어지고 만다. 이것이 소진성이다. 이런 특성 때문에 투매성이 생겨난다. 즉 오늘 팔지 못하면 어차피 없어질 것인데 억울하긴 하지만 어떻게든 싸게라도 팔아서 밥값이라도 벌어야 하지 않겠는가라는 투매심리가 발동하게 마련이다.

이 외에도 노동시장에는 일반 실물시장과는 반대되는 역수급성의 원리가 작동하는 특성이 있다. 역수급성 원리란 일반적인 수요공급의 원리와는 반대되는 현상을 말한다. 일반적으로는 시장에서 공급이 많아 가격이 떨어지면 공급측에서 스스로 공급을 줄여 수요와 균형을 맞출려고 하는 노력이 있게 된다. 그런데 노동시장에서는 그 반대되는 현상이 나타난다. 예를 들어 월 평균 이백만 원의 급여를 받던 아버지가 회사의 구조조정으로 인해 해고되었다고 해

보자. 그동안 이 가정은 남편이 벌어오던 이백만 원의 수입을 기준으로 가계를 꾸려왔는 데 어느날 갑자기 남편의 소득이 고용보험, 소위 실업수당으로 백여만 원으로 줄었다고 해서 가계규모를 갑자기 줄일 수는 없다. 이 경우 전체 가계지출 이백만 원을 보충하기 위해서 그동안 전업주부였든 주부가 노동시장에 나가거나 아니면 학교에 다니는 자식들 중에서 누군가가 휴학을 하거나 노동시장에 발을 들여놓게 될 것이다. 이처럼 사람이 남아돌아(공급이 많아서) 해고를 시키면 공급이 줄어야 하는데 오히려 시장에는 새로운 공급자가 더 증가할 개연성이 있는 곳이 노동시장이다.

이런 몇 가지 노동력 상품과 노동시장의 특성으로 인해 노동자들은 개별적으로 고용주와 고용계약을 맺고자 할 경우 항상 불리한 입장에 설 수밖에 없다. 바로 이 불리함을 극복하고 보다 유리한 조건의 근로계약을 체결하고자 하는 의도에서 임금노동자들이 단결하여 집단적으로 노동력 상품을 거래하기 위해 만든 것이 노동조합이다. 즉 노동조합은 시간당 얼마 이상의 임금을 주지 않으면 해당 노조의 조합원은 그 누구도 노동력 상품을 팔지 않겠다(작업장에서의 노동력의 철수; 단체행동, 파업)는 거래조건을 고용주에게 제시하여 그 조건을 받아들이도록 집단적으로 압력을 가하는 것이다. 바로 이런 현상을 두고 어떤 학자는 노조의 성격을 노동력 상품의 공급독점체라고 규정하기도 한다. 그런데 이러한 노조의 역할은 일반시장에서는 사실상 정부나 소비자단체 등에 의해 엄청난 규제를 받는 행동이다. 즉 정부는 독점금지법이나 독과점규제법 등에 의거하여 특정한 공급자가 담합을 통해 특별한 이익을 누리지 못하도록 감시 · 감독하고 있다. 엄격하게 보면 노조의 이러한 활동도 일종의 상품공급측의 담합행위임에 틀림없다. 그러나 자본주의 사회에서는 앞에서 든 불리한 조건의 노동력 상품을 보유한 임금노동자들의 열악한 경제 · 사회적 지위를 개선하기 위한 불가피한 조치로 헌법과 법률에 의해서 이러한 집단적 거래가 가능하도록 제도화하고 있다. 노동3권(단결권, 단체교섭권, 단체행동권)의 보장도 이러한 사고에 기초해서 만들어진 조치이다.

노동자들이 노조를 만들거나 노조에 가입하는 두 번째 이유로는 정치 · 사회적 이유를 들 수 있을 것이다.

흔히들 오늘날의 사회를 다원사회라고 말한다. 이는 다양한 이해관계를 가진 집단들이 서로의 존재를 인정하면서 적절한 교섭과 타협을 통해 그 이해의 상충관계를 해소하고 사회질서를 유지해가는 사회라는 의미를 가진다. 다시 말하면 다원사회는 단원사회와는 달리 어떤 특정한 권력집단이나 계급집단의 단일한 이해가 전체사회를 지배하는 논리로 관철되는 사회가 아니라 다양한 이익집단의 목소리가 서로 존중되는 사회라는 의미다(여기에는 집단 이기

주의의 폐해도 포함된다). 우리 사회도 오랜 민주화과정을 거쳐 오면서 이제는 노조의 파워가 너무 강하지 않은가 우려할 정도로 상황이 바뀌었지만 여전히 열악한 처지에 놓여있는 임금노동자들, 특히 비정규직 노동자들을 생각하면 그들의 입장을 대변할 목소리가 절실한 상황이다. 산업화의 기나긴 여정 속에서 임금노동자들과는 비교도 할 수 없을 정도로 높은 수준의 경제 · 사회적 지위를 누리고 있는 의사 · 변호사 · 약사 · 회계사 · 세무사 · 법무사 등의 전문가집단은 자기들의 이익을 확보하기 위해 협회와 같은 단체를 만들어 각종 로비나 정치적 행위를 하고 있는 데 반해 유독 임금노동자들의 이익만은 아무도 챙겨주지 않았고 그들 자신도 그런 자각을 미처 하지 못한 사람들이 많았던 게 사실이다. 이제 많은 임금노동자들이 자신의 이익은 노동조합 이외에는 그 누구도 챙겨주지 않는다는 사실을 자각하여 노동조합활동에 적극적으로 참가하고 있다.

노동자들이 노조를 만들거나 노조에 가입하는 세 번째 이유로는 심리적 계약의 이행과 관련되어 있는 것으로 보인다.

심리적 계약은 전술한 바와 같이 노동자들이 고용주와 고용계약을 체결할 때 함께 마음 속에 체결한 눈에 보이지 않는 고용주에 대한 기대치의 집합이라고 할 수 있다. 즉 고용계약체결시 형식적인 직무 및 임금수준에 대한 계약 이외에 노동자와 고용주는 서로 상대방에 대한 일정한 기대치를 설정하게 된다. 고용주의 경우 '이 사람을 채용하면 누구보다 높은 생산성을 올려줄 것이고 회사에 대한 높은 충성심으로 회사를 위해 자기희생을 마다하지 않을 것이다'라는 기대치를 가질 수 있다. 노동자의 경우에는 '내가 지금은 비록 단칸짜리 월세방에 살지만 회사생활을 충실히 하면 몇 년후에는 방 두칸짜리 아파트라도 얻을 수 있겠지, 그리고 이 회사에 있으면 우리 아이들 공부는 걱정없이 시킬 수 있겠지' 등의 기대를 할 수 있다. 이

그림 12-3 | 조직 구성원의 심리적 에너지의 동태성

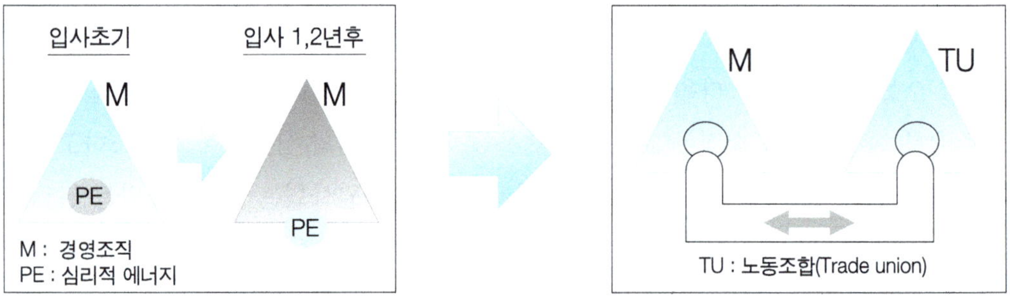

러한 상호간의 기대치는 대개 실제보다 과장되는 경우가 많기 때문에 이들 심리적 계약 가운데 열의 아홉은 쌍방에 의하거나 혹은 어느 일방에 의해 계약불이행감을 맛보게 된다. 심리적 계약의 파손이 고용주의 책임이라고 생각되면 종업원은 그 때부터 그 파손된 부분(불만족스런 부분)을 메꿀 수 있는 대안을 찾게 된다(그림 12-3 참조). 그 대안은 노조가 될 수도 있고 이직이나 무관심 등 여러 가지 다양한 형태로 나타나게 된다(그림 12-4 참조). 이 중에서 노동조합활동을 적극적으로 전개할 가능성이 있는 유형은 건의형에 속하는 종업원이다. 대부분의 기업에서 이런 유형은 선동형으로 매도되어 제대로 대우받지 못한 채 앙앙불락하는 경우가 많다.

고용주는 평소 이들의 건의를 귀담아 듣는다면 노사관계나 인적자원관리에 있어 상당한 도움을 받을 수 있을 것이다.

그림 12-4 | 구성원들의 욕구불만 표출형태

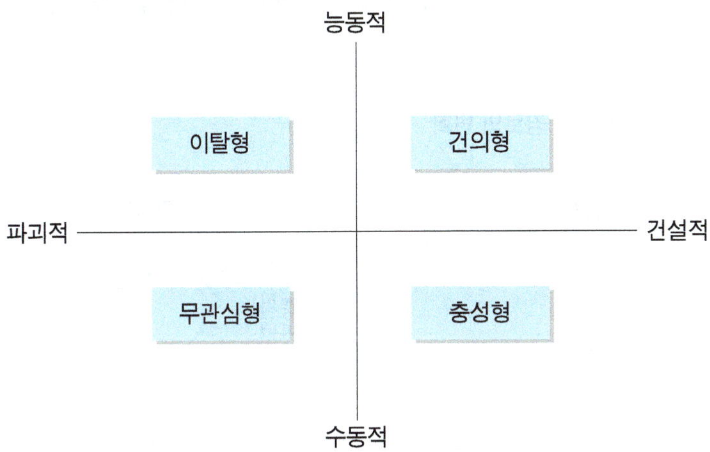

03 · 집단적 관계의 관리방침

집단으로서의 종업원은 무노조집단과 노조로 구분할 수 있다. 무노조집단은 노조는 없지만 노사협의회에 종업원측 대표를 내보내는 집단이다. 노조가 있는 경우 노사협의회와 단체교섭의 조합원측 대표로서 모두 노조간부가 참여하게 된다. 노조의 유무와 상관없이 고용주의 대 종업원집단 관계의 관리는 그 핵심이 원활한 쌍방향 의사소통경로의 설정과 운용에 있다. [그림 12-5]는 노사 간의 의사소통 경로의 변화를 보여주고 있다. 왼쪽상단에 있는 의사소통경로의 특징은 상의하달의 소통경로는 고속도로인데 반해 하의상달의 경로는 소로길로 병목현상이 심각하며, 나아가 현장의 목소리가 경영진에게 직접 전달되는 직보통로도 없다. 이렇게 되면 종업원들의 목소리가 최고경영자에게 제대로 전달될 가능성은 거의 없고 그에

그림 12-5| 노사 간의 의사소통 경로의 변화

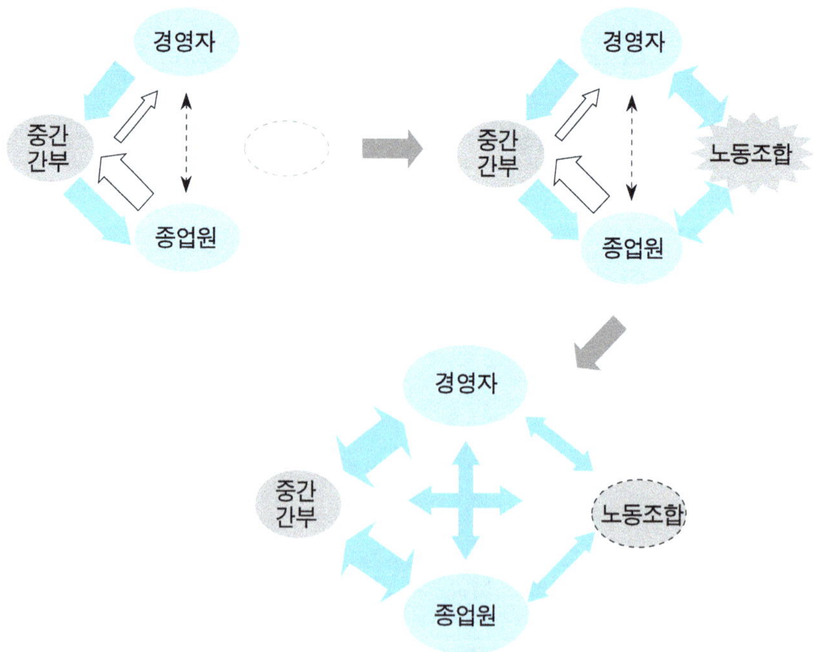

따라 종업원의 불만의 목소리는 더욱 높아지고 뭔가 다른 대안을 찾는 노력이 활발하게 이루어지게 된다. 여기서 오른쪽 상단의 의사소통경로가 나타나게 된다. 즉 종업원측 대안으로 노동조합이 등장하게 되어 종업원들의 목소리는 이제 주저없이 대량으로 노조에게 전달되며 노조는 이를 바탕으로 고용주에게 엄청난 압력을 가하게 된다.

여기서는 종업원측과 고용주측과의 의사소통채널은 거의 유명무실한 상태가 되어버린다. 이런 문제를 해결하기 위해 최고경영자는 종업원과의 직접 의사소통채널을 개통하고 나아가 중간관리자들에게도 현장으로부터 올라오는 목소리를 여과없이 제대로 보고해줄 것을 강력하게 주문하게 된다. 이 세 번째 소통경로에 이르게 되면 원래 조합원들의 욕구를 충족시켜줄 수 있는 주요한 정책수단이 모두 고용주에게 있기 때문에 고용주가 귀를 열어놓고 현장의 목소리를 수렴하고자 하는 노력을 보이는 한 종업원들의 조합에 대한 기대치는 상대적으로 감소할 수밖에 없다. 고용주는 집단적 관계관리에 있어 항상 이 점을 잊어버려서는 안 될 것이다. 월급은 회사에서 받으면서 충성은 노조에 한다는 우스개 소리를 듣지 않도록 항상 현장의 목소리에 귀를 귀울일 필요가 있다.

04 · 경영권에 대한 이해

4.1 경영권의 의의

1) 경영권의 정의

오늘날 경영권이라는 용어는 널리 사용되고 있으면서도 그 개념이 명확하지 않으며, 법률상의 구체적인 규정이 명시되어 있는 것도 아니다. 경영권이라는 용어는 노동자들이 자신들의 힘을 노동조합을 통하여 효과적으로 결집하여 자신들의 노동조건이 경영권에 의해 일방적으로 결정되는 것에 반대하고, 한 걸음 더 나아가 단체교섭 및 경영참가를 요구하기에 이르러 이와 같은 노동조합운동의 전개에 대항하여 성립된 개념이다.

근대경영학에 있어서 경영권이라는 용어는 경제문제, 즉 무엇을 생산할 것인가, 어떻게 생산할 것인가, 누구를 위하여 생산할 것인가, 생산물에 대한 판매는 어떤 유통경로를 통해 어떤 방식으로 할 것인가에 대한 의사결정권이 경영자에 속한다는 포괄적인 개념으로 이해되고 있으나 구체적인 내용에 이르러서는 경영자와 노동조합 간에 견해가 엇갈리고 있다.

또 경영의 소유자 또는 담당자는 경영이라는 부분사회의 질서를 유지하는 것이 필요하고 이 질서를 뒷받침하는 법적권한이 경영권이다라든가, 경영을 수행하는 데 있어서 경영자에게 부여되어야 할 일체의 권한이라는 정도의 막연한 개념이 통용되고 있다. 그리고 구체적으로 경영권에 속하는 것으로서는 기업의 합병 · 분리 · 축소 · 양도 · 사업장시설의 설치 · 이전 · 폐쇄 등 기업조직 상의 행위, 생산이나 작업계획의 입안, 기계의 도입, 조업단축, 그밖에 생산방식이나 생산관리에 관한 행위, 기업내부의 기구를 정하는 행위, 자금조달 · 사용 · 처분 등 재무상의 행위, 자재의 조달 · 제품의 판매 · 선전광고 등 영업에 관한 행위, 직제 및 직무내용의 결정 · 인사관리 · 기업질서의 유지 · 안전위생시설의 관리 등이 열거되고 있다.

이와 같은 권리들은 징계권, 노무지휘권, 시설관리권 등으로 분류할 수 있는데 모두 경영권의 중요한 내용이 된다. 여기서 징계권은 종업원이 고용주의 지시나 명령에 대한 불복종을 통해 경영질서를 어지럽힌 경우 징계권 행사 등 사법적 행동의 대상이 된다고 하는 의미에서 노무지휘권, 시설관리권 등과 같은 기업조직 운영권과 상호 밀접한 관계를 갖고 있다.

여기서 중요한 것은 경영권을 법률상의 명시적 규정이 없음에도 불구하고 법적인 권리로 인정해야 하는가 하는 문제이다. 대부분의 판례에 있어서 경영권은 법적인 권리로서 인정되고 있다.

2) 경영권의 실제

경영권에 대한 대법원판례를 보면 기업의 경영권을 헌법상의 권리로 인정하고 있다. 이하에 주요 이슈별 판결요지를 보면 다음과 같다(대법원 2003. 11.13. 선고 2003도687/한국시그네틱스 사건).

주요 이슈 :

[1] 기업의 경영권을 헌법상의 권리로 볼 수 있는지 여부 및 그 내용

[2] 경영권과 노동3권이 충돌하는 경우에 이를 조화시키는 한계를 설정하는 기준

[3] 구조조정이나 합병 등 기업의 경쟁력 강화를 위한 경영주체의 경영상 조치가 노동쟁의의 대상이 될 수 있는지 여부
[4] 쟁의행위가 형법상 정당행위가 되기 위한 요건
[5] 노동조합의 쟁의행위에 대한 목적의 정당성 인정 여부

판결요지 :

[1] 헌법 제23조 제1항(사유재산제; 모든 국민의 재산권은 보장된다. 그 내용과 한계는 법률로 정한다), 제119조 제1항(경제활동의 자유; 대한민국의 경제질서는 개인과 기업의 경제상의 자유와 창의를 존중함을 기본으로 한다), 제15조(경제활동의 자유; 모든 국민은 직업선택의 자유를 가진다) 규정들의 취지를 기업활동의 측면에서 보면, 모든 기업은 그가 선택한 사업 또는 영업을 자유롭게 경영하고 이를 위한 의사결정의 자유를 가지며, 사업 또는 영업을 변경(확장축소전환)하거나 처분(폐지 양도)할 수 있는 자유를 가지고 있고, 이는 헌법에 의하여 보장되고 있는 것이다.
[2] 경영권이 노동3권과 서로 충돌하는 경우 이를 조화시키는 한계를 설정함에 있어서는 기업의 경제상의 창의와 투자의욕을 훼손시키지 않고 오히려 이를 증진시키며 기업의 경쟁력을 강화하는 방향으로 해결책을 찾아야 한다.
[3] 구조조정이나 합병 등 기업의 경쟁력을 강화하기 위한 경영주체의 경영상 조치는 원칙적으로 노동쟁의의 대상이 될 수 없고, 그것이 긴박한 경영상의 필요나 합리적인 이유없이 불순한 의도로 추진되는 등의 특별한 사정이 없는 한 노동조합이 그 실시를 반대하기 위하여 벌이는 쟁의행위에는 목적의 정당성을 인정할 수 없다.
[4] 근로자의 쟁의행위가 형법상 정당행위가 되기 위하여는 첫째, 그 주체가 단체교섭의 주체로 될 수 있는 자이어야 하고, 둘째, 그 목적이 근로조건의 향상을 위한 노사간의 자치적 교섭을 조성하는 데에 있어야 하며, 셋째, 사용자가 근로자의 근로조건 개선에 관한 구체적인 요구에 대하여 단체교섭을 거부하였을 때 개시하되 특별한 사정이 없는 한 조합원의 찬성결정 등 법령이 규정한 절차를 거쳐야 하고, 넷째, 그 수단과 방법이 사용자의 재산권과 조화를 이루어야 함은 물론 폭력의 행사에 해당되지 아니하여야 한다는 여러 조건을 모두 구비하여야 한다.
[5] 쟁의행위의 목적이 경영권의 본질에 속하는 공장이전 자체의 반대를 위한 것이므로 그 목적에 있어 정당성을 상실하였을 뿐만 아니라 그 수단과 방법이 사용자의 재산권

과 조화를 이루지 못하고 폭력을 행사한 것이어서 정당행위에 해당하지 아니한다.

위의 판례에서는 헌법상의 경영권에 대해 매우 적극적으로 인정하고 있음을 알 수 있다.

그러나 판례라는 것은 말할 나위도 없이 해당 사건에 대해서 원고의 청구에 대해 결론을 주기 위해 법원이 나타내는 견해로 학설과 달리 체계적 사상을 서술하는 것을 목적으로 하는 것이 아니지만 경영권의 법적근거를 포괄적 · 체계적 · 이론적으로 제시하고 있지 않다고 해서 비난할 수는 없다.

이들 판례는 그 사건해결에 필요한 한도내에서 각각 경영권 개념의 한 측면을 나타내는 것으로서 평가되어야 할 것이다.

4.2 경영권에 대한 학설

1) 경영권을 긍정하는 견해

경영권을 긍정하는 견해는 경영권을 '노동계약에 의해 성립하는 것이 아니라 소유권에 내재하는 권력에 뿌리를 두고 국가권력이 이러한 내재적인 힘을 불가침의 것으로 보장함으로써 사용자의 권한으로 용인되는 기능' 또는 '다수의 생산수단과 노동력을 단일체로 통합해서 이것을 관리 · 운영하는 권력', '소유권을 보장하는 헌법과 법률에 의해 보호되는 권리', '일정한 기술적 · 통일적 조직체로서의 경영에 고유한 권리', 또는 경영을 생산활동을 영위하는 기술적 조직체로서 파악하고 그 운영을 위해서는 권력적 계기가 불가결한 것이라는 전제에 입각해서 경영주체는 생산 · 교환을 확보할 의무를 지고 이것을 자기의 위험하에 수행하며 경영의 구성원에게 공통의 이익을 확보해 주어야 하며, 그 목적을 위해 필요한 권한으로서 경영권을 행사할 수 있다고 하는 것 등이 있다.

그러나 이와 같이 경영권을 소유권을 근거로 설명하려고 하는 학설은 소유권이 물(物)을 지배하는 물권(物權)으로 종업원에 대한 인적명령권을 설명할 수 없고 경영권 개념을 포괄적으로 실정법상의 권리로서 설명하는 데에는 실패하고 있다.

2) 경영권을 부정하는 견해

경영권을 부정하는 학설은 경영권이라는 개념이 노동조합운동의 발전을 통해 노동조합이 경영문제에 대해 단체교섭을 요구하는 것에 대해, 또는 노동조합의 경영참가 요구에 대항하기 위해 경영측에 의해 제시된 것이라는 역사적 경과를 내세우며 경영권을 사실상의 개념으로서 독립적 · 법적 개념으로 이해하기에는 그 내용도 애매하고 아직 실정법상의 개념으로서 성숙되어 있지도 않다고 주장한다.

3) 법적권리로서의 경영권

현실적으로 경영권은 법적개념으로 인식되어야 한다. 이 점은 앞서 판례에서도 지적된 바 있다. 경영권이라는 개념은 자본제기업이 생겨난 당초부터 경제적 개념 또는 사회적 개념으로서 존재했다.

그러나 그것이 법적개념으로서 강력히 주장되기에 이르른 것은 일본의 경우 제2차 세계대전 후 급속히 발전한 노동조합이 기업에 대해 경영참가를 요구하고 생산계획 · 주식배당 · 기업의 합병 · 해산 · 중역인사에까지 개입해 단체교섭에 있어서 조합의 요구를 받아들이도록 주장한 것에 대항하기 위해서였다.

그리고 패전 후 얼마 동안은 조합의 이러한 발언내지 요구를 용인하는 예도 적지 않았다. 그러나 1948년경부터 미점령군의 정책변경과 더불어 경영자측에서 경영의 문제에 대해서는 경영자의 권한에 의해 결정되어야 한다는 점을 분명히 하고 조합의 발언내지 경영참가를 거부하는 근거로서 경영자측에 고유한 권한으로서 경영권이라는 개념을 주장하기에 이르렀다.

미국의 경우도 제2차 세계대전 종료직후 대규모의 쟁의가 잇달아 발생했기 때문에 경영자측은 조합에 대해 경영전제권(management prerogatives)에 속하는 사항에 대해 그 불개입을 주장했다. 경영권이 이러한 경과속에서 주장되어온 사실에 비추어 경영권 개념이 실정법상 부인된다고 하는 견해는 잘못이다. 경영권이 이와 같은 경과속에서 등장되었기 때문에 이것에 대한 논의는 주로 노동법분야에서 행해지고 있다. 그러나 본래 경제적 개념으로서 존재하고 그것이 실정법 속에 받아들여진 것을 단순히 노동법이라는 좁은 특수한 범위속에서만 고찰하는 것은 잘못이다. 경영이라는 개념은 상법속에 영업이라는 용어로서 실정법상의 개념으로 채용되어 있고, 이 영업의 의미는 단순히 고정자산과 그 밖의 권리 · 의무로서의 영업재산으로 끝나는 게 아니라 그것들을 가능하게 하는 인적기구 · 배치 · 능력 및 그들 기능의 결과로서의 이른바 무형의 대외적 이익 등 모두를 포함하고 있는 개념이며, 특히 중요한 것은 인적기구=종업원의 고용계약의 내용도 포함되어 있는 것이다.

상법이 정하는 영업이란, 유기적 · 활동적인 사회적 조직체로 그 속에 포함되는 모든 권리 · 이익 · 기구를 총괄해서 영업이라 부르고 있다. 이것을 일괄해서 거래의 객체로 본다면 영업이라 칭하는 사회적 실체가 갖는 여러 종류의 권리를 일괄한 권리로서 실정법상의 개념으로 인식해야 하고, 이렇게 생각하는 것에 아무런 지장이 없다. 이것을 영업이라 하든, 영업권이라 하든 또는 경영권이라 하든 그것은 단지 용어의 차이에 불과한 것이다. 경영권이라고 하는 것은 바로 그러한 경영조직체가 갖는 각종 권리의 종합명칭으로, 마치 사용권, 수익권, 관리권, 처분권 등 다른 목적의 각 권리가 집합한 권리를 소유권으로 생각하는 것과 조금도 다를 바 없다.

물론 경영권의 일괄양도가 이루어져도 그 내용을 이루는 각종 권리에 대해서 이를 테면 부동산에 대해서는 이전등기가, 동산에 대해서는 양도가, 노하우에 대해서는 그 전수가, 거래에 대해서는 그 소개가, 종업원에 대해서는 그 동의가 각각 필요하다. 그러나 그 절차가 필요하다는 것이 경영권 개념을 부정하는 이유로 될 수는 없다.

경영은 인간과 물(物)의 집합체이므로, 물만을 대상으로 하는 소유권을 근거로 해서 경영권을 설명하면 인간의 관계를 설명할 수 없고, 조직체가 가진 고유의 권리라는 설명으로는 실정법상의 근거를 결여하는 것이라는 비난을 면할 수 없다.

또한 경영개념은 상인이나 상사회사 등의 상거래를 운영하는 단체뿐만 아니라 상거래와 무관한 특수법인, 공법인에 대해서도 적용되는 것으로, 이들 법인은 모두 경영권을 갖고 있다. 그것은 상거래를 운영하지 않는 조직이라도, 노동자를 고용하는 것은 곧 노동력의 구입이라는 거래에 참가하는 것이고 그곳에서는 경영권이 행사된다.

경영권의 존재를 보조하는 실정법상의 규정으로는 공공기업체 등에 관한 노동관계법 규정이 있다. 이것은 공공기업체 등의 관리 및 운영에 관한 사항은 단체교섭의 대상으로 할 수가 없다고 하여 경영권에 속하는 사항은 경영자의 전권사항으로 하고 있다. 이 점은 노동조합법에서 노동조건의 유지 · 개선 및 기타 경제적 지위의 향상을 꾀할 것을 노동조합의 목적으로 하고, 사용자와의 단체교섭도 노동조건과 관련된 사항만을 의제로 할 수 있다고 하는 규정과 동일한 사고에서 비롯된 것이다.

4.3 경영권의 내용

1) 경영조직권

경영주체는 경영이라는 조직체를 창설하고, 처분하고, 개선하고 또 그 기관을 임면하는 권한을 갖는다. 이것을 '경영조직권'이라고 한다.

2) 의사결정권

경영이 그 의사를 결정하는 권한이다. 경영주체가 단일한 경우는, 그 개인이 경영의 의사결정을 행하고, 또 경영의 집행을 실시하기 때문에 문제는 간단하지만, 다수인에 의해 구성할 경우(이를 테면 근대기업에 있어서의 주식회사)는 그 총의에 따라 경영의 최고의사를 결정하는 권한을 갖는다. 그러나 집행행위는 자의적으로 될 수 없고 의사결정권도 법적규정에 의해 제한된다.

3) 경영집행권

경영주체에 의해 선임된 기관임원은 업무집행의 최고방침을 결정하고, 경영이 소유하는 개별재산의 관리 · 처분을 행하며, 생산계획, 판매계획의 입안과 실시, 자금 · 자재 · 기술 · 노

그림 12-6 | 경영권의 구성내용

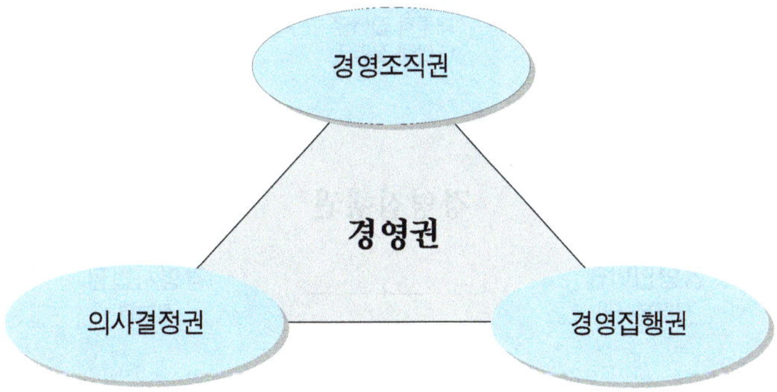

무의 조달 · 조정, 경영집행의 보조자인 경영관리 담당자(근대기업에 있어서의 부 · 과장 · 공장장)의 인사결정, 그 업무집행의 지휘 · 감독을 하는 동시에, 경영관리 담당자를 통해서 피고용인의 인사를 결정하고 경영질서를 유지하고 업무를 운영하기 위한 규칙을 제정하며, 경영질서를 어지럽힌 자에 대해 제재를 가할 권한을 갖는다. 이것을 경영집행권이라 한다.

위의 경영집행권 중 개별재산의 관리 · 처분권 및 생산계획 · 실시나 자금 등의 조달을 실시하는 권한을 경영의 대물적 집행권, 규칙을 제정하는 권한을 경영의 규칙제정권, 경영질서 위반자에 대해 제재를 가하는 권한을 징계권이라 한다.

(1) 경영의 대물적 집행권

경영의 대물적 집행권을 시민법상의 개념으로 보면, 소유권 · 지상권 등의 물권 또는 사용대차, 임대차 계약상의 채권적 용익권이기도 하지만, 이들 권리를 경영조직체에 편입해서 관리운용할 경우, 일괄해서 경영집행기관의 대물적 집행권이라 부르는 것이고, 그 기초는 물권 및 채권이다. 이 대물적 집행권 중, 경영의 목적달성을 위해 경영내의 모든 재산을 합리적으로 관리하는 권한을 노동법상 특히 시설관리권이라 한다.

(2) 경영의 대인적 집행권

경영의 대인적 집행권을 시민법상의 개념으로 보면, 타인의 노무를 이용하는 것을 목적으로 하는 계약, 즉 위임계약 · 청부계약 · 고용계약에 의거하는 채권이다.

근대법에 있어서 인간을 물권적으로 지배하는 것은 인정되지 않는다. 사람이 사람을 지배

그림 12-7 | 경영집행권의 구성내용

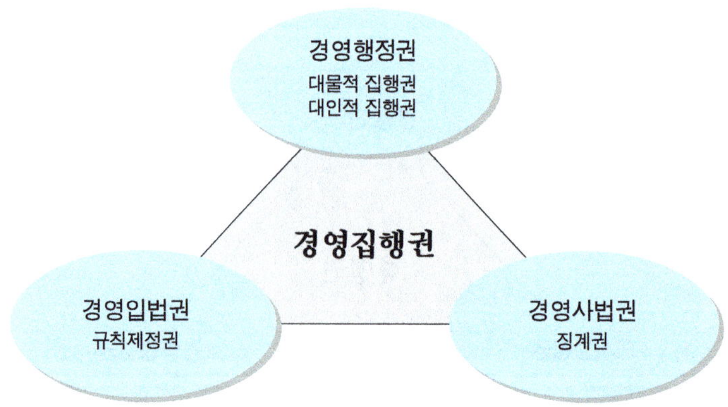

하는 권한은 계약에 의해서만 발생한다. 현대사회에 있어서 사람이 타인에게 명령하고, 타인을 지휘하며, 타인에게 복종을 요구하는 경우 경제적인 역관계가 사실상 작용하지만, 법적으로 보면 쌍방의 합의에 의한 계약을 통해서 가능하게 되는 것이다. 경영의 집행기관이 그 보조자인 경영관리담당자의 인사를 결정하고, 이에 대해 지휘 · 명령 · 감독하는 권한도 계약관계에 의해 발생한다.

집행기관이 직접 또는 경영관리담당자를 통해서 피고용인의 인사를 결정하고, 이에 대해서 행할 지휘 · 명령 · 감독권도 이와 마찬가지로 쌍방의 계약에 의해서 발생한다.

경영관리담당자나 피고용인은 계약을 통해서 경영속에 편입되고, 집행기관의 지휘 · 명령하에 그 노동력의 사용 · 처분을 맡기게 되는 것이다. 경영의 대인적 집행권 중, 경영관리담당자와 피고용인에 대한 고용 · 배치전환 · 전근 · 승격 · 상벌 · 해고 등을 인사권이라 부르고, 사용자의 지휘명령에 따를 것을 요구하는 권리를 노무지휘권이라 하는 것이 통례이다. 노무지휘권은 노무제공의 구체적 방법 외에 배치전환 · 전근 · 승격의 발령이나, 규칙제정권에 의해 제정된 규칙에 복종할 것을 명하는 행위도 그 범위에 포함한다.

이상의 대물적 · 대인적 집행권은 말하자면 경영의 행정권이다.

(3) 경영의 규칙제정권

경영의 규칙제정권은 경영을 운영하고 경영질서를 유지하기 위해 경영집행기관이 규범을 제정하는 권한이다. 경영은 인간과 물(物)과의 종합적 조직체인 이상, 이것의 존립과 유지를 위해서는 일정한 부분사회적 규범을 제정하는 것이 불가결한 요건이다. 이것은 국가와 같은 대조직에 있어서 그 존립과 유지를 위해 법률이라는 명칭에 의해 입법을 실시할 필요가 있는 것과 조금도 다를 바 없다. 규칙의 정립은 모든 사람의 집단조직에 있어서 반드시 필요한 것이다. 이를 테면 공적인 근무관계나 구조물의 이용관계 등 공법상의 관계를 비롯해서 노동조합, 학교, 학생집단, 지역주민, 자치회, 동창회, 주민회, 골프클럽 등의 친목단체까지 규약을 설치하여 그 조직의 유지를 꾀하고 있는 것이다.

규범정립의 방식은 여러 가지이나, 국가와 국민의 관계처럼 일반적으로 참가의 선택이 불가능한 경우는 별도로 하고, 보통은 집단을 창설하는 경우 스스로 일정한 규범을 제정해서 구성원은 그 규범에 복종할 것을 합의하고, 기성집단에 구성원으로서 참가하는 경우에는 그 집단의 규범에 충실할 것을 약속함으로써 참가하지 않을 경우 누릴 수 있는 자유에 대한 일성부분의 구속을 용인하는 셈이 된다.

경영의 규칙제정권은 다른 모든 집단과 마찬가지로 그 존립과 기능의 확보를 위한 제도적 보장으로서 인정되는 고유권한이다. 이것을 노동법에 입각하여 말하면, 근로기준법에 규정된 취업규칙의 작성 · 변경권으로, 사용자가 노동자대표의 의견을 들은 후에 일방적으로 작성 · 변경하는 것을 인정하고 있다.

일반적으로 "취업규칙은 본래 사용자의 경영권의 작용으로서 일방적으로 정할 수 있다"는 점이 인정되고 있다. 규칙제정권은 말하자면 경영의 입법권이다.

(4) 징계권

징계권은 경영이 그 고유의 기능에 의거해서 제정한 규칙에 위반한 자에 대해서 경영질서의 유지를 위해 경영집행기관이 행하는 제재권한이다.

징계권의 성질내지 법적근거에 대해서는 각종의 학설이 엇갈리고 있으나, 규칙제정권이 경영고유의 권한인 것에 비하여 징계권은 경영에 본래적으로 고유한 권한이 아니라, 제정된 규칙을 승인해서 경영조직활동에 참가한 자에 대해 규칙제정권 및 참가자의 합의에 근거해서 경영집행기관에 인정되는 권한으로 이해하는 것이 합당하다. 따라서 사용자에 의한 징계권의 행사는 반드시 사전에 정해진 규칙(상벌규정, 인사 혹은 징계위원회의 구성, 징계절차 등)에 따라 시행되어야 그 정당성을 인정받을 수 있으며, 특히 정해진 절차를 무시할 경우 징계권의 남용으로 간주될 수 있음에 유의해야 한다.

징계권은 말하자면 경영의 사법권이다.

이와 관련된 서울행정법원의 판례를 예시하면 다음과 같다(서울행법 2007.12.14. 선고 2007구합30987).

주요이슈 :

[1] 사용자가 사업장 내의 질서유지수단으로서 근로자에 대하여 가지는 징계권의 한계

[2] 시내버스 운송사업회사의 사용자가 소속시내버스 운전기사에게 차고지내에서 '고객친절', '복장단정', '차량청결' 등의 구호를 제창하도록 지시한 봉사명령은 근로자의 인간으로서의 존엄성을 침해하는 것인지 여부

판결요지 :

[1] 사용자가 사업장 내의 질서유지수단으로서 근로자에 대하여 가지는 징계권은 그 징계

사유, 징계양정 및 징계절차 등에서 정당하여야 할 뿐만 아니라 선택되는 징계의 내용에서도 정당하여야 하는 한계를 가지고 있다. 징계의 내용이 어떠하여야 그 징계가 정당성을 인정받을 수 있는지는 일률적으로 단언하기 어렵지만, 일차적으로는 그것이 사업장 내의 질서유지수단으로 적절한지 여부에 따라 판단되어야 하고,

[2] 반드시 근로기준법 제23조에 명시된 내용(해고, 휴직, 정직, 전직, 감봉 등)의 징계만이 정당하다고 볼 수는 없으나, 대한민국헌법 제32조 제3항이 "근로조건의 기준은 인간의 존엄성을 보장하도록 법률로 정한다"라고 규정한 점, 노동법의 이념이 '근로자의 생존권 보장' 내지 '근로자의 인간다운 생활확보'에 있는 점, 노사가 비록 근로에 있어서는 수직적인 사용종속관계에 있으나 그 밖의 영역에 있어서는 적어도 법률적으로 대등한 관계에 있는 점 등을 고려하면, 근로자의 인간으로서의 존엄성을 침해하는 내용의 징계는 사용자의 징계권이 가지는 한계를 넘은 것으로서 부당하다.

위의 예시에서 보는 바와 같이 조직내 경영질서의 유지를 위한 권리는 인정하되 그 권리의 행사에 대해서는 신중한 접근을 요구하고 있다 할 것이다.

05 · 사용자의 부당노동행위

5.1 부당노동행위 구제제도의 의의

부당노동행위 구제제도는 노동3권을 구체적으로 보장하기 위한 행정적인 제도이다. 단결권, 단체교섭권, 단체행동권의 실질적인 보장은 사용자로부터의 침해를 배제함으로써 이루어질 수 있다.

급변하는 산업사회의 발전과정에서 노사관계도 복잡·다기화되고 있어 어떠한 행위가 노동자의 권리를 침해하는가를 판단하기는 쉽지 않고 사용자의 행위에 대하여 시민법 질서에 따라 사후적으로 손해배상을 청구하는 등의 권리구제는 시의를 상실하기 쉽다. 그리하여 1935년 미국의 와그너법(wagner act)에서 사업주의 부당노동행위가 규정된 이래 그러한 침

해행위를 시정하여 정상적인 노사관계로 원상회복하게 하는 부당노동행위 구제제도가 발전하였다. 그러나 미국에서는 상호주의에 입각해서 노동조합의 부당노동행위도 규정하고 있으나 우리나라에서는 아직까지 사용자의 부당노동행위에 대해서만 규정하고 있다.

5.2 부당노동행위의 유형

부당노동행위란 사업주가 행하는 모든 부당한 처사를 가리키는 것이 아니라 종업원의 노동조합활동과 관련하여 법 제81조에 규정된 다섯 가지 유형을 가리킨다.

1) 반조합적인 불이익처분

노동자가 노동조합에 가입 또는 가입하려고 하였거나, 노동조합을 조직하려고 하였거나 기타 노동조합의 의무를 위한 정당한 행위를 한 것을 이유로 그 노동자를 해고하거나 그에게 불이익을 주는 행위를 말하며, 그 내용은 다음과 같다.

(1) 해고 등 징계상 불이익

조합원과 비조합원, 조합활동에 적극적인 자와 그렇지 않은 자를 징계절차나 양정 등에 있어서 차별하는 경우로서 유사한 징계사유에 대하여 비조합원이나 조합탈퇴자에 대하여는 비교적 경미하게 처분하고 조합원이나 조합활동에 적극적인 자에 대하여는 중징계하는 경우, 어느 누구에게도 문제삼은 적이 없는 경미한 복무위반 등에 대하여 노동조합가입 직후 또는 노동조합활동이 활발해진 직후에 이례적으로 이를 문제삼아 징계하는 경우, 처분사유나 필요성이 없어진 사유에 대하여 노동조합결성 전후, 조합활동이 활발해진 시기 등에 징계처분하는 경우, 조합간부, 조합활동에 적극적인 자들에 대해 은밀히 뒷조사를 실시하여 학력이나 경력의 허위기재 사실을 취득하고, 노조탈퇴 등의 부당한 수단으로 이용하는 경우, 조합활동이 활발해지자 허위기재 · 누락 등이 작성자의 착오로 인한 것, 그 내용이 사소한 것, 경력 등에서 차지하는 중요성이 낮은 것을 징계사유로 삼는 경우 등이다.

(2) 승진 등 인사상불이익

그간의 인사관행에 어긋나거나 인사기준 자체가 불합리하여 사실상 조합원과 비조합원, 조합활동에 적극적인 자와 그렇지 않은 자를 차별하는 것, 노동조합활동에 지장을 초래하거나 생활상의 불이익이 통상 감수하여야 할 정도를 벗어난 경우로서 그 간의 인사관행과는 달리 조합원에게 불리한 인사가 이루어진 경우, 인사발령 시 비조합원의 의견은 대부분반영하면서도 조합원의 의견은 제대로 반영하지 않은 경우, 조합활동을 방해할 의도로 조합원자격을 상실하거나 조합활동이 불가능한 곳으로 승진 또는 전보발령하는 경우, 생활상불편이 경미한 곳으로 전보발령 할 수 있음에도 의도적으로 본래업무나 생활근거지와 동떨어진 곳으로 발령하여 생활상불편을 초래함은 물론 조합활동을 어렵게 하는 경우, 조합활동에 적극적인 자를 비조합원만 근무하는 부서, 조합원 접촉이 어려운 부서 등에 배치하여 조합활동을 어렵게 하는 경우 등이다.

(3) 금전 기타불이익

합리적인 이유없이 근무조건이나 근무환경 등을 차별하여 경제 · 생활상의 불이익을 주는 것으로 생활자금대부, 장학금지급, 복리후생시설이용, 작업도구지급 등에 있어 조합원을 차별하는 경우, 관행적으로 이루어진 시간외 근로를 정당한 이유없이 일방적으로 조합원에게만 실시하지 아니하여 수입을 감소시키는 경우, 비조합원 또는 노조탈퇴자에 비해 조합원에게 노후차량을 배차하는 등 근무환경을 열악하게 제공하는 경우, 좌석배치, 보직 등에서 부당한 대우로 모욕감을 갖게 함으로써 정신적 고통이나 곤란을 주는 경우로서 하급자가 수행하던 입무를 부여하거나, 직급에 맞지 않은 보직으로 강등하거나 결재권한을 부여하지 않는 등 정신적 고통을 주는 경우, 관례적으로 참석해 오던 회의 · 회식 등에 배제시켜 회사에서 불필요한 사람으로 다루는 경우, 비조합원만 근무하는 부서, 반조합성향이 강한 근로자들이 근무하는 부서, 전혀 생소한 업무부서 등에 전보발령하여 정신적 고통을 유발시키는 경우 등이다.

2) 황견계약(Yellow dog contract)

노동조합에 가입하지 아니할 것, 또는 탈퇴할것을 고용조건으로 하거나 특정 노동조합의 조합원이 될 것을 고용조건으로 하는 행위이나. 나반 노동조합이 당해사업장에 종사하는 노동자의 3분의 2이상을 대표하고 있을 때는 유니온 숍협정을 체결할 수 있다.

3) 단체교섭의 거부

노동조합의 대표자 또는, 노동조합으로부터 위임받은 자와의 단체협약체결 기타 단체교섭을 정당한 이유없이 거부하거나 해태하는 행위가 이에 해당된다.

4) 지배 · 개입 및 경비원조

지배 · 개입이란 노동조합의 단결권활동에 사용자가 주도적인 영향을 끼침으로서 노동조합의 의사결정을 좌우하거나 이를 방해하는 행위를 말하며, 또한 노동조합의 운영비를 원조하는 행위가 이에 해당한다. 다만, 노동자가 근로시간 중에 사용자와 협의 또는 교섭하는 것을 사용자가 허용함은 무방하며 노동자의 후생자금, 경제상의 불행 기타 재해의 방지와 구제 등을 위한 자금의 기부와 최소한의 규모의 노동조합사무소의 제공은 예외로 한다. 이와 관련하여 노조전임자에 대한 임금을 관행적으로 사용자가 지불하는 것도 경비원조에 해당하는 부당노동행위로 금지시키고 있다.

5) 보복적인 불이익처분

노동자가 정당한 단체행동에 참가한 것을 이유로 하거나 노동위원회나 기타 행정관청에 증거를 제공하는 것을 이유로 노동자를 해고하거나 그에게 불이익을 주는 행위가 이에 해당된다.

5.3 부당노동행위의 구제절차

사용자의 부당노동행위로 인하여 그 권리를 침해받은 노동자 또는 노동조합은 노동위원회에 부당노동행위가 있은 날(계속하는 행위는 그 종료일)로부터 3개월 이내에 구제신청을 할 수 있다.

부당노동행위의 심사를 공정하고 신속하게 처리하기 위해 우리나라에서는 공익과 노사3자를 대표하는 위원으로 구성되어 있는 노동위원회에서 부당노동행위 구제제도를 다루고 있다. 부당노동행위의 심사는 원칙적으로 2심제이며 지방노동위원회, 특별노동위원회의 구제명령 또는 기각결정에 불복이 있는 당사자는 명령서의 송달을 받은 날로부터 10일 이내에 중앙노동위원회에 재심을 신청할 수 있으며, 그 재심에 불복하는 자는 15일 이내에 행정소송을 제기할 수 있으나 그 기간 내에 재심판정이나 행정소송을 제기하지 않으면 구제명령, 기각결정 또는 재심판정은 확정된다.

노동위원회가 부당노동행위를 인정하고 구제명령을 한 경우에는 반드시 이에 따라야 하며 노동위원회의 구제명령, 기각결정은 중앙노동위원회의 재심신청이나 행정소송의 제기에 의하여 효력이 정지되지 않는다. 지능적이고 상습적인 부당노동행위를 예방하기 위하여 피해자가 명시한 의사에 따라 부당노동행위자에게는 2년 이하의 징역 또는 2,000만 원 이하의 벌금에 처하도록 하고 있다.

연습문제

1. 집단으로서의 종업원이 갖는 의미는 무엇이며, 그것이 인적자원관리에 미치는 영향은 어떠한가?

2. 근로자들이 노동조합을 결성하거나 혹은 노동조합에 가입하는 이유는 무엇인가?

3. 구성원들은 욕구불만을 어떤 식으로 표출하며, 그에 대한 대응방안은 무엇인가?

4. 노동권과 경영권의 개념을 설명해 보시오.

5. 경영집행권의 내용은 무엇인가?

6. 조정전치주의 제도란 무엇인가?

7. 사용자의 부당노동행위에 해당하는 다섯 가지 유형에 대해 설명해 보시오.

8. 한국노사관계의 특성과 문제점 및 향후의 바람직한 전개방향에 대해 토의해 보시오.

9. 기업수준에서의 복수노조 허용이 노사관계에 미칠 긍정적 측면과 부정적 측면에 대해 논하시오.

10. 현재의 교섭창구 단일화가 가지고 있는 문제점과 그 개선방안에 대해 논하시오.

제12장

글로벌 인적자원관리

학습목표

글로벌 경쟁환경과 인적자원관리의 상호 관련성, 글로벌 인적자원전략의 단계적 전개, 국제적 다양성의 관리, 국제적 채용과 선발, 국제적 훈련과 개발, 국제적 성과관리, 글로벌 인적자원 전략의 유형, 문화적 시너지, 문화적 타협

01 · 글로벌 인적자원관리의 이론적 기초

이 절에서는 국제적인 사업환경의 변화라는 관점에서 아시아, 미국 그리고 유럽기업들에서 추출한 사례를 활용하여 기업들이 전략적으로 일관성 있고 경쟁력을 갖춘 세계적인 기업을 창조하기 위해서 인적자원전략을 활용하는 방법에 관해서 알아 보고자 한다.

사업활동에 있어서 글로벌한 특성의 증가는 조직적이고 성과관리에 대한 새로운 대응을 필요로 하고 있음은 주지의 사실이다. 예를 들어, 국제적인 업무의 부여는 세계적 수준에서 직원의 채용과 관리를 위해서 뿐만 아니라 관리자들의 기술과 지식을 개발하는 도`구로서, 그리고 조직의 학습과 역량을 향상시키는 방법으로도 더욱 많이 활용되고 있다. 현재는 더 많은 관리자들이 다국적 합작투자와 합병 · 인수에 관여하고 있고 다양한 문화를 가진 팀과 더불어 다양성이 점점 증가하는 환경에서 활동하고 있다. 최고경영자들은 지역적인 민감성과 수용성에 대한 요구와 글로벌한 통합과 집중화에 대한 요구의 균형을 유지하면서 지리적, 문화적으로도 다양한 사업을 관리할 수 있어야만 한다. 국제적인 기업에 있어서 사업장의 지리적 분산과 다문화적 특성으로 인해 글로벌 인적자원관리는 다음과 같은 새로운 과제에 직면하고 있다.

- 조직의 구조와 시스템이 글로벌한 효율성을 향상시키고 조직으로 하여금 글로벌 통합과 지역적인 민감성을 동시에 달성하게 하기 위한 방법
- 통일된 사명감을 조성하고 끈끈하게 뭉친 기업으로 활동할 수 있도록 함과 동시에 다양성과 의견차이의 가치를 인정하는 조직문화를 만드는 방법
- 글로벌한 기업환경에서의 효과적인 업무수행에 필요한 지식, 기술, 태도 등을 지닌 관리자와 핵심요원을 채용하고, 배치하고, 유지하고 개발하는 효과적인 인적자원관리 시스템을 갖추는 방법

1.1 글로벌 인적자원전략에 있어서 경영방침의 중요성

글로벌 인적자원전략의 성공적인 실행을 위해서는 관리자의 태도 또는 가치관이 중요하다고 한다. 예를 들어, Laurent는 인적자원전략의 진정한 국제적 개념은 다음에 대한 분명한 인식이 있어야 한다고 주장한다.

- 인적자원관리에 대한 특정 방법은 특정한 가치와 가정을 반영한다.
- 그러한 방법은 일반적으로 우월하거나 열등적인 것이 아니라 각기 다르다.
- 해외의 자회사나 지사는 각기 다른 방법으로, 해당 지역에 더 효과적인 방법으로 사람을 관리할 수 있다.
- 그러한 차이는 자원이나 자산으로 활용할 수 있도록 반드시 수용되어지고 그에 관한 토론이 이루어져야 한다.
- 더 창의적으로 그리고 효과적으로 사람을 관리하는 방법은 다양한 문화에 대한 학습의 결과로 만들어 질 수 있다.

조직이나 조직의 최고경영자가 허술한 세계화태도를 가지고 있다면 국제적인 기업의 중요성과 변별성이 강조되지 않거나 무시될 수 있다. 하지만 Bartlett & Ghoshal에서 지적하듯이 해외로 진출하려는 의사가 없는 기업이라 하더라도 그들에게 닥쳐오는 국제화의 흐름에 효과적으로 대처하지 않으면 안될 새로운 과제에 직면하게 된다. 기업에 따라서는 지역적 폐쇄성에 기초한 입장을 취하면서 다른 곳에서 일어나는 일은 무시해 버릴 수도 있다. 아니면 민족중심적인 입장을 받아들여서 자신들의 방법이 더 낫다고, 그리고 실제적인 문화적 차이와 사업시스템의 차이가 있다는 것에 대한 증거에도 불구하고 자국의 인적자원관리 사례가 다른 나라에서도 적용할 수 있도록 쉽게 변형될 수 있다고 생각할 수도 있다.

관리태도의 중요성을 강조하는 글로벌 인적자원관리에 대한 가장 영향력 있는 접근방법 중 하나는 Perlmutter의 방법이다. 그는 국제기업에 대한 기본방침을 네 가지, 즉 민족중심적인 태도, 다중심적인 태도, 지구중심적인 태도, 지역중심적인 태도로 구분했다.

- 민족중심적인 태도는 모국의 관리자, 관리스타일 그리고 평가기준이 그들이 활동하는 국가의 그것보다 우월하다라는 시각과 연관된 것으로 오직 모국인(PCNs)만이 모국에서든 해외에서든 임원에 적당하다는 의미를 가지고 있다.

- 다중심적인 태도는 국가적인 차이와 지역의 적용성 때문에 그가 활동하는 국가에서는 지역 관리자(HCNs)나 그 국민을 활용해야 한다는 생각과 관련이 있다. 하지만, 본사에는 여전히 모국인이 지배적이다.
- 지역중심적인 태도는 역시 국가와 문화적 차이의 중요성을 인식하고는 있지만 그것을 지역적인 차원에서 가장 중요하다고 생각한다. 그래서 미국기업이 유럽에서 활동하는 경우에는 유럽인 관리자가 가장 적절하다고 생각하여 EU내에서는 유럽중심적인 전략을 채택하고 아시아의 자회사에서는 아시아인 관리자가 가장 잘 운영할 수 있다고 생각할 수 있다. 반면에 그들은 아프리카에 있는 자회사의 운영을 위해서는 미국인 주재원(PCNs)을 활용한다.
- 지구중심적인 태도는 글로벌한 관점과 관련이 있는 것으로 지역을 막론하고 관리자를 선발해서 국적에 상관없이 본사와 자회사에서 일하도록 임명한다.

예를 들어, 많은 유럽기업이 현지적용성을 최대화하기 위해서 주재원보다는 그 나라 국민을 선발해서 운영하려고 시도했었다. 현지인들이 그들 나라의 문화, 직업의식 그리고 시장에 대해서는 가장 잘 알고 있을 것이라고 생각했다(다중심적인 전략). 본사에서 통제하는 재정을 제외하고는 현지자회사들은 대개 거의 독립적으로 운영되었다(예를 들어, 미국에 있는 Unilever와 Lever Brothers). 하지만 현지직원들은 그 후에 바로 그들의 너무 현지화된 시각 때문에 그들이 본사의 임원자리에 오를 수 없다는 것을 알게 될 것이다. 다중심적인 태도에서 강조하는 현지적용성은 조직으로 하여금 분권화된 구조로 변하게 하고 현지기업에게 최대한의 자율권, 유연성, 독립성을 부여하도록 한다. 지구중심적인 태도의 세계적인 관점은 자연적으로 더 집중화된 조직, 조화 그리고 통합을 요구한다.

이러한 태도를 이해하는 한 가지 방법은 앞에서 살펴본 조직의 형태와 글로벌시대에 관한 분석을 연결시키는 것이다. 예를 들어, 민족중심적인 태도는 '글로벌'전략을 구사한 기업뿐만 아니라 수출지향적인 기업 그리고 국내기업의 특징과 같다. 다중심적인 태도는 특히 고전적인 다국내적 · 다국가적 전략의 특징으로 보인다. 반면에 '국제적인' 기업은 지역중심적인 태도를 보여주는 것 같다. 지구 중심적인 태도는 다국적 기업의 특징처럼 보인다.

Perlmutter의 관리태도에 관한 분석을 인적자원전략의 분석에까지 확대시킨다면 국제적인 기업의 채용과 선발, 훈련과 개발, 성과관리 그리고 다른 인적자원전략의 선택의 길잡이가 될 수 있는 틀을 만들 수 있다. 이에 앞서 우리는 글로벌 인적자원전략에 대한 Adler의

'단계'적 접근방법을 통해 글로벌 인적자원관리의 전개과정을 정리해 보고자 한다.

1.2 글로벌 인적자원전략에 대한 단계적 접근방법

글로벌 인적자원전략과 관련된 프로세스를 이해하기 위한 유용한 틀은 Adler가 제시한 바 있다. 이 방법은 국제화에 대한 단계별 또는 진화적인 접근방법을 바탕으로 하고 있으며 기업은 전형적으로 그들이 국제화될 때 수출에서 영업을 위한 자회사의 설립으로, 외국생산체제로, 국제부문의 창출로 이동하는 것처럼, 몇 개의 조직발전단계를 통과한다고 주장한다. Adler가 이것을 통해서 꾀했던 것은 이러한 진화단계를 인적자원정책의 중점과 연결시키는 것이었다. 그리고 그것이 이제부터 알아 보게 될 그녀모델의 특징이다. Adler는 조직이 전형적으로 국제화에 있어서 4단계를 거친다고 주장했다. 순수한 국내조직에서 그녀가 '국제적인'(international)(또는 다국내적인)조직이라고 부른 조직으로, 그리고 그 후에는 국제적인 조직에서 다국가적(multi-national)인 조직으로 이동한다. 그녀는 네 번째 단계를 '글로벌'한 조직이라고 정의했다(표 12-1 참조).

이들 각 단계는 태도, 전략, 기술, 상품 또는 서비스별로 각기 다른 특징이 있다. 그리고 각

표 12-1 | 글로벌기업의 발전단계

기업행동	제1단계	제2단계	제3단계	제4단계
	국내	국제적	다국적	글로벌
전 략	국내	국제적	다국적	세계적
지배적 구조	집권화	분권화	집권화	국제적 제휴 및 네트워크
주요 관심	제품과 서비스	시장	가격	전략
경쟁자	거의 없음	조금 있음	많음	아주 많음
제조 입지	국내	국내, 주요시장	다국적(최소비용)	세계적(최소비용)
수 출	무	증가 추세	많음	수입과 수출
문화적 관점	편협적임	상대적임	본국 중심형	문화중심적
문화적 민감성	중요하지 않음	매우 중요함	조금 중요함	핵심 요소

자료 : Adler(1991), Marquardt and Engel. Kossek and Block, *Op. cit.*, Module 25.9에서 재인용.

표 12-2 | 세계화와 글로벌 인적자원관리

	1단계	2단계	3단계	4단계
Adler 1991	Domestic(국내적인)	Intrenational(국제적인)	Multi-national(다국가적인)	Global(글로벌한)
B & G 1989	Domestic(국내적인)	Muti-natuonal(다국가적인)	Global(글로벌한)	Transnational(세계적인)
Permutter 1969	Ethnocentric(자민족중심적)	Polycentric(다중심적인)	Regiocentric(지역중심적인)	Geocentric(지구중심적인)
전략과 구조	수출	외국 직접 투자, 기술 이전	국제적인 sourcing, 생산, 마케팅	글로벌 전략적 장점
	생산·기능 집중화된	분권화된, 조정된 연합, 국제적인 구분	집중화된 중심, 다국가적인 사업 라인	통합된 네트웍, 제휴
문화적 다양성의 중요성	미미함; 일방적/ '하나의 최고 방법'	중요함, 특히, 고객, 의뢰인, 공급자에 있어서 중요; '다수의 좋은 방법'	중간관리자와 종업원에 있어서; '최소 비용의 한 가지 방법'	모든 직원에게 결정적으로 중요함; '다수의 좋은 방법이 동시에 존재'
채용과 선발				
해외주재원	매우 드물다	많음	일부, 특히 최고 성과자	많음, 모든 계층
목적	보상	자리의 충원, 프로젝트 완성, 기술 이전	통제, 프로젝트 완성, 경력 개발	조정, 통합, 경력과 조직 개발
경력 영향	중립적, 부정적	부정적, 지역적으로 제외	중요함	필수적임
본국 귀환	어려움	매우 어려움	거의 어렵지 않음	용이하다
집행의 기원	PCNs	PCNs과 명목 TCNs	PCNs&명목 TCNs, HCNs	HCNs, PCNs & TCNs
경력 추적	국내적	국내적	명목상 국제적	글로벌
신원 확인	모국의 본사	활동하는 국가	모국과 활동하는 국가	글로벌
훈련과 개발				
범위	적음	제한적	더 광범위함	높음, 지속적인
엄격함	낮음	중간	높음	높음
대상	소수	해외주재원, 소수의 HCNs	해외주재원, 일부 HCNs	
기술	기술적, 관리적	+ 문화적 적응	+ 문화적 다양성	+ 문화적 시너지
내용	지역의 문화적 이해	+ 대인관계 기술, 기술 이전	+ 쌍방적인 기술 이전, 글로벌 전략	+ 글로벌 시스템, 다수의 가치관
커뮤니케이션	적음	적음	일방적	쌍방적, 모든 방법
성과 관리				
기준	기업의 본사	지역의 자회사	기업의 본사	글로벌, 보편화된 그리고 지역적
동기부여	재정적	재정적, 모험	도전, 기회	도전, 기회, 승진
보상 패키지	보상	보상	글로벌	글로벌

참고 : HCN = 현지인, PCN = 모국인, TCN = 제 3 국인
자료 : Mabey and Salaman, *Op. cit.*, pp.400-411.

단계는 전체적인 사업활동에서 국제적인 활동이 점점 더 중요해진다는 특징이 있다. 〈표 12-2〉는 이러한 '단계'관점이 국제적인 기업에서 사람을 어떻게 관리하는가에 관한 문제에 어떻게 적용되는지를 보여준다. '국내적'인 기업은 전형적으로 집권화된 구조와 기능적인 구분에 초점을 두는 특징을 가지고 있다. 반면에 '국제적'인 조직은 더 분권화된 조직으로 운영되고 국제부문에서의 활동에 집중하는 경향이 있다. '국제적'인 분화가 기본적으로 '국내적인' 초점을 가지고 있는 본류에서 고립될 수도 있다. 결과적으로 국제분화와 나머지 사업부문 사이에 거의 상호교환이나 커뮤니케이션이 이루어지지 않을 수도 있다.

다국가적인 조직은 분권화와 다국가적인 사업라인을 만들어 냄으로써 위와 같은 단계를 뛰어 넘으려고 한다. 조직이 진화됨에 따라 조직은 점점 세계적인 제휴를 하거나 공유된 공통적인 사명의 창출과 커뮤니케이션, 목적과 기업문화에 대한 공유된 의식의 개발, '기업자원'인 기간요원을 양성하기 위한 관리능력개발 사례의 활용, 재정통제의 활용 등과 같은 다양한 조치들을 실행하려고 시도할 수도 있다.

글로벌 인적자원전략에 있어서 특히 관심을 끄는 것은 문화와 관련된 문제를 국제화의 각 단계에서 중요성이 점차 증가하는 것으로 보았다는 것이다. Perlmutter의 틀에서 보면 국내조직은 전형적으로 인적자원전략에 대해 자민족중심적인 관점을 취하는 것으로 볼 수 있다. 문화적인 감수성은 별로 중요하지 않은 것으로 간주했고 조직을 관리하고 구조화하는 방법에는 '한 방법'(또는 '최상의 방법 하나')만이 있다고 생각한다. 국제적인 조직은 더 지역중심적인 관점을 취한다. 그러므로 문화적 감수성은 아주 결정적으로 중요하게 되고 특히 다른 문화적 배경을 가진 종업원을 관리하고 다양한 문화적 배경을 가진 고객과 공급자를 처리하는데 있어서는 더욱 중요하다. 국제적인 조직은 현지근로자와 상품시장에 대한 적용성과 감수성의 우선순위를 정하려고 할 수도 있다.

역설적으로 Adler의 분석에서 다국가적인 조직은 문화를 덜 중요하게 여기고 기본적으로 조직의 종업원과 관리자들의 관리에 있어서만 문화를 중요하게 여긴다. 다국가적인 조직의 초점은 일차적으로 최소비용방법에 있다. 반면에 글로벌한 조직은 그 운영에 있어서 더욱 발전된 지구 중심적인 또는 다원적인 관점을 취하는 것으로 보았다. 글로벌한 조직의 경우 조직관리에는 동시에 많은 적절한 방법이 있다는 시각을 가지고 있기 때문에 문화는 종업원, 임원, 고객, 공급자 등 관리대상에 상관없이 결정적인 중요성을 가지게 되었다.

글로벌 인적자원전략에 대한 우리의 분석에서 가장 가치있는 것은 국제화의 각각의 단계에서 구체적인 인적자원의도를 찾아내려는 시도였다. Adler 분석의 장점은 그녀의 분석이

Evance와 Lorange가 정의한 상품 · 시장 논리와 사회 · 문화적 논리와 Vernon의 상품의 라이프사이클 강조, 그리고 문화와 인적자원관리의 문제에 대한 Bartlett와 Ghoshal의 전략과 구조에 대한 관심을 연계해서 하나로 묶으려고 노력했다는 것이다. 〈표 12-2〉는 이러한 틀을 보여주고 있다. 대부분은 인적자원전략 문제에 중점을 두기 위해서 수정되었다.

국내적인 또는 수출단계에 있는 조직은 낮은 수준의 글로벌훈련을 필요로 하고 주로 수출목표 대상지역의 문화와 고객의 가치와 행동 그리고 그 문화와 협상을 하고 영업을 하고 거래를 하는 데 필수적인 대인관계기술을 강조할 것이다. 아울러 현지인(HCNs:host country nationals)을 대상으로 훈련을 전개할 필요도 있다. 주로 현지인들이 모국의 상품과 정책을 이해할 수 있도록 돕기 위한 훈련들이다. 국제적인 단계에서는 더욱 집중적인 교육이 필요하고 기술이전에 더욱 비중이 주어지고 관리와 지역사업사례와 법률을 강조한다. 다국적인 단계에서는 이제 강조점이 쌍방적인 기술이전, 기업의 가치 그리고 국제적인 전략으로 옮겨지고 현지인들에 대한 기술적인 그리고 문화적인 문제에 관한 훈련 모두를 더욱 강조한다. 글로벌한 단계에서는 현지인들과 임원을 포함한 전직원에 대한 글로벌운영, 글로벌전략, 다문화적인 가치 그리고 기업문화로의 사회화와 같은 분야에서의 더욱 엄격하고 집중적인 훈련을 요구한다. 그러므로 국제적인 다양성의 관리가 결정적으로 중요하게 된다.

〈표 12-2〉에 표현된 틀을 활용하여 글로벌 인적자원전략에 있어서 중요한 네 가지의 인적자원 정책분야인 채용과 선발, 훈련과 개발, 성과관리와 국제적인 다양성 관리에서의 전략들에 대해서 간략하게 정리해 보고자 한다.

02 · 글로벌 인적자원관리의 전개

[그림 12-1]은 글로벌한 통합의 수준 또는 본부의 조정수준을 나타내는 수직축과 지역별 내지 국가별 차별적 적응정도 또는 차별화를 나타내는 수평축을 가진 국제인적자원 전략의 유형에 관한 분석틀을 보여주고 있다. Prahalad and Doz에 의해 제시된 이 유형화는 국제화된 환경의 복잡성 내지 다양성과 직접적으로 관련이 있는 문화적 다양성과 지리적 분산 모두의 중요성을 수용하려고 시도하고 있다. 완벽한 것은 아니지만 이 유형화는 국제적인 기업

그림 12-1 | 국제인사전략의 유형

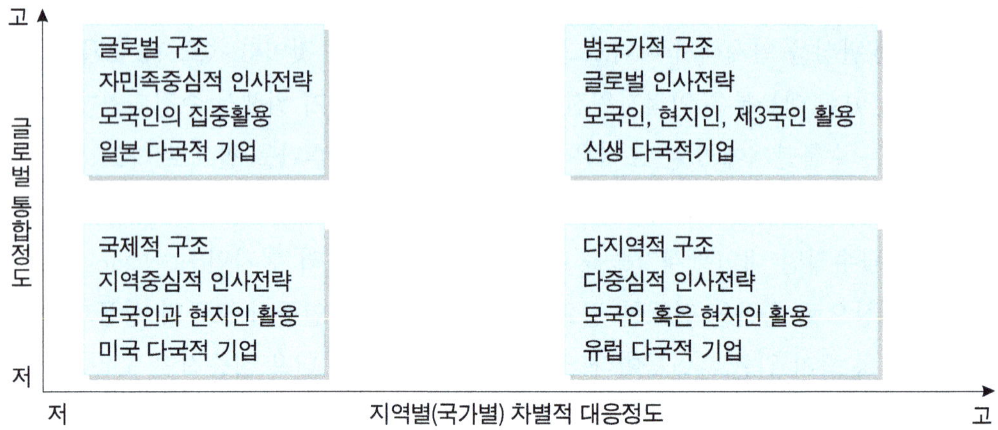

자료 : Harzing and van Ruysseveldt, p.47; Mabey and Salaman, *op. cit.* p.415에서 재인용.

들이 그 대륙적기원이나 구조에 따라서 상이한 인사전략을 채택하고 있다는 것을 보여주고 있다. 예를 들면 미국의 다국적기업은 글로벌 통합정도도 낮고 지역별 차별화정도도 낮은 국제적인 구조(international structure)를 가지면서 모국인(PCNs)과 현지인(HCNs)을 모두 활용하는 지역중심적 인사전략(regiocentric HRS)을 채택하고 있다. 이에 비해 일본의 다국적기업은 글로벌한 통합정도는 높으면서 지역별 차별화정도는 낮은 글로벌구조(global structure)를 가지면서 모국인을 집중적으로 활용하는 자민족중심적 인사전략(ethnocentric HRS)을 채택하고 있음을 알 수 있다.

유럽다국적기업의 경우에는 다지역적 구조(multi-domestic structure)를 가지면서 상황에 따라서 모국인과 현지인을 적절히 활용하는 다중심적 인사전략(polycentric HRS)을 채택하고 있다.

다른 한편 새롭게 등장하는 다국적기업들의 경우 범국가적 구조(transnational structure)를 가지면서 모국인, 현지인, 그리고 제3국인(TCNs) 등을 모두 활용하는 글로벌 인사전략(geocentric HRS)을 채택하고 있는 것으로 보여진다.

이제 이러한 다양한 전략을 채택하고 있는 다국적기업들의 인적자원관리에 대해 다음의 네 가지 영역을 중심으로 간략히 살펴보고자 한다.

- 국제적 다양성과 다문화팀의 관리
- 채용과 선발

그림 12-2 | 국제적 인적자원관리 전략의 사이클

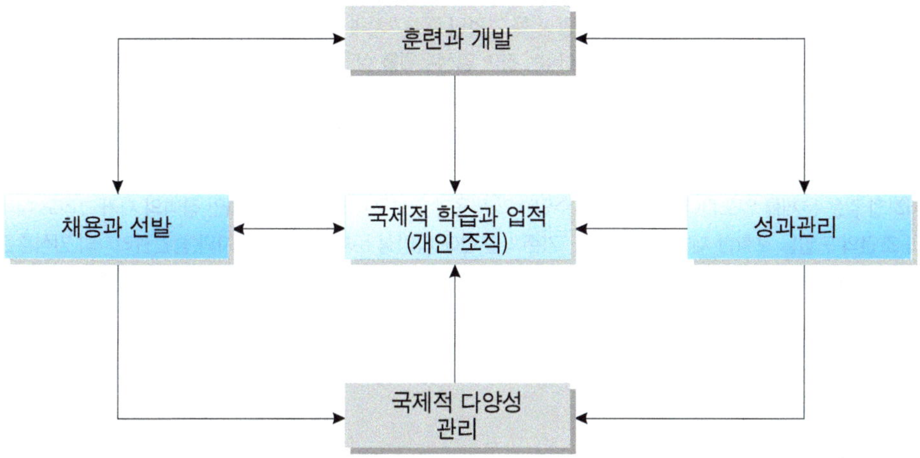

자료 : Mabey and Salaman, *Op. cit.*, p.416.

- 훈련과 개발
- 성과관리

[그림 12-2]는 이 네 가지 정책분야가 왜 국제적 인적자원관리 전략의 한 부분으로 취급되고 있는지를 보여주고 있다. 그리고 각각이 조직적인 · 개인적인 수준의 분석에 있어서 모두 국제적인 업적달성과 학습의 효율성을 높이는 데 기여한다는 것을 보여준다. 이들 영역은 국제적 인적자원관리 분야에서 가장 깊이 있게 다루고 있는 항목들이다(예를 들어, Torrington, 1994; Hendry, 1993; Dowling 외 공저, 1994). 여기서는 전략적 측면에 초점을 맞추어 이들 각각의 영역을 간략하게 정리해 보고자 한다.

2.1 국제적 다양성의 관리

우리는 앞 절에서 국제적인 기업의 특징이 지리적 분산, 복잡성의 증가 그리고 문화적 다양성이라고 했었다. 그리고 다국적기업은 지역별로 차별적인 적응능력이 있어야 한다는 필요성에 상당히 주목했었다. 하지만 문화적 다양성의 문제는 이보다 훨씬 더 광범위하다.

모든 조직의 노동력은 더욱 더 문화적으로 다양해지고 있다. 많은 국가에서 증가하고 있는

표 12-3 | 유럽 Exxon 화학의 다양성 훈련

엑손기업의 일부인 엑손화학은 문화와 국적의 '다양성'을 기업의 핵심가치의 하나로 채택하였다. 엑손 노동자의 인구통계적 특성의 변화와 다양한 팀이 가지고 있는 효율성을 높이는 것이 경쟁우위를 실현하는 원천이 될 수 있을 것이라는 엑손사의 믿음하에서 회사는 이의 실천을 위한 근거로 활용하기 위해서 전유럽 종업원에 대한 태도설문을 실시했다. 종업원들은 엑손사가 획일화된 문화를 가지고 있고 통일성을 강조하고 성과 국적에 대해서 고정관념을 보이는 경향이 있고 남성지배적이고 미국적이라고 생각했다. 그들은 엑손의 이러한 특징이 직무만족도를 저해하고 특히 여성과 소수민족들의 기여를 제한하며 커뮤니케이션과 사기의 저하와 같은 문제를 일으킨다고 보았다. 소수민족의 채용과 경력목표의 강화, 인위적인 장벽의 제거 그리고 더욱 신축적인 계약과 조건의 도입을 포함한 제안들이 나왔다. 기존의 훈련에 다양성 문제와 최고경영자와 중간관리자의 인식훈련에 초점을 둔 경험적인 야외 개발 프로그램이 도입되었다. 여러 언어권의 직원들이 다국적 그룹이 되어 리더십, 다양성, 팀웍 그리고 파트너십과 같은 문제를 중심적으로 다루는 팀빌딩 그리고 야외개발활동에 참여했다. (출처: Philips, 1992)

자료 : Mabey and Salaman, *Op. cit.*, p.417에서 재인용.

이민은 노동인력이 다양한 민족적, 인종적 그리고 문화적 배경을 가진 사람들로 이루어진다는 것을 의미한다. 국제화는 국경과 대륙을 초월하는 인적자원의 교환과 이동을 자극하고 있다. 이처럼 다양한 문화를 가진 노동인력에 대한 관리는 인적자원관리에 수 많은 새로운 과제를 부여한다. 많은 조직이 문화적 다양성을 자신들의 상품과 서비스에 통합시킴으로써 다양한 고객의 요구를 충족시키고, 문화적으로 다양한 노동인력을 채용하여 보유하며 동기부여를 하려고 추진해왔다.

이 분야에 있어서 특히 관심의 대상은 시너지를 얻기 위해서 팀이 가진 다양성을 하나의 자원으로서 활용할 수 있는 그런 다문화팀을 개발하는 것이다. 〈표 12-3〉에 나와있는 것처럼, Exxon화학과 같이 유럽에 본부를 둔 다국적기업들은 국제적인 다양성을 관리하려는 시도의 일환으로 다양성 훈련을 도입하기 시작하였다.

다문화적인 팀의 관리는 국제적인 기업에게는 그 중요성이 점점 더 커질 것이다. 여기에는 기술이전, 전략적 제휴, 합작투자 그리고 본사와 자회사 간의 관계 또는 전체사업장의 통합과 같은 구체적인 프로젝트를 위해 구성될 수 있는 팀뿐만 아니라 글로벌한 범기능적인 팀, 상품개발과 서비스전달과 같은 문제해결을 위한 과제팀도 포함이 된다. 사실, '글로벌한 기업의 중요 운영모드는 기능적인 역량, 경험수준 그리고 문화적 배경에 있어서의 다양성을 대표하는 다문화적인 팀-집단의 창출, 조직화 그리고 관리이다…… 효과적이고 효율적인 다문화팀은 미래의 글로벌경쟁의 열쇠이다'.

많은 조직이 특히 교파적(편협한)이거나 민족중심적인 조직은 다문화팀으로 대표되는 문화적 차이를 무시하거나 억누르려고 한다. 적어도 초기에는 그러한 팀이 커뮤니케이션, 이해와 관련된 문제를 일으켜 긴장, 갈등 그리고 혼란의 원인이 될 수 있다. 하지만 적극적으로 관리한다면 문화적 다양성은 하나의 자산과 자원이 될 수 있다. 특히 새로운 아이디어를 개발하고 새로운 시각을 환영하고 기존 계획을 확장하려고 하는 조직에서는 더욱 그렇다. 팀의 다양성은 유연성의 향상, 개방성, 집단사고의 방지를 유도할 수 있다. 반면에 동질적이고 응집력 있는 팀은 새롭거나 도전적인 아이디어를 자기검열이나 그러한 아이디어를 신의를 저버리는 것이나 배신과 같은 도전으로 취급하는 정신적인 통제장치를 통하여 억누를 수 있다. 문화적 차이의 가치를 인정하면서 동시에 조직의 장점으로 활용할 수 있다고 받아 들인다면 더 큰 시너지를 얻을 수 있다. 하지만 그러한 시너지를 현실화하기 위해서는 팀원들이 자기문화에 대한 인식은 물론 다른 문화에 대한 이해를 행동으로 보여줄 수 있어야 한다.

Adler는 문화적으로 다양한 집단은 일을 탁월하게 수행하거나 반대로 아주 형편없이 할 수 있다는 것을 제시했다. 또한 다양성이 과제를 수행하는 데 있어서 창의적이고 다양한 사고를 필요로 하는 국면에서는 하나의 자산이 될 수도 있지만 일치된 사고와 의사결정을 필요로 하는 국면에서는 분열과 오해의 원인이 될 수도 있다고 지적한다. 다양성은 긴장, 오해, 분열의 가능성 때문에 일상적 업무에서는 덜 중요할 수도 있다.

문화적 다양성을 통해서 얻을 수 있는 시너지의 가능성을 현실화시키고자 한다면 팀원들이 문화적인 역량을 갖추어야 한다. 그들은 자신들의 차이점을 이해할 뿐만 아니라 감정이입, 협상 그리고 집단적인 참여와 갈등의 공개적인 해결을 통해 현실을 공유할 수 있는 능력과 문화적 다양성을 하나의 자원으로서 활용할 수 있는 능력을 길러야 한다. 예를 들어, 국제적인 기업의 문화적 다양성은 다양한 시장과 고객의 기호에 대한 이해를 크게 증진시킬 뿐만 아니라 종업원과 공급자의 가치, 영감 그리고 기호에 대한 인식을 높일 수 있다. 또한 국제적인 기업의 문화적 다양성은 리더십 스타일, 커뮤니케이션, 훈련, 평가와 채용에 대한 인적자원관리 사례에 더욱 문화적인 요소가 가미되게 할 것이다. 즉, 이문화적인 역량이 채용과 선발의 중요한 기준이 되어야 한다는 것을 의미한다.

2.2 국제적 채용과 선발

국제인적자원관리에서 가장 중요한 국제적인 채용과 선발에 관한 문제는 기본적으로 외국주재원의 선발에 관한 문제라고 생각한다. 하지만, 국제화는 많은 다른 종류의 역할에도 영향을 미쳤다. 예를 들어, Bartlett와 Ghoshal는 국제적인 관리자의 네 가지 유형을 정의했는데 네 가지 종류의 관리자는 각기 다르게 혼합된 역량을 필요로 한다.

① 비지니스 관리자 또는 상품부문의 관리자, '전략가 + 설계자 + 조정자'
② 지역관리자, '검열관 + 건설자 + 공헌자', 정보의 수집과 평가의 중요성을 전달하고 지역 감수성에 대한 대응
③ 기능적인 관리자, '스캐너 + 이문화조정자 + 챔피언', 전문화된 정보를 세계적으로 자세하게 조사하고 조직의 다른 부문 간의 모범사례와 정보의 이전을 촉진함으로써 조직의 학습에 있어서 매우 중요
④ 기업관리자, '리더 + 인재발탁자 + 육성자', 조정자, 그리고 새로운 인재육성의 주도적인 역할수행

하지만, 이러한 역할영역은 완전히 성숙한 소수의 범국가적인 기업과 최고경영자에게만 적용된다. 국제적인 대응력, 기술 그리고 정신자세는 조직차원에서 그리고 다른 관리수준에서 더 깊이 있게 개발되어야 한다.

이러한 점은 국제화전략에 따라서 관리자의 유형과 문화적 감수성에 대한 요구가 각기 달라진다는 것을 보여주는 〈표 12-1〉을 참고하면 알 수 있다. 1단계의 국내적인 민족중심적인 조직에서는 국제적인 경험이나 태도에 대해서 별 가치를 두지 않는다. 2단계의 국제적인 조직에서는 문화적 다양성과 국제적인 태도가 여러 기능의 관리자 · 영업대표, 기술전문가 그리고 총괄 이사에게 있어 아주 중요해진다.

조직이 국경을 초월해서 사람을 선발하고자 할 때 조직은 자신들의 선발시스템이 비효율적이라는 것을 깨닫게 된다. 예를 들어, 유럽에서 국가적인 차이가 채용사례를 조정하고 범

표 12-4 | L'Oreal의 채용 사례의 다양성

출판과 텔레비전으로 사업을 다각화하면서 L' Oreal사는 유연성, 기술적인 전문지식 그리고 대인관계기술을 가진 폭넓은 교육을 받은 관리자 집단의 필요성을 인식하게 되었다. L' Oreal사는 의식적으로 다양한 학과에서 그리고 각기 다른 근원을 가진 사람들을 채용하려고 했고 다양한 국적과 문화를 반영할 수 있도록 하기 위해 프랑스 외의 지역에서도 사람을 채용하려고 했다. 가장 중요한 채용기준은 다국적인들과 한 팀으로 일하고자 하는 적극성이며 채용결정은 조직의 모든 계층에서 이루어졌다.
L' Oreal의 문화에 적응할 수 있는 개인의 기술과 능력이 강조되었다; 채용정책을 상부에서 지시하거나 문서화하지 않았다. 대부분의 기간요원에는 젊은 사람이 채용되었고 경력이 있는 사람은 거의 뽑히지 않았다. (출처:Sadler, 1994)

자료 : Mabey and Salaman, *Op. cit.*, p.420에서 재인용.

유럽적인 채용정책을 수립하는 데 있어서 장애가 될 수 있다. 영국의 대학졸업자는 프랑스회사로부터 글씨(필적) 때문에 떨어졌다는 말을 듣는 것은 모욕이라고 생각할 수 있다. 천재들이 모이는 그랑제꼴(grandes ecoles)을 졸업한 프랑스 사람은 시험장에서 심리측정 종합테스트를 받거나 집단실습을 통과해야 하는 것을 모욕이라고 생각할 수 있다(내 지적능력에 대해서는 이미 증명하지 않았습니까?). 이탈리아 졸업생은 두 가지 경우를 모두 이상하다고 생각할 것이다(내 지원서도 제대로 보지 않고 묻고있는 것 아냐?).

현지인(HCNs)에 대한 채용, 보유, 개발의 실패는 국제화에 적합한 모국인 경력사원의 부족으로 인한 세계화의 부진을 더욱 악화시키는 한 요인이라는 것은 이미 지적했었다. 그런 기업들은 일반적으로 현지노동시장에 대한 지식이 없고, 그 지역에서 받는 교육, 훈련 그리고 자격을 무시하고, 언어와 문화적인 문제를 경시하고, 국내의 채용사례를 외국에서도 도입하려고 하는 경향이 있다. 국제적인 관리자부족에 대한 대응책 중 하나는 국제적인 관리직을 채우기 위해서 국제적인 채용을 더 많이 하는 것이다.

하지만 국제적 이동에 대한 제약이 여전히 존재하고 국제화의 속도가 국제관리자의 적절한 수급을 초과할 수도 있다. 또 다른 것은 많은 관리자들이 다양한 이유에서 국제적 이동에 대한 저항을 표시하는 경우가 늘고 있다는 것이다. 그 원인들에는 정치적인 그리고 안전문제, 불경기때의 자국경제에 대한 걱정과 그것이 '재진입'(귀국)에 미치는 영향에 대한 걱정, 자녀의 교육에 영향을 주고 싶지 않으려는 것, '생활의 질'에 대한 걱정 그리고 특히 '맞벌이' 가정의 문제로 배우자가 자신의 일을 그만 두려하지 않는 경우의 증가 등이 포함된다.

채용상의 문제를 볼 때 많은 유럽 다국적기업들이 국제적인 위치에 여성을 포함시키지 않는 것은 조금 이상해 보인다(특히, 미국의 금융서비스 회사들이 그러한 역할에 여성을 기용하는 경우가 늘고 있음에도 불구하고). 여성이 관리직에 있는 경우가 희귀한 많은 국가에서는 여성이 정치적으로나 사회적으로 또는 문화적으로 받아들여지지 않을 것이라는 생각들을 한다. 하지만 일본에서 활동하는 여성 주재원의 경우에 일반적인 일본여성들과는 다른 외국주재원처럼 인식하거나 그들과 같은 대우를 받는 것 같다. 일본에서 활동하고 있는 다국적기업들은 일본여성들이 고등교육을 받았지만 상대적으로 제약을 더 많이 받고 남성 지배적인 환경을 가진 많은 일본기업보다는 유럽이나 북미기업의 환경에서 일하는 것을 선호한다는 것을 잘 알고 있다.

1980년대와 1990년대에 있어서 많은 조직들이 국제적인 채용, 선발, 개발과 경력계획활동을 더욱 많이 하게 되었다(Brester, 1991; Scullion, 1992). 일부기업들은 현지의 기술과 인력부족을 관리하려고 했고, 다른 기업들은 해외자회사나 합작투자선의 채용요구를 충족시키려고 노력해야 했다. 그들기업에 있어서는 정치적인 또는 상황적인 이유로 현지에서 모국을 대표하는 것이 중요한 반면에 학자들은 해외 자회사의 활동을 통제하는 것이 해외주재원을 활용하는 큰 이유로 인식해 왔다. 최근에 기업들은 잠재가능성이 있는 개인에게 '더 큰' 일을 할 수 있는 경험을 제공하거나 국제적인 경험을 제공하여 그들을 개발하거나 그러한 근무를 통해서 가능성을 평가하고 판단하기 위해서 국제적인 근무를 활용하려고 시도해 왔다. 〈표 12-2〉에서 볼 수 있듯이, 국제근무가 주는 그 이상의 동기부여는 학습을 유도하고 새로운 관점을 공유하고 조직학습을 유인함으로써 조직을 개발하는 것이다.

전통적으로 다국적기업뿐만 아니라 정부와 원조기구도 직원수요를 충족시키고 국가를 대표하고 업무를 통제하기 위해서 경력있는 해외주재원을 활용해 왔다. 지역주재원을 신뢰하지 않고 모국에서 통제권을 가지고 있으려는 조직과 같은 민족중심적인 태도를 보이는 조직에서는 이것이 사실이다. 하지만 그러한 전략은 이제 일반적인 것은 아니다. 정치적인 문제, 현지종업원의 원망과 혼란, 지역적 적응성 향상의 중요성, '맞벌이' 가정의 압력을 포함한 다양한 이유로 인한 경력주재원 수의 감소와 손실은 국제인적자원관리의 다른 영역에도 영향을 끼친다.

2.3 국제적 훈련과 개발

다문화적인 팀빌딩 훈련과정에서 볼 수 있는 바와 같이 이문화적 능력은 국제적인 관리자와 다른 종업원의 개발에 있어서 필수적인 특성으로 보는 것이 일반적이다. 그렇다면 이러한 용어가 의미하는 것은 무엇인가?

덴마크 사례에 대한 검토에서 Gertsen은 그녀가 명명한 이문화적 능력이란 세 가지 영역, 즉 '정서적 능력'뿐만 아니라 '행동적'(커뮤케이션을 할 수 있는) 능력(HCNs와 언어적으로 그리고 비언어적으로 모두 효과적인 커뮤니케이션을 할 수 있는 능력)과 '인지적 능력'으로 되어 있다고 했다. 여기에서 Gertsen은 '인지적으로 복잡한' 성공한 관리자의 능력에 대해서 언급하고 있다. 이러한 능력은 성공적인 국제관리자는 한쪽에 치우친 완고한 공적인 통제수단을 사용하기 보다는 임시적이고 잠정적인 사적인 교섭수단을 활용한다는 Ratiu의 연구를 상기시키고 있다.

글로벌 또는 범국가적인 기업의 발전은 국제적으로 이동할 수 있을 뿐만 아니라 '그들의 업무가 가지고 있는 국제적인 의도를 이해함으로써 사고에서도 국경을 뛰어넘어 활동할 수 있는 임원을 필요로 한다'.

어떻게 하면 그런 능력을 최고로 개발할 수 있는가? 이제는 더 많은 조직이 세계적인 차원에서 직원의 경력을 계획하고 이력을 관리할 수 있는 집중화된 인적자원기능을 바탕으로 개인과 조직개발을 위해서 해외근무를 활용하려고 시도하고 있다. 예를 들어, Unilever사의 Top Special Committee는 성공적인 경력개발을 위해 전세계적으로 이루어지는 개발근무를 통해서 200명이나 되는 관리자의 이동을 이력관리한다. 하지만 모든 기업이 이러한 공식적이고 집중화된 해결책을 채택하지는 않을 것이다.

또 다른 조직들은 기술요원, 임원 그리고 중간관리자나 안정기에 접어든 관리자들을 확보하기 위해서 국제적인 근무를 활용하는 것을 확대했다. Shell과 같은 일부조직에서는 신입대졸사원을 위한 훈련에 구체적으로 이문화훈련을 위한 워크샵을 포함시키려고 노력해 왔다. GE와 Unilever같은 기업들은 모든 과정에 국제화를 추진했다. 그들의 공통적인 목적은 트레이너와 훈련생을 혼합된 국적으로 편성하는 것이었다. 훈련은 공식적인 그리고 비공식적인 상호작용을 모두 촉진하기 위해서 국제적인 체험학습 프로그램으로 구성되었다. 예를 들어, Philips는 젊고 가능성이 높은 관리자들을 다국적 팀으로 구성하여 그들의 전문영역 밖의 현실문제를 해결하게 하는 프로그램을 개발했다. 그러한 프로그램은 성과와 가능성에 대한 평가에 통합이 되어 경영진으로 하여금 국제적인 개발을 조정하고 이력을 관리하고 모니터할 수 있도록 해주는 인적자원 데이터뱅크로도 활용된다.

이 분야의 특징적인 초점은 특히 출발전 훈련의 성격을 가진 해외주재원의 훈련과 개발이

표 12-5 | NEC : 일본의 국제적인 HRD

NEC사는 세계에서 가장 큰 제조업체 중 하나로 전체 근로자 약 100,000명 가운데 25,000명 정도가 일본인이 아니다. NEC사가 추진하고 있는 비전은 'C & C'로써 컴퓨터와 커뮤니케이션의 집중이다. NEC사는 다른 많은 일본 기업들처럼 직원들을 국제화시키기 위해 복잡한 HRD 시스템을 만들었고 기업 성공의 열쇠는 지속적인 학습과 교육 특히, 영어교육과 OJT라고 보았다. 1974년, NEC사는 국제적인 교육 프로그램을 실시하기 시작했고 해외근무를 촉진하기 위해서 승진결정시에 국내와 해외경력간의 구분을 없애기 시작했다. 그리고 종업원들에게 맞는 기회를 찾아주기 위해서 해외근무에 적합한지를 적극적으로 평가했다. 전체적인 목적은 기술적인 역량과 유창한 커뮤니케이션 그리고 적응력있는 '글로벌한 비지니스맨'을 개발하는 것이었다. 10개의 개발 프로그램이 광범위한 직원을 대상으로 사업영역, 오리엔테이션 지식과 기술을 제공했다. HCNs를 포함해서 해외요원들을 위해서는 근거리 학습을 이용하였고 본국 귀환 사원들의 재통합을 위한 귀환자 프로그램도 활용하였다. 귀환한 직원들의 경험은 미래의 해외주재원들을 위한 다문화 훈련의 사례연구를 만드는 데 활용되었다. 해외 파견근무는 관점이 국제화되었고 HNCs는 현지에서 뿐만 아니라 일본에서도 훈련을 받았다. 모든 HRD 정책은 전 사원에게 전달하려고 하는 전략적 초점을 가지고 있었고 해외경력은 매력적인 경력 이동으로 자리잡았다. (출처:Holden, 1994)

자료 : Mabey and Salaman, *Op. cit.*, p.424에서 재인용.

그림 12-3 | 국제적인 근무경력 사이클

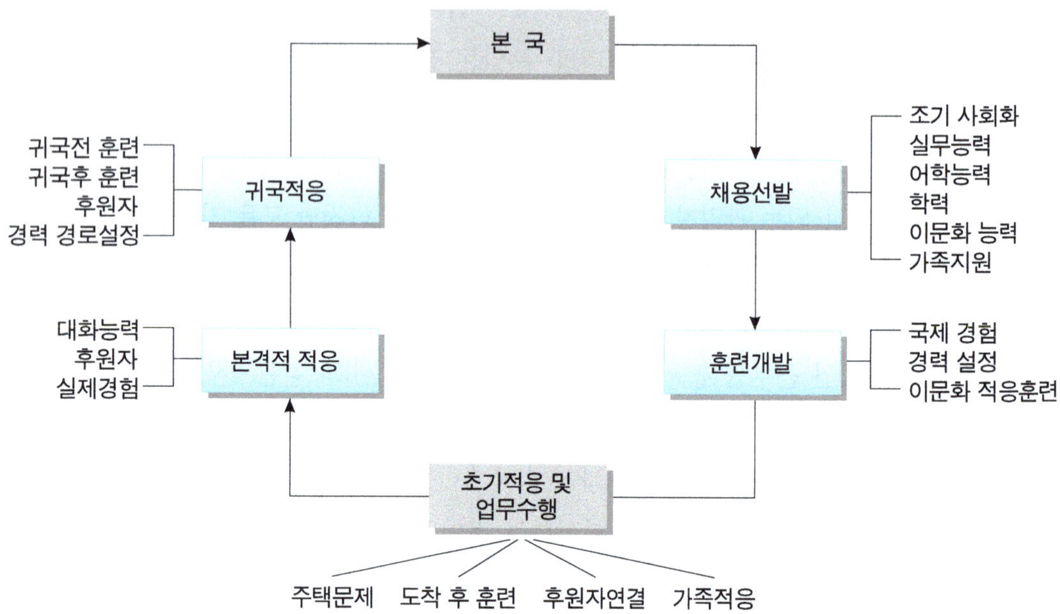

자료 : Black et al.; Adler; Mabey and Salaman, p.423에서 재인용.

지만 다른 한편으로 일반적이지는 않지만 본국 귀환시의 문화적 충격 또한 상당히 클 수 있다는 점을 간과해서는 안될 것이다(그림 12-3 참조). 일부 일본기업들은 〈표 12-5〉와 같이 국제적 능력개발에 본국 귀환자를 많이 활용하는 것 같다.

하지만 많은 '훈련'이 제한적인 오리엔테이션 회합과 문화에 대한 브리핑, 때로는 강의, 유인물 또는 사례연구 그리고 자세한 내용을 알기 위한 보충자료 등으로 제한적이다. 이 문화적 능력에 대한 분석은 인지적인 인식과 이해가 중요하기는 하지만 글로벌 매니저나 해외주재원의 유일한 특성은 아니라고 적고 있다. Black 등은 해외근무가 처음인 사람일수록 HCNs와 더 긴밀한 상호작용이 필요하다고 주장한다.

예를 들어, Hofsted의 틀을 활용해서 집단적이고, 권력구조가 복잡하고, 관계지향적이고, 불확실성을 회피하는 아시아 문화에서 일하는 개인주의적이고, 권력구조가 단순하고, 과제지향적이고, 불확실성에 대해서 너그러운 앵글로-색슨 관리자라고 가정해보자. 저자가 사회적 학습이론을 제외하고는 엄격한 것에 대해서 충분하게 밝히지는 않았지만 그러한 경우에 훈련과 개발은 엄격하고 그리고 집중적이어야 할 필요가 있다. 하지만 일반적인 이 문화적 능력 그리고 특히 문화적으로 거리가 먼 지역에서의 집중적인 상호작용이 포함된 새로운 직무를 다루는 능력은 더 경험적인 방법을 사용해야 잘 개발할 수 있다.

자기계발 특히, 자신에 대한 인식, 개인의 문화가 개인의 믿음, 가치관, 행동에 어떻게 영향을 미치는가에 관한 이해, 이문화능력개발 등에서 핵심적인 부분은 타문화에 대한 감수성 워크샵, 다문화팀과 함께 하는 야외개발, 실지견학, 다문화적인 상황에서의 체험활동, 해외근무를 포함한 직무순환 그리고 다문화적인 팀빌딩훈련과 같이 더 경험적인 방법론을 통해서 가장 잘 개발될 수 있다.

2.4 국제적 성과관리

1) 성과평가

국제적인 임무를 성공적으로 수행하기 위해서는 기술적인 능력뿐만 아니라 다문화적인 기술, 대인관계기술, 감정이입, 감수성과 적응력이 필요하다. 그러므로 이러한 요소를 전략적인 차원에서 성과평가시스템으로 통합시켜야 한다.

국제적인 역할은 각기 다양하므로 다양한 기준과 본사와 자회사의 투입이 모두 고려되어야 할 것이다. 운영상의 기준은 특히 기술적인 전문지식과 관련된 것이고 전략적 기준은 임원과 자회사의 대표에게 적용될 것이다. 그러한 기준에는 장기적인 계획과 목표에 대한 충실성이 포함될 수 있을 것이고 이들 영역과 관련된 복잡성과 유연성에 대한 인식도 포함되어야 할 것이다. 자회사의 전체적인 성과와 지역 총책임자(예를 들어, 유럽, 아시아 · 태평양지역)에 대한 평가는 홍보와 배치결정에 있어서 상대적인 객관적 우수성을 비교 · 확인하는 데 도움이 될 수 있을 것이다.

하지만 그러한 상황에서의 평가에는 시간과 거리의 격차, 시장 성숙도의 차이, 비교가능한 관련 통계수치의 수집문제, 환경적인 소멸성 그리고 세계적인 성과와 사업부문의 성과의 이상적인 혼합비율 등을 포함해서 다양한 요인이 영향을 미친다. 이 외에도 해외주재원의 성과는 분명히 현지 국가의 환경과 성공적인 수행을 촉진할 수 있는 해당 국가의 인프라수준의 영향을 받는다. HCNs, 특히 정부관리같은 사람들과 상당히 긴밀한 상호작용을 해야하는 직무는 기술적인 직무보다는 사회적, 인간관계적인 그리고 문화적인 기술에 대한 의존도가 더 높을 것이다. 이전에 수행하던 직무와 내용이 다르거나 전혀 색다른 직무인 경우에는 훨씬 더 힘든 일이 될 것이다.

[그림 12-1]에 나와 있는 국제인적자원관리 전략의 유형은 특히 이러한 영역에서의 정책적 옵션을 만드는 데 도움이 될 수 있다. 국제적인 기업의 일반적인 접근방법은 누가 누구에게 적용할 성과기준을 수립할 것인가에 영향을 미칠 것이기 때문이다. 예를 들어, 자민족중심적인 기업은 PCNs과 본사의 기준을 이용할 가능성이 있고 반면에 다중심적인 기업은 현지의 그리고 HCNs의 기준을 활용할 가능성이 훨씬 더 높다. 사업의 성숙도와 변화에 따라 다양한 기준에서 주어졌던 조직의 초점(예들 들어, 기술이전에서 글로벌한 성과로), 우선 순위 그리고 비중이 변할 수 있다. 국제적인 기업이 채택하고 있는 재정과 금융전략 또한 적절한 기준의 하나로 재정데이터를 활용하는 것에 영향을 미칠 것이다.

ICI와 같은 몇몇 다국적 기업들은 환경적인 성과를 평가와 보상시스템에 도입하기 시작했다. 반면에 특히 미국의 다국적 기업과 같은 일부기업들은 균등한 기회, 다양성 그리고 긍정적인 행동목표에서의 성과를 관리자 평가에 반영하고 있다. 또 다른 기업에서는 행동 또는 결과지향적인 기준(무엇을 달성했는가) 대신에 프로세스 지향적인 기준(어떻게 일을 수행했는가)을 활용하거나 그러한 기준을 다른 기준을 보완(혼합된 접근방법)하는 데 활용하기도 한다. 예를 들어, 미국의 US Foreign Corrupt Practices Act와 같이 구체적인 법률로 구체화되기도 하는 부패행위에 관한 관심도 단지 목표나 목적을 달성했느냐가 아니라 결과를 얻기 위한 과정에도 직접적으로 주의를 기울이게 한다. 누가 평가를 하고 그들의 비중이 얼마나 되는가-평가자와 자회사의 CEO, 직속상관, 모국의 관리자, HRM부서 중 누구인가-는 또한 회사에 따라서 달라질 수 있다.

평가에서 발생하는 또 다른 문제는 일본과 같이 집단지향적인 또는 집단주의자적인 국가에서의 평가자체의 문화적 적응성과 같은 문제들이다. 일본에서는 간접적인 비판과 팀 또는 회사성과중심이 강조될 것이다. 품질향상전략을 추구하는 일본인 소유의 또는 일본인 영향력 아래에 있는 많은 제조공장에서는 두드러지게 더 프로세스 지향적이고 장기적이고 팀을 중심으로 한 기준을 활용한다. 팀 중심구조를 추진하려는 많은 서양의 다국적기업들 또한 팀 평가와 상사평가(상사의 성과를 직속부하가 평가하는 것)의 도입을 시도하고 있다. 360도 피드백 시스템을 고취시키는 미국과 같은 나라는 권력구조가 복잡한 대다수의 아시아국가(심지어 프랑스에서도)와 같은 문화권에는 적응하기 어려울 것이다. 그러므로 이런 제도의 도입이 적절한지 현지 HCNs와 협의하는 것뿐만 아니라 어느 정도의 문화적 감수성도 필요할 것이다. 어떤 조직들은 채용, 선발, 평가, 개발과 보상활동을 조정하기 위해서 비교에 도움이 될 수

표 12-6 | Pepsi-Cola International의 성과 피드백

PCI는 관리의 일관성을 확보하는 동시에 개인의 성과를 향상시킬 수 있는 공통 평가시스템을 고안하였다. 다양한 시장과 나라에서의 높은 성과와 관련된 요인을 찾아내어 공통적인 평가용어를 만들었다. 그 과정에서 찾아낸 평가영역은 사업복잡성의 처리, 성과지향, 리더십, 탁월한 집행력, 조직적인 이해, 압력하에서의 침착성, 성숙, 기술적인 지식, 긍정적인 인사관리 기술, 효과적인 커뮤니케이션과 영향력 등이었다. 각각의 영역은 환경에 따라서 다르게 조합될 수도 있었다. 하지만 결과 산출의 전체적인 목적은 같았다. 5단계 피드백 구조는 높은 성과와 균형잡힌 문화적 다양성 그리고 세계적인 조정에 사용되었다. 5단계 피드백은 즉각적인 피드백, 코칭, 책임을 기초로 한 평가, 개발 피드백, 인적자원계획이다. 즉각적인 피드백을 주는 방법은 피드백의 내용보다는 덜 중요했다. 성공적인 실시를 위해서는 다문화적인 조정이 필요하다. (출처:Schuler외 공저, 1993)

자료 : Mabey and Salaman, *Op. cit.*, p.428에서 재인용.

있고 관리자에게 성과에 관한 공통적인 언어를 제공할 수 있는 행동기준을 광범위하게 정의한 유연한 '능력구조'를 활용하려고 하고 있다. 한 예가 Pepsi-Cola International(PCI)이다(표 12-6 참조).

2) 보상관리

국제적인 상황하에서 보상관리에 있어 조직은 국내상황에서 일반적으로 고려하지 않았던 문제들에도 익숙해져야 한다. 노사관계 혹은 고용관계와 관련된 문제들이 그 일부이고 다른 문제로는 외국의 법률과 고용정책, 통화인플레이션 그리고 특정국가에 한정된 허용범위 등이 포함된다. 이러한 문제들이 중요한 이유는 해외주재원에게는 비용이 많이 소요되기 때문이다. 해외주재원의 높은 비용은 특히 미국기업들이 그 수를 줄이거나 HCNs에 의존하는 주요 이유이다. 일반적으로 보상관리로서 국제적인 보상관리는 여러 가지 용도로 활용되어야 한다. 이러한 용도에는 기업의 전체적인 전략의 지원, 비용효율성에의 기여, 필요한 직원의 유인, 유지 그리고 동기부여, 종업원 이동의 촉진과 종업원들에 대한 공평성의 확인 등이 포함된다.

이들 다양한 용도 간에는 긴장과 갈등이 분명히 있을 것이다. Perlmutter(1969)의 틀을 활용해서 다른 정책옵션 특히 PCNs에 관한 것을 결정할 수 있다.

- 모국중심정책 : 기본적인 연봉을 모국의 연봉구조와 연계: 자민족중심적인 전략
- 활동국가 중심정책 : 활동하는 국가의 연봉구조에 연봉연계. 하지만 중요한 국제적인 보완요소(생활과 현지적응비용, 주택, 학교교육과 그 밖의 수당같은 것)는 본국의 연봉구조를 따

표 12-7 | Ferranti-Thomson Sonar Systems: 앵글로-프렌치 합작투자 기업의 국제인적자원전략

1990년 세계 최대의 비미국계 전자회사이며 프랑스에 본사를 둔 다국적 기업 Thomson은 영국의 Stockport에 본사를 둔 Ferranti Computer Systems사의 소나 시스템 부문의 지분 50%를 사들였다. 초기에는 전 종업원이 Ferranti에서 일하던 사람들이었고 강한 Ferranti사의 문화가 유지되었다. 그들이 당면한 문화적 차이는 공식적인 계층조직 구조내에서의 상세하고 서류화된 양식에 있어서의 프랑스어 사용의 요구와 비구조화된 일정과 공식적인 회의 외의 중요한 의사결정 과정에서의 프랑스어 선호 였다. 회사의 공식적인 언어가 있음에도 불구하고 Stockport에서 열리는 교육은 프랑스어로 이루어졌고 이제는 두 개의 언어를 사용하는 비서와 직원들을 선호하게 되었다. 국제적인 경험은 채용에 있어서 중요한 요소가 되었고 유럽과 세계적인 관점에 대한 이해가 더욱 중요하게 되었다. 방위산업에 있어서의 보안상의 문제를 이유로 1994년까지 거의 인원 변화가 없었음에도 불구하고 Ferranti 직원들은 Thomson사의 국제적인 교육 프로그램의 합숙 교육, 회의 그리고 세미나 등에 참석할 수 있게 되었다. 임금구조, 연금, 연봉은 계속해서 지역에서 결정하였다. 영국 관리자들은 프랑스측 사람들이 회사업무용차를 적게 사용하는 반면에 일반적으로 임금이 높다는 것을 알게 되었다. (출처:Moran, 1994).

자료 : Mabey and Salaman, *Op. cit.*, p.428에서 재인용.

름: 다중심적인 전략

- 지역중심정책 : 먼 지역(걸프지역과 같이)보다는 낮은 수준에 있는 본국지역(예를 들어, 유럽)의 수준에서 보상함

일반적으로 기업들이 가지고 있는 보상방법의 혼합(현금 대 비현금요소, 연공서열 대 개인의 성과 대 집단 또는 사업부문 또는 기업의 성과)에서처럼 보상시스템의 종류가 각기 다르다. 더욱 두드러진 차이는 '회사차이'와 관련된 부문에서 발생한다. 유럽본토와 미국에서보다는 영국(일반적으로 위계질서상의 위치와 관련이 깊은)의 모든 관리계층에서 훨씬 더 일반적이다. 〈표 12-7〉은 앵글로-프렌치 합작투자기업이 부딪힌 몇 가지 차이점과 조직대응의 일부를 보여주고 있다.

일반적으로 대부분의 분석에서 한 기업의 성과관리전략은 기업의 전체적인 사업전략에 맞게 조정되어야만 한다고 주장한다. 한 예로, 기술이전과 단기적인 근무를 강조하는 기업(예를 들어, 최첨단 기업)들은 쉬운 해외근무와 국내보상시스템으로의 신속한 재통합을 유도하는 보상시스템을 활용하려고 할 것이다. 그리고 장기적인 근무(예를 들어, 은행)를 해야 하는 기업들은 이문화 간의 이동과 팀웍을 강조함으로써 국적차별을 없애고 '국제적인' 보상시스템 종류를 활용하고 있다. 마지막으로 확실한 글로벌전략과 세계적인 태도를 지닌 국제적인 관리팀을 구축하고자 하는 욕구를 가진 기업은 평가, 보상 그리고 경력개발에 있어서 국제적인 경험을 크게 강조할 것이고, 그러한 경력을 추구하는 사람들을 끌어들일 수 있고 국제적인 이동을 촉진할 수 있는 보상구조를 활용할 것이다.

03 · 글로벌 인적자원관리의 전략적 이슈

글로벌 인적자원관리는 중요한 전략적 복잡성을 지니고 있다. 글로벌기업들은 다양한 종업원에 대한 효율성을 극대화할 수 있도록 필요한 전략적 대안들에 직면해 있다. 기업의 정체성을 개발 · 유지하기 위해, 글로벌기업들은 관리적인 측면에서 집중화와 통합이 요구된다. 반면에, 효율적인 분산화를 추구하기 위해서는 다른 민족의 특유한 문화에 적응할 필요가 있다. 다음은 글로벌 인적자원관리와 관련된 전략적 이슈들을 살펴보자.

3.1 글로벌전략의 선택적 대안 : 異文化 속의 시너지 창출

Adler는 다국적 상황을 중심으로 글로벌 관리자가 효율적으로 이용할 수 있는 다섯 가지 글로벌 전략의 옵션들을 구분해 보았다. [그림 12-4]에서 가장 중요한 것은 다섯 가지의 기본적인 옵션이고 이 옵션들은 자문화중심(my culture's way)과 타문화중심(their culture's way) 간의 균형을 수반한다.

- 문화적 지배(Cultural Dominance) : 이 옵션은 본국 문화에 기초한 방식으로 수행되는 연속체라고 볼 수 있다. 인적자원실무와 관련해 이는 정확한 인적자원기술과 본국에서 이용되고 있는 기준의 적용을 수반한다. 조직수준에서 이 접근방법은 파워를 지닌 기업에 의해 종종 이용되며 개별적인 측면에서는 그들의 방식이 가장 우월하다고 생각하는 관리자에 의해 채택된다.
- 문화적 수용(Cultural Accommodation) : 이 옵션은 문화적 지배와는 반대되는 개념이다. 한 예로, 현지국의 인적자원실무와 관련된 것들의 모방을 들 수 있다. 진출한 국가의 언어를 배우는 것도 이 옵션의 한 형태라 볼 수 있고 국제적인 기업으로 나아가는 것을 말한다. 이 접근방법은 '로마에 가면 로마법을 따라야 한다'라는 가정에 기반을 둔다.
- 문화적 타협(Cultural Compromise) : 이 옵션은 문화적 지배와 문화적 수용의 결합을 의미한다. 이것은 두 측면이 작업을 효율적으로 이루어내기 위해서 보완할 수 있다는 것

그림 12-4 | 글로벌전략의 선택적 대안

자료 : Adler, Kossek and Block. *op.cit*. p. 25에서 재인용

을 의미한다. 이 접근방법은 일반적으로 다국적 기업에 적합하다.

- 문화적 회피(Cultural Avoidance) : 이 옵션은 마치 문화적 차이점이 없는 것처럼 행동하는 것을 의미한다. 한 예로, 이는 문화적 다양성을 고려하지 않고 인적자원정책을 채택하는 것이다.
- 문화적 시너지(Cultural Synergy) : 이 접근방법은 각각의 수반되는 문화에 대한 새로운 해결책의 개발을 의미한다. 이 옵션은 문화적 다양성의 이용을 통한 해결책을 낳는다. 즉, 이것은 다양한 국가의 가장 좋은 인적자원정책과 결합될 수 있는 새롭고 혁신적인 인적자원시스템의 개발을 촉진시킬 수 있다.

3.2 글로벌 매니저로 성공하기 위한 필요역량

글로벌 매니저(global manager)의 자질은 전통적인 국제관리자(international manager)보다 더 광범위한 기술을 요구한다.

- 글로벌 매니저는 글로벌관점에서 전세계적인 기업환경을 이해해야 한다.
- 글로벌 매니저는 수 많은 국가의 문화, 언어, 기호, 사고방식 등에 대해 반응하고 배워

야 한다.

- 글로벌 매니저는 외국문화로부터의 적응능력을 필요로 한다.
- 글로벌 매니저는 경력 · 조직개발을 위해 광범위한 외국경험을 필요로 한다.

이러한 글로벌 매니저의 개발은 국제적 기업으로의 기업발전단계와 글로벌 인적자원시스템의 설계 및 관리능력에 의해 좌우된다.

연습문제

1. 글로벌 인적자원관리의 유형을 설명하고 한국기업의 특징은 무엇인지 설명해 보시오.
2. 국제적 다양성의 증가에 따른 HRM의 어려움을 열거하고 그 대처방안에 대해 토의해 보시오.
3. 문화적 시너지를 얻을 수 있는 글로벌 인적자원관리 방식에 대해 설명해 보시오.
4. 글로벌경영으로 나아가는 각 단계별 인적자원관리상의 특징에 대해 설명해 보시오.
5. 한국기업의 사람중심 내지 연공중심의 인사관행이 글로벌경영의 전개에 있어 어느 정도의 적응력을 가질 수 있을지 그 가능성에 대해 토의해 보시오.
6. 한국기업의 글로벌 인적자원관리의 특성과 문제점 및 향후의 전개방안에 대해 토의해 보시오.

P·A·R·T 04

인사감사

- 제13장 인적자원관리 활동의 평가

제13장

인적자원관리 활동의 평가

학습목표

인적자원관리 평가의 이론적 근거, 인적자원관리-업적모델, 인적자원관리의 기여도 측정의 중요성, 인적자원관리의 부가가치를 측정할 때 사용하는 변수, 인적자원관리 기능에 대한 평가기법, 인적자원관리와 업적과의 관련성

인적자원관리의 평가란 조직에 대한 인적자원관리 활동의 부가가치를 측정, 평가, 전달하는 수순이나 절차를 말한다.

01 · 들어가는 말

근래 20여년 간에 걸쳐 인사기능은 그 역할, 지위, 영향력 등에 있어 커다란 변화를 겪었다. 인사기능을 아웃소싱하거나, 조직의사결정과정에서 인사전문가가 경시되는 풍조에 대해 인사역할의 발칸화(발칸반도 정세처럼 혼란스런 상황을 빗댐)(Tyson)라고 불리는 때도 있었다. 그러다 최근에는 인사전문가의 관심이 종업원 옹호자로부터 경영진의 일원으로 바뀌거나 인사파트너로부터 인사플레이어로 바뀌는 것에 주목하고 있다. 이는 인사전문가가 모집선발, 보상, 능력개발, 고용관계 등과 같은 일상적 업무활동뿐만 아니라 사업의 전략적 활동에도 깊이관여하게 된 상황을 보여주는 것이다. 이에 따라 인사전문가는 부가가치, 손익에의 공헌, 투하자본이익률(ROI) 등 인사기능이 올린 재무적 공헌에 대해 설명할 수 있어야 한다. Pfeffer는 우량기업에서 나타나는 16개의 베스트 프랙티스 중의 하나가 업무의 측정이라는 사실을 지적한 바 있다. 이들 조직은 종업원의 노력을 측정하는 작업을 전체프로세스에 있어 중요한 구성요소로 파악하여 대응함으로써 경쟁우위를 획득하고자 하고 있다.

전술한 바와 같이 조직업적에 대한 인사분야의 공헌을 보여주는 것이 인사관리에 있어 주요한 연구과제가 되고 있다. 그렇다면 인적자원관리와 업적 간의 관련성을 측정하기 위해 어떤 유형의 업적데이터를 활용할 수 있을까? 또한 어떤 인사정책이나 인사계획이 뛰어난 업적을 올릴 수 있을까? 나아가 통제형 인사시스템보다 고몰입형 인사시스템이 보다 좋은 결과를 가져다 줄 것인가? 인사전략과 사업전략의 정합성(fitness)이 높은 조직이 과연 높은 업적을 올리고 있는가? 어떤 식으로 인사기능이 조직의 최종 손익에 공헌하는가? 이러한 의문에 답하기 위해 인사전문가는 인사활동의 부가가치를 측정, 평가, 전달할 수 있어야 한다. Ulrich와 Pitty는 인사전문가의 목적은 기업의 전략수립이나 사업실적에 대해 인사기능이 부가가치를 제공하고 있다는 점을 명확히 보여주는 것이라고 주장한다. 그러나 소수의 대기업을 제외한 대부분의 중소기업에서는 인사전문가라고 할 수 있는 인원이 거의 없는 실정이므로 인적자원관리의 부가가치 접근방법은 모든 경영자들이 관심을 가져야 할 부분이라 생각된다.

02 · 인적자원관리의 평가를 위한 이론적 근거

최근의 인적자원관련 교과서들에서는 인사는 관리나 통제와 같은 역할에만 머물러서는 안 된다는 생각이나 부가가치같은 개념이 자주 거론되고 있다. 예를 들면 Drucker는 '인사부문은 행동을 달리해야 하고 그 전략적 능력을 보여주어야만 하며, 종업원이 낳는 비용이 아니라 그들이 산출하는 성과에 초점을 맞출 필요가 있다'고 주장하였다. 전술한 바와 같이 인적자원관리의 역할이 확대된 것은 경영상의 요청도 있었고 경영트렌드의 변화에도 기인한 바 크다. Philips에 의하면 경영관리방식이나 실천에 있어 인사부문의 역할에 변화를 가져온 커다란 트렌드로서 다음의 일곱 가지가 거론되고 있다(그림 13-1 참조).

팀작업이나 TQC, 리엔지니어링 등 조직변혁과 리스트럭츄어링은 새로운 전개의 첫 번째

그림 13-1 | 부가가치 접근법(value-added approach)의 이론적 근거

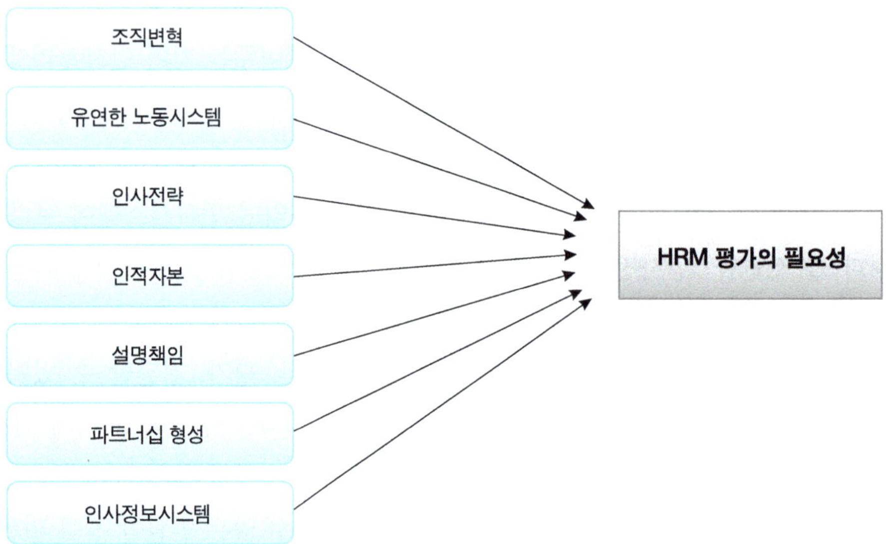

것이라 할 수 있다. 이들 구조적 변화는 종업원의 몰입이나 발언(voice)과 같은 형태와 함께 강화되었다. 이 변화의 과정에서 인사역할은 관리자라기 보다는 조력자(enabler)와 같은 컨설턴트적인 것으로 바뀌었다. 두 번째 트렌드는 노동의 유연성과 생산성의 제고이다. 이 트렌드 하에서 인사역할은 일의 리스트럭츄어링의 추진자, 조력자, 혹은 평가자로 기능한다. 작업조직에 인사전략을 적합시킬 때에는 개인, 팀, 조직 등의 조직실적에 대한 공헌을 측정하는 것이 중요시 된다. 전략적 인적자원관리의 자원기반모델에서는 지속적 경쟁우위의 확보를 위한 전략으로서 인적자본의 중요성을 강조하고 있다. 설명책임(accountability)의 문제는 측정가능한 척도를 개선한 전략적인 인사정책을 예시함으로써 설명할 수 있다. 가치를 생성하는 주요한 자산을 측정하는 방법을 모른다면 그것은 관리할 수도 없다는 지적에서 이 개념의 전제를 이해할 수 있을 것이다. 여섯 번째의 트렌드는 조직내 권력과 정치에 관한 것이다. 부분적으로는 인사전략의 발전과 채용에 대응하는 것으로서 인사기능의 아웃소싱이 활발해지고 있는데 대해 인사전문가는 다른 매니저와 파트너관계를 구축함으로서 적극적으로 라인매니저와 협력하고자 한다는 이미지를 전달할 수 있다. 그렇게 함으로써 인적자원관리 기능의 최종손익에 대한 공헌을 명확히 보여줄 수가 있다는 점이 가장 중요한 것이다. 이 점에 대해 Ulrich & Pitty는 다음과 같이 기술하고 있다.

> "인사전문가는 파트너 이상의 존재가 되어야만 한다. 그들은 플레이어가 되어야만 한다. 플레이어는 공헌한다. 플레이어는 현장에 있다. 플레이어는 가치를 생성한다. 플레이어는 게임의 구경꾼이 아니라 직접뛴다. 그들은 결과를 산출하고 뭔가를 보여주고자 한다."

인적자원관리 기능에 있어 설명책임을 강화하는 일곱 번째의 중요한 움직임은 인사정보시스템의 이용이 증가하고 있다는 점이다. 정보기술시스템에 의해 보다 많은 데이터를 수집, 분석, 보고할 수 있게 됨에 따라 종업원이 산출한 경제적 가치를 보다 정확하게 측정할 가능성이 높아졌다. 이들 일곱 가지의 변화가 서로 밀접하게 연관되어 설명책임이나 부가가치형의 인사정책과 인사시스템에 대한 요구가 보다 강해지고 있다.

인사측정에 있어 인적자원전략과 조직성과 간의 관계를 보기 위해서는 일련의 변수를 측정할 필요가 있다. 높은 내적 타당성을 보증하기 위한 방법론은 이상적으로는 성과에 영향을 미칠 수 있는 다른 요소를 통제한 후 인적자원전략 혹은 개인의 행동이 재무적 성과에 어느 정도 영향을 미치는가를 계산해야 한다. 높은 내적 타당성이란 어떤 곳에 도입하더라도 농일한 인적자원관리 시책의 영향이 추론될 수 있도록 일반화할 수 있음을 의미한다. [그림13-2]는 인적자원관리 시책과 조직성과 간의 관계에 대한 기본모델을 보여주고 있다. 인적자원관리의 부가가치모델은 다음 세 가지 주요한 요소에 대해 전체적인 관계를 보여주고 있다.

- 인적자원관리
- 종업원 개인수준과 팀수준에서의 인적자원의 성과측정
- 조직성과척도

2.1 인적자원관리

[그림 13-2]의 인적자원관리 (1)은 작업조직의 인사전략, 방침, 계획, 시책, 제도로 이루어진다. 이들은 종업원이나 집단의 성과에 영향을 미치는 요소로서 결국 조직성과에 영향을 미치는 요소이다. 선발, 훈련과 학습, 평가와 보상같은 일련의 혁신적인 인적자원관리시책들이

그림 13-2 | 인적자원관리와 성과 간의 관련성에 관한 모델

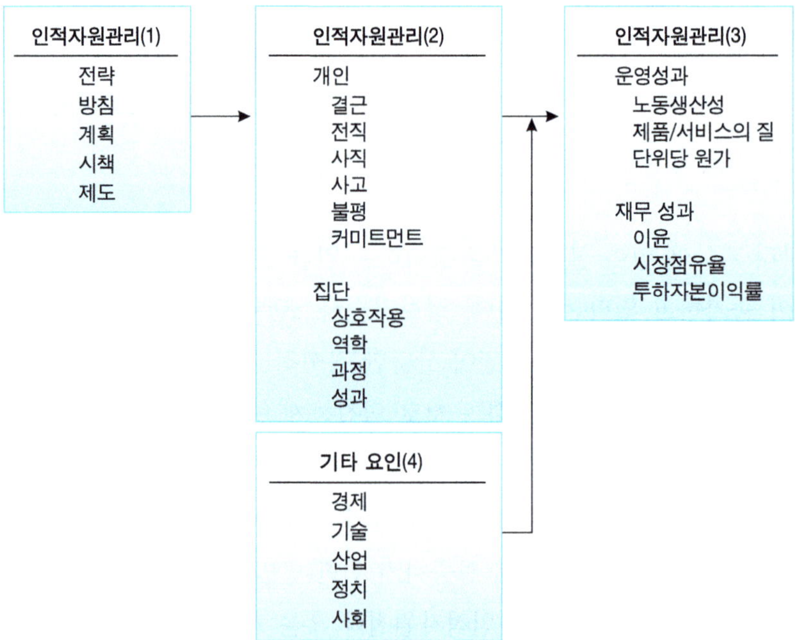

출처: Phillips

어떻게 종업원의 업적에 영향을 미치는가에 대해 많은 연구가 이루어지고 있다. Fitz-enz는 사람은 원래 가치를 창출하는 힘을 가지고 태어난 유일한 요소라고 강조하고 있다.

2.2 종업원 성과척도

[그림 13-2]의 두 번째 요소는 인적자원관리의 실시결과(2)로서 일부는 종업원 성과척도에 의해 측정된다. 학계나 기업, 개별 종업원이나 팀의 측정에 대한 많은 선택지를 가지고 있다. Saks는 다음 세 가지 척도를 들고 있다.

- 특성
- 행동
- 성과

연구를 통해 종업원에게 있어 중요하다고 생각되는 개인특성을 평가하는 데 초점을 맞출 수 있을 것이다. 특정한 인사정책을 시행함으로써 종업원의 조직에 대한 충성심이나 커미트먼트와 같은 중요한 특성을 증가시킬 수 있을 것이다. 그러나 특성평가는 특성 그 자체가 명확히 정의되지 않음으로 인해 그것을 사용하기가 상당히 어려운 게 사실이다. 이에 대해 행동정보의 척도는 종업원이 직장에서 실행, 혹은 실행하지 않은 것에 초점을 맞춘다. 일과 관련된 행동으로서는 결근이나 시간관리의 태만, 자발적인 퇴직 등을 들 수 있다. 특성과는 달리 일과 관련된 행동은 일정한 신뢰성 하에서 관찰하고 기록할 수 있다. 세 번째 어프로치는 직장에서 일정기간 동안 만들거나 달성한 성과의 측정이다. 완성된 단위의 수, 사고수준, 고객불만 등과 같은 종업원 성과측정의 이점은 명확한 객관성이 수반된다는 점이다. 물론 조직커미트먼트가 되었든, 결근이나 전직, 사고나 불만률 등 그 어느 것이 되었든 통계적인 결함과 신뢰성의 문제가 대두되어서는 안될 것이다.

팀작업은 미국이나 영국의 조직에서 보다 일반적인 것으로 그에 따라 팀성과의 측정에 관심이 높아지고 있다. Hackman & Oldham(1980)이 지적한 바와 같이 팀업적은 팀구조, 팀의 규범, 팀구성, 팀리더십과 같은 네 개의 투입변수와 팀작업과 팀학습과 같은 프로세스변수의 영향을 강하게 받는다. 그러나 이들 투입과 프로세스 요소에 대한 측정은 아직 충분히 발선한 단계라고는 할 수 없다.

팀 프로세스는 팀에서 보여지는 행동에 관한 것이다(사람과 사람에 관한 것과 시간의 경과에 관한 것). 팀 프로세스와 관련하여 팀 유효성의 잠재적인 프로세스 지표를 개발하는데 도움이 되는 두 가지 중요한 개념이 있다. 팀이 어떻게 일에 접근해가는가 하는 것이 최종적인 팀업적에 있어 중요하며, 이는 작업 팀전략이라 불리운다. 두 번째 개념은 팀내에서 비공식적인 학습이 어느 정도나 이루어지고 있는가 하는 팀학습이라 불리우는 개념으로서 이는 팀의 성과에 분명한 영향을 미친다.

팀업적을 정의할 때는 일반적으로 팀성과를 얼마나 잘 올리고 있는가 하는 관점에서 생각한다. 작업조직에서는 팀업적이 효율성이라는 점에서 개념화되는데 이는 사용된 자원(input)과 그것으로부터 얻어진 것(output)과의 비교로서 요약하면 투입과 산출의 비율이다. 예를 들면 Banker 등이 수행한 작업팀이 노동생산성에 미치는 영향에 관한 연구에서는 생산시간과 생산량의 비율로 성과를 측정하고 있다. 그 결과 노동생산성은 작업팀의 형성에 따라 개선되었다. 작업팀의 성과에 관해 연구하거나 팀에 관한 자료를 분석하고자 할 경우에는 분석단위는 팀이며 조사설계시 팀의 수나 표본수를 반드시 고려해야만 한다.

2.3 조직성과척도

[그림 13-2]의 모델에서 보는 세 번째 요소인 조직성과는 종업원 개인과 작업팀의 측정에 영향을 받는다. 여기에는 노동생산성, 제품이나 서비스의 질, 단위당 원가비율, 매출생산성, 투자자본이익률 등 많은 조직성과 척도가 사용된다. 그러나 Saks는 연구자들이 자주 하나의 성과지표에 의존한다거나, 다양한 측정척도 간의 관계에 무관심한 점, 시장점유율 등과 같은 몇 가지의 조직성과 측정은 종업원 행동변화 등에 비해 실현하기까지 상당한 시간이 걸린다는 사실 등을 무시하는 등 적합성을 고려하지 않은 채 유사성이 없는 복수의 직장에 동일한 성과척도를 적용하여 의미없는 비교작업을 하는 경우가 있다고 지적하고 있다.

많은 경우 연구자들은 작업조직이 목표를 달성하기 위해 존재한다고 가정하고 목표달성이라는 관점에서 조직성과를 개념화하여 왔다. 이러한 생각을 반영한 네 가지 지표는 다음과 같다.

- 이익관련지표
- 생산성

- 품질
- 목표달성 인식측면의 척도

이익관련지표 혹은 재무적 변수에는 ROI 등이 포함된다. 노동생산성은 가장 많이 사용되는 지표로서 이는 노동자 1인당 혹은 일정한 단위시간당 생산성이며 조직이 생산 혹은 제공한 주요한 제품이나 서비스의 총량의 비율로서 정의된다. 예를 들면 Huselid는 종업원 1인당 매출액을 측정하고 있다. 한편 품질은 일반적으로 기업에 의해 공급된 주요한 서비스나 제품의 특성에 관한 것이다. 예를 들면 Bratton은 팀작업에 의해 얻어진 품질개선에 대해 다른 팀으로부터 제기된 불량품에 관한 불만의 수로 이를 측정하고 있다. 항공산업에서는 기내서비스의 질에 관한 자료를 수집하기 위해 승객을 대상으로 무작위조사를 실시하기도 한다. 물론 성과정보를 모니터링 하는 것은 '현대의 원형형무소(하나의 장소에서 모든 것이 다 보인다)'와 같은 감시도구로서 이용될 수도 있다. 마지막으로 조직성과의 측정에 하드한 재무적 자료가 자주 이용되지만 연구자들은 인식척도(perceptual measures)도 활용한다. 예를 들면 Cully 등은 특정영역(예를 들면 생산성)에 대해 평균보다 상당히 높다로부터 평균보다 상당히 낮다와 같은 주관적인 순위척도를 이용하여 매니저에게 자사와 동종 타사를 비교함으로써 작업조직의 경제적 성과를 측정하고 있다.

여기서 논의한 조직성과 척도는 적어도 다음과 같은 세 가지 점에서 중요하다. 우선 이들은 종업원과 관련된 성과이며, 종업원들은 인사시책에 가장 직접적인 영향을 받는 존재다. 예를 들면 보상이나 훈련프로그램은 전부는 아니더라도 다양한 성과의 상당한 부분에 대해 영향을 미친다. 둘째, 이들 성과(예를 들면 생산성, 품질, 종업원 1인당 비용 등)는 조직의 재무적 경영목표에 영향을 미칠 수 있다. 셋째, 이들 성과는 개인행동과 산출의 어느 한편 혹은 둘 다에 영향을 미칠뿐만 아니라 개인의 심리적 계약(1장 참조)에도 영향을 미친다.

2.4 기타 요인

종업원의 성과척도는 조직성과에 영향을 미치는 변수중의 하나에 불과하다고 하는 사실은 인적자원관리-조직성과 간의 방정식을 복잡하게 만들고 있다. [그림 13-2]의 모델에서 조직성과에 영향을 미치는 네 가지 요소는 경제, 기술, 산업, 정부정책, 사회의 트렌드변화 등과 같은 변수이다. 예컨대 제품을 수출하는 기업은 환율의 지속적인 상승 혹은 하락에 따라 매출액 생산성이 높아지거나 혹은 낮아지거나 한다. 이들 기타 요인이 중요하다는 것을 보여주는 또 한 가지 예로서 2001년 9월 11일에 발생한 뉴욕의 월드 트레이드센터에 대한 테러공격으로 인해 많은 기업의 재무상태가 파탄지경에 빠진 것을 들 수 있다. 예를 들면 캐나다 제2위의 항공회사인 캐나다 3000의 재무성과의 악화와 그 후의 파탄은 인적자원관리 시책이나 종업원의 업적때문이 아니라 테러 공격이후 승객의 급감으로 인한 것이었기 때문이다.

2.5 측정에 관련된 문제

측정은 인적자원관리-조직성과 모델의 중심을 이루고 있지만 측정척도의 선택과 활용에 있어서는 많은 과제가 남아 있다. 첫째로 측정척도가 측정하고자 하는 현상을 정확하게 설명하고 있는가 하는 것이다. 손익계산서는 조직의 재무적 성과를 객관적으로 정확하게 반영하고 있는 경우가 많지만 부정확한 경우도 없지 않으며, 분식회계에 의해 기만적인 것이 만들어질 수도 있다. 예를 들면 2002년의 Enlon, Adelphia Communication, WorldCom 같은 미국 최고의 회사경영자들이 관련된 기업회계스캔들은 투자가나 종업원, 시장전문가 등의 재무보고서에 대한 신뢰를 현저히 손상시켰다. 이러한 기만적인 회계실태로 인해 조직의 재무적 성과에 대한 인적자원관리의 공헌을 정확히 측정한다는 것이 의문시 되는 것은 당연하다.

두 번째 과제는 새로운 인사전략의 성과를 연구하기 위해서는 경영자의 협력이 필수적이며, 더욱이 이를 위해서는 경영상의 기밀사항에 해당하는 업적지표와 관련된 정보의 공개가 요구되는 경우가 많은데 대부분의 경영자는 연구자에게 이와 관련된 정보제공을 꺼려하는게 사실이다. 그러므로 연구자들은 사고율, 결근률, 고충률 등과 같은 간접적인 성과지표를 사용할 수밖에 없게 된다. Betcherman 등이 실시한 캐나다의 직장조사에서는 의원퇴직, 일시해고, 사고 · 부상과 공식적인 고충처리와 불평 등의 일련의 성과지표가 이용되고 있다.

세 번째 과제는 인적자원관리-조직성과 모델의 중심이 되는 인적자원관리 시책이 주관적으로 이해되고 있다는 점이다. 예를 들면 연구자와 응답자는 '자율 팀'이라는 용어를 매니저나 팀리더의 유무로 정의하기도 하고, 종업원 몰입(employee involvement) 시책을 종업원 참가(employee participation)나 이사회에의 참가로 규정하는 것 처럼 각자가 독자적으로 규정하는 경우도 있다. 이러한 인적자원관리 시책에 대한 주관적 판단은 동일한 기업내의 복수사업장이나 작업장을 비교하고자 할 경우 특히 문제가 될 수 있다. 인적자원시책에 대한 서로 다른 의미부여는 전략적 인사시책의 영향을 평가함에 있어 왜곡된 결과를 가져올 수 있기 때문이다.

네 번째 과제는 외적요인을 어떻게 분리할 것인가 하는 것이다. 예를 들면 환율은 최종수익에 커다란 영향을 미치며 이는 인적자원관리 시책의 영향을 정확하게 측정하는 것을 어렵게 한다. 이 외에 적절한 변수를 이용하여 외적변수의 영향을 분리할 수 있다 하더라도 인과관계를 식별하는 문제는 여전히 남는다. 특정한 인적자원관리 시책이 기업의 성과를 높이는데 기여하는가, 혹은 고성과기업이 특정한 인적자원관리 시책을 채용하는가? 이렇게 본다면 기업성과에 관한 유일무이한 개념모델은 없다고 보아도 무방할 것이다.

종합적으로 본다면 측정에 관한 이들 과제는 인사와 조직성과를 측정할 때의 적절성에 관한 문제를 제기한다고 볼 수 있다. 여기서는 신뢰성과 타당성이라는 통계적인 개념이 중요하게 대두된다. 조직성과에 대한 인적자원관리의 공헌을 평가하고자 할 경우, 예를 들어 그것이 어떤 수준(개인, 팀, 조직)이든 모든 측정척도에는 신뢰성과 타당성이 결여되어서는 안된다는 것이다. 신뢰성이란 반복해서 측정하더라도 동일한 결과가 도출되는 정도를 의미한다. 타당성이란 테스트로부터 도출된 결론의 적절성을 나타낸다. 예를 들어 선발을 위한 채용시험이라면 시험성적을 바탕으로 장래의 업적을 예측하고자 한다. 만약 측정척도가 신뢰성과 타당성을 결여하고 있다면 잘못된 의사결정-선발해야 할 사람을 탈락시키거나 선발해서는 안될 사람을 합격시키는 등-을 내릴 수밖에 없을 것이다.

03 · 인사전략의 평가방법

지금까지 개인과 팀, 조직수준의 성과에 대한 인사시책의 기여도 측정에 대해 기술하였다. 데이터가 수집되면 평가로 관심이 옮겨 간다. 즉 인적자원관리와 조직성과 간의 관계를 이해하기 위한 데이터의 이용과 분석방법이다. 인사시책의 효과와 경제적 성과를 평가하는 것은 노사관계론 분야에서 잘 보여진다. 예를 들면 노동조합이 임금과 생산성에 미치는 영향을 측정한 실증연구는 나수 존재한나. 1960년내와 70년내에는 종업원 참가 등의 접근이 근무태도, 직무만족, 생산성과 같은 여러 가지 결과변수에 미치는 영향에 관한 연구가 많이 보여진다. 인적자원관리가 높은 생산성과 저코스트와 관련이 있다는 것을 증명할 수 있다면 더할 수없이 좋겠지만 그러나 결정적인 증거는 거의 없다고 Purcell은 지적하고 있다. 마찬가지로 Legge는 고몰입경영의 조직성과에 대한 체계적인 평가는 거의 없다고 지적하고 있다.

인적자원관리-성과 간의 연결에 대해서는 현재의 지식수준으로는 아직 괴리가 있다고 생각되지만 조직성과에 대한 인사전략의 영향에 관한 평가에 있어서는 최근 상당한 진전이 있다고 보여진다. 이 연구의 대부분은 고성과작업시스템과 새로운 인적자원관리 패러다임의 비교우위에 관한 데이터베이스에 의해 박차가 가해졌다. 인사시책과 인적자원관리 시스템을 평가하는 방법에는 여러 가지가 있지만 여기서는 다음의 세 가지를 들어보고자 한다.

- 통계적 평가
- 재무적 평가
- 시스템 평가

3.1 인사전략의 통계적 평가

인사전략의 통계적 평가에는 중심화경향과 같은 기본적인 기술적 통계치 뿐만 아니라 인사시책과 성과변수 간의 관계나 상관에 관한 기술이 가능한 통계치가 포함된다. 〈표 13-1〉과 〈표 13-2〉는 기술통계와 회귀분석이 현재의 연구에서 어떻게 사용되고 있는가를 보여주고 있다. 〈표 13-1〉은 캐나다 기업에 대한 Betcherman 등의 연구결과로서 1988년부터 1993년까지 전통적인 인사전략과 참가형 인사전략의 수행이 각 조직의 성과향상에 기여했다고 응답한 기업의 비율을 나타낸 것이다. 예를 들면 행위변수 중 이직과 관련하여 전통적 인사전략의 수행을 통해 개선이 있었다고 응답한 기업의 비율이 42%인데 반해 참가형전략을 채택한 기업의 55%가 개선이 있었다고 응답하고 있음을 알 수 있다.

비슷한 조직적 특성을 가진 조직의 경우 전통적인 인사전략을 채용하고 있는 직장에 비해 참가형 인사전략을 채용한 조직에서 이직, 사고 등에서 10% 이상의 더 높은 개선을 보여주고 있다.

〈표 13-2〉의 회귀분석에서는 참가형 인사전략이 세 개의 행동 중 두 개에 영향을 주고 있다는 것이 보여진다.

표 13-1 | 인적자원전략의 조직성과 개선에 대한 기여도 평가비율

(1988~93년)

	인사전략	
성과척도	전통적	참가적
행동적 성과		
이직	42.0	55.0
사고	37.0	46.0
불만	33.0	40.0
운영성과		
노동생산성	79.0	85.0
단위당 코스트	35.0	49.0
제품/서비스 질	95.0	94.0
재무적 성과		
이익	47.0	52.0
매출	63.0	66.0
시장 점유율	66.0	71.0

출처 : Betcherman *et al.*, p.66.

표 13-2 | 인사전략의 선택이 행동변수를 개선하는 확률에 대해 미치는 영향

	인사전략	
성과척도	전통적	참가적
행동적 성과		
이직	10.0	11.0
사고	+	11.0
불만	+	+

출처 : Betcherman et al.(1994), p.68.

3.2 인사전략의 재무적 평가

최근의 인사전문가는 제공한 프로그램이나 인사부문이 올린 부가가치를 눈으로 보여주고자 노력하고 있다. 이를 위해 최종손익에 대한 인사부문의 공헌에 대해 경영세계의 공통의 언어로 다른 매니저와 커뮤니케이션 하기 위한 스킬을 연마하고 있다. Pfeffer는 재무적 결과가 측정되는 세계에서는 인사정책이나 시책실행의 결과에 대한 측정의 실패는 결국 2류로

전략하는 신세를 면치 못하게 되며 궁극적으로는 무시될 수밖에 없다고 지적한 바 있다. 따라서 인사전문가는 인사전략과 인적자원관리 시책에 의한 코스트와 수익을 재무적인 전문용어로 평가할 수 있어야 한다. 예를 들면 생산담당 매니저는 신기술에 대한 투자를 제안할 때 생산성 향상과 단위당 생산코스트의 절감 부분을 제시한다. 인사전문가는 인사관련 활동의 상대적인 코스트와 이익에 관한 설득력 있는 정보를 제공함으로써 한정된 조직자원의 획득을 위해 다른 부문과 경쟁해야만 한다. 이하에서는 투하자본 이익률(ROI)로 인사전략을 평가하는 어프로치를 소개하고자 한다.

여기서의 기본적인 접근방법은 훈련이나 종업원 참가협정과 같은 인사활동과 관련된 코스트를 계산하고 생산성 향상이나 결근, 사고, 불만의 감소와 같은 금전적인 의미에서의 결과를 정확하게 측정하는 것이다. 예를 들면 어떤 식품가공공장에서 식육절단이나 청소의 질, 예측되는 사고 등을 개선하기 위한 교육프로그램의 실행을 검토한다고 하자. 교육활동의 코스트는 직접적인 코스트와 간접적인 코스트, 개발코스트, 일반비용과 임금 등을 합산하여 교육활동의 총코스트를 산출한다. 교육활동에 의한 이익은 가공된 식육의 질적개선과 사고건수의 감소와 같은 점에서 계산된다. 훈련 후 불량식육의 감소와 사고발생의 감소 등으로 인한 코스트절감분이 계산되어 총 절약분이 산출되면 이를 총코스트와 비교할 수 있다. 인사프로그램의 투하자본 이익률은 다음 식과 같이 산출할 수 있다.

투하자본 이익률 = 순이익/투입 비용

현실적으로 모든 이익을 양적으로 계산하기는 쉽지 않다. 이는 커뮤니케이션, 학습, 대인관계 기술과 같은 소프트한 척도는 결근이나 생산성, 노동생산성과 같은 하드한 척도에 비해 금전적인 의미로 정량화하기가 어렵기 때문이다. 인사정책을 평가함에 있어 투하자본 이익률을 이용하는 것은 인사활동의 부가가치를 보여주는 강력한 수단이 될 수 있지만 이를 실제로 이용하는 조직은 많지 않은 것이 사실이다.

3.3 인적자원관리 시스템의 평가

인사활동의 공헌에 관한 통계적 평가와 재무적 평가는 특정한 인사정책이나 프로그램을 평가하는데 적합하다고 볼 수 있다.

인적자원관리 시스템전체를 평가하는 데는 다음의 두 가지 방법이 활용되고 있다.

- 인적자원관리 감사(HRM auditing)
- 인적자원관리의 벤치마킹(HRM benchmarking)

인적자원관리 감사라는 용어는 회계감사와 마찬가지로 감사활동을 수행함에 있어 다수의 일반화된 구성요소가 있다

- 피감사부문으로부터 독립성을 가질 것
- 데이터의 체계적인 수집과 분석을 수반하는 기술적인 작업일 것
- 프로세스의 목적이 명확히 정의되어 있을 것
- 감사에서 지적된 사항을 수용하여 실천할 것

환언하면 인적자원관리 감사는 인사직능 전반의 유효성을 평가하는 프로세스라고 할 수 있다. 인사감사에는 [그림 13-3]과 같이 많은 이점이 있다.

인사감사는 몇 개의 연속적인 단계를 거쳐 이루어진다. 1단계는 인사감사자가 감사의 범위를 결정한다. 감사는 인사직능 전체를 대상으로 한 포괄적인 것이 될 수도 있고 특정한 인사제도를 대상으로 한 것일 수도 있다. 2단계는 감사자가 어떻게 감사를 진행할 것인가를 결정한다. 이 단계에서는 인적자원관리의 각 분야별 최신제도에 관한 정보를 수집함과 동시에

그림 13-3 | 인사감사의 이점

- · 인적자원관리 직능의 검증 가능한 데이터를 제공
- · 인적자원관리 직능의 의무와 책임을 명확히 한다.
- · 인적자원의 중요한 문제를 밝혀준다.
- · 조직전략과 인사전략을 일치시켜준다.
- · 인사직능의 지위를 향상시켜준다.
- · 인사코스트의 삭감에 기여
- · 인적자원관리 정보시스템의 검토와 개선에 기여

결근, 이직률, 불만, 산재율 등과 관련된 비율이나 척도에 관한 정보를 수집할 필요가 있다. 3단계에서 감사팀은 인터뷰, 설문조사, 기존 자료의 활용 등을 통하여 정보를 수집하게 되는데 대부분의 경우 설문조사가 실시된다. 4단계에서는 모순되거나 수정이 요구되는 사항을 파악하여 관련된 데이터를 분석하고 통계치를 비교한다. 마지막 5단계에서는 감사결과를 보고서로 마무리하게 된다. 보고서에서는 통상 인적자원관리 직능의 강·약점을 요약하고 문제점에 대한 해설과 그 처리방안, 혹은 수정요구사항을 제시한다. 이러한 일련의 감사활동에 대해 Phillips는 인사감사가 인사직능의 효율성을 개선하기 위한 중요한 활동이긴 하나 인사부문의 조직에 대한 재무적 공헌을 측정하는 유효한 접근방법까지는 이르지 못하고 있다고 지적하고 있다.

3.4 인적자원관리의 벤치마킹

벤치마킹은 원래 미국의 품질관리운동의 일부로 사용된 것으로 관리직 혹은 비관리직 요원들이 자사의 인적자원관리와 보다 커다란 성공을 거두고 있는 타사의 것을 비교함으로써 이른바 '최고의 모범사례'(best practices)를 배워 도입하고자 하는 것이다. 이러한 활동은 결

그림 13-4 | 벤치마킹의 프로세스

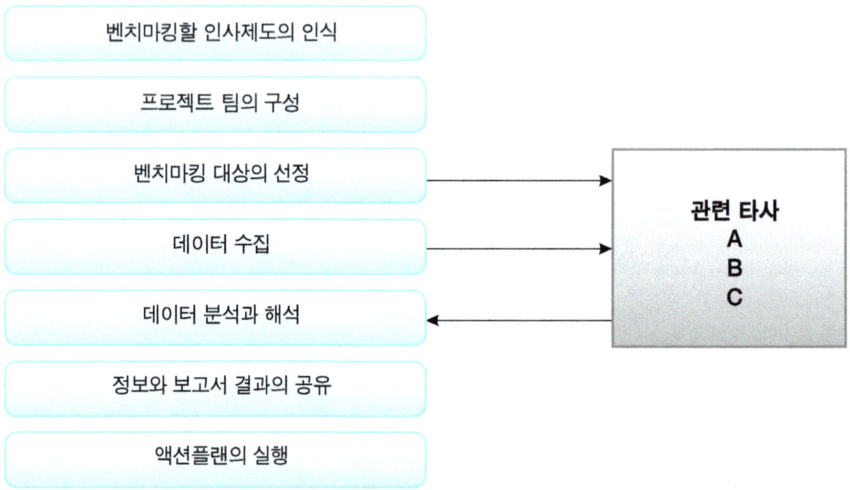

출처 : Cully *et al.*, p.118.

국 감사의 한 형태라고 볼 수 있을 것이다. 인적자원관리 제도의 벤치마킹에는 몇 가지 중요한 효과가 기대된다. 첫째는 우수한 조직과의 비교를 통하여 자사의 제도가 어떤 수준인가를 비교·측정할 수가 있으며 이 결과에 따라 필요한 대안을 모색하게 된다. 둘째, 벤치마킹에 의해 매니저는 효과적인 인사전략에 대해 다른 조직으로부터 배울 수 있게 된다. 셋째로 우수한 기업의 인사전략과 비교하여 자사가 개선해야 할 점을 인식할 수 있게 됨으로써 벤치마킹은 변화의 계기를 마련하는데 유용하다.

인적자원관리의 벤치마킹 프로세스에는 [그림 13-4]와 같은 7단계의 프로세스가 있다.

① 인사담당 매니저가 벤치마킹하고자 하는 것을 정확히 인식한다. 예를 들면 교육훈련이나 인적자원관리의 성과측정, 보상시스템 등이다. 벤치마킹하는 요소는 조직성공이나 전체적인 유효성에 가장 중요하고 결정적인 것이어야 할 것이다.
② 벤치마킹을 실행하기 위해 필요한 작업량에 기초하여 프로젝트 팀을 구성한다.
③ 벤치마킹의 대상을 결정한다. 이들 대상은 벤치마킹 활동에 협력할 의사가 있는 이른바 '최고의 모범사례'여야 한다.
④ 각각의 벤치마킹 대상으로부터 데이터를 수집한다.
⑤ 데이터를 분석하고 해석한다.
⑥ 데이터분석에 이어 벤치마킹에 의한 주요한 발견을 문서로 정리한 보고서를 작성한다.
⑦ 인사전략과 제도를 개선하는 액션플랜을 작성한다.

벤치마킹 프로세스의 최종단계는 바람직한 상태 혹은 최고 모범사례와 현상과의 성과차이(performance gap)를 추정하는 것이다. 최고 모범사례란 특정한 유형의 조직에 있어 가장 중요한 것으로서 사업전략이나 기술에 따라 달리 나타난다. Pfeffer는 특정한 제도의 도입이나 특정한 구조를 채택한다는 것은 전략을 전제조건으로 할 뿐만 아니라 입지, 작업의 성격이나 상호의존성 등과 같은 여타 문맥상의 요인도 전제조건으로 하고 있다고 지적하고 있다. 성과차이는 벤치마킹된 모든 항목에 대해 인식되어야만 한다. 그리고 액션플랜은 성과차이를 극복할 수 있도록 작성되어야만 하며, 성과차이가 인식된 분야의 최고 모범사례를 실행하기 위한 것이다. 보고서는 조직구성원들을 위해 만들어진 것으로 벤치마킹 대상의 프로세스, 주요한 발견, 성과차이, 액션플랜에 대해 기술한다.

벤치마킹은 인사전략과 인사제도를 평가하기 위한 도구로서, 새로운 기준을 정하기 위한 도구로서, 혹은 인사제도를 일상적으로 개선하기 위한 도구로서 이용될 수 있으며 조직의 재무적 성과에도 영향을 미칠 수 있는 것이다.

04 · 인적자원관리와 업적의 관련성에 대한 이론화

대부분의 인적자원관리 모델은 인적자원관리와 업적과의 연계성에 대한 조사를 명확하게 제시하고 있지는 않지만 일반적으로 조직전략과 인사전략의 연계성이 조직성과를 개선하고 경쟁력을 높인다고 가정하고 있다. 그렇다면 인사전략과 조직성과와의 정의 관계는 어떻게 검증할 수 있을까? 자원기반의 전략적 인적자원관리 모델은 업무담당자의 재량권 확대(empowerment)를 위한 소프트한 인적자원관리 방침과, 학습-종업원 관여-시너지-조직성과 개선과 같은 단순한 인과관계를 상정하고 있다. 이 몰입-관여 사이클(involvement-commitment cycle)은 1980년대 초의 조직론자들이 논의한 관리의 악순환의 반전된 모습이라 할 것이다.

이 접근방법의 핵심이 되는 가설은 커미트먼트가 높은 종업원은 보다 생산성이 높다는 것이다. 따라서 Beer 등에 의하면 '커미트먼트의 제고는 조직에 대한 충성심을 높여 성과를 개선할 뿐만 아니라 개인에게 있어서도 자기효능감, 존엄, 감정이입, 정체성을 가져다 줄 수 있다'는 것이다. Arthur는 행동-제어이론(behavioral-control theory)에 기초하여 인적자원관리와 업적 간의 관련성을 다음과 같이 설명하고 있다.

> "공식적인 참가조직을 만들어 적절한 훈련과 보상을 제공한다면 커미트먼트 시스템은 고도로 동기부여되고 재량권이 확대된 종업원을 관리자와 밀접하게 연동된 목표로 이끈다. 그러므로 종업원의 복종을 모니터 하기 위한 자원을(중략) 감소시킬 수 있다. 나아가 이러한 상황하에서는 종업원은 명확한 역할부여도 없고 보상도 없는 조직시민행동이라 불리는 행동을 취하기 쉬운 것으로 생각되며, 이 조직시민행동은 조직의 성공에 핵심적인 부분이다."

전략적 인적자원관리론의 연구자들은 인적자원관리의 조직성과에의 공헌에 대해 서로 연관된 세 가지 프로세스의 작용이 있다고 지적한다. 첫째, 정책, 프로세스, 제도 등을 통하여

그림 13-5 | 벤치마킹의 프로세스

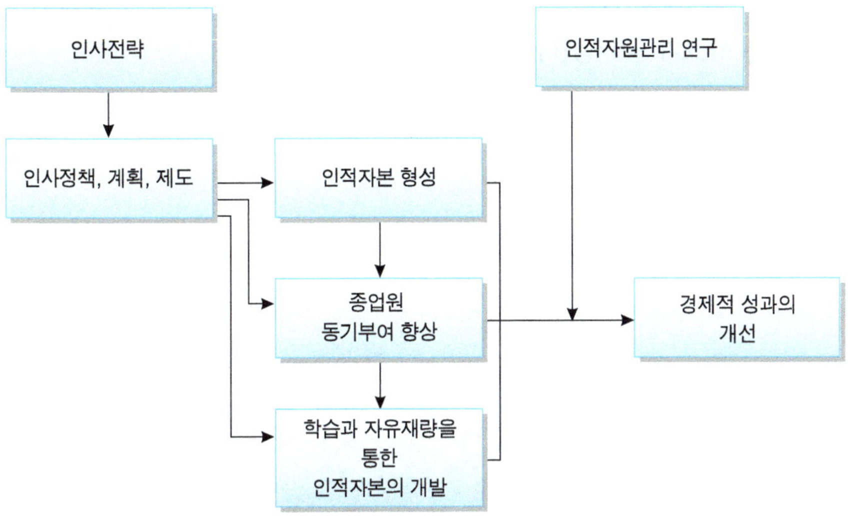

출처 : Bratton & Gold, p.458.

인사전략은 인적자본의 기초를 형성한다. 둘째로 인적자본의 잠재능력을 극대화하기 위한 종업원의 동기부여라는 점에서 인사전략은 조직이 인적자본의 기초를 개발하는데 영향을 미친다. 셋째로 동기부여된 유능한 종업원에게 작업상의 의사결정에 공헌할 기회와 수단을 제공함으로써 조직업적을 향상시킨다(그림 13-5 참조).

전략적 인적자원관리의 연구자들은 인사전략-업적의 프로세스의 배경에는 다수의 잘 정제된 조직행동이론들이 있다고 주장한다. 조직행동이론에서는 현장의 인적자원관리에서 전략에 대한 학습을 통해 지적자산이 증대한다는 가정을 바탕으로 인사전략이 인적자본형성에 미치는 영향을 설명하고 있다. 또 대리인이론에서는 인사제도에 의해 관리자가 종업원의 이익을 보다 잘 관리할 수 있다고 보고 인사전략이 종업원에게 미치는 동기부여에 대한 영향을 설명하고 있다. 또한 통제이론에서는 종업원이 의사결정단계에서 공헌하는 기회에 대해 인사전략이 미치는 영향을 명확히 하여 특정한 인사제도(예를 들면 팀작업, QC활동, 노사협의제도(joint consultation))가 조직의 지배구조에 있어 보다 커다란 종업원참가를 가져온다고 하였다. 예를 들면 한 실증연구에서는 종업원몰입(employee involvement, EI)에 의해 노사 간의 협의가 창조적으로 되어 기업의 경제적 성과가 개선된 것을 명확히 보여주고 있다. [그림 13-5]는 효과적인 인사전략과 개별인사제도의 개발, 실시, 평가에 대한 연구의 중요한 역할을 보여주고 있다. 모델의 중심에는 인사전략이 조직에 대해 공헌하고 부가가치를 제공하고 있다는 점을 보여주기 위해서는 인적자원관리 연구를 통해 인사전략의 유효성을 감시하고 평가해야만 한다는 사고가 담겨 있다.

연습문제

1. 피터 드럭커는 '측정할 수 없는 것은 관리할 수 없다'고 했다. 그러나 다수의 사람들이 소위 '지식노동'(knowledge work)에 종사하고 있는 현 시점에서 이 격언을 종업원관리에 엄격히 적용한다면 어느 정도의 타당성이 있을까?

2. 인적자원관리 시스템의 조직 기여도를 평가하는 것이 왜 중요한지 설명해 보시오.

3. 인적자원관리의 부가가치를 측정할 때 사용하는 변수에 대해 설명해 보시오.

4. 인적자원관리 기능에 대한 평가기법을 설명해 보시오.

5. 인사전략과 기업업적 간의 관련성에 대해 설명해 보시오.

6. 인적자원관리와 조직업적 간의 관련성에 관한 일반모델에 대해 설명해 보시오.

색 인

국문색인
영문색인

국·문·색·인

ㄴ

영·문·색·인

V

W

Y · Z

저자소개

■김영삼

- 중앙대학교 경영학 학사
- 단국대학교 경영학 석사
- 단국대학교 경영학 박사

- 단국대학교 글로벌벤처전략연구소 연구교수
- 한국진로창업경영학회 부회장

| 주요저서

- 기업과 경영(북넷, 2024)
- 층간소음 갈등분쟁 관리의 이론과 실체(교문사, 2024)

■김도희

- 동국대학교 광고홍보학 학사
- 중앙대학교 심리학 석사
- 단국대학교 창업학 박사

- 앤에이솔루션(주) 대표
- 연세대학교 미래캠퍼스 겸임교수
- 한국연구재단 연구교수
- 한국진로창업학회 부회장

| 주요저서

- 기업가정신과 창업(사람과 경영, 2021)
- 탄소중립은 가능한가(박영사, 2024)

■송은실

- 영남대학교 행정학 석사
- 단국대학교 창업학 박사

- 연세대학교 미래캠퍼스 겸임교수
- 한국진로창업경영학회 부회장
- 전)경북테크노파크 연구원
- 전)경인방송 방송기획팀장

■이광일

- 연세대학교 행정학 학사
- 영국 Manchester 경영대학원 MBA

- 단국대학교 글로벌벤처전략연구소 연구교수
- 서울신학대학교 글로벌 경영학과 초빙교수
- 전) KOTRA 전북지원단 단장

■이국형

- 중앙대학교 경영학 학사
- 단국대학교 경영학 석사
- 단국대학교 경영학 박사

- 단국대학교 글로벌벤처전략연구소 연구교수
- 한국진로창업경영학회 부회장
- 한국상담심리복지학회 전임교수

| 주요저서

- 기업과 경영(북넷, 2024)

인적자원관리

2025년 2월 15일 1쇄 인쇄
2025년 2월 20일 1쇄 발행

저 자 김영삼 · 김도희 · 송은실
이광일 · 이국형

발행인 류재식 · 박용범
발행처 도서출판 북넷

서울시 용산구 효창원로70길 46 대신빌딩 2층
등 록 2010년 6월 7일(제2010-000069호)
전 화 (02) 395-2341
팩 스 (02) 395-2303

정가 33,000원

ISBN 979-11-86947-99-9 e-mail : book2341@naver.com